本书中涉及的Stata命令文件（do文件）和输出结果文件随书附赠。

获取方法：

第一步，关注"博雅学与练"微信公众号。

第二步，刮开下方二维码涂层，扫描二维码标签，获取上述资源。

一书一码，相关资源仅供一人使用。

读者在使用过程中如遇到技术问题，可发邮件至ss@pup.cn。

《法理学(2024年版)》
请刮开后扫描获取本书资源
本码2030年12月31日前有效

当代社会研究方法

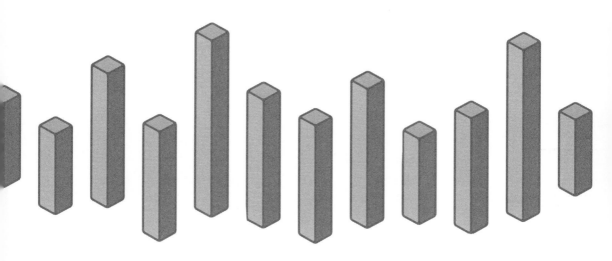

初级社会统计及Stata学习手册

贺光烨 ◎ 著

北京大学出版社
PEKING UNIVERSITY PRESS

图书在版编目(CIP)数据

初级社会统计及 Stata 学习手册 / 贺光烨著. -- 北京：北京大学出版社，2024.12. -- (当代社会研究方法). -- ISBN 978-7-301-35826-9

Ⅰ. C91-03

中国国家版本馆 CIP 数据核字第 2025BV6148 号

书　　　名	初级社会统计及 Stata 学习手册
	CHUJI SHEHUI TONGJI JI STATA XUEXI SHOUCE
著作责任者	贺光烨　著
责 任 编 辑	武　岳
标 准 书 号	ISBN 978-7-301-35826-9
出 版 发 行	北京大学出版社
地　　　址	北京市海淀区成府路 205 号　100871
网　　　址	http://www.pup.cn
新 浪 微 博	@北京大学出版社　　@未名社科-北大图书
微信公众号	北京大学出版社　　北大出版社社科图书
电 子 信 箱	编辑部 ss@pup.cn　　总编室 zpup@pup.cn
电　　　话	邮购部 010-62752015　　发行部 010-62750672
	编辑部 010-62753121
印 刷 者	天津中印联印务有限公司
经 销 者	新华书店
	730 毫米×980 毫米　16 开本　25.25 印张　410 千字
	2024 年 12 月第 1 版　2024 年 12 月第 1 次印刷
定　　　价	76.00 元

未经许可，不得以任何方式复制或抄袭本书之部分或全部内容。
版权所有，侵权必究
举报电话：010-62752024　电子信箱：fd@pup.cn
图书如有印装质量问题，请与出版部联系，电话：010-62756370

前　言

早在 19 世纪前期,奥古斯特·孔德(Auguste Comte)首次提出"社会学"这一概念,并力图将其建成一门研究社会的实证科学。在自然科学突飞猛进的背景下,当时的学者们认为只有参照自然科学的模式来重整社会研究,使之科学化,并最终在理论上将自然知识和社会知识依照科学的原则统一起来,才能消除思想上的混乱,进而重建社会的秩序。

然而,社会科学与自然科学存在本体上的差别。自然科学的研究对象是物,而社会科学的研究对象往往是人。自然科学研究的内容虽大多基于现实存在,实际上却是混沌表象下的抽象本质。自然科学通过建立理想模型、设计理想实验来揭示自然界的本质与规律。而社会科学研究的内容是具体的,其目的在于了解现实社会,但是构成社会生活的种种个别事件无时无刻不在发生变化,它随具体情境而变,依具体情况而定,与主体行动者的特征密切相关。也正是因为人的参与不可避免地会带来不遵从自然实验的可重复性等问题,社会科学难以跟自然科学一样轻松跳出真实世界,关注抽象而理想的状态,进而产生普适又永恒的真理。即便经历了几个世纪,社会科学与自然科学之间仍旧存在隔阂。

正因为如此,完全采用适用于自然科学的模式来研究社会现象也许并不合适。不过有一点可以肯定,社会科学的发展不是追求与自然科学在本体论上的一致,而是应该在方法和研究过程上借鉴自然科学。社会科学既涉及客观的外部事实,也涉及主观的行为思想;鉴于这种复杂性,只有基于经验观察的实证分析才能帮助我们理解特定社会情境下主体的行动逻辑、分析过程中的变与不变。也正是由于这种复杂性，不论是定性研究还是定量研究，都需要明确的研究程序与规则、严谨的科学归纳和溯因方法，以找出现象背后的关系并叙述因果缘由。

在社会科学领域有关定性和定量的分歧一直存在，以致时不时就会形成论战。实际上，不论是定性还是定量，都只是用来处理研究问题的方法工具，实证主义并不排斥也不倾向于任何一方。可是，只要是工具就会有局限性，我们应该做的不是无限放大二者的局限，而是尝试深度认识和理解这两种方法，认清它们在方法层面的边界，融合利用并尝试突破其界限，使其实现发展。要知道，对任何一方的批判都不足以磨灭它们在社会科学研究中特有的优势和存在的意义。

为什么学习统计？

第二次世界大战之后，统计学方法迅速发展，用于研究的公开抽样调查数据也越来越多。不仅如此，近年来，随着互联网及大数据的发展，在网络上每分每秒都生产和运行着大量的数据，数据的定义和收集方式也产生了革命性的变化，而对数据进行挖掘、观察和分析正是定量研究的优势所在，也是当今数据时代理解现实社会的一种重要方式。无论是在自然科学还是在社会科学领域，定量研究都得到了更加广泛的应用。但在很大程度上，这一发展是以统计学为基础的——它基于严格的假设，通过概率和模型来实现用样本数据对总体情况进行评估和预测。可是，这只是定量研究的开始。

我在香港科技大学读书的时候，我的导师吴晓刚教授经常教导我们"工夫在诗外"。很多时候，社会科学理论素养的培养，是社会科学研究的重中之重，但这也是无法单从统计学课程中学到的。因此，不做定量研究的人常常指责定量研究缺乏理论。诚然，目前的定量研究普遍存在理论基础不够扎实的现象，但是这并不是方法的问题。实际上，方法只是工具，真正优秀的社会科学研究一定是理论与方法并存的。真正的理论素养是体现在研究设计之中的。

我们学习统计是为了给今后的研究之路打下基础。作为社会科学的研究者,我们不应只满足于对某一种方法的掌握,而是要承担起发展社会科学方法、解释和预测社会实质的学科使命。

本书的章节安排

统计学一般分为统计描述及统计推断两部分。统计描述是通过图表或数学方法,对数据资料进行整理后描述数据的客观规律;而统计推断则是使用从总体中随机抽取的数据样本,用自样本数据总结的规律去对总体的未知特征进行推断。基于此,本书做出以下安排。第一章介绍了描述性统计分析的相关知识。第二章到第四章介绍了概率论、随机变量的基本特征与分布样态,以及参数及参数分布,为学习后面的统计推断部分筑牢基础。第五章涉及统计推断的核心理论——大数定律和中心极限定理。第六章和第七章分别介绍了统计推断的两大重要内容——参数估计和假设检验。第八章到第十章开始真正进入数据分析部分:第八章涉及比较两变量之间相关的方法,包含两个分类变量之间的独立性检验和两个数值变量之间的相关分析;第九章主要侧重介绍方差分析的相关内容;第十章对简单线性回归以及回归假设进行了介绍。

党的二十大报告明确提出"加强教材建设和管理"。作为一种分析工具,定量分析越来越受到社会科学研究的重视。然而,有关社会统计的入门教材要么过于关注公式推导,要么过于关注软件应用。前者对数理基础本身就较为薄弱的社会科学领域的读者来讲,如同噩梦一般;后者又因过于强调用软件输出结果,而往往忽略了模型的理论基础和应用条件。与以往的统计教材不同,本书在教授理论的同时,配合了更多的现实案例以及 Stata 17.0 的代码和解释。从概率分布到中心极限定理,从参数估计到回归分析,本书既有坚实的理论,也有详细的应用操作。从理论到实战,再通过实战理解理论,循环往复,强化读者对知识点的理解。

本书所使用的演示数据来自 2010 年中国综合社会调查(CGSS 2010),读者可以登录中国学术调查数据资料库 CNSDA 官方网站(http://www.cnsda.org)进行注册,注册成功后搜索"中国综合社会调查(2010)"下载,在下载时选择原始数据(Stata 14.0 版本)。

如何阅读本书？

本书设置第三章到第五章内容的目的在于为后续统计推断部分筑牢数理基础，在讲解和案例中会涉及部分微积分内容，可能会令数理基础较为薄弱的读者望而生畏。关于这些内容，初接触统计的读者们仅需理解关键概念的基本定义，了解有关抽样分布、大数定律和中心极限定理的基本思想即可，跳过对这些内容的学习几乎不会影响对后续统计推断内容的理解。

此外，第三章到第五章的相关 Stata 应用也会涉及更为复杂的计算和模拟，这部分内容可以作为延伸阅读，供具有一定数理基础和 Stata 应用经验的读者参考，还可以作为教师授课的演示素材。

因此，本书适用于具有不同数理基础的读者，不仅是一本初级统计书，更是一本工具书。

总的来说，本书是一本实用的数据分析和统计介绍教材，专为社会科学和相关领域的本科生和刚开始攻读硕士学位的学生编写。希望读者在掌握本书相关内容后，再也不会惧怕抽象的统计概念、复杂的统计过程！让 Stata 带我们一起探索统计！

这本书不仅仅是我一个人的努力，更是在我的师友和学生的大力支持及帮助下产生的。在此，我要感谢于皓、蔡楚芸、孙蕴、李志宇、王安迪、杜思佳、陈睿思，他们为这本书的筹备付出了很多时间和精力。我还要特别感谢我的先生对我一如既往的支持，以及南京大学社会学院的吴愈晓和许琪两位教授对本书提出的宝贵建议。

贺光烨

2024 年 12 月 18 日

目 录

第一章　描述性统计 …………………………………………………………… 1
　一、总体与样本 ……………………………………………………………… 1
　二、集中趋势测量 …………………………………………………………… 5
　三、离散趋势测量 …………………………………………………………… 10
　四、用 Stata 进行描述统计 ………………………………………………… 16
　五、本章小结 ………………………………………………………………… 30

第二章　概率初步 ……………………………………………………………… 31
　一、基本计数法则 …………………………………………………………… 32
　二、随机事件与概率 ………………………………………………………… 39
　三、条件概率 ………………………………………………………………… 50
　四、用 Stata 进行概率计算 ………………………………………………… 58
　五、本章小结 ………………………………………………………………… 66

第三章　随机变量与概率分布 ………………………………………………… 67
　一、基本概念 ………………………………………………………………… 67
　二、随机变量类型 …………………………………………………………… 69
　三、二维随机变量的概率分布 ……………………………………………… 80
　四、应用 Stata 计算概率分布 ……………………………………………… 94
　五、本章小结 ………………………………………………………………… 96

第四章　参数与参数分布 …… 97

一、描述分布的参数 …… 97

二、参数分布 …… 110

三、应用 Stata 计算概率分布 …… 134

四、本章小结 …… 139

第五章　抽样分布与中心极限定理 …… 141

一、分布简介 …… 141

二、大数定律 …… 147

三、中心极限定理 …… 156

四、Stata 模拟抽样分布和中心极限定理 …… 169

五、本章小结 …… 181

第六章　参数估计 …… 182

一、估计 …… 182

二、点估计 …… 185

三、区间估计 …… 198

四、用 Stata 进行参数估计 …… 217

五、本章小结 …… 227

第七章　假设检验 …… 228

一、假设检验简介 …… 228

二、假设检验的两类错误 …… 239

三、单总体假设检验 …… 244

四、两总体假设检验 …… 250

五、用 Stata 进行假设检验 …… 261

六、本章小结 …… 268

第八章 列联表分析、相关分析 ········ 270

 一、列联表分析 ········ 270
 二、相关分析 ········ 289
 三、本章小结 ········ 302

第九章 方差分析 303

 一、方差分析简介 ········ 304
 二、单因素方差分析 ········ 305
 三、双因素方差分析 ········ 320
 四、本章小结 ········ 336

第十章 简单线性回归 ········ 337

 一、回归简介 ········ 337
 二、回归的基本思想 ········ 338
 三、回归模型的基本假定 ········ 353
 四、理解回归假设 ········ 356
 五、非线性变换 ········ 358
 六、用 Stata 进行回归分析 ········ 362
 七、本章小结 ········ 370

参考文献 ········ 373

附录一 分布表 ········ 375

附录二 基本概念 ········ 383

第一章

描述性统计

本章主要介绍描述性统计分析的相关知识以及 Stata 命令。所谓描述性统计分析,是对所收集的资料进行整理、分类和简化的一种研究活动,它通过描述数据的全貌以呈现研究对象的某些特征。描述性统计分析过程主要包含数据的初步整理、数据集中趋势和离散趋势的计算以及统计图表的绘制,其目的在于用简洁有效的方式描述烦琐的数据。

一、总体与样本

总体(population)是指具有某些共同特征的所有个体的集合。通常,我们用参数(parameter)来描述总体特征。比如,总体的均值、方差都是总体参数。一个总体所包含的单位数称为总体容量。

样本(sample)是从总体中抽取的部分个体的集合,是总体的一个子集。与总体类似,我们通常用样本统计量来描述样本特征。一个样本所包含的单位数称为样本容量,也称样本量或样本大小。

如图1.1,假设椭圆是一个总体,那么椭圆内任意一个白色圆形区域都是样本,对于游离在总体边缘的深灰色圆形区域,它因不全部置于椭圆之内,所以不是总体的样本。

就社会科学统计分析而言,并不是任意一个样本都是我们感兴趣的,只有具有总体代表性的样本我们才关注。对具有总体代表性的样本进行分析是进行准确统计推断的前提。这种样本通常被称为随机样本(random sample)。

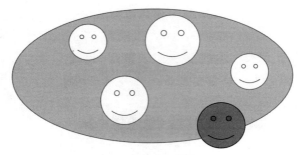

图 1.1　总体和样本

具体而言,随机样本是指基于简单随机抽样产生的样本。① 简单随机抽样(simple random sampling)是指从总体 N 个单位中任意抽取 n 个单位作为样本,使每个可能的个体被抽中的概率相等的一种抽样方式,这种选择方式通常基于概率论。

在描述性统计中,我们需要基于数据来描述总体或样本,并基于数据中变量的取值来描述总体或样本的特征。

(一) 数据

首先,我们来认识一下数据。数据在社会科学中通常是指研究者所收集到的各类观测结果。通常,我们拿到一个数据之后,要关注三个"W":

(1) 这个数据是描述什么的(who)?
(2) 这个数据里有什么变量,它们的测量单位是什么(what)?
(3) 收集这个数据的目的是什么(why)?

为方便记忆,我们将三个问题简化为三个"W"。第一个"W"("who":它是谁),说的是要了解我们手里的数据描述的是什么,目标对象是谁;第二个"W"("what":它都包含什么),说的是要了解这个数据里的变量情况,如包含哪些变量、这些变量都是怎么测量的;第三个"W"("why":为什么是它),说的是要了解收集这个数据的目的是什么,这个数据是否能够帮助回答我们感兴趣的问题。

一般说来,数据分为两种类型:结构化数据与非结构化数据。从名称中便可看出,结构化数据是高度组织化和整齐格式化的数据,可以归整放入表格,也是统计分析中常用的数据,如图1.2。非结构化数据是结构化数据之外的数

---

① 本书所提及的随机样本均为简单随机样本。

第一章 描述性统计

据,其形式多样、复杂,不符合任何预定义的模型,虽有挖掘价值,但依靠传统统计分析工具难以测量。因此,本书后续讨论主要涉及的是结构化数据。

	id	s41	a2	a3a	a3b	a3c	a4	a7a	a7b
40	3528	河南省	女	1987	12	4	汉	初中	毕业
41	11548	上海市	男	1937	8	12	汉	中专	毕业
42	9766	浙江省	女	1963	12	24	汉	初中	毕业
43	7143	四川省	男	1941	9	25	汉	没有受过任何教育	.
44	3806	山东省	女	1956	1	11	汉	没有受过任何教育	.
45	6688	江苏省	男	1959	12	22	汉	初中	毕业
46	3124	云南省	女	1971	5	11	其他	小学	辍学和中途退学
47	780	广东省	女	1968	10	2	汉	职业高中	毕业
48	11395	上海市	女	1975	6	1	汉	初中	辍学和中途退学
49	5122	黑龙江省	男	1970	3	25	汉	小学	毕业
50	7653	山西省	男	1981	9	7	汉	大学专科(成人高等教育)	毕业
51	4423	安徽省	女	1969	8	12	汉	小学	辍学和中途退学
52	7114	四川省	女	1948	4	7	汉	小学	辍学和中途退学
53	8539	辽宁省	男	1979	6	18	汉	普通高中	毕业
54	1319	陕西省	女	1967	11	9	汉	没有受过任何教育	.
55	9438	贵州省	女	1968	1	24	汉	初中	辍学和中途退学
56	9211	贵州省	女	1975	.	11	21	汉	技校	毕业
57	8211	江西省	男	1951	5	6	汉	小学	毕业
58	10124	天津市	女	1982	6	18	汉	大学本科(正规高等教育)	毕业
59	87	重庆市	女	1950	7	8	汉	没有受过任何教育	.
60	494	广东省	女	1951	10	29	汉	小学	肄业
61	5691	吉林省	男	1981	2	3	汉	初中	毕业

图 1.2　Stata 17.0 数据浏览窗口

虽然社会科学统计分析通常是基于结构化数据,但这些数据最初往往不是以简洁的数字和字符呈现,需要从文本信息中提取和录入。举个例子,我们通过访谈得到如下信息:

老王,男,45 岁,高中学历,月收入 12000 元……

老李,男,50 岁,大专学历,月收入 15000 元……

小赵,女,25 岁,研究生学历,月收入 8000 元……

…………

基于上述内容,我们可以将这些信息进行归类,比如,姓名(name)、性别(sex)、年龄(age)、受教育程度(edu)、月收入(income)等,并将这些信息分别填充到表 1.1 中:

表 1.1　数据排列方式

id	name	sex	age/岁	edu	income/元	…
1	老王	男	45	高中	12000	…
2	老李	男	50	大专	15000	…

(续表)

id	name	sex	age/岁	edu	income/元	…
3	小赵	女	25	研究生	8000	…
⋮					⋮	

这样，表1.1就形成了一个整齐的结构化数据。表中每一行记录一个受访者的信息，即一个观测（observation）；每一列记录受访者的某一个特征，即一个变量（variable）。

（二）变量

变量通常被定义为随个体变化而变化的某种或某类特征。

1. 分类变量和数值变量

根据变量的测量和呈现方式，我们可以把变量分为两大类：分类变量和数值变量。

（1）分类变量（categorical variable）也称定性变量（qualitative variable），具有描述数据单元"质量"或"特征"的属性。分类变量可以进一步描述为定类变量和定序变量。

定类变量（nominal variable）又称名义变量，是指用定类尺度（或名义尺度）来进行测量的变量。我们可以用数字或其他符号来标识变量的各种类别，然而这些数字本身只是一个符号标记，没有数量的意义，不存在逻辑顺序，只能用作类别上的区分。比如，在社会学中常常将性别编码为"1=男"和"2=女"。这里的1和2只是符号标记而已，可以任意选择，与程度、次序等无关。也就是说，我们还可以将男编码为2、女编码为1，或者将男编码为0、女编码为1，等等。类似地，语言、民族、籍贯、政治背景等变量也属于定类变量。

定序变量（ordinal variable）是指用定序尺度来进行测量的变量。与定类变量相比，定序变量的数值是存在逻辑顺序的，隐含着高低之别。因此，用定序尺度进行测量的变量可以比较不同观测在该变量上的大小、高低，但是无法体现不同观测在变量值之间的差异究竟有多大。举例来说，我们想要获得学生在社会统计课期末成绩上的排名，需要根据成绩的高低进行排序，即得到一个定序变量——排名。需要进一步指出的是，尽管第一名和第二名、第二名和第三名在顺序上都仅相差 1，但是根据成绩，第一名和第二名可能差 2 分，第二名和第三名成绩可能差 5 分，也就是说，这些数值仅仅反映排列次序，而任意相邻数值的间距并没有过多的实际意义。作为定序尺度应用的代表，利克特量表（Likert scale）在问卷调查中经常被采用。例如，提问"你对目前工作的满意程度如何？"：1 为"很不满意"，2 为"不满意"，3 为"一般"，4 为"满意"，5 为"非常满意"。

（2）数值变量（numerical variable）也称定量变量（quantitative variable），可以用描述数据单元"数量"的值来表示，数值本身包含"多少"的意思。数值变量可以进一步分为两个类别：

① 离散变量（discrete variable）。取值只能是自然数或整数单位的变量。比如，生育子女数、企业数等。

② 连续变量（continuous variable）。可以在某组实数中取任何值的变量。比如，年龄、身高、生育率、总产值等。

2. 自变量和因变量

根据变量之间的相互关系，我们还可以把变量分为自变量和因变量。

（1）自变量（independent variable）也称解释变量（explanatory variable），指实验者能够操纵和控制的变量或者被假定为原因的变量，其目的在于解释和预测该变量对被解释变量（因变量）的影响。常用 X 来表示。

（2）因变量（dependent variable）也称被解释变量（explained variable），指实验者需要检验的变量，它是自变量造成的结果，随自变量的变化而变化。常用 Y 来表示。

通常，Y 是 X 的函数，表示为 $Y=f(X)$。

二、集中趋势测量

（一）均值

均值（mean），也就是算术平均值，是描述性统计分析中最常用的集中趋势测量之一，它通常可以通过用一个变量所有取值的总和除以全部个体数得到：

$$\overline{Y} = \frac{\sum_{i=1}^{n} y_i}{n} \tag{1.1}$$

其中，$\bar{Y}$ 为算术平均值，y_i 为第 i 个观测的取值，n 为总观测数。

除了原始数据，我们还可以基于分组资料计算均值，即用各组分值与该组频数乘积的总和除以全部个体数目，公式为

$$\bar{Y} = \frac{\sum_{i=1}^{n} f_i y_i}{\sum_{i=1}^{n} f_i} \qquad (1.2)$$

其中，f_i 为组 i 的频数，y_i 为第 i 个组的平均取值，n 为组数。

（二）中位数

中位数（median）指的是在变量分布中可以把全部个体分成两个相等的部分的值，一部分的取值在其下，另一部分的取值则在其上。

在一组数据中找其中位数，我们首先需要对数据进行排序。如果个体数为奇数，中位数就是第 $\frac{n+1}{2}$ 个取值对应的数值。如果个体数为偶数，中位数则是第 $\frac{n}{2}$ 和 $\frac{n}{2}+1$ 个取值对应的数值的平均数。

例 1.1 以下为两组受访者的初婚年龄，分别找出两组的中位数。

组 1：16，17，18，19，22，24，25，26，30；

组 2：16，17，15，19，22，24，25，20，28，21。

解 组 1 包含 9 个受访者，那么这组数的中位数位置就应该是 $\frac{9+1}{2}=5$，即第 5 个数，为 22。

组 2 包含 10 个受访者，那么这组数的中位数应该位于 $\frac{10}{2}=5$ 和 $\frac{10}{2}+1=6$ 之间，即第 5 个和第 6 个数的均值，也就是 $\frac{22+24}{2}=23$。

这样是正确的吗？

答案当然是——不对！

仔细观察组 2，该数列并没有按照从低到高的顺序排序，所以我们计算得到的中位数是错的。重新将组 2 数列由小到大进行排序，得到如下新数列：

新组 2:15,16,17,19,20,21,22,24,25,28。

再次计算,可以发现,第 5 个和第 6 个数分别为 20 和 21,也就是说中位数应该为 $\frac{20+21}{2}=20.5$。

与均值一样,我们也可以基于分组资料计算中位数。对于分组数据,中位数的确定分为两步。

第一步,确定中位数所在组。具体方法为:根据累积频数或者累积百分比判断中位数所在组。如果某组为中位数所在组,其所在组的累积频数大于或等于总频数 N 的 $\frac{1}{2}$,且所在组的上一组的累积频数不到总频数的 $\frac{1}{2}$,我们也可以通过所在组的累积百分比大于或等于 50%,且所在组的上一组不到 50% 进行判断。

第二步,基于所在组的实际组限计算中位数的具体值。计算公式为

$$M_e = L + \frac{\frac{N}{2} - S_{m-1}}{f_m} \cdot d \quad (1.3)$$

或

$$M_e = U - \frac{\frac{N}{2} - S_{m+1}}{f_m} \cdot d \quad (1.4)$$

式 1.3 和式 1.4 中,M_e 为所求中位数;L 为中位数所在组实际组限的下限;U 为中位数所在组实际组限的上限;N 为总频数;S_{m-1} 为第一组到中位数所在组的上一组的累积频数;S_{m+1} 为中位数所在组的下一组到最后一组的累积频数;f_m 为中位数所在组频数;d 为中位数所在组的实际组距。

 表述组限与实际组限

在具体讲解如何计算前,我们先介绍一下组限。对于分组数据,组限表示各组变动范围两端的数值,它决定了事物性质的数量界限。其中,每组的最小值称为下限,每组的最大值称为上限。组限分表述组限(apparent limit)和实际组限(real limit)。表述组限为原始分组数据所呈现的分组界限,它以跳跃的形态描述组限,往往会在相邻组别中形成一个单位缺口,如表 1.2 第一列。实际组

限以连续的形态表述组限,为了弥补表述组限所留下的一个单位缺口,其区间范围为表述组限的下限减去 0.5,上限加上 0.5,如表 1.2 第二列。在计算分组数据的中位数时,我们往往采用实际组限进行分析,目的在于提高统计精度。

表 1.2 表述组限与实际组限

表述组限	实际组限
1—2	0.5—2.5
3—4	2.5—4.5
5—6	4.5—6.5
7—8	6.5—8.5

例 1.2 根据表 1.3 求年龄中位数。

表 1.3 不同年龄组的频数分布

年龄组/岁	频数	累积频数
20—29	347	347
30—39	451	798
40—49	488	1286
50—59	391	1677

解 总频数的 $\frac{1}{2}$ 为

$$\text{freq}_{30-39} < \frac{N}{2} = \frac{1677}{2} = 838.5 < \text{freq}_{40-49}$$

因此,中位数所在组为 40—49 岁组。

根据式 1.3,得到

$$M_e = 39.5 + \frac{\frac{1677}{2} - 798}{488} \times 10 = 40.33$$

此外,我们还可以根据式 1.4 计算,得到

$$M_e = 49.5 - \frac{\frac{1677}{2} - 391}{488} \times 10 = 40.33$$

可以发现,两个公式计算所得结果一致。

(三) 众数

顾名思义,众数(也称众值,mode)就是变量分布中具有最大频数(百分比)的类别或取值。对于未分组数据,通过目测出现次数最多(频数最大)的数值便可以得到众数。对于分组数据,则需要先确定众数组,然后通过式1.5计算找出众数点的标志值。

$$M_O = L + \frac{f - f_{-1}}{(f - f_{-1}) + (f - f_{+1})} \cdot i \tag{1.5}$$

式1.5中,M_O为所求众数;L为众数所在组实际组限的下限;f_{-1}为众数所在组上一组的频数;f_{+1}为众数所在组下一组的频数;f为众数所在组的频数;i为众数组的组距。

例 1.3 根据表1.4计算成绩的众数。

表1.4 不同成绩分组的频数分布

成绩分组/分	频数
60以下	2
60—69	15
70—79	19
80—89	15
90以上	3

解 从表1.4容易看出,众数所在组为70—79分组。根据式1.5可知,

$$M_O = 69.5 + \frac{19 - 15}{(19 - 15) + (19 - 15)} \times 10 = 74.5$$

(四) 均值、中位数与众数的特点

在描述性统计分析中,选用均值、中位数和众数哪个测量需要根据具体情况而定。通常,均值用得最多,其次是中位数,最后是众数。

如果变量的分布为单峰且对称,则存在三值合一的现象,即均值=中位数=众数。三值合一也是我们用来判定一个变量数值分布是否有偏的一个重要标准。

在现实生活中，我们所遇到的分布大多呈现偏态。它们的频数分布不对称，集中位置偏向一侧。偏态通常分为两种。如图1.3，如果均值小于中位数，则其分布为负偏态（左偏）；如果均值大于中位数，则其分布是正偏态（右偏）。在进行统计分析时，我们用偏度（skewness）来测量分布偏离正态分布的程度。偏度是统计数据分布偏斜方向和程度的度量，也是判断统计数据分布非对称程度的数字特征，具体内容我们在后面章节会进行介绍。

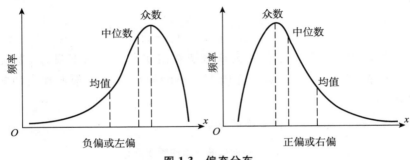

图 1.3 偏态分布

通过观察均值、中位数和众数在偏态分布中的位置，我们可以发现，偏态分布的峰值通常对应着频数分布的众数，往尾部的方向看，依次会遇到中位数、均值。这三个值受数据分布偏斜程度的影响是不同的。具体而言，均值受数据分布偏斜程度的影响最大，其次是中位数，而众数几乎不受影响。我们将均值、中位数和众数的特征总结于表1.5。

表 1.5 均值、中位数和众数特点比较

均值	中位数	众数
• 易受极端值影响 • 适用于定距和定比变量 • 数学性质优良 • 数据对称分布或接近对称分布时使用	• 不受极端值影响 • 适用于定序、定距和定比变量 • 数据分布偏斜程度较大时使用	• 不受极端值影响 • 适用于定类、定序、定距和定比变量 • 对于多峰分布，具有不唯一性 • 数据分布偏斜程度较大时使用

三、离散趋势测量

要刻画一个变量的分布情况，我们不仅要测量它的集中趋势，还要关注它的离散趋势。如图1.4,左右两个分布均属于对称分布,且均值相同。只看均值(或者中位数、众数)的话,我们往往难以将两个分布区分开来。很明显,左边的分布较"瘦",右边的分布较"胖"。分布的这种"胖瘦"差异,反映的就是它的离散趋势。

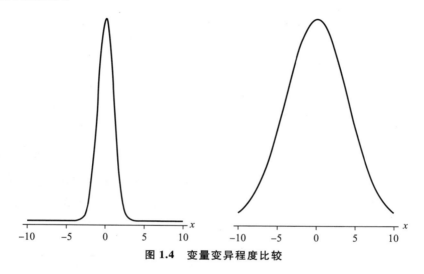

图1.4 变量变异程度比较

在描述性统计分析中,离散趋势主要用来描述观测值偏离中心位置的趋势,反映的是所有观测值偏离中心的情况。常用的离散分布测量包括:极差、四分位距、异众比率、平均差、方差和标准差。

(一)极差

极差(range),也称全距,它适用于描述定距变量和定比变量的离散趋势,其值等于最大值与最小值之差:

$$R = X_{max} - X_{min} \tag{1.6}$$

极差是所有离散趋势测量中最为简单的一种,它反映了数据样本的数值范围,是最基本的衡量数据离散程度的方式,但极易受极值影响。

(二)四分位距

四分位距(interquartile range,简称IQR),也称四分差,指的是数据样本的75%分位(Q_{75})和25%分位(Q_{25})之间的差值,记作

$$IQR = Q_{75} - Q_{25} \tag{1.7}$$

例如，一个变量有以下分布：

-2，3，5，6，6，7，8，8，8，8，10，12，16，20，30

该数列的Q_{75}等于12，Q_{25}等于6，那么四分位距 IQR = 6。

四分位距反映了数据中间50%部分的离散程度，数值越小表示数据越集中，反之数据越离散。不仅如此，由于中位数位于两个四分位数之间，因此，四分位距也可以反映出中位数对于数据样本的代表程度，即四分位距数值越小，表示中位数对数据样本代表程度越高，反之越低。

箱形图/盒形图(boxplot)是一种可以形象地展示变量分布情况的图示。通过箱形图，我们可以描述数据样本的极差、四分位距、中位数、四分位数、最小值以及最大值。

图1.5就是箱形图的示意图。箱子上下两边中间的纵向线段，叫触须线；上边缘线是变量值本体的最大值，下边缘线是变量值本体的最小值。需注意的是，这里的本体指的是除去异常值和极值的变量值。在箱形图中，我们通常把异常值标记为"●"，极值标记为"＊"。

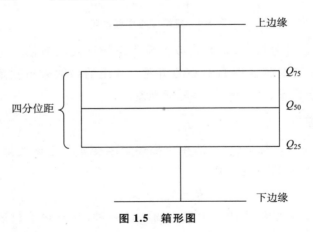

图1.5 箱形图

基于箱形图，我们很容易判断出数据样本中的异常值。一般来讲，大于75%分位数加上1.5倍四分位距的值，或者小于25%分位数减去1.5倍四分位距的值，均被划为异常值(outliers)。如果异常值超出四分位距3倍的距离，则被称为极端异常值或极值。处于四分位距的1.5倍到3倍之间的异常值，被称为温和的异常值。具体判断标准见表1.6。

第一章　描述性统计

表 1.6　箱形图异常值判断

	Q_{75} 以上	Q_{25} 以下
异常值	$x > Q_{75} + 1.5\text{IQR}$	$x < Q_{25} - 1.5\text{IQR}$
极端异常值	$x > Q_{75} + 3\text{IQR}$	$x < Q_{25} - 3\text{IQR}$

例 1.4　根据以下数列画出箱形图,并检验这组数列中是否存在异常值:

1.5,10.0,2.8,3.0,2.4,1.8,3.2,3.5,3.2,3.5,3.7,3.3,3.8,3.9,4.1,4.4,4.2,4.3,4.8,4.4,5.2,6.1,7.2,0.5,6.8。

解　对于这道题,我们先将这 25 个数字进行排序,分别计算出 Q_{25},Q_{50},Q_{75}。(见图 1.6)

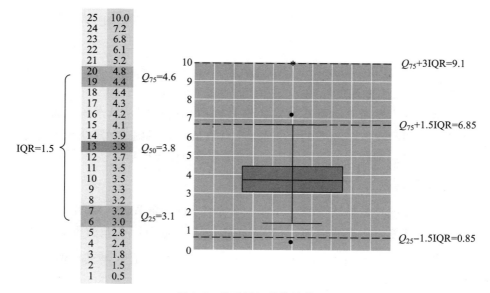

图 1.6　箱形图相关的计算

计算出 Q_{25},Q_{50},Q_{75} 之后,箱子上下边缘以及中线也就确定了。

接下来就是判断数据样本中异常值的情况。

判断异常值可以分三步:

第一步,计算出 IQR;

第二步,根据箱形图异常值定义,确定异常值边界,即 $Q_{25} - 1.5\text{IQR}$,$Q_{25} - 3\text{IQR}$,$Q_{75} + 1.5\text{IQR}$,$Q_{75} + 3\text{IQR}$;

第三步,根据表 1.6 判断异常值情况,并进行标注。

最后就是确定箱形图的最大值和最小值。需要强调的是,箱形图的最大值和最小值是排除了异常值之后的最大值和最小值。

全部确定完毕后,一个箱形图就画好了!(见图 1.6)

箱形图美中不足之处在于它不能提供关于数据分布偏态和重尾程度的精确度量;对于样本量较大的数据,箱形图反映的形状信息更加模糊。又由于箱形图主要采用中位数代表总体平均水平,其在一定程度上存在局限性。因此,如果用箱形图来描述数据的分布形态,最好同时呈现出其他描述性统计指标,如均值、标准差、偏度、分布函数等。

(三) 异众比率

异众比率(variation ratio)指的是非众数组的频数占总频数的比例。公式为

$$\gamma = 1 - \frac{f_{M_o}}{\sum f_i} \qquad (1.8)$$

其中,f_{M_o} 为众数组的频数。

异众比率主要用于衡量众数对一组数据的代表程度。异众比率越大,说明非众数组的频数占总频数的比重越大,众数的代表性越差;异众比率越小,说明非众数组的频数占总频数的比重越小,众数的代表性越好。

(四) 平均差、方差与标准差

方差与标准差是描述性统计分析中最常使用的离散程度测量。

在讨论方差与标准差之前,我们先介绍一下方差和标准差的重要组成部分——离差。所谓离差(deviance),指的是变量的具体取值 y_i 与其均值 $\overline{Y}$ 之间的差异,公式为

$$\mathrm{DEV}_i = y_i - \overline{Y} \qquad (1.9)$$

如果想知道总的变异程度,应该怎么做?可以对离差求和吗?

答案是当然不可以!由于离差反映的是变量的每一个取值与均值的差,对离差求和,即 $\sum \mathrm{DEV}_i = \sum (y_i - \overline{Y}) = \sum y_i - N\overline{Y} = \sum y_i - \sum y_i = 0$,所得结果一定为 0。如果要求总变异,有两种方式。

第一种是求离差绝对值的算术平均数,通过这种方式所得的总变异称作平均差(mean deviation,简称 MD),其计算公式为

$$\mathrm{MD} = \frac{\sum |x_i - \overline{X}|}{N} \qquad (1.10)$$

第二种是求离差平方和的算术平均数,通过这种方式所得的总变异就是我们常用的方差。方差(variance)是各个变量值与其算术平均数的离差平方和的平均数,通常用 σ^2 表示。方差的计算公式为

$$\sigma^2 = \frac{\sum (x_i - \overline{X})^2}{N} \qquad (1.11)$$

标准差(standard deviation)是方差的正平方根,公式为

$$\sigma = \sqrt{\frac{\sum (x_i - \overline{X})^2}{N}} \qquad (1.12)$$

标准差反映个体间的离散程度,它具有如下特性:
(1) 标准差非负,即 $\sigma \geq 0$,其单位与所测量的变量单位相同。
(2) 当 $\sigma = 0$ 时,表示没有变异,也就是说变量的所有取值都相等,变量为常数。观测值与均值的差异度越大,标准差就越大;反之越小。
(3) 如果变量的测量尺度变了,则 σ 也会随之变化。
(4) 如果对每个观测均加上某一相同常数,σ 不变。

对于一个服从正态分布或近似正态分布的曲线,有关标准差还有如下经验发现(如图 1.7):

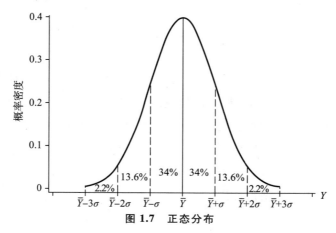

图 1.7 正态分布

(1) 大约 68%的观测落入正负一个标准差内 $(\bar{Y}-\sigma, \bar{Y}+\sigma)$；

(2) 大约 95%的观测落入正负两个标准差内 $(\bar{Y}-2\sigma, \bar{Y}+2\sigma)$；

(3) 全部或者几乎全部观测落入正负三个标准差内 $(\bar{Y}-3\sigma, \bar{Y}+3\sigma)$。

(五) 严重偏斜分布

我们在谈论集中趋势测量时讲到了偏态分布。对于单峰分布，如果三值不合一，则数据分布可能有偏。那么，究竟偏斜多严重属于严重偏斜分布？下面我们给出一个经验性的判断标准：

如果数据中最大值或者最小值与均值的距离小于一个标准差，我们就认为该数据的分布严重偏斜。

假设某班英语考试成绩的最低分为 0 分，最高分为 100 分。该班英语成绩均值 $\bar{Y}=86$，标准差 $\sigma=15$。由于英语成绩的最大值 100 与均值 86 的距离小于一个标准差 15，因此我们可以认为该班的英语成绩分布呈现严重偏斜。

四、用 Stata 进行描述统计

(一) 描述统计的目的

描述统计是将数据加以整理、归类、简化，以此描述和归纳数据的特征及变量之间关系的一种最基本的统计方法。在描述统计分析中，常用的两种方式是统计表和统计图。

统计表通常是用表格形式展示统计分析结果中相关变量的统计指标。统计图是用点、线、面等各种几何图形来形象化表达统计数据的分布形态。

在绘制统计表或者统计图时，我们通常会对不同类型的变量进行区别处理。具体而言，在统计表中，对于数值变量或定量变量，我们一般会展示其均值和标准差，而对定序变量和定类变量，通常会展示对应类别的百分比。在统计图中，对于数值变量或定量变量，我们一般会绘制直方图、箱形图等，而对于定序变量和定类变量，我们通常会绘制柱状图、饼图等。当然，这些都不是绝对的，具体还需视实际情况而定。

(二) 统计表中相关数值的计算

那么,我们如何用 Stata 来计算相关数值以制表做图呢?

1. 数值变量

通常,在用 Stata 进行描述之前,我们需要对变量进行分类并重新编码。如果是数值变量,我们需要检查是否存在不具有实际意义的值并剔除掉。比如,对于收入变量,在实际调查中为了保证受访者能顺利填答,通常会设置"不适用""不知道""拒绝回答"等选项,其对应的编码通常为很大的数值,比如,9999997、9999998、9999999 之类的。在进行描述之前,我们就需要把这些数值编码为缺失(在 Stata 里为"."),然后再进行计算。在 CGSS 2010 中,全年总收入变量为 a8a。在分析这个变量之前,我们就需要先对该变量进行重新编码,即把那些不具有实际意义的数值编码为缺失,然后再进行分析。实现变量及变量值编码查看的命令有很多(比如,Stata 自带的 codebook 命令),其中一个比较推荐的命令为 labellist,因为该命令只呈现有标签的变量值信息,且不会因为变量值过大而在结果展示上出现格式问题,从而输出结果更为清楚和紧凑。但由于该命令不是系统自带的,在使用该命令之前我们需要先在 Stata 中进行安装,即在命令窗口输入"ssc install labellist"。安装完毕后,我们便可以通过"labellist a8a"命令查看全年总收入变量 a8a 的编码。(见图 1.8)

```
. labellist a8a
a8alab:
       9999997  不适用
       9999998  不知道
       9999999  拒绝回答
```

图 1.8 用 labellist 命令展示 a8a 变量的编码

如图 1.8,a8a 变量中,9999997、9999998 和 9999999 这几个取值对应的不是受访者的具体收入信息,因此,在分析该变量前需要将这些取值定义为缺失。我们可以通过在命令窗口输入"recode a8a 9999997/9999999 = . , gen(income)"实现。(见图 1.9)对于这条命令,"recode a8a"即告诉 Stata,我们要对 a8a 变量重新编码。"9999997/9999999 = ."表示我们把 a8a 中取值为 9999997 到

9999999 的数值全部编码为缺失值。在逗号之后,我们还输入了"gen(income)",那么整条 recode 命令所产生的结果是,我们把 a8a 重新编码后又生成了一个新变量 income。这个 income 变量就是排除了 9999997 到 9999999 三个数值后的收入变量。尽管在实际分析中这样做在结果上与不加 gen(income) 并没有差别,但是这样做的好处在于生成了一个新变量,从而不会覆盖原始变量的信息。因此,即便编码出现错误,原始数据也不会受到影响。

```
. recode a8a 9999997/ 9999999=., gen(income)
(1625 differences between a8a and income)
```

图 1.9 用 recode 命令对 a8a 变量进行重新编码

对 a8a 变量重新编码后,我们就可以计算相关的集中趋势和离散趋势了。第一种方法也是最常用的计算集中趋势和离散趋势的命令就是 summarize。通过 summarize 命令,我们可以直接获得该变量中未缺失的观测数(Obs)、变量的均值(Mean)、标准差(Std. dev.)、最小值(Min)和最大值(Max)。在 Stata 命令窗口输入"summarize income",所得结果如图 1.10。

```
. summarize income

    Variable |        Obs        Mean    Std. dev.       Min        Max
-------------+---------------------------------------------------------
      income |     10,158    19210.68    80835.92          0    6000000
```

图 1.10 用 summarize 命令描述变量 income

需注意的是,Stata 通常展示的是样本标准差和样本方差。如果我们分析的是总体,想要获得总体方差和标准差,我们还需要手动进行简单的计算。对于总体方差,我们需要将 Stata 输出的方差乘以 $\frac{n-1}{n}$。对于总体标准差,则需要将 Stata 输出的标准差乘以 $\sqrt{\frac{n-1}{n}}$。

如果想要获得更详细的分布信息,我们可以在 summarize income 后面加上",detail"。由图 1.11 可见,除了上述提到的信息,这里还展示了如 Q_1、Q_5、Q_{10}、Q_{25}、Q_{50}、Q_{75}、Q_{90}、Q_{95}、Q_{99} 等分位数对应的收入信息,以及收入变量的偏度(Skewness)、峰度(Kurtosis)。

```
. summarize income, detail

                      RECODE of a8a
        (您个人去年(2009年)全年的总收入为
                            )
-------------------------------------------------------------
        Percentiles      Smallest
 1%           0               0
 5%           0               0
10%           0               0        Obs              10,158
25%        3000               0        Sum of wgt.      10,158

50%       10000                        Mean           19210.68
                         Largest       Std. dev.      80835.92
75%       20000         1800000
90%       40000         2000000        Variance        6.53e+09
95%       60000         2800000        Skewness        47.99817
99%      130000         6000000        Kurtosis         3163.84
```

图 1.11 在 summarize 命令后加入 detail

需提及的是,summarize 命令没有提供变量的四分位距。如果想求四分位距,有三种方式可以获得。第一种方式是直接提取"summarize income,detail"结果中 Q_{25} 和 Q_{75} 相对应的数值,然后相减(20000-3000),这是最原始的计算方法。

第二种方式是调用 Stata 内存中的标量(scalars)。实际上,我们每输入一次 summarize,Stata 的内存中就会自动保存基于该命令所计算出的一些标量,比如 Q_{25} 和 Q_{75}。我们仅需要调用内存中已保存的标量进行计算。要了解"summarize income,detail"命令运行后有哪些标量,我们可以通过命令"return list"进行展示(见图 1.12)。基于屏幕上展示的标量,我们就可以进行数值计算,用 display 命令[①]将计算结果打在屏幕上(见图 1.13)。通过这种方式,基于 summarize 命令运行后保存在内存中的标量,我们可以对更多统计量进行计算。

第三种方式是通过 tabstat 命令,该命令可以直接计算并展示出变量的集中和离散趋势测量,包括均值、标准差、极差、分位数、四分位距等。相比 summarize 命令,tabstat 命令使用起来更加简便。我们可以通过"tabstat income,stat(iqr)"直接获得 income 的四分位距,结果如图 1.14。

---

① 有关 display 命令的详细介绍见第二章。

```
. return list
scalars:
                  r(N) =  10158
              r(sum_w) =  10158
                r(mean) =  19210.67710179169
                 r(Var) =  6534445705.064969
                  r(sd) =  80835.91840923791
            r(skewness) =  47.9981677925807
            r(kurtosis) =  3163.840224159834
                 r(sum) =  195142058
                 r(min) =  0
                 r(max) =  6000000
                  r(p1) =  0
                  r(p5) =  0
                 r(p10) =  0
                 r(p25) =  3000
                 r(p50) =  10000
                 r(p75) =  20000
                 r(p90) =  40000
                 r(p95) =  60000
                 r(p99) =  130000
```

图 1.12 return list 输出结果

```
. display "income的四分位距为：" r(p75)-r(p25)
income的四分位距为：17000
```

图 1.13 用 display 命令计算 income 的四分位距

```
. tabstat income, stat(iqr)

    Variable |       IQR
-------------+----------
      income |     17000
```

图 1.14 tabstat 展示 income 的 IQR

　　tabstat 也可以同时展示多个统计量。下面我们尝试用 tabstat 命令统计 CGSS 2010 中受访者年龄的均值、标准差、25%分位数、75%分位数以及四分位距。首先，我们用 generate 命令生成 age 变量："generate age = 2010 − a3a if a3a!=−3"。这里施加了 if 语句，原因在于受访者出生年 a3a 变量中，−3 为"拒绝回答缺失值"，在生成 age 变量的时候，我们需要剔除这些值。接下来我们就可以通过"tabstat age, format(%6.3f) stat(mean sd p25 p75 iqr)"这一命令统计 age 的相关统计量了（如图 1.15）。这里，选项 format(%6.3f) 表示输出结果显示格式为浮点型,宽度为 6 个字节,小数点后保留 3 位。选项 stat(mean sd p25 p75 iqr)即输出均值、标准差、25%分位数、75%分位数以及四分位距。

```
. tabstat age, format(%6.3f) stat(mean sd p25 p75 iqr)

    Variable |      Mean        SD       p25       p75       IQR
-------------+--------------------------------------------------
         age |    47.303    15.679    36.000    58.000    22.000
-------------------------------------------------------------------
```

图 1.15 用 tabstat 命令描述 age 变量

此外,tabstat 还可以分组统计多个变量的相关参数。比如,我们可以尝试统计 CGSS 2010 里 age 和 income 在分性别样本中的均值、标准差和中位数,具体命令为"tabstat age income, by(a2) format(%6.3f) stat(mean sd median) longstub"。

根据 tabstat 命令语法,我们会把想要展示的变量放在 tabstat 后面,分组变量写在 by 后的()里面。这里的分组变量通常为定序或定类变量,目的在于展示我们感兴趣的变量在不同群体中的分布。最后,tabstat 命令中还多了 longstub 选项,用该选项的目的在于让第一列变宽以便有足够空间展示相关统计量的名称。如果不加 longstub 的话,Mean、SD、p50 这样的参数名称则不会出现。(见图 1.16)

```
. tabstat age income, by(a2) format(%6.3f) stat(mean sd median) longstub

a2        Stats |       age    income
----------------+---------------------
男         Mean |    47.861    2.5e+04
            SD |    15.806    1.1e+05
           p50 |    47.000    1.3e+04
----------------+---------------------
女         Mean |    46.783    1.3e+04
            SD |    15.544    3.4e+04
           p50 |    46.000   7000.000
----------------+---------------------
Total      Mean |    47.303    1.9e+04
            SD |    15.679    8.1e+04
           p50 |    46.000    1.0e+04
----------------+---------------------
```

图 1.16 用 tabstat 命令描述分性别的 age 变量和 income 变量

有关 tabstat 更加详细的使用方法，大家可以参考 tabstat 的 help 文件，可在命令窗口输入"help tabstat"回车后进行查看。

2. 分类变量

如果要展示定序或者定类变量的分布（通常是不同类别的百分比），在展示之前，除了剔除掉没有实际意义的类别，我们常常需要根据实际情况或者之前的经验研究进行选项的合并，保证分析所展示的数据更紧凑，更具有可读性。比如，在 CGSS 2010 中，最高教育程度的原始编码为 15 类（见图 1.17）。

```
. labellist a7a
a7alab:
              -3 拒绝回答缺失值
               1 没有受过任何教育
               2 私塾
               3 小学
               4 初中
               5 职业高中
               6 普通高中
               7 中专
               8 技校
               9 大学专科（成人高等教育）
              10 大学专科（正规高等教育）
              11 大学本科（成人高等教育）
              12 大学本科（正规高等教育）
              13 研究生及以上
              14 其他
```

图 1.17 用 labellist 命令查看 a7a 变量的编码

对于最高教育程度变量，-3 和 14 往往被认为是不具有实际意义的类别。对于这些数值，与处理定量变量的方式一样，我们需要把-3 和 14 编码为缺失值。在实际分析中，我们可能还需要对剩下 13 个类别进行合并。假设我们通过 recode 命令把教育重新编码为四分类变量，比如，我们把 1 到 4 编码为"初中或以下"，5 到 8 编码为"高中或同等学力"，9 到 10 编码为"大学专科"，11 到 13 编码为"大学本科或以上"。与之前一样，recode 后我们再新生成一个变量 educ，然后用 tabulate 命令展示新教育变量 educ 相应类别的百分比。相关命令和输出结果见图 1.18。

第一章 描述性统计

```
. recode a7a (1/4=1 "初中或以下")(5/8=2 "高中或同等学力")(9/10=3 "大学专
科")(11/13=4 "大学本科或以上")(-3 14=.), gen(educ)
(10230 differences between a7a and educ)

. tabulate educ
```

RECODE of a7a (您目前的最高教育程度是)	Freq.	Percent	Cum.
初中或以下	7,692	65.36	65.36
高中或同等学力	2,263	19.23	84.59
大学专科	933	7.93	92.52
大学本科或以上	880	7.48	100.00
Total	11,768	100.00	

图 1.18 对 a7a 变量进行重新编码和描述

从图 1.18 可见,CGSS 2010 的数据中,初中或以下的受访者有 7692 人,占 65.36%,而大学本科或以上的受访者仅为 880 人,占总样本的 7.48%。如果我们想进一步分城乡看教育程度分布,可以用 if 语句做进一步限定。在 CGSS 2010 的数据中,s5 变量就是区分城乡样本类型的。如果想看城市的教育程度分布,可通过图 1.19 中的命令实现。

```
. tabulate educ if s5==1
```

RECODE of a7a (您目前的最高教育程度是)	Freq.	Percent	Cum.
初中或以下	3,629	50.33	50.33
高中或同等学力	1,854	25.71	76.04
大学专科	879	12.19	88.23
大学本科或以上	849	11.77	100.00
Total	7,211	100.00	

图 1.19 查看城市样本的教育分布

由于 s5 为二分类变量,1 对应城市样本,2 对应农村样本,因此,要看城市的教育程度分布就需要指定"s5 == 1"。如果我们想看乡村的教育程度分布,把"if s5 == 1"改为"if s5 == 2"即可。有关列表,我们会在第三章和第八章继续介绍。

至此,我们基本上就可以用 Stata 展示出常用的集中趋势和离散趋势测量结果了。在实际分析时,大家可以将所得结果整理到表格中进行展示。

（三）统计图的绘制

下面,我们将介绍几种常用的统计图的绘制方法。

1. 直方图

对于连续变量,想要观察其分布情况,我们通常会做直方图。直方图是数值数据分布的精确图形表示。直方图是一种条形图,横坐标为变量取值,纵坐标为对应取值/取值间隔的频数或者频数密度。构建直方图通常分为两步:第一步,将变量取值范围进行分段,即将整个取值范围分割成一系列间隔,这些间隔大小相等、彼此相邻,连续又不重叠;第二步,根据每个间隔内的频数或者频数密度做图。

对于刚刚处理好的 income 变量,如果想做相应的直方图,我们可以通过 histogram 命令实现。与此同时,我们还可以生成一个新变量 lninc,即 income 的自然对数,与 income 分布进行对比,具体命令如下（其中,带 * 行为文字注释,用以注明下一行 Stata 命令的相应目的）:

```
. * 对 income 做直方图,将该图存为 income.gph
. histogram income, norm saving(income.gph, replace)
. * 生成新变量 lninc,令其等于 ln(income)
. gen lninc = ln(income)
. * 对 lninc 做直方图,将该图存为 lninc.gph
. histogram lninc, norm saving(lninc.gph, replace)
. * 把 income.gph 和 lninc.gph 合并,存为一张图 inccomb.gph
. graph combine income.gph lninc.gph, saving(inccomb.gph, replace)
```

对于上述命令,histogram 命令中的选项 norm 的目的在于输出正态分布曲线,以便和变量自身分布进行对比;saving(×××.gph, replace) 的目的是保存生成的 Stata 图形文件 gph,图名为"×××"。写 replace 的目的在于,在需要再次运行保存图形命令时,Stata 不会报错。这看起来似乎没必要,但是实际操作中却非常有用,原因在于,在分析时我们常常会对变量的编码进行调整,画图存图的命令也就会被重复运行。如果不加 replace,Stata 窗口会出现"×××.gph 已经存在,无法保存"之类的报错提示。

运行完上述命令后,可以得到如图 1.20 的样图。① 左边为 income 变量的分布,右边为 lninc 变量的分布。相比之下,对 income 取对数之后,变量分布在形态上与正态分布更为近似。

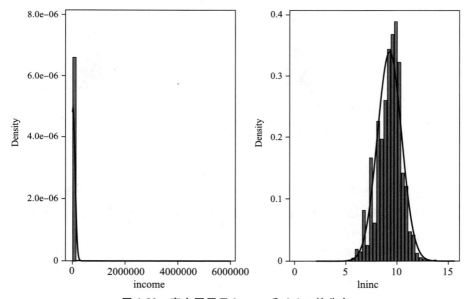

图 1.20 直方图展示 income 和 lninc 的分布

我们还可以分不同的教育程度展示 income 的分布情况(见图 1.21),可以通过命令"histogram lninc, by(educ)"实现。

另外,在运行 historgram 命令时,Stata 默认展示的是频数密度,如果想展示频数,只需在命令后面加上 frequency 即可。

---

① 需要说明的是,为了使绘制的图形看起来更加直观和美观,笔者使用了 Stata 一些绘图命令的选项对图形进行了必要的调整,因而本书呈现的一些图形可能与运行 Stata 命令输出的图形有细微差别。

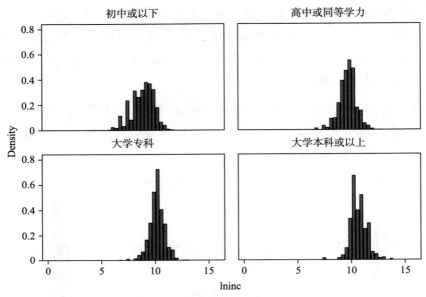

图 1.21　分教育程度的 lninc 的分布

2. 箱形图

箱形图也常用来展示数值变量的分布情况，对应的 Stata 命令为 graph box。以 lninc 变量为例，如果想绘制箱形图展示其分布，在命令窗口输入"graph box lninc"，结果如图 1.22。

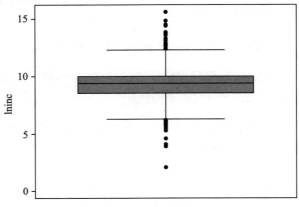

图 1.22　lninc 的箱形图分布

我们还可以分教育程度来展示 lninc 的分布，对应的命令为"graph box lninc, over(educ)"，结果如图 1.23。

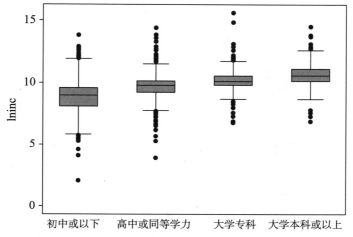

图 1.23　分教育程度的 lninc 箱形图分布

在"graph box lninc"命令后面，我们用了"over(educ)"，原因在于我们希望把所有教育程度下的 lninc 分布放在一张图里。实际上，用 by(educ) 也是可以的。两者的差别在于前者是把不同教育程度的 lninc 分布放在一张大图里展示，后者是把每个教育程度分别单独做图，然后将四张图合并。读者们可以自行尝试运行命令，比较结果。

3. 柱状图

对于定类变量或定序变量，我们通常会画柱状图或者饼图来展示每个类别所占的百分比。以 educ 变量为例，如果要做柱状图，catplot 是一个非常方便的 Stata 命令。但是该命令不是系统自带的，在第一次使用前需要在命令窗口键入"ssc install catplot"来安装相应程序。安装成功后，我们就可以使用了。

在命令窗口键入"catplot educ, percent"，结果如图 1.24。需注意的是，命令后面加入 percent 的原因在于，catplot 命令默认输出的是每个类别的频数，只有指定 percent，最终输出的图形才会显示百分比。

如果想分城乡来看教育程度分布，可以在命令窗口键入"catplot educ s5, percent blabel(bar, pos(outside) format(%3.2f)) ysc(off)"实现，结果如图 1.25。

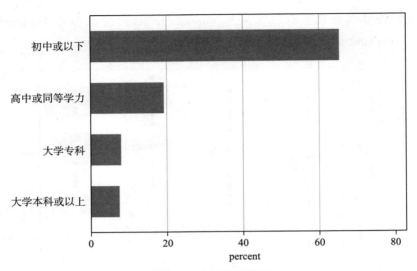

图 1.24 educ 变量的柱状图分布

这里为了显示各个类别具体的百分比,我们进一步加入了标签,令其置于柱状图的后面,并保留两位小数。

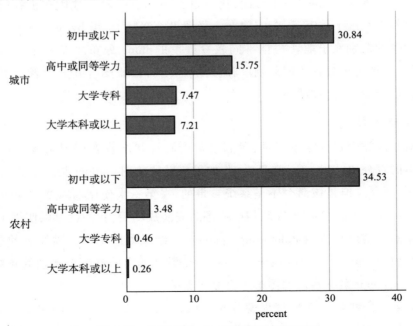

图 1.25 分城乡的 educ 变量的柱状图分布

4. 饼图

对于定类变量或定序变量,我们还可以通过饼图来展示分布,相应的 Stata 命令为"graph pie"。继续以 educ 变量为例,我们可以在命令窗口输入"graph pie, over(educ) plabel(_all percent, format(%3.2f))",结果如图 1.26。这里指定"plabel(_all percent, format(%3.2f))",是为了让每块饼(类别)都标注对应的百分比,并保留两位小数。

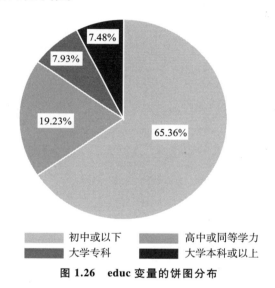

图 1.26 educ 变量的饼图分布

常见问题

问:为什么我做出来的图和书中的不太一样呢?

答:在实际操作时,大家得到的图确实会和书中稍有不同。原因在于我们在 Stata 中对图形配色和标签进行了修改。大家在用 Stata 生成图形后,在图形上点击右键,选择"start graph editor"便可以对图形进行编辑了。

问:关于 Stata 做图,我记不住语法怎么办?

答:没关系的。当想不起来怎么写命令的时候,我们就求助 Stata help。在命令窗口键入"help 相关命令",Stata 会告诉你该命令详细的语法!

五、本章小结

本章重点介绍了集中趋势和离散趋势的测量,并对描述性统计的目的,以及实际分析中需要汇报的内容进行了总结。当然,这些经验并不是绝对的,我们还需根据实际需要而定。

第二章

概率初步

社会科学的量化研究大多是通过统计方法来描述和分析社会现象及其演变过程,进而对相关现象以及变化过程进行规律性的推断。这种规律性常常与概率有关。通过对概率及相关概率分布的介绍,有利于读者了解随机的思想,更有助于对后面统计推断内容的学习。因此,本章将对概率论做一个简单介绍;为了便于读者理解,我们也结合了一些 Stata 模拟和计算案例。

 概率论的历史

概率是衡量不确定性和可能性的一种数学工具,人类对于概率的使用可以追溯到几百年甚至几千年前。在古埃及等地,人们把动物的骨骼当作"骰子",掷骰子成了当时大众喜闻乐见的游戏。

概率论就与掷骰子有关。概率论的发展源于对赌博问题的研究,但是"概率"这一概念直到 17 世纪才变得比较明确。1654 年,法国数学家布莱兹·帕斯卡(Blaise Pascal)在给皮埃尔·德·费马(Pierre de Fermat)的一封信中提到,某赌徒问了帕斯卡一个让他苦恼了很久的问题:两个赌徒相约赌若干局,谁先赢 m 局就算赢,全部赌本就归谁;但是当其中一个人赢了 $a(a<m)$ 局,另一个人赢了 $b(b<m)$ 局的时候,赌博被迫中止,这时赌注到底应该如何分配才合理呢?正是因为对这个问题的深入研究,帕斯卡和费马提出了赌博相关概率计算的方法,这一事件标志着概率论作为一门科学的开端。不久之后,荷兰天文学家、物理学家、数学家克里斯蒂安·惠更斯(Christiaan Huygens)开始尝试解决赌注分配的问题,并于 1657 年出版了《论机会游戏的计算》一书,这是最

早的概率论著作。

近几十年来,随着科技的蓬勃发展,概率论大量应用于国民经济、工农业生产及各学科领域,其应用面之广早已远远超越最初的赌注分配问题。许多后来兴起的领域,如信息论、对策论、排队论、控制论等,都是以概率论作为基础的。

一、基本计数法则

在讲概率之前,我们先来介绍基本计数法则。基本计数法则在我们的日常生活中扮演着非常重要的角色。每当我们需要从一堆选项中做出选择时,每当我们需要为可能出现的情况进行计划时,我们实际上都在使用基本计数法则。基本计数法则有助于我们确定如何在现有选项的基础上进行选择,它为解决很多实际问题提供了思想和工具。

一般来讲,基本计数法则分为加法法则和乘法法则两种,它是排列组合的基础。

(一)加法法则和乘法法则

1. 加法法则

加法法则(addition rule)具体是指:做一件事情,完成它有 n 类方式,第一类方式有 m_1 种方法,第二类方式有 m_2 种方法,……,第 n 类方式有 m_n 种方法,那么完成这件事情共有 $m_1+m_2+\cdots+m_n$ 种方法。举个简单的例子:小明去餐厅吃饭,菜单里有 3 种素菜和 4 种荤菜,如果只点 1 个菜,那么小明可以有多少选择?此时,我们就要用到加法法则。对于小明来讲,完成点菜既可以是点素菜,也可以是点荤菜。根据菜单里素菜和荤菜的数目,我们便可以知道小明的可选数量为两者之和 7。可见,加法法则的核心是分类,其描述的是完成一件事可以有多少种不同的方式,常用于排列组合。

2. 乘法法则

不同于加法法则,乘法法则(multiplication rule)的关键在于分步,其适用于我们需要做多个选择的时候。这里我们仍旧以餐厅吃饭为例,假定餐厅只提供套餐,小明在这里吃饭不仅需要选择 1 个主菜,还要选择 1 个汤和 1 个甜品。

如果菜单上有 2 种汤、3 个主菜和 2 个甜品可供搭配,那么小明一共可以有多少种选择?如图 2.1,假定小明先点汤,再点主菜,最后点甜品,那么根据菜单上汤、主菜和甜品的数量,小明的选择共有 2×3×2 = 12 种。

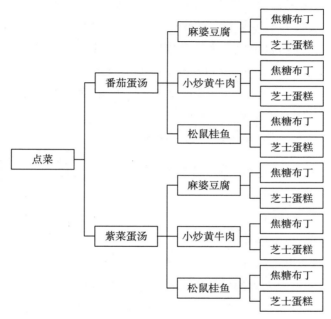

图 2.1 菜单选项

(二)排列组合

排列组合是计算复杂事件概率的基本工具。当随机试验中的结果非常多时,我们常常需要运用排列和组合的方法求得不同随机事件的样本点,进而求得特定随机事件的概率。我们以一个例子来开启对排列组合的认识。

例 2.1 假设有 8 个人,标记为 $\alpha, \beta, \gamma, \delta, \varepsilon, \theta, \zeta, \eta$。如果从中随机选取 4 个人排成一列,共有多少种结果?如果随机选取 4 个人作为一组,又有多少种结果?

1. 排列

针对例 2.1 的第一个设问,我们可以进行如下设想:从 8 个人中随机选取 4 个人,可以一次一次进行。如果从 8 个人中随机选取 1 人,那么有 8 种结果。

如果在选取完 1 人后再从剩下的 7 人中随机选取 1 人,则会有 7 种结果。从剩下的 6 人中再随机选取 1 人,则有 6 种结果。最后,从 5 人中随机选取 1 人,则有 5 种结果。根据乘法法则我们知道,从 8 个人中随机选取 4 人需要分四个步骤进行,而每次选取到的个体也会因顺序不同而具有不同的排列结果,因而从 8 个人中随机选取 4 人共有 $8 \times 7 \times 6 \times 5 = 1680$ 种结果。一般地,如果我们从 n 个元素中不放回地随机抽取 k 个元素排成顺序不同的一列,那么结果为

$$n(n-1)(n-2)\cdots(n-k+1)$$

当 $k = n$ 时,$n(n-1)(n-2)\cdots 1 = n!$,标记为"$n!$",它称作 n 的阶乘(factorial)。那么,对于上式,我们还可以表达为

$$n(n-1)(n-2)\cdots(n-k+1)$$
$$= n(n-1)(n-2)\cdots(n-k+1)\frac{(n-k)(n-k-1)\cdots 1}{(n-k)(n-k-1)\cdots 1}$$
$$= \frac{n!}{(n-k)!}$$

需提及的是,数学中 $0! = 1$。

由此,我们给出排列(permutation)的定义。

从含有 n 个不同元素的集合中不放回地随机抽取 k 个元素($0 \leq k \leq n$),并按照一定顺序排成一列,叫作从 n 个元素中取出 k 个元素的一个排列。计算公式为

$$P_n^k = \frac{n!}{(n-k)!} \tag{2.1}$$

这里 P_n^k 为排列的符号,表示从 n 个元素中取出 k 个元素的一个排列共有 P_n^k 种方法。

回到例 2.1 的第一个设问,我们可以根据式 2.1 进行计算,结果如下:

$$P_8^4 = \frac{8!}{(8-4)!} = \frac{8!}{4!} = \frac{8 \times 7 \times 6 \times 5 \times 4 \times 3 \times 2 \times 1}{4 \times 3 \times 2 \times 1} = 1680$$

2. 组合

现在我们来思考例 2.1 的第二个设问。定义样本空间为

$$S = \{\alpha, \beta, \gamma, \delta, \varepsilon, \theta, \zeta, \eta\}$$

那么从中随机选取 4 个样本点组成一组,在这种情况下,通过排列计算的

结果将会产生重复,因为排列会考虑每个样本点出现的顺序。比如,对于排列,$\{\alpha,\beta,\gamma,\delta\}$,$\{\beta,\alpha,\gamma,\delta\}$,$\{\gamma,\delta,\beta,\alpha\}$都是不同的。但是对于组合,三者是等价的,因为我们只考虑包含了哪些元素,而不考虑子集中的样本点如何排列。基于这一思路,排列可以看作组合的一个子集。为了正确地计算组合数,我们还需从排列的定义入手。

根据排列定义,排列分为两步:第一步,从含有 n 个不同元素的集合中不放回随机抽取 k 个元素;第二步,按照一定顺序将 k 个不同元素排成一列。设第一步共有 C_n^k 种不同的结果,其中,C_n^k 为组合的符号,表示从 n 中随机抽取 k 个元素的组合共有 C_n^k 种不同结果。第二步则有 $k!$ 种结果。根据乘法法则,$P_n^k = C_n^k k! = \dfrac{n!}{(n-k)!}$。第一步所得的结果,即从含有 n 个元素的集合中抽取含有 k 个元素的子集的个数,就是组合的个数。由此我们给出组合(combination)的定义:

从含有 n 个不同元素的集合中不放回随机抽取 k 个元素($0 \leq k \leq n$)作为子集,每一个含有 k 个元素的子集都称为从 n 中随机抽取 k 个元素的组合。计算公式为

$$C_n^k = \frac{P_n^k}{k!} = \frac{n!}{k!(n-k)!} \tag{2.2}$$

回到例 2.1 的第二个设问,我们可以根据公式 2.2 进行计算,结果如下:

$$C_8^4 = \frac{8!}{4!(8-4)!} = \frac{8!}{4!4!} = \frac{8 \times 7 \times 6 \times 5 \times 4 \times 3 \times 2 \times 1}{4 \times 3 \times 2 \times 1 \times 4 \times 3 \times 2 \times 1} = 70$$

例 2.2 设袋中有 3 个白球,2 个红球,现从袋中任意抽取两次,每次取 1 个,取后不放回,求:

(1)两次都取到红球的概率;

(2)至少取到 1 个红球的概率。

解 从题干我们可以分析出如下信息:随机试验为从含有 3 个白球和 2 个红球的袋中任意不放回地抽取两次,那么样本空间 S 即从 5 个元素中随机抽取 2 个元素作为子集的组合,那么 S 共有 $C_5^2 = \dfrac{5!}{2!(5-2)!} = 10$ 种结果。

(1)随机事件为两次都取到红球,我们可以将其分为两步。第一步,第一次取到红球;第二步,第二次也取到红球。对于第一步,即第一次取到红球的概率为 $P_1 = \dfrac{2}{5}$;对于第二步,因为第一次已经拿出 1 个红球,此时仅剩下 3 个白球和 1 个红球,因而第二次取到红球的概率为 $P_2 = \dfrac{1}{4}$。根据乘法法则,两次都取到红球的概率为 $P = \dfrac{2}{5} \times \dfrac{1}{4} = \dfrac{1}{10}$。此外,我们还可以从组合的角度来看,从 10 个球中不放回随机抽取 2 个,共有 10 种结果,而 2 个全部为红球的结果仅有 1 种,因而概率为 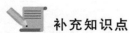。

(2)至少取到 1 个红球包含三个事件:第一次取到红球而第二次取到白球;两次都取到红球;第一次取到白球而第二次取到红球。假设事件 A 为至少取到 1 个红球,根据加法法则,该事件的概率为上述三个事件子集的概率之和。事件 1 的概率为 $P_1 = \dfrac{2}{5} \times \dfrac{3}{4} = \dfrac{3}{10}$;事件 2 的概率为 $P_2 = \dfrac{1}{10}$;事件 3 的概率为 $P_3 = \dfrac{3}{5} \times \dfrac{2}{4} = \dfrac{3}{10}$。因此,事件 A 的概率 $P(A) = \dfrac{3}{10} + \dfrac{1}{10} + \dfrac{3}{10} = \dfrac{7}{10}$。

补充知识点

※二项式系数

组合数的符号 C_n^k 也可以表示为 $\binom{n}{k}$,它等于 $\dfrac{n!}{k!(n-k)!}$,其中 $0 \leq k \leq n$。符号 $\binom{n}{k}$ 称作二项式系数(binomial coefficients)。在数学上,二项式系数是二项式定理中各项的系数,定义为 $(x+y)^n$ 的多项式展开式中 $x^k y^{n-k}$ 项的系数,表达式为

$$(x+y)^n = \sum_{k=0}^{n} \binom{n}{k} x^k y^{n-k} \qquad (2.3)$$

有关二项式系数包含两个推论:

第二章　概率初步

推论1：对任意正整数 n 和 k 满足

$$\binom{n}{k} = \binom{n}{n-k} \tag{2.4}$$

推论2：帕斯卡法则（Pascal's rule）——对任意正整数 n 和 k 满足

$$\binom{n}{k} + \binom{n}{k-1} = \binom{n+1}{k} \tag{2.5}$$

※多项式系数

与二项式系数类似，多项式系数也与多项式定理有关，而多项式定理为二项式定理的推广。多项式系数是多项式 $(x_1 + \cdots + x_k)^n$ 展开式中，项 $x_j^{n_j}$ 的系数，表达式为

$$(x_1 + \cdots + x_k)^n = \sum_{n_1+n_2+\cdots+n_k=n} \binom{n}{n_1, n_2, \cdots, n_k} \prod_{j=1}^{k} x_j^{n_j} \tag{2.6}$$

其中，系数 $\binom{n}{n_1, n_2, \cdots, n_k}$ 为多项式系数的数值，表示将样本空间中 n 个不同元素划分为 $k(k \geq 2)$ 个互斥子集，共有 $\dfrac{n!}{n_1! \, n_2! \cdots n_k!}$ 种结果。这里，$n_1, n_2, \cdots, n_k$ 是每个子集中元素的个数，且满足 $n_1 + n_2 + \cdots + n_k = n$。

多项式系数（multinomial coefficients）是一组组合数，是二项式系数的一般形式，常用于统计复杂事件的结果。假设一个有限样本空间包含 n 个不同元素，如果将这 n 个元素划分到 $k(k \geq 2)$ 个不同的子集中，其中第 $j(j=1,\cdots,k)$ 个子集包含 n_j 个元素，且 $n_1 + n_2 + \cdots + n_k = n$，那么一共可以有多少种结果呢？

针对上述设问，我们可以根据乘法法则和二项式系数来进行分析。如果第一个子集中有 n_1 个元素，那么从 n 中随机抽取 n_1 个元素作为一个子集，就会有 $\binom{n}{n_1}$ 种结果；在划分完第一个子集后，样本空间中剩下 $n - n_1$ 个元素。此时如果将 n_2 个元素划分到第二个子集中，会有 $\binom{n-n_1}{n_2}$ 种不同结果。基于这一思路，将 n_j 个元素划分到第 j 个子集就有 $\binom{n-n_1-\cdots-n_{j-1}}{n_j}$ 种不同结果。当我们将

n_{k-1} 个元素划分到第 $k-1$ 组(倒数第二组)后,样本空间中最后剩下的 n_k 个元素则必然划分到第 k 组。

根据乘法法则,将 n 个元素划分到 k 组的结果为

$$\binom{n}{n_1}\binom{n-n_1}{n_2}\binom{n-n_1-n_2}{n_3}\cdots\binom{n-n_1-\cdots-n_{k-2}}{n_{k-1}}\binom{n_k}{n_k}$$

$$=\frac{n!}{n_1!(n-n_1)!}\times\frac{(n-n_1)!}{n_2!(n-n_1-n_2)!}\times\cdots\times\frac{(n-n_1-\cdots-n_{k-2})!}{n_{k-1}!\ n_k!}\times 1$$

$$=\frac{n!}{n_1!\ n_2!\cdots n_k!}$$

而

$$\frac{n!}{n_1!\ n_2!\cdots n_k!}=\binom{n}{n_1,n_2,\cdots,n_k}$$

因此,上述推导过程的最终结果即多项式系数。

下面我们来看一个例题。

例 2.3 假设一副扑克有 52 张牌,其中 13 张是梅花。现将扑克洗牌并分给 4 个玩家,每个玩家分得 13 张牌。求 4 个玩家分别分得 5 张梅花、4 张梅花、3 张梅花和 1 张梅花的概率。

解 设随机事件 A 为将 52 张牌平均分给 4 个玩家,每个玩家分得 13 张牌。

根据多项式系数的定义,随机事件 A 的样本点为 $\binom{52}{13,13,13,13}$。

设随机事件 B 为将 13 张梅花分给 4 个玩家,每个玩家分别分得 5 张、4 张、3 张和 1 张。那么,随机事件 B 的样本点为 $\binom{13}{5,4,3,1}$。

根据乘法法则,要使 52 张牌平均分给 4 个玩家,且每个玩家分得特定数量的梅花外,每个玩家还需进一步分得 13 张梅花以外的 39 张牌。

设随机事件 C 为将梅花以外的 39 张牌分给 4 个玩家,每个玩家分别分得 8 张、9 张、10 张和 12 张。那么,随机事件 C 的样本点为 $\binom{39}{8,9,10,12}$。

因此,我们可以算得上述问题的概率:

$$P = \frac{\binom{13}{5,4,3,1}\binom{39}{8,9,10,12}}{\binom{52}{13,13,13,13}}$$

$$= \frac{\dfrac{13!}{5!\ 4!\ 3!\ 1!} \times \dfrac{39!}{8!\ 9!\ 10!\ 12!}}{\dfrac{52!}{(13!)^4}}$$

$$= 0.0054$$

二、随机事件与概率

(一) 随机试验和随机事件

概率论是研究随机现象统计规律性的一门数学学科。随机现象的规律性只有在相同条件下进行大量重复试验时才会呈现。因此,只有在涉及随机试验(random experiment)和随机事件(random event)的情境下,概率才具有适用性。

1. 随机试验

随机试验简称"试验",即对随机现象的观察,常用 E 表示。

随机试验须符合以下条件:

(1) 可以在相同的条件下重复进行;

(2) 试验的所有结果是事先已知的,并且不止一种;

(3) 每次试验只能出现可能结果中的一种,且不能预先判断是哪一种。

2. 随机事件

随机事件,简称事件,即随机试验可能结果的一组定义明确的集合,通常用大写字母 A、B、C 等表示。随机事件是在随机试验中,可能出现也可能不出现,但是在大量重复试验中具有某种规律性的事件。

 分辨随机试验和随机事件

设想一个情境:现在我们的手里有一枚硬币,我们将这枚硬币连续抛掷三次,我们想知道其中正面朝上共有多少次。在这个随机试验中,首先,抛掷硬币的行为可以重复。其次,每次试验可能出现的结果只能是"反反反、正反反、反正反、反反正、正正反、正反正、反正正、正正正"中的一种。第三,试验之前,我们不能预判会出现哪一种结果。因此,这个试验就是随机试验,而该试验所产生的可能结果就是随机事件。随机事件是以上所有结果的一个子集,比如正面出现0次、1次、2次或3次,每一个事件都可以看作一个随机事件。此外,硬币抛出至少两个正面,也是一个随机事件。一旦对随机试验中的简单结果赋予概率,就需要概率论来进一步研究不同结果构成的随机事件。

3. 样本空间

试验的所有可能结果所组成的集合称为样本空间(sample space),记为$S=\{e\}$,有时候也用Ω表示。一个随机试验的样本空间可以理解为不同可能结果所构成的集合,随机试验的每一种结果称为样本空间的样本点(sample point)或元素(element)。同样,由样本点组成的集合称为基本事件(basic event),样本空间中的任意一个子集都是随机事件。

比如,当我们连续抛掷六个面的立方体骰子两次时,我们会得到两个不同的点数。那么这一随机试验的样本空间即为1—6所组成的所有可能的数对(x,y),其中x指的是第一次抛掷骰子得到的点数,y是第二次抛掷骰子得到的点数。因此,样本空间S包含了如图2.2中的36种结果。

（1）有限样本空间

如果一个随机试验有n种可能结果$s_1,s_2,\cdots,s_n$,则称样本空间$S=\{s_1,s_2,\cdots,s_n\}$为有限样本空间(finite sample space)。在有限样本空间S里,相应的概率是基于每一个样本点s_i的概率p_i而确定的,同时,有限样本空间S的概率计算同样遵循概率数学定义公理。随机试验中各种概率的计算也更多基于有限样本空间。

（2）等可能结果

在有限样本空间中,有时关于概率的处理会假设随机试验的各种结果是等可能的。此时,对于任意包含了N个等可能结果(equally likely outcomes)的样本空间,每一种结果的概率都是$\frac{1}{N}$。然而,在现实中可以用等可能结果的样

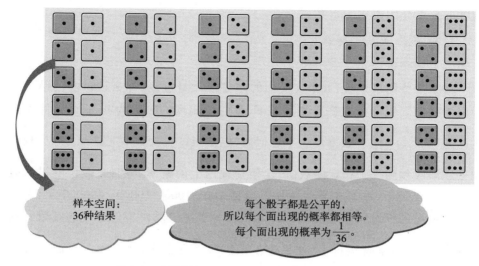

图 2.2 连续抛掷骰子两次可能出现的结果的集合

本空间来描述的并不多。比如,我们让小 P 同学多次抛掷一个螺钉,然后观察该螺钉是头向上还是向下落在地上。就这一现象而言,实际上并不存在物理对称性来表明头向上和头向下落地这两种结果是等可能的。

尽管大多数随机现象没有等可能的结果,但以结果近似等可能的方式来定义样本空间可以大大简化样本空间内事件概率的计算。假定样本空间 S 有 n 个样本点,且 S 中每个样本点的可能性都相等,如果随机事件 A 包含该样本空间中的 m 种结果,则事件 A 的概率可以用随机事件所包含的试验结果数量除以样本空间的所有随机试验结果获得,即

$$P(A) = \frac{m}{n} \qquad (2.7)$$

(二) 概率的解释

概率在日常生活中发挥着重要的作用,我们常常能听到类似的陈述:"明天很可能会下雨","下午的统计课估计不上了","高峰时段地铁大约每 5 分钟发出一趟"。这些陈述都反映了特定事件将会发生的概率。虽然人们在日常生活中频繁使用与"概率"相关的语词,但是至今学界对于概率这一术语的解释仍未达成共识。在这一小节,我们将引入概率最常见的两种解释,然后再从

数学的角度介绍概率的定义。

1. 概率的一般化解释

(1) 频率解释

对于某些随机试验,如果在类似的条件下大量重复,那么该试验的结果将会趋于稳定。假定在 N 次重复试验下,事件 A 出现的频数为 n,那么事件 A 发生的频率 $f(A)=\dfrac{n}{N}$。频率是一个近似值,但是当试验次数 N 趋于无穷时,频率则会逐渐收敛到一个稳定的数值,这便是理论上的概率。例如,假设随机试验为抛掷一枚硬币,那么在类似条件下抛掷 100、1000、10000、100000 次,正面或反面朝上的相对频率(relative frequency;等于某一随机事件出现的频数除以试验次数)会越来越接近 $\dfrac{1}{2}$;如果重复该试验无穷多次,那么硬币正面或反面朝上的概率为 $\dfrac{1}{2}$。由表 2.1 可见,频率是不稳定的,随试验次数的变化而变化,而概率是当试验次数趋近无穷时的频率,它是一个稳定值、理论值,并且是唯一的精确值。

表 2.1 掷硬币的频率与概率

掷硬币次数 N	出现正面的次数 n	出现正面的频率 $\dfrac{n}{N}$	出现正面的概率 $P(A)$
1	1	$\dfrac{1}{1}=1$	0.5
10	3	$\dfrac{3}{10}=0.3$	0.5
100	48	$\dfrac{48}{100}=0.480$	0.5
1000	501	$\dfrac{501}{1000}=0.501$	0.5
∞			0.5

(2) 古典概型

古典概型是人们最早研究的一类概率问题,也是我们日常生活中接触较多的一种。它基于等可能结果这一概念,即假定某随机试验有 n 种不同的结果,且这些结果发生的可能性相等,从而每一种结果发生的概率都是 $\frac{1}{n}$。以掷硬币为例,掷出一枚硬币有两种结果,正面朝上或反面朝上,正面朝上和反面朝上都具有相同的概率,因此抛掷硬币无论正面朝上还是反面朝上,其概率都是 $\frac{1}{2}$。古典概率的计算主要基于排列组合。

例 2.4 将一枚均匀硬币连续抛掷三次,求:(1)三次出现同一面的概率;(2)出现两次正面的概率。

解 本题随机试验为连续抛掷一枚硬币三次。我们知道抛掷一枚硬币有正面(heads,简写为 H)和反面(tails,简写为 T)两种结果,由此我们可以将这一随机试验的样本空间列示如下:

$$S = \{HHH, HHT, HTH, THH, HTT, THT, TTH, TTT\}$$

接下来将题干的两个问题定义为两个随机事件:随机事件 A 为三次出现同一面,随机事件 B 为出现两次正面,并作为样本空间的子集列示:

$$A = \{HHH, TTT\}$$
$$B = \{HHT, HTH, THH\}$$

由此,我们得到事件 A 发生的概率为 $P(A) = \frac{2}{8} = \frac{1}{4}$;

事件 B 发生的概率为 $P(B) = \frac{3}{8}$。

为什么概率的这两种常见的解释难以被学界认可?

原因在于尽管概率的频率解释和古典解释具有通俗易懂、操作方便的优点,但是这两种解释因具有相当的局限性而不能适用于更一般化的场景。对于概率的频率解释,其所要求的"大量重复"试验就是一个非常模糊的概念,因为没有一个明确的标准去定义到底多少次试验能够称为"大量";同时,"大量重复"试验还要求在相似或同样的条件下实现,但是这在现实生活中是不可能的。就拿掷硬币的例子来说,我们不能保证每一次抛掷硬币时手速、风速、湿度等条件都不变;另外,频率解释所要求的"大量重复"只能在特定的试验环境中进行,如果我们的研究问题限定在社会领域,诸如人口流动、生育这样的事件是无法满足大量重复的。对于概率的古典解释,其要求的所有随机试验结果"等可能"出现也无法推广到一般化的研究中,因为社会学研究中的大量问题(试验)的结果都不是等可能的,例如家庭子女升学与否的结果就不是"等可能"的。

概率论并不依赖概率的常见解释,其对概率的研究和发展均基于数理逻辑。因此,我们将从数学的角度介绍概率的定义。

2. 概率的数学定义

假设随机试验 E 的空间样本为 S,如果对于每一个 S 中的事件 A 都有一个实数 $P(A)$ 与之对应,且满足以下三条公理,则称实数 $P(A)$ 为事件 A 的概率(probability)。

公理 1:非负性,即对样本空间 S 中的每一个随机事件 A,满足 $P(A) \geq 0$。

公理 2:规范性,即如果随机事件 S 为必然事件,则有 $P(S) = 1$。

公理 3:可列可加性,即如果随机事件 $A_1, A_2, \cdots$ 为样本空间内任意互斥的事件,则有 $P(\bigcup_{i=1}^{\infty} A_i) = \sum_{i=1}^{\infty} P(A_i)$。

基于以上公理,还可得出如下四个推论:

推论 1:对于任意随机事件 A 满足:$P(A^c) = 1 - P(A)$。

推论 2:对于任意随机事件 A 满足:$0 \leq P(A) \leq 1$。

推论 3:对于任意两个随机事件 A 和 B 满足:$P(A \cap B^c) = P(A) - P(A \cap B)$。

推论 4:对于任意两个随机事件 A 和 B 满足:
$$P(A \cup B) = P(A) + P(B) - P(A \cap B)$$

例 2.5 在 1—10 这 10 个自然数中任取一个数,求:

(1) 取到的数能被 2 或 3 整除的概率;

(2) 取到的数既不能被 2 也不能被 3 整除的概率;

(3) 取到的数能被 2 整除而不能被 3 整除的概率。

解 从题干中我们可知该试验的样本空间为 $S = \{1,2,3,4,5,6,7,8,9,10\}$。其中,我们可以定义事件 A 为"取到的数能被 2 整除",即 $A = \{2,4,6,8,10\}$;事件 B 为"取到的数能被 3 整除",即 $B = \{3,6,9\}$。设上述题设的事件为 C,我们运用概率的定理及推论解决:

（1）该题可以理解为事件 A 和事件 B 任一发生的概率,即事件 A 和 B 的并集: $P(C) = P(A \cup B)$。因为事件 A 和事件 B 非互斥事件(存在交集 $A \cap B = \{6\}$),所以:

$$P(A \cup B) = P(A) + P(B) - P(A \cap B) = \frac{5}{10} + \frac{3}{10} - \frac{1}{10} = \frac{7}{10}$$

（2）我们可以认为"取到的数不能被 2 整除"为事件 A 的补集(逆),而"取到的数不能被 3 整除"为事件 B 的补集。因此,该问计算的是事件 A 的补集与事件 B 的补集的交集。根据题干可知,$P(A^c) = \{1,3,5,7,9\}$,$P(B^c) = \{1,2,4,5,7,8,10\}$,所以[1]:

$$P(C) = P(A^c \cap B^c) = \{1,5,7\} = \frac{3}{10}$$

（3）"取到的数能被 2 整除而不能被 3 整除"可以视为随机事件 A 和随机事件 B^c 的交集,所以:

$$P(C) = P(A \cap B^c) = \{2,4,8,10\} = \frac{2}{5}$$

（三）事件的关系与运算

在概率论中,随机事件或特定事件的概率通常采用集合的形式来表示,因此本小节会对概率论语境下的集合理论做一个介绍,方便读者对后续内容的理解。

1. 概率与集合的关系

本部分主要介绍概率论中应用较为广泛的集合运算,并配以文氏图帮助理解。

（1）空集

如果样本空间的某个子集没有包含随机试验的任何结果,那么这一子集被称作空集(empty set),记为 $\emptyset$,在概率论中表示那些不可能发生的随机事件。例如,定义如下随机事件:抛掷一枚骰子,得到的点数为 7。由于骰子最大的点数为 6,因此该随机事件为不可能事件。

---

[1] 对于随机事件交集的概率计算涉及条件概率与概率的乘法法则,本题我们仅采用列示随机事件所有结果的方式进行计算,而具体的概率计算法则会在本章"三"中介绍。

（2）包含

如果随机事件 A 中的每一个元素（试验结果）都属于随机事件 B，则称 A 包含于 B 或 B 包含（containment）A，我们记为 $A \subset B$。换句话说，事件 A 发生必然导致事件 B 的发生，如图 2.3。

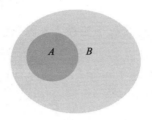

图 2.3　$A \subset B$ 的文氏图

（3）交集

如果随机事件 A 和随机事件 B 是样本空间 S 中两个任意集合，那么 A 和 B 的交集（intersection sets）C 即包含两个随机事件共同的试验结果，记作 $C = A \cap B$。对于多个随机事件的交集，则记为 $A_1 \cap A_2 \cap \cdots \cap A_n = \bigcap_{i=1}^{n} A_i$。在概率论中，随机事件 C 称作 A 和 B 的事件积，即 A 与 B 同时发生才能构成事件 C。如图 2.4，$A \cap B$ 指的是 A 和 B 相交得到的橄榄形图样（虚线围起的部分）。需提及的是，$A \cap B$ 也常常简写为 AB。

（4）并集

如果随机事件 A 和随机事件 B 是样本空间 S 中两个任意集合，那么 A 和 B 的并集（union of sets）C 同时包含 A 的元素和 B 的元素，在集合中记为 $C = A \cup B$。同样，多个随机事件的并集记为 $A_1 \cup A_2 \cup \cdots \cup A_n = \bigcup_{i=1}^{n} A_i$。用概率的语言来说，即 A 与 B 至少有一个发生才构成事件 C。如图 2.4，$A \cup B$ 指的是把 A 和 B 组合在一起得到的卧倒葫芦形图样（实线围起的部分）。

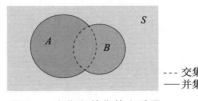

图 2.4　交集和并集的文氏图

第二章 概率初步

（5）补集

随机事件 A 的补集（complement of sets）B 为包含样本空间 S 中不属于 A 的所有元素的集合，记为 $B = A^c$ 或 $B = \overline{A}$。如图 2.5，B 为在 S 中排除了 A 以外的部分。在概率论中，事件 A 与 B 称为互逆事件，且随机事件 A 和 B 具有如下性质：

$$A \cap B = \varnothing$$
$$A \cup B = S$$

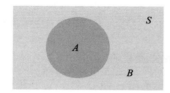

图 2.5　补集（互逆）的文氏图

（6）互斥[①]

如果随机事件 A 和随机事件 B 没有共同的试验结果或者随机事件 A 和 B 不相交（见图 2.6），即 $A \cap B = \varnothing$，称 A 和 B 互斥（disjoint）或互不相容。通常，如果对于集合 $A_1, \cdots, A_n$ 满足：$A_i \cap A_j = \varnothing$，对任意 $i \neq j$ 且 $i, j = 1, \cdots, n$ 都成立，则称集合 $A_1, \cdots, A_n$ 互斥。这一现象在概率论中表示随机事件 A 发生，随机事件 B 一定不会发生。

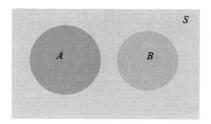

图 2.6　互斥的文氏图

[①] 在概率论中，有一种被称为独立事件（independent events）的特殊随机事件，其与互斥事件类似却又不同。独立事件的定义包含了后文要介绍的条件概率，因而我们将其放在后面同条件概率一并介绍。

2. 随机事件并集的概率

在计算随机事件概率时,我们常常需要处理多个随机事件的并集,比如本章例2.2中的第二问就是一个典型的随机事件并集的概率问题,因为"至少取到1个红球"包含三个随机事件:"第一次取到红球,第二次取到白球","两次全都取到红球"和"第一次取到白球,第二次取到红球"。由于三个随机事件互斥,因此三个事件的概率之和即"至少取到1个红球的概率"。

简单来讲,随机事件并集的概率是运用加法法则将多个随机事件的概率相加,其实我们在介绍概率的数学定义的时候已经部分涉及了这些内容。概率定义的公理3表明,样本空间内任意互斥的随机事件$A_1, A_2, \cdots$,满足:$P(\bigcup_{i=1}^{\infty} A_i) = \sum_{i=1}^{\infty} P(A_i)$。这条公理旨在说明,样本空间内多个互斥随机事件并集的概率即所有随机事件概率之和。而概率定义的推论4却提出,任意两个随机事件A和B满足:$P(A \cup B) = P(A) + P(B) - P(A \cap B)$。

细心的读者可能已经发现,公理3将随机事件定义为"互斥"的,而在推论4中随机事件则是"任意"的。事实上,推论4是对公理3的推广,如果两个随机事件是互斥的,则它们的交集为空集,那么交集的概率必然是0,此时$P(A \cup B) = P(A) + P(B)$,这一表达式符合公理3的定义。我们将进一步讨论有限样本空间中多个随机事件并集的概率计算,并给出随机事件并集概率的一般化证明。

在讨论多个随机事件并集的概率前,我们首先讨论三个随机事件并集的概率。对于有限样本空间S中任意随机事件A_1, A_2, A_3满足:

$$P(A_1 \cup A_2 \cup A_3)$$
$$= P(A_1) + P(A_2) + P(A_3) - [P(A_1 \cap A_2) + P(A_2 \cap A_3) + P(A_1 \cap A_3)]$$
$$+ P(A_1 \cap A_2 \cap A_3) \tag{2.8}$$

下面我们来证明一下。

首先,$P(A_1 \cup A_2 \cup A_3)$可以写成:

$$P(A_1 \cup A_2 \cup A_3)$$
$$= P[(A_1 \cup A_2) \cup A_3]$$
$$= P(A_1 \cup A_2) + P(A_3) - P[(A_1 \cup A_2) \cap A_3]$$

根据集合的交换律，上式等于

$$P(A_1 \cup A_2) + P(A_3) - P[(A_1 \cap A_3) \cup (A_2 \cap A_3)]$$
$$= P(A_1) + P(A_2) + P(A_3) - P(A_1 \cap A_2) - [P(A_2 \cap A_3) + P(A_1 \cap A_3) - P(A_1 \cap A_2 \cap A_3)]$$
$$= P(A_1) + P(A_2) + P(A_3) - [P(A_1 \cap A_2) + P(A_2 \cap A_3) + P(A_1 \cap A_3)] + P(A_1 \cap A_2 \cap A_3)$$

从而得证。

当计算有限样本空间内任意多个随机事件并集的概率时，计算过程类似于三个随机事件并集的概率。需要注意的是，求多个随机事件并集的概率表达式最后一项——所有随机事件的交集到底取正还是取负，取决于随机事件的个数是奇数还是偶数。

通常，n 个任意随机事件 $A_1, \cdots, A_n$ 满足：

$$P(\bigcup_{i=1}^{n} A_i) = \sum_{i=1}^{n} P(A_i) - \sum_{1 \leqslant i < j \leqslant n} P(A_i \cap A_j) + \sum_{1 \leqslant i < j < k \leqslant n} P(A_i \cap A_j \cap A_k) - \cdots + (-1)^{n+1} P(A_1 \cap A_2 \cap \cdots \cap A_n) \tag{2.9}$$

例 2.6 某公司有 100 名员工，这些员工每个人都加入了一个或多个业余活动社团。其中，67 人加入了围棋社，24 人加入了拳击社，53 人加入了街舞社。此外，同时加入围棋社和拳击社的员工有 17 人，同时加入拳击社和街舞社的有 15 人，同时加入围棋社和街舞社的有 46 人，且有 9 人同时加入了上述三个社团。随机选取一名员工，求该员工至少加入一个社团的概率。

解 为了理清题目的思路，我们设随机事件 A_1 为被选取的员工加入了围棋社，随机事件 A_2 为该员工加入了拳击社，随机事件 A_3 为该员工加入了街舞社。那么，该员工至少加入一个社团的概率为 $P(A_1 \cup A_2 \cup A_3)$。根据题目信息，我们知道：

$$P(A_1) = \frac{67}{100}, \ P(A_2) = \frac{24}{100}, \ P(A_3) = \frac{53}{100}$$

$$P(A_1 \cap A_2) = \frac{17}{100}, \ P(A_2 \cap A_3) = \frac{15}{100}, \ P(A_1 \cap A_3) = \frac{46}{100}$$

$$P(A_1 \cap A_2 \cap A_3) = \frac{9}{100}$$

把以上数据代入随机事件并集的概率公式：

$P(A_1 \cup A_2 \cup A_3)$

$= P(A_1) + P(A_2) + P(A_3) - [P(A_1 \cap A_2) + P(A_2 \cap A_3) + P(A_1 \cap A_3)] + P(A_1 \cap A_2 \cap A_3)$

$= \dfrac{67}{100} + \dfrac{24}{100} + \dfrac{53}{100} - \left(\dfrac{17}{100} + \dfrac{15}{100} + \dfrac{46}{100}\right) + \dfrac{9}{100}$

$= \dfrac{3}{4}$

所以，从100名员工中随机选取一名，该员工至少加入一个社团的概率为 $\dfrac{3}{4}$。

三、条件概率

在计算随机事件的概率时，我们有时会问，当一个随机事件 A 发生后，随机事件 B 的概率是否会因为 A 的发生而变化，换句话说，在给定随机事件 A 发生的条件下，随机事件 B 的概率为多少。这类概率称为条件概率。我们回到图 2.2 涉及的问题，即连续抛掷骰子两次。

我们知道，连续抛掷六个面的立方体骰子两次时，我们会得到两个不同的点数。那么这一随机试验的样本空间即 1—6 组成的所有可能的数对为 (x, y)，其中，x 指的是第一次抛掷骰子得到的点数，y 是第二次抛掷骰子得到的点数。因此，样本空间 S 包含了如下 36 种结果：

(1,1)　(1,2)　(1,3)　(1,4)　(1,5)　(1,6)
(2,1)　(2,2)　(2,3)　(2,4)　(2,5)　(2,6)
(3,1)　(3,2)　(3,3)　(3,4)　(3,5)　(3,6)
(4,1)　(4,2)　(4,3)　(4,4)　(4,5)　(4,6)
(5,1)　(5,2)　(5,3)　(5,4)　(5,5)　(5,6)
(6,1)　(6,2)　(6,3)　(6,4)　(6,5)　(6,6)

假设抛掷一个骰子两次后所得的点数之和为偶数，那么点数之和大于 6 的概率为多少？

这个设问就是一个典型的求条件概率的问题。其中，条件为掷两次骰子点数之和为偶数。我们要求的随机事件的概率为给定上述条件后,点数之和大于 6 的概率。要解决上述问题,我们需先对条件概率及其相关概念进行介绍。

(一) 条件概率及其相关概念

1. 条件概率定义

假设有限样本空间中有任意两个随机事件 A 和 B,且满足 $P(B)>0$,记随机事件 B 发生后,随机事件 A 的概率为 $P(A|B)$,$P(A|B)$ 称作随机事件 B 发生后随机事件 A 的条件概率。条件概率(conditional probability)的数学表达式为

$$P(A|B) = \frac{P(A \cap B)}{P(B)} \tag{2.10}$$

方便起见,我们也称 $P(A|B)$ 为给定 B 时,A 的条件概率。从表达式来看,给定条件 B,A 的条件概率是事件 A 和事件 B 交集(事件积)的概率占事件 B 的概率的比。式 2.10 也常常简写为 $P(A|B) = \frac{P(AB)}{P(B)}$。

怎么理解式 2.10 呢?

我们在介绍概率与集合的关系时提到,随机事件 A 和随机事件 B 的交集(事件积)指的是 A 与 B 同时发生,即随机事件 $A \cap B = \{$当且仅当事件 A 发生且事件 B 发生$\}$。而给定 B,A 的条件概率则涉及两个事件的先后,即已知 B 发生,此时 A 的概率才是条件概率。如图 2.4,随机事件 B 包含了随机事件 A 的一部分,这意味着如果随机事件 B 已经发生,那么随机事件 B 的某些结果也将导致事件 A 的发生,因而给定 B,A 的条件概率是事件 A 与事件 B 的交集所占事件 B 的比值。

回到掷骰子的问题,即连掷两次骰子,给定两次抛掷的点数之和为偶数,点数之和大于 6 的概率是多少。

我们可以定义随机事件 A 为两次抛掷的点数之和大于 6,定义随机事件 B 为两次抛掷的点数之和是偶数。此时,我们可以列出这两个随机事件的所有样本点:

$A = \{(1,6),(2,5),(2,6),(3,4),(3,5),(3,6),(4,3),(4,4),(4,5),$
$(4,6),(5,2),(5,3),(5,4),(5,5),(5,6),(6,1),(6,2),(6,3),(6,4),$
$(6,5),(6,6)\}$

$B = \{(1,1),(1,3),(1,5),(2,2),(2,4),(2,6),(3,1),(3,3),(3,5),$
$(4,2),(4,4),(4,6),(5,1),(5,3),(5,5),(6,2),(6,4),(6,6)\}$

事件 A 与事件 B 交集的所有样本点为

$A \cap B = \{(2,6),(3,5),(4,4),(4,6),(5,3),(5,5),(6,2),(6,4),$
$(6,6)\}$

此时,根据式 2.10,我们就可以计算 $P(A|B)$ 了:

$$P(A|B) = \frac{P(A \cap B)}{P(B)} = \frac{\frac{9}{36}}{\frac{18}{36}} = \frac{1}{2}$$

2. 随机事件交集的概率

对于任意两个事件 A 和 B,根据式 2.10,我们可以得到事件 A 和事件 B 交集的概率:

$$P(A \cap B) = P(B)P(A|B) \tag{2.11}$$

这一等式实际上反映的就是乘法法则。根据这一等式,我们可以得到

$$P(B|A) = \frac{P(A \cap B)}{P(A)} \tag{2.12}$$

以及 $P(A \cap B)$ 的另一种算法:

$$P(A \cap B) = P(A)P(B|A) \tag{2.13}$$

将式 2.13 推广到一般,假设 $A_1, A_2, \cdots, A_n$ 为有限样本空间 S 中的任意随机事件,且满足 $P(A_1 \cap A_2 \cap \cdots \cap A_{n-1}) > 0$,那么:

$$\begin{aligned} P(\bigcap_{i=1}^{n} A_i) &= P(A_1 \cap A_2 \cap \cdots \cap A_n) \\ &= P(A_1)P(A_2|A_1)P(A_3|A_1 \cap A_2)\cdots P(A_n|A_1 \cap A_2 \cap \cdots \cap A_{n-1}) \end{aligned}$$
$$\tag{2.14}$$

式 2.14 即有限样本空间内任意多个随机事件交集的概率。

3. 独立事件

谈及条件概率时,我们的关注点在于有限样本空间内某一随机事件发生

后,另一随机事件概率的变化。然而,在一些情况下,一个随机事件的发生与否并不会改变样本空间内另一个随机事件的概率,此时我们说这两个随机事件是相互独立的。下面我们来看一个例子。

例 2.7 假设抛掷一枚质地均匀的骰子。随机事件 A 为骰子正面朝上的点数为奇数,令随机事件 B 为骰子正面朝上的点数为 5、6。问:事件 A 和事件 B 是否相互独立?

解 我们可以列出所有随机事件的样本点,则有

$$A = \{1, 3, 5\}$$
$$B = \{5, 6\}$$
$$A \cap B = \{5\}$$

根据现有的样本信息,可以发现:

$$P(A|B) = \frac{P(A \cap B)}{P(B)} = \frac{\frac{1}{6}}{\frac{2}{6}} = \frac{1}{2} = P(A)$$

$$P(B|A) = \frac{P(A \cap B)}{P(A)} = \frac{\frac{1}{6}}{\frac{3}{6}} = \frac{1}{3} = P(B)$$

$$P(A \cap B) = P(A)P(B) = \frac{1}{6}$$

结果显示,事件 B 的发生与否并不会影响到事件 A 的概率,反之亦然。且事件 A 和事件 B 交集的概率为事件 A 与事件 B 的概率之积。因此,随机事件 A 和 B 为独立事件。

通常,在有限样本空间中,任意两个非空随机事件 A 和 B,若满足 $P(A|B) = P(A)$,我们称随机事件 A 和 B 相互独立。这一条件还可以表达为

$$P(A \cap B) = P(A)P(B)$$

将这一结果推广到一般,即独立事件的定义。

假设有限样本空间中有 n 个随机事件 $A_1, \cdots, A_n$,当且仅当这些随机事件的 k 个子集 $A_{i_1}, \cdots, A_{i_k}$ 满足:

$$P(\bigcap_{i=1}^{n}\bigcap_{k=1}^{n}A_{i_k}) = P(A_{i_1} \cap \cdots \cap A_{i_n}) = P(A_{i_1})\cdots P(A_{i_n}) = \prod_{i=1}^{n}\prod_{k=1}^{n}P(A_{i_k})$$

(2.15)

则称样本空间中的 n 个随机事件相互独立。

对有限样本空间中随机事件相互独立的通俗理解就是：一些随机事件发生与否并不会改变其余事件或事件交集的概率。相应地，对于有限样本空间中的 n 个随机事件，如果其任意子集的事件积的概率等于这些子集概率的积，表明这 n 个随机事件是相互独立的。

 怎样区分互斥事件和独立事件呢？

互斥事件和独立事件看上去非常相似，但是又不尽相同。假设随机事件 A 和随机事件 B 是有限样本空间中的任意随机事件，如果 $P(A)>0, P(B)>0$，则互斥事件与独立事件具有完全不同的意义。互斥事件指的是如果随机事件 A 发生，那么随机事件 B 一定不会发生，即 $P(A\cap B)=0$。而如果两个事件是独立的，即表明一个事件的发生并不会改变另一个事件发生的概率，$P(A\cap B)$ 不为 0，即 $P(A\cap B)=P(A)P(B)$。

当且仅当其中一个事件的概率为 0 时，即 $P(A)=0$ 或者 $P(B)=0$，此时互斥事件和独立事件在数学上才有一致的结果。

（二）全概率公式及其相关概念

1. 样本空间划分

之前介绍概率和集合的关系时，我们提到过一个特殊的事件类型，即互逆事件，如果随机事件 A 是有限样本空间 S 中的任意随机事件，那么 A 和 A 的补集 A^c 满足：$A\cup A^c=S$，这就是对样本空间划分的一种简单方法。我们还可以进一步将有限样本空间 S 划分为互斥的 k 个子集，得到样本空间划分的一般定义：

设随机试验的有限样本空间为 S，k 个互斥的随机事件 $A_1, A_2, \cdots, A_k$ 满足 $\bigcup_{i=1}^{k}A_i=S$，则称这些随机事件是对该样本空间的一个划分。

对样本空间进行划分的目的在于计算复杂事件的发生概率。我们通过将

样本空间内的 k 个互斥子集与目标随机事件相交以减少目标随机事件的不确定性,进而通过条件概率来求得目标随机事件的概率,这就是我们接下来要介绍的全概率公式。

2. 全概率公式

根据定义,设随机事件 $A_1, A_2, \cdots, A_k$ 是对有限样本空间 S 的一个划分(见图 2.7),且满足 $P(A_i) > 0$ 对任意 $i = 1, 2, \cdots, k$ 成立,那么对于样本空间 S 内的任意随机事件 B 满足:

$$P(B) = \sum_{i=1}^{k} P(A_i \cap B) = \sum_{i=1}^{k} P(A_i) P(B | A_i) \tag{2.16}$$

式 2.16 就是全概率公式(law of total probability)。

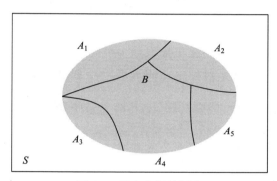

图 2.7 样本空间的划分

我们可以通过如下步骤证明全概率公式:

如图 2.7,如果随机事件 $A_1 \cap B, A_2 \cap B, \cdots, A_k \cap B$ 是对随机事件 B 的一个划分,则有

$$B = (A_1 \cap B) \cup (A_2 \cap B) \cup \cdots \cup (A_k \cap B)$$

由于对随机事件 B 的划分满足互斥条件,那么根据加法法则:

$$P(B) = P(A_1 \cap B) + (A_2 \cap B) + \cdots + (A_k \cap B)$$

$$= \sum_{i=1}^{k} P(A_i \cap B)$$

又因为 $P(A_i) > 0, i = 1, 2, \cdots, k$,所以根据条件概率的表达式,可以得到:

$$\sum_{i=1}^{k} P(A_i \cap B) = \sum_{i=1}^{k} P(A_i) P(B | A_i)$$

全概率公式的思想在于，每一个随机事件 $A_1, A_2, \cdots, A_k$ 都可能导致随机事件 B 的发生，因而 B 发生的概率是各随机事件 $A_1, A_2, \cdots, A_k$ 引起 B 发生概率的综合。全概率公式的意义即把一个复杂的随机事件 B 拆分为较简单的随机事件交集 $A_i \cap B$，然后结合加法法则和条件概率的表达式计算随机事件 B 发生的概率。

例 2.8　有甲乙两个袋子：甲袋中有 2 个白球，1 个红球；乙袋中有 2 个红球，1 个白球。这 6 个球质地均匀。现从甲袋中任取 1 球放入乙袋，搅匀后再从乙袋中任取 1 球，求此球是红球的概率。

解　这一问题初读起来令人有些混乱，但是我们可以通过确定随机事件来理清头绪：

设随机事件 B 为从乙袋中随机抽取到 1 个红球；

设随机事件 A_1 为从甲袋随机抽取到 1 个白球；

设随机事件 A_2 为从甲袋随机抽取到 1 个红球。

那么，此时 A_1, A_2 就是对样本空间 S 的一个划分。如果随机事件 A_1 发生后，且将该白球放入乙袋，那么给定 A_1, B 的条件概率为 $P(B|A_1) = \frac{2}{4} = \frac{1}{2}$；类似地，$P(B|A_2) = \frac{3}{4}$。根据全概率公式可知：

$$P(B) = \sum_{i=1}^{2} P(A_i \cap B)$$
$$= P(A_1)P(B|A_1) + P(A_2)P(B|A_2)$$
$$= \frac{2}{3} \times \frac{1}{2} + \frac{1}{3} \times \frac{3}{4} = \frac{7}{12}$$

（三）贝叶斯定理

贝叶斯定理（Bayes' theorem）与全概率公式具有紧密的联系。如果说全概率公式旨在综合各种信息（有限样本空间的划分）去计算目标事件的概率，那么贝叶斯定理则是在得知目标事件发生的前提下，回溯是哪一因素促成了目标事件。前者属于由因推果，后者则是由果溯因。我们回到刚才介绍全概率公式的例 2.8。

假设该问题的条件不变，而我们现在已知最终从乙袋取到的是红球，那么

第二章 概率初步

从甲袋中任取 1 球放入乙袋是白球的概率是多少？如前所述，随机事件 B 为从乙袋中随机抽取到 1 个红球，随机事件 A_1 为从甲袋随机抽取到 1 个白球，随机事件 A_2 为从甲袋随机抽取到 1 个红球。我们已经知道：

$$P(B) = \frac{7}{12}, P(A_1) = \frac{2}{3}, P(A_2) = \frac{1}{3}, P(B|A_1) = \frac{1}{2}, P(B|A_2) = \frac{3}{4}$$

根据条件概率的定义可知：

$$P(A_1|B) = \frac{P(A_1 \cap B)}{P(B)} = \frac{P(A_1)P(B|A_1)}{P(B)} = \frac{\frac{2}{3} \times \frac{1}{2}}{\frac{7}{12}} = \frac{4}{7}$$

我们本不知道从甲袋取出并放入乙袋的是红球还是白球，但是由于最终从乙袋取出的是红球，这一结果使我们可以根据已知的信息去推测从甲袋取出的到底是红球还是白球。贝叶斯定理的目的正是根据结果去计算诱因的概率，而贝叶斯公式则告诉我们在给定随机事件 B 后，如何计算划分后的样本空间中每一个随机事件的条件概率。

如图 2.7，假设随机事件 $A_1, \cdots, A_k$ 是有限样本空间 S 的一个划分且 $P(A_j) > 0$ 对任意 $j = 1, \cdots, k$ 成立，B 为样本空间中的任意随机事件且 $P(B) > 0$，那么对于任意 $i = 1, \cdots, k$ 均满足：

$$P(A_i|B) = \frac{P(A_i)P(B|A_i)}{\sum_{j=1}^{k} P(A_j)P(B|A_j)} \tag{2.17}$$

由于 $\sum_{j=1}^{k} P(A_j)P(B|A_j) = P(B)$，因此

$$P(A_i|B) = \frac{P(A_i)P(B|A_i)}{P(B)} \tag{2.18}$$

我们基于条件概率和全概率公式来证明一下式 2.17 和式 2.18。

首先，由条件概率的定义可知：

$$P(A_i)P(B|A_i) = P(A_i \cap B)$$

其次，由全概率公式可知：

$$\sum_{j=1}^{k} P(A_j)P(B|A_j) = P(B)$$

因此,

$$\frac{P(A_i)P(B|A_i)}{\sum_{j=1}^{k}P(A_j)P(B|A_j)} = \frac{P(A_i \cap B)}{P(B)} = P(A_i|B)$$

式 2.17 得证。

将全概率公式代入式 2.17 后,式 2.18 得证。

我们来看下面的例子巩固一下。

例 2.9 对于用血清诊断肝癌,临床实践表明,患肝癌的病人中有 95% 化验结果呈阳性,非肝癌患者也有 2% 的概率化验呈阳性。若将此法用于人群肝癌普查,设人群中肝癌患病率为 0.2%,现某人在普查中化验结果呈阳性,求此人确患有肝癌的概率。

解 这是一道典型的由果溯因的题目。分析题目可知,对于用血清诊断肝癌,肝癌患者有 95% 能检测出阳性,因而该诊断有 95% 的成功概率。现在我们要计算在得知诊断结果为阳性后,某人确实患有肝癌的概率。然而,如果忽略人群中 0.2% 的肝癌患病率这一信息,我们得到的结果将会有很大的偏差。设随机事件 B 为血清诊断结果为阳性,随机事件 A_1 为此人确实患有肝癌,随机事件 A_2 为此人没有患肝癌。此时随机事件 A_1 和 A_2 构成了有限样本空间 S 的一个划分,且随机事件 B 为结果事件,根据贝叶斯公式可知:

$$P(A_1|B) = \frac{P(B|A_1)P(A_1)}{P(B|A_1)P(A_1) + P(B|A_2)P(A_2)}$$

$$= \frac{0.95 \times 0.002}{0.95 \times 0.002 + 0.02 \times (1 - 0.002)}$$

$$= 0.087$$

因此,该人确实患有肝癌的概率为 8.7%。

四、用 Stata 进行概率计算

(一) display 命令

在实际的运算过程中,数值偏大或偏小都会使手动计算变得困难。Stata 的 display 命令具备简捷的计算功能,灵活运用能够使一些复杂的数值计算变得易如反掌。我们先来介绍一下 display 命令。

第二章 概率初步

在 Stata 命令窗口中输入"help display",回车后即可跳出有关该命令的帮助文件。(见图 2.8)Stata 软件自带的用户手册内容非常庞大,涵盖了 Stata 应用的方方面面。而"help"命令可以根据用户的需要快速打开用户手册相应内容,并以更为简洁的页面形式显示,因而非常适用于查阅和学习相关内容。

```
Viewer - help display
文件(F)  编辑(E)  历史  帮助(H)
← →  C  🖨  Q  help display
help display  ×
+
[P] display — Display strings and values of scalar expressions
              (View complete PDF manual entry)

Syntax
        display [display_directive [display_directive [...]]]

    where display_directive is

    "double-quoted string"
    `"compound double-quoted string"'
    [%fmt] [=]exp
    as { text | txt | result | error | input }
    in smcl
    _asis
    _skip(#)
    _column(#)
    _newline[(#)]
    _continue
    _dup(#)
    _request(macname)
    _char(#)
    ,
    ;;

Menu
    Data > Other utilities > Hand calculator
```

图 2.8 help display 输出结果

1. 打印字符串

display 命令的主要功能是将计算机的运行结果输出,因而我们习惯称其为"打印"。例如我们希望显示出一个字符串"Hello World",就需要在命令窗口输入 display "Hello World",计算机会显示如图 2.9 的结果。

```
. display "Hello World"
Hello World
```
图 2.9 display 输出结果

其中,display 命令要与后方代码用空格隔开,而打印的字符串需要用英文输入法状态下的双引号" "包围。此外,display 命令还可以简写成 di[①],即 display "Hello World" 与 di "Hello World" 的输出结果一致。

2. 打印的设置

display 命令还提供了一系列副命令用于美化打印结果,我们在表 2.2 中展

[①] 实际上,Stata 的所有命令均可以简写,这点我们在后面的学习中会不断接触。

示其中较常用的一些。

表 2.2 display 的相关设置

副命令	定义
_col(#)	从第 # 格开始打印
_s(#)	跳过 # 格开始打印
_n(#)	从第 # 行开始打印
_c	禁止在 display 命令结束时自动换行
_dup(#)	重复打印#次

如果我们想开头空 2 行并重复 4 次将字符串"Hello World"打印出来,则输入命令:di _n(2) _dup(4) "Hello World!",结果如图 2.10。

. di _n(2) _dup(4) "Hello World!"

Hello World!Hello World!Hello World!Hello World!

图 2.10 更改 display 设置

3. 数值计算

display 命令还具有简捷的计算功能,除了进行基础的数值运算外,display 还可以实现函数间的运算。回到例 2.9,我们已经知道如何计算此人的确患有肝癌的概率,并写出其数学表达式,那么如何通过 display 快速得到结果呢?

$$P(A_1|B) = \frac{0.95 \times 0.002}{0.95 \times 0.002 + 0.02 \times 0.998}$$

键入命令:di(0.95*0.002)/(0.95*0.002+0.02*0.998),Stata 会计算出相应结果并打印在结果窗口(如图 2.11 上半部分结果)。需提及的是,Stata 允许命令简写,比如这里,我们将"display"简写为"di"。此外,为了清楚呈现结果,我们可以对上述代码进行调整,例如增加字符串"此人的确患有肝癌的概率为:",在字符串后显示该概率数值,以更清楚地呈现结果,命令为:di "此人的确患有肝癌的概率为:"(0.95*0.002)/(0.95*0.002+0.02*0.998)。
上述两条命令的输出结果见图 2.11。

```
. di (0.95*0.002)/(0.95*0.002+0.02*0.998)
.08691674

. di "此人的确患有肝癌的概率为: " (0.95*0.002)/(0.95*0.002+0.02*0.998)
此人的确患有肝癌的概率为: .08691674
```

图 2.11 用 display 命令计算肝癌的概率

（二）阶乘运算与排列组合

1. 阶乘运算

Stata 并没有提供直接计算阶乘的命令或函数,但是提供了阶乘的对数函数,即 lnfactorial(#),其中 # 指代可以填写的正整数。同时,Stata 也提供了用于计算 e^x 的指数函数 exp(#)。根据指数对数互换的思想,我们可以结合 lnfactorial(#) 和 exp(#) 实现阶乘的计算,即 exp(lnfactorial(#))。

在有关多项式系数的例 2.3 中,我们得到了如下表达式:

$$P = \frac{\binom{13}{5,4,3,1}\binom{39}{8,9,10,12}}{\binom{52}{13,13,13,13}} = \frac{\frac{13!}{5!\ 4!\ 3!\ 1!} \times \frac{39!}{8!\ 9!\ 10!\ 12!}}{\frac{52!}{(13!)^4}}$$

尽管通过多项式系数写出了目标概率的数学表达式,但是直接计算非常费时费力。我们可以借助 Stata 的 exp(#) 函数和 lnfactorial(#) 函数来得到结果。为了使读者更易理解,我们首先分四步进行计算:第一步计算 $\frac{13!}{5!\ 4!\ 3!\ 1!}$,第二步计算 $\frac{39!}{8!\ 9!\ 10!\ 12!}$,第三步计算 $\frac{52!}{(13!)^4}$,最后将前三步的结果进行乘除运算。这些均可以通过 display 命令实现,相关 Stata 命令和输出结果见图 2.12。

```
. *第一步
. di exp(lnfactorial(13))/(exp(lnfactorial(5))*exp(lnfactorial(4))*exp(lnfactorial(3)))
360360

. *第二步
. di exp(lnfactorial(39))/(exp(lnfactorial(8))*exp(lnfactorial(9))*exp(lnfactorial(10))*exp(lnfactorial(12)))
8.021e+20

. *第三步
. di exp(lnfactorial(52))/exp(lnfactorial(13))^4
5.364e+28

. di %6.4f 360360*8.021e+20/5.364e+28
0.0054
```

图 2.12 用 display 命令实现阶乘计算

如图 2.12，我们先来看第一步，exp(lnfactorial(13))计算的是 $\dfrac{13!}{5!\ 4!\ 3!\ 1!}$ 中的分子部分，即 13 的阶乘。分母部分为 5! 4! 3! 1!，因 1! = 1，故可省略，代码为：exp(lnfactorial(5)) * exp(lnfactorial(4)) * exp(lnfactorial(3))。将分子和分母通过"/"进行相除。同时，为了保证计算机正确识别运算顺序，我们把分母的代码置于英文输入法状态下的括号()内。第二步和第三步与第一步的思路类似。在第四步中，我们调整了显示的格式，%6.4f 表示运算结果占用 6 个字符并以浮点型显示，且小数点后保留 4 位。

此外，我们也可以将四步的代码用一步来完成。尽管使用一行代码计算步骤较少，但是代码过长，一旦出错难以检查。我们建议读者在计算比较复杂的数值时分步骤进行。如果需要一步完成，建议使用 Stata do 文件，因为在 do 文件中，可以使用"///"进行分行，方便检查。需注意的是，"///"只能在 do 文件中使用。图 2.13 为 do 文件中的代码截图。

```
. di %6.4f (exp(lnfactorial(13))/(exp(lnfactorial(5))*exp(lnfactorial(4))* ///
>               exp(lnfactorial(3)))*exp(lnfactorial(39))/(exp(lnfactorial(8))* ///
>               exp(lnfactorial(9))*exp(lnfactorial(10))*exp(lnfactorial(12)))) ///
>               /(exp(lnfactorial(52))/exp(lnfactorial(13))^4)
0.0054
```

图 2.13 在 do 文件中分行输入过长的命令

2. 应用 Stata 计算排列组合

Stata 仅仅提供了计算组合数的命令，却没有相应的计算排列数的命令。但是在概率的计算中排列组合应用非常广泛，如果能够直接使用 Stata 计算排列数和组合数，那么在计算目标概率时将会事半功倍。

（1）计算组合数

Stata 提供了大量内置函数，涵盖了代数、矩阵、编程、字符串等九大类别。我们可以在 Stata 命令窗口键入"help functions"查看所有函数。组合数函数在代数函数(mathematical functions)类目，详细说明可以在命令窗口键入"help comb"查看（见图 2.14）。

```
[FN] Mathematical functions
(View complete PDF manual entry)


Function

    comb(n,k)
        Description:   the combinatorial function n!/{k!(n - k)!}
        Domain n:      integers 1 to 1e+305
        Domain k:      integers 0 to n
        Range:         0 to 8e+307 or missing
```

图 2.14 comb(n,k)命令说明

Stata 内置的组合数函数命令为 comb(n,k)。其中,n 代表总体,k 代表从总体中抽取多少。命令 comb(n,k)计算的即从 n 个数中随机抽取 k 个数进行组合后共有的结果数。注意,Stata 的内置函数必须通过赋值或打印的方式运行,如果直接在命令窗口输入"comb(n,k)"将会报错。

下面我们以例 2.1 作为引子,即从 8 个人中随机选取 4 个人作为一组,计算会有多少种结果。

这里,我们可以使用组合数函数命令来计算例 2.1 的第二问,在命令窗口输入 di "c(8,4)= " comb(8,4)便可得出图 2.15 的结果。

```
. di "c(8,4)=" comb(8,4)
c(8,4)=70
```

图 2.15 用 display 进行组合计算

(2)计算排列数

对于排列,我们也可以通过 display 命令来计算。但由于 Stata 官方没有提供类似阶乘和排列的命令,我们在进行计算时需要采用函数变换的方式来实现这些功能。已知排列数的计算公式为 $P_n^k = \dfrac{n!}{(n-k)!}$,组合数的计算公式为 $C_n^k = \dfrac{n!}{k!(n-k)!}$,因此,我们可以通过组合数函数乘以 k 的阶乘进而得到排列数,即在 Stata 中结合使用函数 comb(n,k)、exp()与 lnfactorial()。我们仍以例 2.1 为引子,尝试用 Stata 计算从 8 个人中选 4 个人排成一列,共有多少种结果。相关命令和结果如图 2.16。

```
. di "P(8,4)=" comb(8,4)*exp(lnfactorial(4))
P(8,4)=1680
```

图 2.16 用 display 计算排列数

考虑到有些读者可能希望通过 Stata 计算并展示出所有的排列组合，就此，Stata 用户还提供了程序包 percom 用来计算和生成所有可能的排列组合数。因为该命令不是 Stata 自带的程序，所以需要先安装再使用。要安装该程序，可以在命令窗口中输入"ssc install percom"。percom 程序包包含计算排列数的 permin 命令和组合数的 combin 命令，两者语法类似。

对于 permin 命令，其与前面用 display 直接计算不同，它是从一组观测中生成 k 个可能的排列（$2 \leqslant k \leqslant 5$）。该命令的语法为"permin x, k(#)"。要使用该命令，就需要先输入相应的观测，然后进行计算。要计算例 2.1 的排列数，我们需要先通过 input 命令输入 8 个观测。如图 2.17，我们可以通过 input 命令，生成一个新变量 id[①]，其包含从数字 1 到数字 8 的 8 个值分别对应例 2.1 中的 8 个人。

紧接着，我们在命令窗口输入"permin id, k(4)"便可得到相应的排列数（见图 2.18）。由输出结果可见，从 8 个人中随机选取 4 个人排成一列一共有 1680 种排列方式。此外，permin 命令还会生成所有的可能排列情况，并将其存储在新生成的 id_1、id_2、id_3 和 id_4 变量中，读者可以通过数据浏览器进行查看。

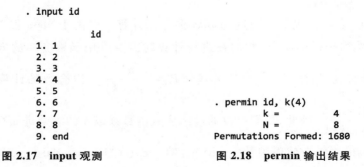

图 2.17 input 观测　　　　　图 2.18 permin 输出结果

也正是因为 permin 命令会生成所有可能的排列，往往会占用大量内存，因

[①] 当然，我们还可以起 id 以外的变量名，输入其他的数字或者字符，只要不重复即可。

此其对参数 k 的大小存在限制。如果 $k>5$，Stata 便会报错。读者们可以根据自己的需要选择相应的命令进行运算。

最后，我们通过 Stata 编程构造了一个简单的排列表达式，供有需要的读者参考。读者只需定义好 n 和 k，便可以计算出相应的排列数。代码如下[①]：

```
. capture program drop permutation
. program define permutation
    version 14.2
    syntax anything(name = numlist)
    tokenize "`numlist'"
    scalar p = exp(lnfactorial(`1'))/exp(lnfactorial(`1'-`2'))
    dis "P(`1', `2')="p
end
```

读者们只需将上述代码直接复制粘贴到 Stata 命令窗口，或 Stata do 文件，运行后便可使用。代码第一行指删除 Stata 中名为 permutation 的程序，这样做的目的在于避免程序名相同而无法继续编程。第二行即定义一个程序，该程序命令为 permutation。第三行指定 Stata 运行版本在 14.2 及以上。第四行为用户输入项，即用户可以输入任意多个数字，且输入的数字会暂时保存在名为 numlist 的宏变量中。第五行的命令是将 numlist 变量中的元素按照空格进行分割，并按照数字索引保存到相应的宏变量中。例如 numlist 中存入 5 和 2 两个数字，那么 tokenize "`numlist'" 会将 5 和 2 分开，5 保存于名为数字"1"的宏变量中，2 保存于名为"2"的宏变量中。第六行即将上一步存于数字索引宏变量中的数值进行排列数运算，并将结果保存在名为 p 的单值中。以 5 和 2 为例，即计算 $P_5^2 = \dfrac{5!}{(5-2)!}$。第七步是将结果打印出来。第八步为结束编程。

我们将该编辑好的程序在 Stata 中运行后，Stata 就会定义一个新的命令，命令语法为 permutation n k。现在，我们使用该自定义命令来计算排列数 P_8^4，结果如图 2.19 所示。

[①] Stata 编程并不是本书介绍的重点，只是为读者们提供另一种解决问题的可能方式。为了便于理解，我们在编程上并没有做进一步的深入处理，诸如定义错误提示、增加选项、附加返回值乃至编写 help 文件等等。我们在此仅作为引子，希望感兴趣的读者能够借助我们的经验在理论和实践中进一步探索。

```
. permutation 8 4
P(8, 4) = 1680
```

图 2.19 用新定义的 permutation 命令输出排列结果

一旦完成编程,我们可以在本次 Stata 关闭前一直使用自定义的程序进行运算,有兴趣的读者可以自行尝试。

五、本章小结

概率论是统计学的基础,其中的许多定理与结论保证了统计推断的合理性。本章旨在对概率论做一个简单的回顾,内容涉及基本计数法则、排列组合、随机试验与随机事件、事件的关系与运算以及条件概率相关的计算等等,同时我们加入了相关的 Stata 模拟和计算案例来方便读者理解。

第三章

随机变量与概率分布

第二章我们主要介绍了概率及其运算法则,本章将在第二章的基础上进一步探讨随机变量的基本特征与分布样态。因部分内容涉及微积分,建议读者在学习之前对微积分基本定理和一般的积分公式有初步了解。

一、基本概念

(一) 随机变量

随机变量(random variable)是随机试验中可能值的集合,是统计推断中衡量不确定信息的主要工具。我们仍以掷骰子为例。

连续抛掷一枚质地均匀的骰子六次。那么,样本空间 S 会包含 6^6 种结果,每掷一次的结果都是由数值 1—6 组成的数字序列。定义 X 为样本空间 S 中的实值函数,用于计算每次试验结果中数值 6 出现的次数。那么,X 的取值为 0,1,2,3,4,5,6,这些数值分别表示数字 6 出现零次,一次,两次,…,六次。

抛掷骰子六次,其中数值 6 出现的次数 X 即随机变量。由此,我们给出随机变量的数学定义:

设 $S=\{e\}$ 是随机试验的样本空间,如果变量 X 是定义在 S 上的单值实值函数,那么 X 称为随机变量。所谓单值实值函数,即对任意 $e \in S$,都有 $X(e)=x$ 成立。在掷骰子例中,x 为单次试验的结果,即抛掷六次骰子数字 6 出现的次数。假设连掷六次的结果 $e=\{1,1,3,6,5,6\}$,数字 6 出现两次,x 的取值为 2,那么 $X(e)=2$。

（二）随机变量的分布

概率分布（probability distribution）是指随机变量的理论分布，即随机变量所有可能取值及其对应概率所构成的集合。它用于描述随机变量取值的规律及发生的概率，反映了随机变量的不确定性和整体分布特征。通常我们采用概率质量函数、概率密度函数、累积分布函数和分位数函数来描述随机变量的概率分布。以掷硬币为例。

连续抛掷一枚均匀硬币三次，求硬币正面朝上的概率。我们定义随机变量 X 为正面（H）朝上的次数，那么 X 的取值可为 $0,1,2,3$。用 x 表示随机变量 X 的每一个取值，$P(X=x)$ 为随机事件 $\{X=x\}$ 出现的概率。连续抛掷硬币三次，样本空间 $S = \{HHH, HHT, HTH, THH, HTT, THT, TTH, TTT\}$，这一随机试验一共包含 2^3 种结果，每一个结果发生的概率都为 $\dfrac{1}{2^3}$。在计算每个随机事件对应的概率之前，我们可以先列出每一个 X 取值所对应的随机事件：

$\{X = 0\} = \{TTT\}$；
$\{X = 1\} = \{HTT, THT, TTH\}$；
$\{X = 2\} = \{HHT, HTH, THH\}$；
$\{X = 3\} = \{HHH\}$。

由于每种结果发生的概率为 $\dfrac{1}{8}$，通过简单相加，我们便可以计算出每一个随机事件 $\{X=x\}$ 对应的概率：

$P(X = 0) = \dfrac{1}{8}$；

$P(X = 1) = \dfrac{3}{8}$；

$P(X = 2) = \dfrac{3}{8}$；

$P(X = 3) = \dfrac{1}{8}$。

上述概率描述的即随机变量 X 的分布。

通常，随机变量 X 的分布指的是与 X 的每一取值相关的概率，即 X 的概率分布。具体而言，对任意实数集合 $\mathbb{R}$ 来说，$\{X \in \mathbb{R}\}$ 为随机事件，那么随机变量

X 的分布即形如 $P(X \in \mathbb{R})$ 的所有概率的集合。这里,实数集合 $\mathbb{R}$ 可以是包含随机变量 X 部分或所有取值的集合。此时,随机事件 $\{X \in \mathbb{R}\}$ 的结果实际就是随机变量 X 的取值与实数集合 $\mathbb{R}$ 的交集。

我们以上述掷硬币的例子进行解释:随机变量 X 为抛掷三次硬币正面朝上的次数,假设实数集合 $C=\{0\}$,则 $P(X \in C)=P(X=0)=\frac{1}{8}$;假设实数集合 $C=\{0,1,2,3,4,5\}$,则 $P(X \in C)=P(\{X=0\} \cup \{X=1\} \cup \{X=2\} \cup \{X=3\})=\frac{1}{8}+\frac{3}{8}+\frac{3}{8}+\frac{1}{8}=1$。由此可以推断,随机变量 X 的分布即其各个取值的概率情况。

尽管分布的一般化定义具有普适性,但是其概念和内涵却不好理解,难以直接应用于多变的概率问题。接下来,我们将介绍随机变量的类型,以及描述随机变量概率分布的概率函数。

二、随机变量类型

随机变量一般分为两种,离散型随机变量和连续型随机变量。不同类型的随机变量对应的概率函数有所不同。

(一)离散型随机变量与概率质量函数

1. 离散型随机变量

如果随机变量 X 全部可能取到的不相同的值是有限个或可列无限多个,则称 X 为离散型随机变量(discrete random variable),其分布为离散型分布。比如,掷骰子和掷硬币例子中的随机变量都属于离散型随机变量。

2. 概率质量函数

离散型随机变量的概率函数,通常指的是概率质量函数(probability mass function,简称 PMF),它用于描述离散型随机变量不同取值的概率分布状况。如果随机变量 X 有离散分布,那么 X 的概率质量函数 $f(x)$ 对于任意实数 x 满足:

$$f(x) = P(X = x) \tag{3.1}$$

一般来讲,离散型随机变量的概率质量函数是形如 $f(x)=P(X=x)$ 的表达式。随机变量 X 的分布列(也称分布律,probability distribution table)是一种最简单直观的概率质量函数表达形式,它把概率质量函数与随机变量的每个取值一一对应,以表格的形式罗列。(见表 3.1)由表 3.1 可见,概率函数即随机变量 X 的每一个取值 $x_i(i=1,2,\cdots)$ 所对应的概率。

表 3.1 随机变量 X 的分布列

x	x_1	x_2	$\cdots$	x_n	$\cdots$
$f(x_i)=P$	p_1	p_2	$\cdots$	p_n	$\cdots$

同时,由于概率函数 f 的取值是概率,其全部可能的结果是互斥且完备的,根据概率的数学定义,有 $f(x_i) \geqslant 0, \sum_{i=1}^{\infty} f(x_i) = 1$。

对于连掷硬币三次的例子,随机变量 X 的概率分布如表 3.2。

表 3.2 随机变量 X 的分布列

x	0	1	2	3
$f(x_i)=P$	$\frac{1}{8}$	$\frac{3}{8}$	$\frac{3}{8}$	$\frac{1}{8}$

(二)连续型随机变量与概率密度函数

1. 连续型随机变量

与离散型随机变量不同,连续型随机变量(continuous random variable)的取值不可以逐个列举出来,其一般限定在某一个区间范围内。

例 3.1 近年来,在中国美好生活大调查发布的数据中,有关国人休闲时间的占比引发热议。对于工作年龄人口,工作时间与休闲时间的分配因与过劳危机密切相关而愈发受到学者们的关注。数据显示,25—54 岁的全职工作人口,日工作时间介于 6—16 小时,而日休闲时间介于 0.5—5 小时。图 3.1 的阴影部分为样本空间,其中包括了全职工作人口日工作时间和日休闲时间的所有组合。我们可以用实数对的集合 $S = \{(x,y):6 \leqslant x \leqslant 16, 0.5 \leqslant y \leqslant 5\}$ 来表示样本空间,其中 x,y 分别代表日工作时间和日休闲时间,每一个实数对 $s=(x,y)$ 代表样本空间中的一个结果。设随机变量 X 为日工作时间,则 X 的取值为区间 $[6,16]$ 中的任意实数。在实数集合 C 中,$\{X \in C\}$ 为随机事件,随机变量 X 的分布包含所有形如 $P(X \in C)$ 的概率。假设 $C = [c_1, c_2] \subset [6,16]$,求此时随机变量 X 的分布。

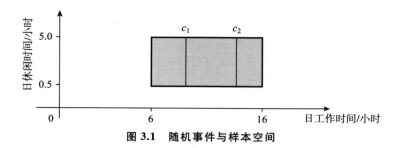

图 3.1 随机事件与样本空间

解 计算随机变量 X 的分布即计算 X 内不同取值的概率。根据图 3.1，我们可以用随机事件 $\{X \in C\}$ 的所有元素除以样本空间 S 得到，即 c_1 与 c_2 所围成的阴影面积占总阴影面积的比值：

$$P(X \in C) = P(c_1 \leqslant X \leqslant c_2) = \frac{(c_2 - c_1)(5 - 0.5)}{(16 - 6)(5 - 0.5)} = \frac{c_2 - c_1}{10}$$

由此，随机变量 X 的分布为 $\frac{c_2 - c_1}{10}$，其大小取决于区间 $[c_1, c_2]$ 的长度。这种取值为某一区间内所有实数的随机变量称为连续型随机变量。将 $P(X \in C)$ 用积分的形式表达，则有

$$P(X \in C) = P(c_1 \leqslant X \leqslant c_2) = \frac{c_2 - c_1}{10} = \int_{c_1}^{c_2} \frac{1}{10} \mathrm{d}x$$

2. 概率密度函数

对于连续型随机变量，它的概率函数通常指概率密度函数 (probability density function，简称 PDF)。根据定义，如果随机变量 X 有连续分布，且存在一个非负函数 φ，使得 X 在任意实数区间内取值的概率为 φ 在该区间上的积分，那么 φ 称为随机变量 X 的概率密度函数。对于例 3.1，随机变量 X 的概率密度函数 $\varphi(x)$ 为

$$\varphi(x) = \begin{cases} \dfrac{1}{10} & 6 \leqslant x \leqslant 16 \\ 0 & (x < 6) \cup (x > 16) \end{cases}$$

该表达式表明，当 x 不在区间 $[6, 16]$ 时，函数值为 0；而在区间 $[6, 16]$ 时，函数值等于 $\frac{1}{10}$。

由于
$$P(X \in C) = P(c_1 \leqslant X \leqslant c_2) = \int_{c_1}^{c_2} \frac{1}{10} \mathrm{d}x$$

我们可以将 $P(X \in C)$ 表达式进行变换,得到:
$$P(X \in C) = P(c_1 \leqslant X \leqslant c_2) = \int_{c_1}^{c_2} \varphi(x) \mathrm{d}x$$

上式表明,随机变量 X 在实数区间 $[c_1, c_2]$ 的概率为非负函数 $\varphi(x) = \frac{1}{10}$ 在该区间上的积分。在这一过程中,$\varphi(x)$ 能够完整地描述连续型随机变量在任意区间内的概率分布样态。

通常,随机变量的概率密度函数 $\varphi(x)$ 具有如下性质:

(1) 非负性:$\varphi(x) \geqslant 0$。

(2) 归一性:$\int_{-\infty}^{\infty} \varphi(x) \mathrm{d}x = 1$,即随机变量在整个实数集内取值的概率之和为 1。

这两条性质可以作为判断一个函数是否能成为某个随机变量的概率密度的标准。

图 3.2 为随机变量 X 的概率密度函数图,曲线下方整个区域的面积为 1,图示阴影部分的面积即随机变量 X 在区间 $[a,b]$ 的概率,为 $P(a \leqslant X \leqslant b)$。

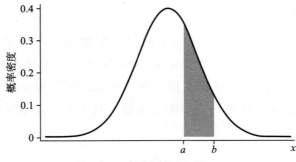

图 3.2 概率密度函数

需要注意的是,连续型随机变量 X 的概率只能在区间中计算得到,当随机变量等于常数 a 时,其对应的概率为
$$P(X = a) = \int_{a}^{a} \varphi(x) \mathrm{d}x = \Phi(a) - \Phi(a) = 0$$

根据微积分基本定理,$\Phi(x)$ 为概率密度函数 $\varphi(x)$ 的原函数,则 $\varphi(x)$ 在某一点的定积分必定为 0。因此,上式表明,连续型随机变量 X 在 $X=a$ 处的概率为 0。需注意的是,连续型随机变量在某一具体取值的概率为 0 并不代表该取值对应的随机事件是不可能事件。

下面我们来看一个例题。

例 3.2　设随机变量 X 取值在区间 $[0,4]$ 内,其概率密度函数为
$$\varphi(x) = ax$$
求 $P(1 \leqslant X \leqslant 3)$ 和 $P(X \geqslant 2)$。

解　从题干可知,随机变量 X 有概率密度函数,则 X 为连续型随机变量,因而如下等式成立:
$$\int_0^4 \varphi(x)\,\mathrm{d}x = \int_0^4 ax\,\mathrm{d}x = 1$$

由微积分基本定理可知,$\varphi(x) = ax$ 的原函数为 $\Phi(x) = \dfrac{a}{2}x^2 + C$,其中 C 为任意常数,那么:
$$\int_0^4 ax\,\mathrm{d}x = \Phi(4) - \Phi(0) = \frac{a}{2} \times 4^2 + C - \left(\frac{a}{2} \times 0^2 + C\right) = 1$$

由此得到
$$a = \frac{1}{8}$$

随机变量 X 的概率密度函数 $\varphi(x) = \dfrac{1}{8}x$,其原函数 $\Phi(x) = \dfrac{1}{16}x^2 + C$。此时,$X$ 相应取值的概率
$$P(1 \leqslant X \leqslant 3) = \int_1^3 \frac{1}{8}x\,\mathrm{d}x = \Phi(3) - \Phi(1) = \frac{3^2}{16} - \frac{1}{16} = \frac{1}{2}$$
$$P(X \geqslant 2) = \int_2^4 \frac{1}{8}x\,\mathrm{d}x = \Phi(4) - \Phi(2) = \frac{4^2}{16} - \frac{2^2}{16} = \frac{3}{4}$$

(三)累积分布函数

1. 累积分布函数

随机变量 X 的累积分布函数(cumulative distribution function,简称 CDF)

指随机变量 X 从最远的起点 $-\infty$ 到所关注的点 x 之间所有概率的总和,无论 X 是离散的还是连续的,或两者兼有,累积分布函数 $F(x)$ 都满足:

$$F(x) = P(X \leq x) \tag{3.2}$$

累积分布函数 $F(x)$ 的性质有如下三条。

(1) 非降性:$F(x)$ 单调不减,即不会随着 x 的增加而减小。

(2) 右连续:$F(x) = F(x + 0)$。它是由分布函数的定义和概率的连续性推出的一个结果。

(3) 有界性:$\lim_{x \to -\infty} F(x) = 0, \lim_{x \to \infty} F(x) = 1$。

从几何上讲,将区间端点 x 沿数轴无限向左移动($x \to -\infty$),则随机点 X 落在点 x 左边这一事件趋于不可能事件,即概率趋于 0,$\lim_{x \to -\infty} F(x) = 0$。类似地,将区间端点 x 沿数轴无限向右移动($x \to \infty$),则随机点 X 落在点 x 左边这一事件趋于必然事件,即概率趋于 1,$\lim_{x \to \infty} F(x) = 1$。

图 3.3 是基于 CGSS 2010 中的体重变量绘制的受访者体重的累积分布函数图。纵坐标对应的是不同体重的累积比例。总的来讲,体重的累积分布呈现单调递增的趋势。

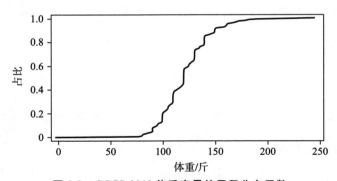

图 3.3　CGSS 2010 体重变量的累积分布函数

2. 离散型随机变量的累积分布函数

对于离散型随机变量 X,如果存在任意实数集合 $\mathbb{R}$,使得 $X \in \mathbb{R}$,那么随机变量 X 可以表示为

$$P(X \in \mathbb{R}) = \sum_{x_i \in \mathbb{R}} f(x_i) \tag{3.3}$$

一般来讲,如果离散型随机变量 X 的概率质量函数为 $f(x)$,那么,依据加

法法则,离散型随机变量 X 的累积分布函数可以表示为

$$F(x) = P(X \leq x) = \sum_{x_i \leq x} f(x_i) \tag{3.4}$$

由式 3.4 可知,离散型随机变量 X 的 $F(x)$ 在 X 的每一个可能取值 x_i 上都有一个跳跃,且 $F(x)$ 在相邻两个跳跃之间是常数。下面我们来看一个例子。

例 3.3 离散型随机变量 X 的分布列如表 3.3,求 X 的累积分布函数。

表 3.3　随机变量 X 的分布列

x	0	1	2
$f(x) = P$	0.1	0.6	0.3

根据 X 的分布列我们可以计算其累积分布函数 $F(x)$ 对应的取值,由累积分布函数的性质 $\lim_{x \to -\infty} F(x) = 0$ 可知,$F(x < 0) = 0$。因为累积分布函数是右连续的,因而在每一个取值 x_i 处我们得到右侧的累积概率,即 $F(x)$ 在 X 的每一个可能取值 x_i 上都有一个跳跃,由此我们列示 $F(x)$ 并展示其函数图像。(见图3.4)

$$F(x) = P(X \leq x) = \sum_{x_i \leq x} f(x_i) = \begin{cases} 0 & x < 0 \\ 0.1 & 0 \leq x < 1 \\ 0.7 & 1 \leq x < 2 \\ 1 & x \geq 2 \end{cases}$$

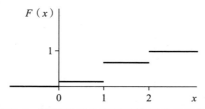

图3.4　离散型随机变量的累积分布函数

3. 连续型随机变量的累积分布函数

一般来讲,如果连续型随机变量 X 的概率密度函数为 $\varphi(x)$,那么对于 X 取值区间内的每一个点 x,都满足:

$$F(x) = P(X \leq x) = \int_{-\infty}^{x} \varphi(x) \mathrm{d}x \tag{3.5}$$

$F(x)$ 为随机变量 X 的累积分布函数,且在 X 的定义域内,$F(x)$ 是连续的。

实际上，我们在计算随机变量特定区间的概率分布时所提到的概率密度函数的原函数 $\Phi(x)$，在概率论中对应的就是随机变量的累积分布函数。在介绍连续型随机变量的概率密度函数时，我们提到连续型随机变量的概率密度函数具有归一性，即 $\int_{-\infty}^{\infty} \varphi(x)\,\mathrm{d}x = 1$。这一表达式也与累积分布函数有关，它反映了随机变量在整个实数区间概率的累积分布，即 $\lim_{x \to \infty} F(x) = 1$。

可见，连续型随机变量的累积分布函数和概率密度函数之间存在紧密的关系。累积分布函数是概率密度函数在区间 $(-\infty, x]$ 内的积分，而概率密度函数是累积分布函数在同一区间内的微分。我们可以通过式 3.6 反映两者的关系：

$$\frac{\mathrm{d}F(x)}{\mathrm{d}x} = \varphi(x) \tag{3.6}$$

图 3.5 直观地反映了概率密度函数与累积分布函数间的关系。左图为概率密度函数，右图为累积分布函数。左图中阴影部分的面积等于 $P(X \leq a)$，其实际上就是随机变量在 $X = a$ 时的累积分布函数值 $F(a)$，这个面积在右图中就是 $X = a$ 所对应的纵坐标的取值。

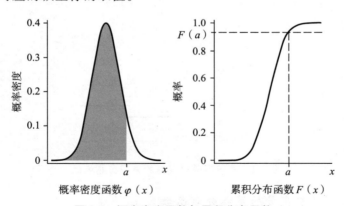

图 3.5 概率密度函数与累积分布函数

例 3.4 假定连续型随机变量 X 的累积分布函数为

$$F(x) = \begin{cases} \mathrm{e}^{x-2} & x \leq 2 \\ 1 & x > 2 \end{cases}$$

求该随机变量的概率密度函数。

解 根据连续型随机变量累积分布函数的定义，$F(x)$可进一步表达为

$$F(x) = \begin{cases} \int_{-\infty}^{2} \varphi(x)\,\mathrm{d}x = \mathrm{e}^{x-2} \\ \int_{2}^{\infty} \varphi(x)\,\mathrm{d}x = 1 \end{cases} \Rightarrow \begin{cases} \dfrac{\mathrm{d}\mathrm{e}^{x-2}}{\mathrm{d}x} = \varphi(x) & x \leqslant 2 \\ \dfrac{\mathrm{d}1}{\mathrm{d}x} = \varphi(x) & x > 2 \end{cases}$$

进而可以得到：

$$\varphi(x) = \begin{cases} \mathrm{e}^{x-2} & x \leqslant 2 \\ 0 & x > 2 \end{cases}$$

（四）分位数函数

对于分位数函数，我们先来设想一个情境。某班级共有学生 50 人，他们的体重从 40 kg 到 100 kg 不等，如果该班级同学的体重为随机变量 X，那么我们可以据此得到体重的累积分布函数 $F(x)$。现从该班随机选取一名同学 x_0，发现 x_0 的体重超过了班级中约 80% 同学的体重，我们可以认为 $F(x_0) = 0.8$。假如我们希望从所有同学中找到那个体重超过全班 80% 的人，此时如果存在一个函数 F^{-1}，使得 $F^{-1}(0.8) = x_0$，我们便可以确定该同学体重分布的位次（概率）了。

基于这一思路，我们可以发现，分位数函数实际上就是累积分布函数的反函数 F^{-1}，上述例子中想要求得的分位数就是给定概率值计算出的随机变量的取值。我们参考图 3.6 来理解这个过程。图 3.6 为正态分布的累积分布函数，根据上例，如果已知 x_0 求相应的 p 值，就要参考虚线箭头方向，先在 x 轴上找到 x_0 再到 y 轴找 p；如果要根据给定的 p 值求分位数 x，就要参考实线箭头方向，先在 y 轴找到 p 再到 x 轴找 x_0。

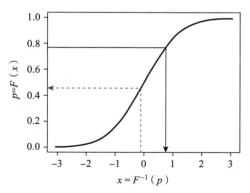

图 3.6 累积分布函数与其逆函数

由此,我们给出分位数函数的数学定义。

假设随机变量 X 存在累积分布函数 F,对于其累积分布函数值域 $(0,1)$ 内的任意取值 p,我们定义 $F^{-1}(p) = x_0$,使得 $F(x \geqslant x_0) \geqslant p$,那么,$F^{-1}(p)$ 对应的 x_0 称为 X 的 p 分位数或 X 的 $p\%$ 分位数;定义在累积分布函数 F 值域 $(0,1)$ 内的函数 F^{-1},称为 X 的分位数函数(quantile function)。在上例中,x_0 即班级同学体重的 0.8 分位数,这意味着全班同学的体重有 80% 都低于或等于 x_0 对应的体重。

从数学内涵来理解,分位数函数会从累积分布函数值超过 p 的所有值中返回 x 的最小值,也就是计算随机变量分布在特定位次的取值。如果给定一个位次 50%,分位数函数就会返回随机变量在该位次上的取值。需要注意的是,对于连续型随机变量而言,它的累积分布函数代表了随机变量取值分布的总体排位。

根据随机变量的类型,分位数函数也分为离散分布的分位数函数和连续分布的分位数函数。下面我们分别举例讲解。

1. 离散分布的分位数

假设离散型随机变量 X 的概率质量函数 $f(x)$ 和累积分布函数 $F(x)$ 如表 3.4。

表 3.4 X 的概率质量函数和累积分布函数

x	0	1	2	3	4	5
$f(x)$	0.1	0.3	0.2	0.2	0.1	0.1
$F(x)$	0.1	0.4	0.6	0.8	0.9	1

根据分位数函数的定义,我们可以将随机变量 X 的对应分位数列示如表 3.5。

表 3.5 X 的分位数

$F(x) = p$	$F^{-1}(p)$
$(0, 0.1]$	0
$(0.1, 0.4]$	1
$(0.4, 0.6]$	2

(续表)

$F(x) = p$	$F^{-1}(p)$
$(0.6, 0.8]$	3
$(0.8, 0.9]$	4
$(0.9, 1)$	5

通过对照 X 的分位数表 3.5，可以发现，当 $0 < p \leqslant 0.1$ 时，$F(x \geqslant 0) \geqslant 0.1$。此时随机变量 X 在 $(0, 0.1]$ 的分位数为 0；同理，随机变量 X 在 $(0.1, 0.4]$ 的分位数为 1；依此类推。需注意的是，由于分位数函数定义在 $F(x)$ 的值域 $(0, 1)$ 内，因而我们无法讨论 X 的 0 分位数和 X 的 1 分位数。

2. 连续分布的分位数

对于连续型随机变量 X，如果其累积分布函数为 $F(x)$，则其分位数函数 F^{-1} 为累积分布函数 $F(x)$ 的反函数。图 3.7 直观地展示了连续型随机变量的概率密度函数、累积分布函数和分位数函数之间的关系。

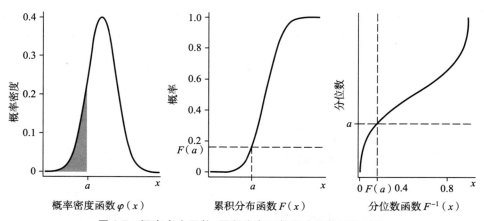

图 3.7　概率密度函数、累积分布函数和分位数函数对比

其中，a 为 X 的任意取值，概率密度函数图中阴影部分的面积对应的是累积分布函数图中 $F(x)$ 的取值，可表达为

$$\int_{-\infty}^{a} \varphi(x) \mathrm{d}x = F(a) \tag{3.7}$$

在分位数函数中，X 的任意取值 a 为随机变量 X 的 $F(a)$ 分位数，即

$$F^{-1}[F(a)] = a \tag{3.8}$$

假定 $F(a) = p$，则

$$F^{-1}\left[\int_{-\infty}^{a} \varphi(x)\,\mathrm{d}x\right] = F^{-1}(p) = a \tag{3.9}$$

换句话说，随机变量 X 的 $p\%$ 分位数为 a。

概率密度、累积分布和分位数在统计推断上的应用非常广泛，比如我们在做参数估计和假设检验时的显著性水平 α，就是通过概率密度函数、累积分布函数和分位数函数来共同确定的。

回顾第一章内容，实际上，随机变量的 $\frac{1}{2}$ 分位数或 50% 分位数就是中位数，而 $\frac{3}{4}$ 分位数与 $\frac{1}{4}$ 分位数的差值就是四分位距。

例 3.5 假设连续型随机变量 X 的累积分布函数为

$$F(x) = \begin{cases} \mathrm{e}^{x-2} & x \leq 2 \\ 1 & x > 2 \end{cases}$$

求该随机变量的 50% 分位数。

解 由于 X 为连续型随机变量，则其分位数函数为其累积分布函数的反函数，那么：

$$F^{-1}(x) = \ln x + 2$$

由此可以计算随机变量 X 的 50% 分位数：

$$F^{-1}(0.5) = \ln 0.5 + 2 = 1.307$$

三、二维随机变量的概率分布

之前我们主要讨论了一个随机变量的概率分布，但是在现实生活中，我们经常对几个相互关联的随机变量感兴趣。比如我们想研究家庭的人口数、家庭收入、家庭成员的年龄等随机变量之间的相互关系，就会涉及随机变量的联合分布，这一分布考虑的不是一个随机变量，而是两个或更多。这部分我们主要关注两个随机变量，一旦理解了两个随机变量函数的分布，扩展到 n 个随机变量就很简单了。

(一) 联合分布

联合分布(joint distributions)指两个或两个以上随机变量概率的共同分布。

根据随机变量的类型差异,联合概率分布也存在不同的表示形式。对于离散型随机变量,联合概率分布既能以列表形式表示,也能以函数形式表示;对于连续型随机变量,联合概率分布通常通过非负函数的积分表示。

1. 二元分布定义

在例 3.1 中,我们设随机变量 X 为日工作时间,并计算了 X 的概率分布。如果此时我们设随机变量 Y 为日休闲时间,那么该如何计算两个随机变量的联合概率分布呢?通常情况下,我们在讨论两个随机变量的分布时,倾向于将两个随机变量作为二维平面上的一个数对 (X,Y),并定义一个数对的集合 C,使得 $\{(X,Y) \in C\}$ 为随机事件,那么随机事件 X 和 Y 的联合分布即形如 $P[(X,Y) \in C]$ 的概率集合。由此,我们给出二元分布的定义。

设 X 和 Y 为两个随机变量,定义 $\mathbb{R}$ 为由实数组成的数对的集合,且 $\{(X,Y) \in \mathbb{R}\}$ 是随机事件,那么随机变量 X 和 Y 的联合分布就是二元分布(bivariate distributions),表示 $P[(X,Y) \in \mathbb{R}]$ 全部概率的集合。

尽管二元分布的上述定义具有一般性,但是不易于理解和直接应用,因而我们将进一步区分离散型随机变量和连续型随机变量的二元分布。

2. 离散型二元分布

如果二维随机变量 (X,Y) 所有可能的取值为有限对或可列无限对,则称 (X,Y) 为二维离散型随机变量。二维离散型随机变量 (X,Y) 具有离散型二元分布(discrete bivariate distributions),其概率质量函数定义为

$$f(x,y) = P(X=x, Y=y) \tag{3.10}$$

$f(x,y)$ 为随机变量 X 和 Y 的联合概率质量函数(joint probability mass function)。要描述二维离散型随机变量的概率特性及其与每个随机变量之间的关系,常用二维离散型随机变量的联合分布列。与单一离散型随机变量的分布列相似,二维离散型随机变量的联合分布列也是以列表形式呈现的联合概率质量函数。

表 3.6 展示了离散型随机变量 X 和 Y 的联合分布列。

表 3.6 二维离散型随机变量 (X,Y) 的联合分布列

Y	X			
	x_1	⋯	x_i	⋯
y_1	p_{11}	⋯	p_{i1}	⋯
⋮	⋮		⋮	
y_j	p_{1j}	⋯	p_{ij}	⋯
⋮	⋮		⋮	

二维离散型随机变量 X 和 Y 的联合概率质量函数有如下性质：

（1）对于二维离散型随机变量 (X,Y)，其任意取值 (x,y) 下的概率质量函数非负，即

$$f(x,y) \geqslant 0$$

（2）对于二维离散型随机变量 (X,Y)，(X,Y) 内的所有结果 (x,y) 的概率之和为 1，即

$$\sum_{(x,y)} f(x,y) = 1$$

对于单一随机变量 X，其累积分布函数为 $F(x) = P(X \leqslant x)$。对于二维随机变量 (X,Y)，我们通常会定义其联合累积分布函数，表达式为

$$F(x,y) = P(X \leqslant x, Y \leqslant y) \tag{3.11}$$

这一定义不仅适用于离散型随机变量，也适用于连续型随机变量以及混合型随机变量。考虑到联合累积分布反映的是事件发生的概率，其必须符合 $0 \leqslant F(x,y) \leqslant 1$。

基于二维离散型随机变量的联合分布，我们来看下面一个例子。

例 3.6 随机变量 X 和 Y 的联合分布列如表 3.7，假设 X 的取值为 0,1,2，Y 的取值为 0,1,2,3。求：(1) $P(X \geqslant 1, Y \geqslant 2)$；(2) $P(X = 1)$。

表 3.7 随机变量 X 和 Y 的联合分布列

X	Y			
	0	1	2	3
0	0.15	0.05	0	0
1	0.1	0.3	0.1	0.1
2	0.05	0.05	0.1	0

第三章 随机变量与概率分布

解 根据题意,
$$P(X \geq 1, Y \geq 2) = f(1,2) + f(1,3) + f(2,2) + f(2,3)$$
$$= 0.1 + 0.1 + 0.1 + 0$$
$$= 0.3$$

对于第二问,我们要求的是随机变量 X 取值为 1 的条件下,Y 的所有概率,即确定一个有序数对组成的实数集合 $C = \{X = 1, Y \geq 0\}$,满足:

$$P[(X,Y) \in C] = \sum_{y=0}^{3} f(1,y)$$
$$= f(1,0) + f(1,1) + f(1,2) + f(1,3)$$
$$= 0.1 + 0.3 + 0.1 + 0.1$$
$$= 0.6$$

3. 连续型二元分布

一般情况下,连续型二元分布(continuous bivariate distributions)所对应的两个随机变量都是连续型变量。基于本章前面的内容,我们发现,当从离散型随机变量转移到连续型随机变量时,往往会发生两个变化:一个是"和"变成"积分",一个是"概率质量函数"变成"概率密度函数"。当我们讨论二维连续型随机变量时也会涉及这样的变化。

对于二维连续型随机变量,我们通常用联合概率密度函数(joint probability density function)和联合累积分布函数(joint cumulative distribution function)来描述其联合分布。同样,我们在计算连续型二元分布时,一般也会使用积分法求得相应区间的概率。与单一连续型随机变量一样,基于该方法计算两个随机变量组成的单点实数对 (x,y) 的概率也为 0。

关于二维连续型随机变量的联合分布,我们可以以例 3.1 为引子:

对于日工作时间与日休闲时间的关系,我们知道 25—54 岁的全职工作人口,日工作时间介于 6—16 小时,日休闲时间介于 0.5—5 小时。这里,我们设随机变量 X 为日工作时间,随机变量 Y 为日休闲时间,试求日工作时间超过 10 小时而日休闲时间小于 1 小时的概率。

对于这一设问,我们要计算的是包含连续型随机变量 X 和 Y 的联合概率分布。设 $C = \{X \geq 10 \ \& \ Y \leq 1\}$ 为有序数对组成的实数集合。根据图 3.8,样本

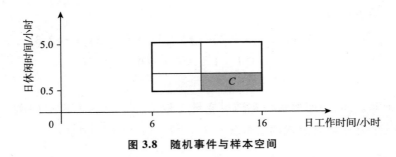

图 3.8 随机事件与样本空间

空间中子集的概率与子集的面积成正比。因图示样本空间的面积为 $(16-6) \times (5-0.5) = 45$，那么我们的目标概率为区域 C 的面积 S_C 除以 45，则

$$P(X \geq 10 \ \& \ Y \leq 1) = P[(X,Y) \in C]$$
$$= \frac{S_C}{(16-6) \times (5-0.5)}$$
$$= \frac{S_C}{45}$$

基于上式，日工作时间超过 10 小时而日休闲时间小于 1 小时的概率，可以进一步表达为

$$\int_C \int \frac{1}{45} \mathrm{d}x\mathrm{d}y = \int_{0.5}^{1} \int_{10}^{16} \frac{1}{45} \mathrm{d}y\mathrm{d}x = \frac{1}{15}$$

在这个例子中，$f(x,y) = \frac{1}{45}$ 便是随机变量 X 和 Y 的联合概率密度，它与单一连续型随机变量的概率密度函数非常类似。

一般来讲，对于两个连续型随机变量 X 和 Y，如果存在一个定义在 x,y 的二维平面上的非负函数 $f(x,y)$，其对于二维平面上的任意子集 C 都会满足：

$$P[(X,Y) \in C] = \int_C \int f(x,y) \mathrm{d}x\mathrm{d}y \qquad (3.12)$$

对于二维连续型随机变量 X 和 Y，用于描述该二元分布的函数 $f(x,y)$ 就是之前我们提到的随机变量 X 和 Y 的联合概率密度函数。其中，$f(x,y)$ 具有如下性质：

（1）对于任意定义在实数集上的随机变量 X 和 Y，其联合概率密度函数满足：

第三章 随机变量与概率分布

$$f(x,y) \geq 0, x, y \in (-\infty, \infty)$$

（2）随机变量 X 和 Y 所组成的实数对 (X,Y) 的全部结果的概率之和为 1，即联合概率密度函数 $f(x,y)$ 在随机变量 X 和 Y 的定义域内的积分为 1：

$$\int_{-\infty}^{\infty}\int_{-\infty}^{\infty} f(x,y)\,\mathrm{d}x\,\mathrm{d}y = 1$$

例 3.7 设随机变量 X 的取值范围为区间 $[-3,3]$，随机变量 Y 的取值范围是 $[0,1]$，且两个随机变量的联合分布为

$$f(x,y) = a\mathrm{e}^{-x}y$$

设由 X 和 Y 组成的实数对集合 $C = \{X \geq 0\ \&\ Y \geq 0\}$，求 $P[(X,Y) \in C]$。

解 要计算目标概率，首先需要计算出参数 a 的值。我们可以根据联合概率密度函数的性质 $\int_{-\infty}^{\infty}\int_{-\infty}^{\infty} f(x,y)\,\mathrm{d}x\,\mathrm{d}y = 1$ 求得参数 a，然后进一步计算目标概率。

由联合概率密度函数的性质可知：

$$\int_{-3}^{3}\int_{0}^{1} f(x,y)\,\mathrm{d}x\,\mathrm{d}y = 1$$

将 $f(x,y)$ 的表达式代入等号左边，有

$$\begin{aligned}
\int_{-3}^{3}\int_{0}^{1} f(x,y)\,\mathrm{d}x\,\mathrm{d}y &= \int_{-3}^{3}\left[\int_{0}^{1} a\mathrm{e}^{-x}y\,\mathrm{d}y\right]\mathrm{d}x \\
&= \int_{-3}^{3} a\mathrm{e}^{-x}\left[\int_{0}^{1} y\,\mathrm{d}y\right]\mathrm{d}x \\
&= \int_{-3}^{3} a\mathrm{e}^{-x}\left[\frac{1}{2}y^2\Big|_0^1\right]\mathrm{d}x \\
&= \int_{-3}^{3} \frac{1}{2}a\mathrm{e}^{-x}\,\mathrm{d}x \\
&= \frac{1}{2}a\int_{-3}^{3} \mathrm{e}^{-x}\,\mathrm{d}x \\
&= \frac{1}{2}a\left[-\mathrm{e}^{-x}\Big|_{-3}^{3}\right] \\
&= \frac{1}{2}a\left[\mathrm{e}^{3} - \mathrm{e}^{-3}\right] = 1
\end{aligned}$$

由此可以计算得到 $a = 0.1$，则 $f(x,y) = 0.1\mathrm{e}^{-x}y$。

此时即可计算目标概率：

$$P[(X,Y) \in C] = \int\int_C f(x,y)\,\mathrm{d}x\mathrm{d}y$$

$$= \int_0^3 \int_0^1 0.1\mathrm{e}^{-x}y\,\mathrm{d}x\mathrm{d}y$$

$$= \int_0^3 \left[\int_0^1 0.1\mathrm{e}^{-x}y\,\mathrm{d}y\right]\mathrm{d}x$$

$$= 0.1\int_0^3 \mathrm{e}^{-x}\left[\frac{1}{2}y^2\Big|_0^1\right]\mathrm{d}x$$

$$= \frac{1}{2}\cdot 0.1\int_0^3 \mathrm{e}^{-x}\mathrm{d}x$$

$$= \frac{1}{2}\cdot 0.1\left[-\mathrm{e}^{-x}\Big|_0^3\right]$$

$$= \frac{1}{2}\cdot 0.1\left[1-\mathrm{e}^{-3}\right]$$

$$= 0.048$$

当随机变量为任意有限的 n 个时，随机变量 $X_1,\cdots,X_n$ 的联合分布就称为多元分布。在社会科学中，绝大多数基于调查数据的实证研究都会使用统计推断的方法，随机变量的多元分布在统计推断中的作用虽然重要，但是不在本书讨论范围内。

（二）边际分布

由随机变量的联合分布计算得到的单变量分布被称为边际分布（marginal distribution）。无论是离散型随机变量还是连续型随机变量都有边际分布。离散型边际分布多指边际概率质量函数（marginal probability mass function），而连续型边际分布则指边际概率密度函数（marginal probability density function）。这两类变量都具有边际累积分布函数。这里我们主要就二元随机变量的边际分布进行介绍。

1. 边际分布的定义

若随机变量 X 和 Y 有联合分布，则由联合分布计算得到的单变量分布称为随机变量的边际分布。边际分布函数既可以是概率质量函数，也可以是概率密度函数或累积分布函数。

2. 离散型边际分布

如果二维离散型随机变量(X,Y)的联合概率质量函数为$f(x,y)$,那么随机变量X的边际概率质量函数$f_1(x)$满足:

$$f_1(x) = \sum_y f(x,y) \tag{3.13}$$

类似地,随机变量Y的边际概率质量函数$f_2(y)$满足:

$$f_2(y) = \sum_x f(x,y) \tag{3.14}$$

我们基于例3.6来理解离散型边际分布。表3.8不仅包含随机变量X和Y的联合分布列,而且在表3.7的基础上增加了行总计和列总计。

表3.8 随机变量X和Y的联合分布列

X	Y				总计
	0	1	2	3	
0	0.15	0.05	0	0	0.2
1	0.1	0.3	0.1	0.1	0.6
2	0.05	0.05	0.1	0	0.2
总计	0.3	0.4	0.2	0.1	1

随机变量X的边际分布$f_1(x)$即表3.8最后一列的内容,边际分布的取值通过将表格中随机变量X的每一行相加得到,一共包含三个概率,分别对应$X=0, X=1, X=2$时的概率。通过计算得到,$f_1(0) = 0.2, f_1(1) = 0.6, f_1(2) = 0.2$。同理,随机变量$Y$的边际分布$f_2(y)$为表3.8最后一行的内容,其包含四个概率,分别对应$Y=0, Y=1, Y=2, Y=3$时的概率。因此,对于二维离散型随机变量的联合分布列,边际分布的名称便是源于分布列边缘的概率分布。

3. 连续型边际分布

对于二维连续型随机变量,我们可以通过二维连续型随机变量的联合概率密度函数计算边际概率密度函数。这一过程与二维离散型随机变量的边际分布计算类似,差别仅在于连续型边际分布是通过对联合边际分布进行积分而非求和得到。

如果连续型随机变量 X 和 Y 有联合概率密度函数 $f(x,y)$，那么随机变量 X 的边际概率密度函数 f_1 可以表示为

$$f_1(x) = \int_{-\infty}^{\infty} f(x,y)\,\mathrm{d}y \qquad (3.15)$$

随机变量 Y 的边际概率密度函数 f_2 则表示为

$$f_2(y) = \int_{-\infty}^{\infty} f(x,y)\,\mathrm{d}x \qquad (3.16)$$

可见，某一连续型随机变量的边际概率密度函数，即该随机变量对联合概率密度函数在另一个变量所有取值范围内的积分。

我们可以通过进一步拓展例 3.7 来理解连续型随机变量的概率密度函数。根据例 3.7 的计算结果，我们知道随机变量 X 和 Y 的联合概率密度函数为

$$f(x,y) = 0.1\mathrm{e}^{-x}y \quad -3 \leqslant x \leqslant 3, 0 \leqslant y \leqslant 1$$

现在，试求 X 的边际概率密度函数 $f_1(x)$ 和 Y 的边际概率密度函数 $f_2(y)$。

根据连续型边际分布的定义，$f_1(x) = \int_{-\infty}^{\infty} f(x,y)\,\mathrm{d}y$，$f_2(y) = \int_{-\infty}^{\infty} f(x,y)\,\mathrm{d}x$。

把 $f(x,y)$ 的表达式代入后得到：

$$\begin{aligned}
f_1(x) &= \int_{-\infty}^{\infty} f(x,y)\,\mathrm{d}y \\
&= \int_0^1 0.1\mathrm{e}^{-x}y\,\mathrm{d}y \\
&= 0.1\mathrm{e}^{-x}\int_0^1 y\,\mathrm{d}y \\
&= 0.1\mathrm{e}^{-x}\left[\frac{1}{2}y^2 \Big|_0^1\right] \\
&= 0.05\mathrm{e}^{-x} \\
f_2(y) &= \int_{-\infty}^{\infty} f(x,y)\,\mathrm{d}x \\
&= \int_{-3}^{3} 0.1\mathrm{e}^{-x}y\,\mathrm{d}x \\
&= 0.1y\int_{-3}^{3} \mathrm{e}^{-x}\,\mathrm{d}x \\
&\approx 2y
\end{aligned}$$

因此，我们求得了 $f_1(x)$ 和 $f_2(y)$。

第三章 随机变量与概率分布

此外,边际分布的内容还涉及混合型边际分布、多元边际分布等内容,但是不在本书讨论范围内。

(三) 条件分布

在第二章我们介绍了条件概率的基本概念和计算方法,条件分布(conditional distribution)是对条件概率的推广。由于分布指的是随机变量所有可能取值的概率集合,那么条件分布即控制其他随机变量的情况下,我们所关注的随机变量所有取值的概率集合。这里所讲的"控制",在条件概率中指其他随机事件已经发生,在条件分布中则指我们事先知道其他随机变量取值的概率分布。下面我们将对条件分布进行更详细的介绍。

1. 离散型条件分布

在讲离散型条件分布前,我们先以一个例子入手。

例 3.8 假设我们依据某城市的人口普查数据计算两性婚姻与学历的联合概率分布,随机变量 X 为学历,包含五个取值,1 为小学,2 为初中,3 为高中,4 为专科和本科,5 为研究生及以上。随机变量 Y 为婚姻状况,有两个取值:1 代表已婚,0 代表未婚。随机变量 X 和 Y 的联合分布列以及边际分布如表 3.9。尝试计算给定 X,Y 的条件分布函数。

表 3.9 婚姻状况与学历的联合分布列

Y	X					总计
	1	2	3	4	5	
0	0.07	0.1	0	0	0.03	0.2
1	0.03	0.2	0.4	0.13	0.04	0.8
总计	0.1	0.3	0.4	0.13	0.07	1

在具体计算前,我们先来看 X 和 Y 联合分布列。从表 3.9 可以看出,未婚的概率为 0.2,已婚的概率为 0.8,且不同学历的结婚概率不同。根据第二章条件概率的内容,如果我们设随机事件 $A=\{X=1\}$(小学教育水平),随机事件 $B=\{Y=1\}$(已婚),那么给定 A,B 的条件概率满足:

$$P(B|A) = \frac{P(A \cap B)}{P(A)} = \frac{0.03}{0.1} = 0.3$$

我们观察表 3.9 可以发现,对于 X 不同的取值 $\{X=x\}$,随机事件 $\{Y=y\}$ 的概率有所不同。对于二维随机变量的条件分布,其实际上反映的是在一个随机变量取得可能的固定值的条件下,另一随机变量的概率分布。它与条件概率不同,因为条件概率是对于随机事件而言的,而条件分布是对于随机变量而言的。

下面我们给出二维离散型随机变量的条件分布的定义:

如果二维离散型随机变量 (X,Y) 的联合概率质量函数为 $f(x,y)$,记 X 的边际概率函数为 $f_1(x)$,Y 的边际概率质量函数为 $f_2(y)$,对于任意 x,y 满足:

$$f_1(x|y) = \frac{f(x,y)}{f_2(y)} \qquad (3.17)$$

$$f_2(y|x) = \frac{f(x,y)}{f_1(x)} \qquad (3.18)$$

$f_1(x|y)$ 和 $f_2(y|x)$ 都是二维离散型随机变量的条件分布。其中,$f_1(x|y)$ 称为给定 Y,X 的条件概率质量函数;$f_2(y|x)$ 称为给定 X,Y 的条件概率质量函数。

现在我们可以回答例 3.8 提出的问题了。基于式 3.18 我们可以逐一计算出每个单元格对应的条件概率,形成给定 X,Y 的条件分布(条件概率质量函数) $f_2(y|x)$。比如,对于研究生及以上教育水平,未婚的概率 $P(Y=0|X=5) = \frac{0.03}{0.07} \approx 0.43$,已婚的概率 $P(Y=1|X=5) = \frac{0.04}{0.07} \approx 0.57$,依此类推。表 3.10 列出了条件分布函数 $f_2(y|x)$ 的分布状况。

表 3.10 $f_2(y|x)$ 的分布

Y	X				
	1	2	3	4	5
0	0.7	0.33	0	0	0.43
1	0.3	0.67	1	1	0.57
总计	1	1	1	1	1

此外,由表 3.10 我们还发现,$f_2(y|x)$ 还满足概率定义的公理 3:$P(\bigcup_{i=1}^{\infty} A_i) =$

第三章 随机变量与概率分布

$\sum_{i=1}^{\infty} P(A_i)$，即给定 $X = x, Y$ 的条件概率之和为1，在表 3.10 中指各个列的概率之和，即

$$\sum_y f_2(y|x) = \frac{\sum_y f(x,y)}{f_1(x)} = \frac{f_1(x)}{f_1(x)} = 1$$

如果求给定 $Y = y, X$ 的条件概率之和，也会有类似的发现。读者们可以自行尝试计算。

2. 连续型条件分布

类似地，对于二维连续型随机变量 (X, Y)，如果其联合概率密度函数为 $f(x,y)$，边际概率密度函数分别为 $f_1(x)$ 和 $f_2(y)$，那么给定 Y, X 的条件概率密度函数为

$$f_1(x|y) = \frac{f(x,y)}{f_2(y)} \tag{3.19}$$

给定 X, Y 的条件概率密度函数为

$$f_2(y|x) = \frac{f(x,y)}{f_1(x)} \tag{3.20}$$

其中，$f_1(x|y)$ 和 $f_2(y|x)$ 就是二维连续型随机变量的条件分布（条件概率密度函数），且条件概率密度函数在整个定义域内的积分等于1，即

$$\int_{-\infty}^{\infty} f_1(x|y) dx = \frac{\int_{-\infty}^{\infty} f(x,y) dx}{f_2(y)} = \frac{f_2(y)}{f_2(y)} = 1 \tag{3.21}$$

同理，

$$\int_{-\infty}^{\infty} f_2(y|x) dy = 1 \tag{3.22}$$

就二维连续型随机变量的条件分布的应用，我们继续将例 3.7 进行拓展。

假设随机变量 X 是定义在区间 $[-3, 3]$ 的连续型随机变量，随机变量 Y 定义在区间 $[0, 1]$。经过计算，我们得到 X 和 Y 的联合概率密度函数为 $f(x,y) = 0.1e^{-x}y$，X 和 Y 的边际概率密度函数分别为 $f_1(x) = 0.05e^{-x}, f_2(y) = 2y$。试求给定 $X = 2, Y$ 的条件分布。

我们可以分两步，首先计算出给定 X, Y 的条件概率密度函数 $f_2(y|x)$，然

后根据该分布函数得到应用的概率分布：

$$f_2(y|x) = \frac{f(x,y)}{f_1(x)} = \frac{0.1e^{-x}y}{0.05e^{-x}} = 2y$$

由此，我们可以发现，给定任意 X 的取值，Y 的条件概率为 $2y$。那么当 $X = 2$，Y 的条件概率也为 $2y$。细心的读者可能已经发现，在本例中，给定 X，Y 的条件概率密度函数 $f_2(y|x)$ 与 Y 的边际概率密度函数 $f_2(y)$ 相等。如果进一步计算 $f_1(x|y)$，我们同样也会发现其与 X 的边际概率密度函数 $f_1(x)$ 相等。造成这一结果的原因在于，随机变量 X 和 Y 均是独立随机变量。根据定义，如果两个随机变量 X 和 Y 相互独立，则它们在任意实数集合 A 和 B 上的联合概率满足 $P(\{X \in A\} \cap \{Y \in B\}) = P(X \in A)P(Y \in B)$。这意味着，$X$ 的取值不会影响到 Y 的分布，反之亦然。

在本例中，如果 X 和 Y 为独立随机变量，则它们的联合分布可以分解为两个随机变量边际分布的乘积，即 $f(x,y) = f_1(x)f_2(y)$。进一步结合条件分布的定义，有

$$f(x,y) = f_1(x)f_2(y|x) = f_2(y)f_1(x|y)$$

这说明，随机变量的联合分布等于其中一个随机变量的边际分布乘以另一个随机变量的条件分布。这一公式不仅适用于独立随机变量，也反映了联合分布、边际分布与条件分布之间的基本关系。为了更清晰地理解这些概念，下面我们对联合分布、边际分布和条件分布的关系进行总结。

联合分布、边际分布和条件分布之间的关系是什么？

实际上，$f(x,y) = f_1(x)f_2(y|x)$ 这一表达式已经直观地体现出联合分布、边际分布和条件分布的关系。

通常，对于任意两个或两个以上的随机变量，联合分布等于边际分布与条件分布之积。尤其是，如果随机变量相互独立，条件分布与边际分布便会一致，此时的联合分布等于各随机变量的边际分布之积，即 $f(x,y) = f_1(x)f_2(y)$。在第二章，我们称这一关系为随机事件交集的概率，即 $P(A \cap B) = P(A)P(B|A)$。当我们引入随机变量的概念后，这一关系即从随机事件的概率运算推广到随机变量的分布运算上：

设 X 和 Y 是任意随机变量,且其边际分布分别为 $f_1(x)$ 和 $f_2(y)$。若给定 Y,X 的条件分布为 $f_1(x|y)$;给定 X,Y 的条件分布为 $f_2(y|x)$。那么,随机变量 X 和 Y 的联合分布为

$$f(x,y) = f_1(x|y) f_2(y) = f_2(y|x) f_1(x)$$

联合分布、边际分布和条件分布的关系还体现在随机变量概率分布的全概率公式上。回忆一下第二章介绍的全概率公式:若随机事件 $A_1, A_2, \cdots, A_k$ 是对有限样本空间 S 的一个划分,且满足 $P(A_i) > 0$ 对于任意 $i = 1, 2, \cdots, k$ 成立,那么对于样本空间 S 内的任意随机事件 B 满足:$P(B) = \sum_{i=1}^{k} P(A_i \cap B) = \sum_{i=1}^{k} P(A_i) P(B|A_i)$。若将随机事件的全概率公式推广到随机变量上,我们可以将 $P(B)$ 和 $P(A_i)$ 看作随机变量的边际分布,而 $P(B|A_i)$ 可看作随机变量的条件分布,如果变量 X 和 Y 为离散型随机变量,则满足①:

$$f_1(x) = \sum_{y} f_2(y) f_1(x|y)$$

如果变量 X 和 Y 为连续型随机变量,则满足②:

$$f_1(x) = \int_{-\infty}^{\infty} f_2(y) f_1(x|y) \mathrm{d}y$$

同样,贝叶斯定理也适用于随机变量的概率分布运算。在第二章我们提到,如果样本空间 S 被随机事件 $A_i (i = 1, \cdots, k)$ 划分且 $P(A_j) > 0$ 对任意 $j = 1, \cdots, k$ 成立,B 为样本空间中的任意随机事件且 $P(B) > 0$,那么贝叶斯公式为 $P(A_i|B) = \dfrac{P(A_i) P(B|A_i)}{\sum_{j=1}^{k} P(A_j) P(B|A_j)}$。在随机变量的概率分布中,贝叶斯公式表明某个随机变量的条件分布可以通过联合分布与其他随机变量的边际分布作商得到,即

$$f_1(x|y) = \frac{f_1(x) f_2(y|x)}{f_2(y)}$$

$$f_2(y|x) = \frac{f_2(y) f_1(x|y)}{f_1(x)}$$

---

① 随机变量 Y 的边际分布可通过类似的全概率公式得到,故不再展示。
② 同上。

总之，基于联合分布、边际分布及条件分布运算，我们可以将随机事件的概率计算法则推广至随机变量的概率分布运算上。全概率公式和贝叶斯定理的一般化为我们提供了另外一种计算边际分布和条件分布的方案。

四、应用 Stata 计算概率分布

我们在处理数据之前，一般会对数据中的某些变量做描述性统计。例如我们的研究问题是青少年的学业表现与其家庭背景的关系，那么我们倾向于以家庭背景为分类依据（如父母的教育程度）来对青少年的学业成绩做描述统计。在这里，如果将青少年的学业成绩和父母的教育程度看作不同的随机变量，那么这种描述统计即两个随机变量的联合分布。如果我们将青少年的年龄限定在 15—20 岁，那么此时的描述统计可以理解为给定年龄，青少年的学业成绩和父母教育程度的条件分布。更一般地，如果我们仅关注青少年的学业成绩，那么对该随机变量的描述统计便是单变量边际分布。

本部分我们使用 CGSS 2010 数据，介绍如何使用 Stata 对数据中随机变量的分布进行描述。

在 Stata 中，随机变量的概率分布一般以列联表或分布列的形式呈现。这里所谓概率分布其实指的是随机变量不同取值所占的比重，也可以理解为频率分布。由于调查数据所收集到的信息本质上都是离散型的[①]，因此我们仅以离散分布为例进行说明。

Stata 中一般使用命令 tabulate 展示随机变量的概率分布，一般情况下 tabulate 命令可计算单变量概率分布和二元概率分布。我们可以在命令窗口键入"help tabulate"查看该命令的具体使用方法。

（一）单变量分布

对于单变量分布的详细介绍，读者可以在命令窗口输入"help tabulate oneway"查看。在第一章我们创建了 educ 变量，也简单介绍了 tabulate 命令。通过在命令窗口键入 tabulate educ 就可以得到 educ 的分布，这就是单变量分布。

---

① 数据中任何变量的取值都是被访者的特定信息，尽管我们将诸如收入、体重、身高等定义为连续型随机变量，但是这些变量体现在数据中即若干个特定的数值，因此本质上是离散的。

也就是说,只要在 tabulate 命令后面加一个变量名,就可以展示单变量分布。

(二) 二元联合分布

如果我们要计算性别 a2 和教育程度 educ 的联合分布,应该如何实现呢? 我们可以在 tabulate 后直接跟两个随机变量的名称,即可得到两个随机变量的联合分布。但是一般情况下,Stata 呈现的仅为两个随机变量频数的联合分布, 如果我们希望 Stata 仅显示其联合概率分布,则需增加选项"nof"与"cell",前者表示不显示变量分布的频数,后者表示报告分布列中每一个单元格的百分比(计算联合分布中每一个单元格占总体的比例)。输出结果见图3.9。有关二元分布更多的使用方法,请读者们参见其对应的帮助文件"help tabulate twoway"。

```
. tabulate educ a2, nof cell

  RECODE of a7a |
  (您目前的最高 |        性别
    教育程度是) |      男         女  |   Total
----------------+----------------------+----------
     初中或以下 |    29.78      35.58  |   65.36
   高中或同等学力|  10.01       9.22  |   19.23
       大学专科 |     4.19       3.74  |    7.93
 大学本科或以上 |     4.16       3.32  |    7.48
----------------+----------------------+----------
          Total |    48.14      51.86  |  100.00
```

图 3.9　tabulate 命令展示性别和教育程度的联合分布

(三) 边际分布

根据边际分布的定义,联合分布列中包含着边际分布,每一个分布列中的最底行和最右列的分布状况分别代表 educ 和 a2 的边际分布。实际上,"tabulate educ a2, nof cell"命令展示的最底行和最右列结果,就是单变量分布的百分比结果。

(四) 条件分布

如果我们现在给定 educ,要计算 a2 的条件分布,那么这个分布列对应的每一行之和都为 100%,换句话说,无论给定 educ 的取值为多少,其对应的 a2 每一个类别的概率之和都是 100。在 Stata 中,我们可以通过增加 tabulate 的选项 row 或 column(简写为 col)来展示相对应的条件分布。(见图 3.10)

```
. tabulate educ a2, nof row

   RECODE of a7a |
   (您目前的最高  |      性别
     教育程度是)  |      男           女    |    Total
  ----------------+----------------------+----------
        初中或以下 |    45.57        54.43 |   100.00
    高中或同等学力 |    52.05        47.95 |   100.00
          大学专科 |    52.84        47.16 |   100.00
    大学本科或以上 |    55.57        44.43 |   100.00
  ----------------+----------------------+----------
            Total |    48.14        51.86 |   100.00

. tabulate educ a2, nof col

   RECODE of a7a |
   (您目前的最高  |      性别
     教育程度是)  |      男           女    |    Total
  ----------------+----------------------+----------
        初中或以下 |    61.87        68.61 |    65.36
    高中或同等学力 |    20.79        17.78 |    19.23
          大学专科 |     8.70         7.21 |     7.93
    大学本科或以上 |     8.63         6.41 |     7.48
  ----------------+----------------------+----------
            Total |   100.00       100.00 |   100.00
```

图 3.10 tabulate 命令展示条件分布

在命令中,column 指的是分布列中每一列中对应的单元格占整列的百分比,即给定列变量,行变量的条件分布;row 指的是分布列中每一行中对应单元格占整行的百分比,也就是说给定行变量,列变量的条件分布。图 3.10 的上半部分为给定 educ 的情况下 a2 的条件分布,图下半部分为给定 a2 的情况下 educ 的条件分布。可以看出,在给定 educ 的情况下 a2 的条件分布中,每一行的概率/频率之和都为 1,而在给定 a2 的情况下 educ 的条件分布中,每一列的概率/频率之和为 1。

五、本章小结

第二章我们介绍过随机事件概率的计算法则,例如条件概率、全概率公式和贝叶斯定理等。其实随机变量概率分布的运算就是对随机事件概率计算的推广。本章对随机变量和概率分布的简单介绍,也是为后续讲解参数分布和列联表等内容做铺垫。需提及的是,本章的一些推导和例题因涉及微积分,在阅读时需要读者具有一定数学基础。数学基础较为薄弱的读者可以跳过这些部分,着重关注概念即可。

第四章

参数与参数分布

第三章我们用分布了解了一个随机变量所包含的信息,并通过各种分布来呈现随机变量所有取值的概率样态。然而,通过计算分布来了解一个随机变量是非常烦琐的。在量化研究乃至统计学中,我们常会使用一些参数来描述随机变量的分布特征。因此,本章将重点介绍随机变量的几个重要参数,包括期望、方差、矩、协方差和相关系数,以及量化研究中十分常见的参数型分布,包括二项分布、泊松分布等离散型参数分布,以及均匀分布、正态分布乃至伽马分布等连续型分布。

一、描述分布的参数

(一)随机变量的期望及其性质

在量化研究中,均值与方差是描述性统计中最常用的统计指标,这是因为,均值与方差能够很好地反映出随机变量的集中趋势和离散状况,相比描述整个概率分布,随机变量的均值与方差既便于计算又能呈现主要的信息。随机变量的期望(expectation)也称"总体均值",它反映的是某个变量总体的集中状况,而一般意义上的均值指的是样本中随机变量的集中状况,在本章我们可以暂时将期望理解为均值。对于二者的关系,我们将在后续章节中详细介绍。

我们首先来介绍离散型随机变量和连续型随机变量的期望计算方法。

1. 离散型随机变量的期望

设随机变量 X 为取值有限的离散型随机变量,其概率质量函数为 $f(x)$,那么 X 的期望 $\mu = E(X)$ 的定义如下:

$$E(X) = \sum xf(x) \tag{4.1}$$

从式 4.1 可以看出,离散型随机变量的期望为随机变量各取值与其对应概率之积的代数和,这也是我们习惯称离散型期望为加权平均的原因。同时,离散型随机变量的"加权平均"也可以推广到连续型随机变量期望的计算上,不同之处是以积分代替求和。下面我们以掷骰子为例,了解随机变量期望的计算。

例 4.1 设随机试验为连续抛掷一枚质地均匀的骰子,样本空间 S 包含 6^6 种不同结果的由数值 1—6 组成的数字序列。设随机变量 $X = \{3,3,1,4,2,5\}$ 为其中一种结果,求随机变量 X 的期望。

解 根据式 4.1,随机变量 X 的期望

$$E(X) = 3 \cdot \frac{1}{6} + 3 \cdot \frac{1}{6} + 1 \cdot \frac{1}{6} + 4 \cdot \frac{1}{6} + 2 \cdot \frac{1}{6} + 5 \cdot \frac{1}{6} = 3$$

2. 连续型随机变量的期望

对于连续型随机变量的期望,我们用积分来表达连加的思想。同时,将概率质量函数替换为连续型随机变量对应的概率密度函数。

设连续型随机变量 X 的概率密度函数为 $f(x)$,如果 $\int_{-\infty}^{\infty} xf(x)\,dx$ 绝对收敛,我们就称其为 X 的数学期望,记作 $E(X)$:

$$E(X) = \int_{-\infty}^{\infty} xf(x)\,dx \tag{4.2}$$

如果 $\int_{-\infty}^{\infty} xf(x)\,dx$ 不绝对收敛,则随机变量 X 的数学期望不存在。

我们通过一个例子来展示连续型随机变量的期望应该如何计算。

例 4.2 假设某型号电脑的保修期为一年。设随机变量 X 为该型号电脑的使用寿命,随机变量 X 的概率密度函数如下:

$$f(x) = \begin{cases} 0 & x < 1 \\ \dfrac{\alpha}{x^3} & x \geq 1, \alpha \in \mathbb{R} \end{cases}$$

求该型号电脑使用寿命的期望(平均使用寿命)。

解 根据连续型随机变量期望的定义,有如下等式成立:

$$E(X) = \int_{-\infty}^{\infty} x f(x) \mathrm{d}x$$

$$= \int_{-\infty}^{1} x \cdot 0 \mathrm{d}x + \int_{1}^{\infty} x \frac{\alpha}{x^3} \mathrm{d}x$$

$$= \int_{1}^{\infty} \frac{\alpha}{x^2} \mathrm{d}x$$

$$= \alpha$$

3. 期望的性质

在计算一些复杂的随机变量函数的期望时,期望的一系列特殊性质能够起到简化运算的作用。

性质 1:假设随机变量 X 有期望,并记为 $E(X)$,如果随机变量 $Y = aX + b$ 是关于随机变量 X 的线性函数,其中 $a, b \in \mathbb{R}$,则

$$E(Y) = aE(X) + b \tag{4.3}$$

根据性质 1,可以得到如下推论:

如果随机变量 X 的取值为常数 c,则 $P(X = c) = 1$,那么 X 的期望满足:

$$E(X) = c \tag{4.4}$$

性质 2:如果随机变量 $X_1, \cdots, X_n$ 有期望 $E(X_i)(i = 1, \cdots, n)$,那么随机变量 $X_1, \cdots, X_n$ 和的期望还满足:

$$E\left(\sum_{i=1}^{n} X_i\right) = \sum_{i=1}^{n} E(X_i) \tag{4.5}$$

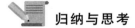

归纳与思考

根据期望的性质 1 和性质 2,读者们可能已经发现,如果一个随机变量 $Y = g(X)$ 是另一个或多个随机变量 $X_i(i = 1, \cdots, n)$ 的线性函数,则 Y 的数学期望 $E(Y) = E[g(X_i)]$,还满足:

$$E[g(X_i)] = g[E(X_i)] \tag{4.6}$$

依据式 4.6 我们可以检验期望的性质 1 和性质 2。

对于性质 1,我们首先假设 $Y = g(X) = aX + b$,其中,$a, b \in \mathbb{R}$,那么:

$$E[g(X)] = E[aX + b] = g[E(X)] = aE(X) + b$$

对于性质 2,我们假设 $Y = g(X) = \sum_{i=1}^{n} X_i (i = 1, \cdots, n)$,那么:

$$E[g(X_i)] = E[X_1 + \cdots + X_n] = g[E(X)] = \sum_{i=1}^{n} E(X_i)$$

值得注意的是,式 4.6 只有在随机变量 Y 是其他随机变量的线性函数时才成立。而当随机变量 Y 是其他随机变量的非线性函数时,该等式通常不成立。

性质 3:如果 $X_1, \cdots, X_n$ 为相互独立的随机变量,且每个随机变量有期望 $E(X_i)(i = 1, \cdots, n)$,那么随机变量 $X_1, \cdots, X_n$ 积的期望满足:

$$E\left(\prod_{i=1}^{n} X_i\right) = \prod_{i=1}^{n} E(X_i) \tag{4.7}$$

需注意的是,虽然多个随机变量之和的期望总是等于每个随机变量的期望之和,但是多个随机变量之积的期望却并不总是等于每个随机变量的期望之积。其中,随机变量 $X_1, \cdots, X_n$ 为独立随机变量就是式 4.7 成立的必要条件。

有关期望三条性质的应用,我们可以参考例 4.3。

例 4.3 假设 X_1, X_2, X_3 为独立随机变量,且满足:

$$E(X_i) = \alpha, \quad E(X_i^2) = \beta \quad i = 1, 2, 3 \text{ 且 } \alpha, \beta \in \mathbb{R}$$

计算随机变量 $X_1^2 (3X_2 - 4X_3)^2$ 的期望。

解 因为 X_1, X_2, X_3 为独立随机变量,我们可以使用期望的三条性质及相关推论进行化简:

$$\begin{aligned}
&E[X_1^2(3X_2 - 4X_3)^2]\\
&= E(X_1^2) E[(3X_2 - 4X_3)^2]\\
&= E(X_1^2) E(9X_2^2 - 24X_2 X_3 + 16X_3^2)\\
&= \beta[9E(X_2^2) - 24E(X_2)E(X_3) + 16E(X_3^2)]\\
&= \beta(9\beta - 24\alpha\alpha + 16\beta)\\
&= 25\beta^2 - 24\alpha^2 \beta
\end{aligned}$$

4. 条件期望

在概率论中,随机变量的条件期望(conditional expectation)指的是已知会发生某一个或多个事件("条件"),随机变量在任意大量事件中会得到的平均值。它与条件概率有关,可以通过条件概率分布计算得到。

第四章 参数与参数分布

(1) 条件期望的定义

如果 X 和 Y 是任意两个随机变量,则称给定 $X=x$, Y 的条件分布的期望值为给定 $X=x$, Y 的条件期望,记作 $E(Y|X=x)$。

对于二维离散型随机变量 (X,Y),给定 $X=x$, Y 的条件期望

$$E(Y|X=x) = \sum_y y f(y|x) \tag{4.8}$$

对于二维连续型随机变量 (X,Y),如果条件概率密度函数为 $f(y|x)$,那么给定 $X=x$, Y 的条件期望

$$E(Y|X=x) = \int_{-\infty}^{\infty} y f(y|x) \mathrm{d}y \tag{4.9}$$

从式4.8和式4.9可以看出,与随机变量的期望不同,对于随机变量 Y,其期望是一个数值,而其条件期望 $E(Y|X=x)$ 是关于随机变量 X 取值的函数。只要我们知道随机变量 X 的取值,就能相应地计算出给定不同 X 的取值下 Y 的条件期望。后续章节里统计推断的应用就是基于这一思想。我们通过模型估计得到的参数本质上多是基于多个自变量特定取值的因变量的条件期望。需提及的是,计算条件期望通常要基于期望迭代定律。

(2) 期望迭代定律

在具体讲解期望迭代定律之前,让我们设想一个场景,假设我们希望求得某班级全体学生的平均成绩。我们定义班级学生的成绩为随机变量 Y,学生性别为随机变量 X,其中,$X=1$ 代表男性,$X=2$ 代表女性。总均值 $E(Y)$ 既可以通过最常规的方式,即计算班级中所有学生的成绩之和除以班级总人数得到 $E(Y)$,也可以通过分别计算男生和女生的成绩均值 $E(Y|X)$,再将男生和女生的成绩均值与相应权重(男生、女生所占班级总人数的比例)相乘再加总,得到 $E[E(Y|X)]$。

$$E(Y) = E[E(Y|X)] \tag{4.10}$$

其中,$Y|X$ 为给定 X, Y 的条件概率分布;$E(Y|X)$ 就是给定 X, Y 的条件期望值。式4.10便是期望迭代定律(law of iterated expectations),该定律也称为期望迭代法则。

我们可以尝试证明式4.10。

$$E[E(Y|X)]$$
$$= \sum_x E(Y|X=x) P(X=x)$$
$$= \sum_x \sum_y y P(Y=y|X=x) P(X=x)$$

根据贝叶斯定理,
$$P(A|B) = \frac{P(B|A) P(A)}{P(B)}$$
$$P(Y=y|X=x) P(X=x) = \frac{P(X=x|Y=y) P(Y=y) P(X=x)}{P(X=x)}$$
$$= P(X=x|Y=y) P(Y=y)$$

那么,
$$\sum_x \sum_y y P(Y=y|X=x) P(X=x) = \sum_y y P(Y=y) \sum_x P(X=x|Y=y)$$

由于,
$$\sum_x P(X=x|Y=y) = 1$$

因此,
$$\sum_x \sum_y y P(Y=y|X=x) P(X=x) = \sum_y y P(Y=y) = E(Y)$$

正因为如此,式4.10 也常常会表达为 $E(Y) = E_x[E_y(Y|X)]$。

此外,$E[E(Y|X)]$ 还等于 $\sum_y \sum_x y P(X=x|Y=y) P(Y=y)$,我们可以基于类似过程求证。

当 X 存在很多结果 $A_1, A_2, \cdots, A_n$ 时,期望迭代法则还可以表达为
$$E(Y) = \sum_{i=1}^{n} E[Y|A_i] P(A_i) \qquad (4.11)$$

式 4.11 表示,随机变量 Y 的期望等于以随机变量 X 的每个结果为条件的随机变量 Y 的期望值之和。以篮球运动员的投篮得分为例。

例 4.4 假设某篮球运动员在无人防守的情况下近距离投篮的命中率为 75%(得 2 分),但在有人防守的情况下只有 30% 的命中率。在某次比赛中,该运动员面对当前对手有 60% 的时间被防守。那么,该运动员每次获得球权后的得分期望值是多少?

解 根据期望迭代定律,E(得分)可以表达为

第四章　参数与参数分布

$$E(得分) = E(得分|有人防守)P(有人防守) + E(得分|无人防守)P(无人防守)$$
$$= 2 \times 30\% \times 60\% + 2 \times 75\% \times 40\%$$
$$= 0.96$$

因此,该运动员每次获得球权后的平均得分为 0.96 分。

就对方球队而言,这一应用对于设计可能的防守方案尤为有用。只要能估计出对方球员在有人防守和无人防守时的投篮命中情况,以及每个球员的被防守频率,便可以做出较好的防守方案。

我们再来看一个例子。

例 4.5　设随机变量 X 和 Y 满足:
$$E(X) = a, E(X^2) = b, E(Y|X) = 3X - 4$$
求随机变量 XY 的期望值 $E(XY)$。

解　根据期望迭代定律,有
$$E(XY) = E[E(XY|X)]$$

此时,因为 X 已经给定,我们可以将其看作常数,所以根据期望的性质可以进行简化:
$$E[E(XY|X)]$$
$$= E[XE(Y|X)]$$
$$= E[X(3X - 4)]$$
$$= E(3X^2 - 4X)$$
$$= 3E(X^2) - 4E(X)$$
$$= 3b - 4a$$

(二)随机变量的离散趋势

期望能反映出随机变量分布的中心,描述随机变量取值的平均水平,但仅有期望并不能让我们对某个随机变量的分布有一个较为完整的认识。一些随机变量或许具有相同的期望,但是它们的分布离散程度却不同,方差与标准差就是描述随机变量离散趋势的重要指标。接下来,我们延续第一章内容进一步讨论随机变量的方差和标准差及其性质。

1. 方差与标准差

在概率论中,方差用来度量随机变量与其数学期望之间的偏离程度。如

果随机变量 X 有期望 $\mu = E(X)$，则其方差为该随机变量所有取值的离差平方和的期望，也记作 $\text{Var}(X)$ 或简写为 $D(X)$，其表达式为

$$D(X) = E[(X-\mu)^2] \qquad (4.12)$$

将式 4.12 展开，我们还可以得到方差的另一个计算公式：

$$E[(X-\mu)^2]$$
$$= E(X^2 - 2X\mu + \mu^2)$$
$$= E(X^2) - 2\mu E(X) + E(\mu^2)$$
$$= E(X^2) - 2\mu^2 + \mu^2$$
$$= E(X^2) - \mu^2$$

因为 $\mu = E(X)$，所以

$$E[(X-\mu)^2] = E(X^2) - [E(X)]^2 \qquad (4.13)$$

两个表达式均可用于方差的计算，后者更适用于手动计算。

随机变量 X 的标准差为其方差的非负平方根，记作 $\sigma = \sqrt{D(X)}$。

我们来看一个例子。

例 4.6 某校两个同学的某次考试成绩如表 4.1。如果要在两个同学中选一个参加综合能力竞赛，应该选哪个？

表 4.1 考试成绩

学生	科目				
	语文	数学	英语	物理	化学
A	92	95	86	90	87
B	77	100	85	96	92

解 通过计算，我们可以发现，两个同学本次考试的平均成绩都是 90 分，但是其考试成绩的分布却有很大的差异，比如 B 同学的数理化成绩明显优于语文和英语成绩。但是如果要选择一个同学参加综合能力竞赛，我们不仅需要考虑均值，还要考虑成绩的稳定性，即各科成绩都比较均衡，没有明显的偏科现象。通常，以一个指标来衡量哪个同学的成绩更稳定，就需要用到方差。

根据方差的定义，我们首先计算两个同学成绩的离差分布，如表 4.2。

表 4.2 两个同学成绩的离差分布

离差	科目				
	语文	数学	英语	物理	化学
$X_A - \mu_A$	2	5	-4	0	-3
$X_B - \mu_B$	-13	10	-5	6	2

根据方差的计算公式(式 4.12),A 同学和 B 同学的成绩方差分别为

$$D(A) = \frac{1}{5}[2^2 + 5^2 + (-4)^2 + 0^2 + (-3)^2] = 10.8$$

$$D(B) = \frac{1}{5}[(-13)^2 + 10^2 + (-5)^2 + 6^2 + 2^2] = 66.8$$

通过比较两个同学成绩的方差,可以看出,尽管两个同学的均分相同,但是 A 同学在考试中发挥更加稳定。如果要选择其中一个参加综合能力竞赛,我们更倾向选 A。

2. 方差的性质

与期望类似,方差也有一系列基本性质,掌握这些性质有助于简化复杂随机变量方差的计算。

性质 1:如果随机变量 X 的所有取值为常数 c,则

$$D(X) = 0 \tag{4.14}$$

也就是说,任意常数的方差均为 0。

性质 2:如果随机变量 Y 为随机变量 X 的线性函数,即 $Y = aX + b$, $(a, b \in \mathbb{R})$,则

$$D(Y) = a^2 D(X) \tag{4.15}$$

也就是说,加上或减去一个常数并不会改变随机变量的方差,而乘以或除以一个常数才会改变随机变量的方差。

性质 3:如果 $X_1, \cdots, X_n$ 为独立随机变量,则

$$D\left(\sum_{i=1}^{n} X_i\right) = \sum_{i=1}^{n} D(X_i) \tag{4.16}$$

也就是说,如果随机变量 $X_1, \cdots, X_n$ 相互独立,它们和的方差等于方差的和。

我们通过例 4.7 来巩固对期望和方差性质的认识。

例 4.7 一组数据中的每一个观测值都乘以 2,再都减去 80,得到一组新数据。若求得新数据的期望是 1.2,方差是 4.4,则原始数据的期望和方差分别是多少?

解 根据期望与方差的性质即可求得。假设原始数据为随机变量 X,则随机变量 Y 是 X 的线性函数,即 $Y = 2X - 80$。由题设可知:

$$E(Y) = E(2X - 80)$$
$$= 2E(X) - 80$$
$$= 1.2$$
$$D(Y) = D(2X - 80)$$
$$= 4D(X)$$
$$= 4.4$$

由此,我们得到原始数据的期望和方差分别为:

$$E(X) = \frac{1.2 + 80}{2} = 40.6$$

$$D(X) = \frac{4.4}{4} = 1.1$$

(三)偏度与峰度

随机变量的期望、方差只能粗略反映分布函数的某些特征性质,要深入研究随机变量的分布特性,还需要了解更多的特征参数。其中,矩作为随机变量最广泛的数字特征在概率论与数理统计中占有重要地位。在统计学中,矩是关于数据形状和可变性的度量,其中常用的四个矩就是均值、方差、偏度和峰度。先简要介绍矩,然后通过矩介绍随机变量的偏度与峰度。

1. 矩

矩(moment)又称动差,是一个源自物理学的概念,在物理学中它是用于识别物体形状的重要参数。在统计学中,矩是关于随机变量分布样态的一组度量参数,因计算简单,所以常被用于描述数据的位置和分散情况。

我们首先给出矩的一般性数学定义:

如果 X 为随机变量,c 为实数空间的任意标量,即 $c \in \mathbb{R}$,那么 X 相对于值 c 的 n 阶矩就可以表达为 $E[(x-c)^n]$。下面我们将 X 分为离散型随机变量和连续型随机变量分别介绍。

对于离散型随机变量 X，如果其概率质量函数 $f(x)$ 的定义域为 $D_X = \{x \in \mathbb{R} : f(x) > 0\}$，那么相对于值 c 的 n 阶矩 μ_n 可以表达为

$$\mu_n = \sum_{D_x} (x-c)^n f(x) \tag{4.17}$$

对于连续型随机变量 X，如果其概率密度函数 $f(x)$ 的定义域为 $D_X = \{x \in \mathbb{R} : f(x) > 0\}$，那么相对于值 c 的 n 阶矩 μ_n 可以表达为

$$\mu_n = \int_{D_x} (x-c)^n f(x) \, dx \tag{4.18}$$

由式 4.17 和 4.18 可见，μ_n 反映了随机变量 $(x-c)^n$ 的期望，因而也可直接称 $E[(x-c)^n]$ 为随机变量 x 相对于常数 c 的 n 阶矩。原点矩（raw/crude moments）和中心距（central moments）是最常用的两类矩。

当 $c = 0$ 时，我们可以把式 4.17 和 4.18 改写为

$$\mu'_n = \begin{cases} \sum_{D_x} x^n f(x) & \text{离散型随机变量} \\ \int_{D_x} x^n f(x) \, dx & \text{连续型随机变量} \end{cases}$$

此时，我们称 μ'_n 为随机变量 X 的 n 阶原点矩。

注意，当 $n = 0$ 时，任意随机变量的矩都为 1，即 $\mu'_0 = 1$。

当 $n = 1$ 时，上式可以进一步表达为

$$\mu'_1 = \begin{cases} \sum_{D_x} x f(x) & \text{离散型随机变量} \\ \int_{D_x} x f(x) \, dx & \text{连续型随机变量} \end{cases}$$

可以发现，随机变量 X 的一阶原点矩就是 X 的期望，$E(X) = \mu'_1$。

当 $c = E(X) = \mu$ 时，我们可以把式 4.17 和 4.18 改写为

$$\mu'_n = \begin{cases} \sum_{D_x} (x-\mu)^n f(x) & \text{离散型随机变量} \\ \int_{D_x} (x-\mu)^n f(x) \, dx & \text{连续型随机变量} \end{cases}$$

此时,我们称 μ'_n 为随机变量 X 的 n 阶中心矩。

当 $n=2$ 时,$\mu'_2 = E[(X-\mu)^2]$,随机变量 X 的二阶中心矩等于 X 的方差。

不仅如此,我们还可以发现,当 $n=0$ 时,$\mu'_0 = 1$,即任意随机变量 X 的零阶中心矩等于1。当 $n=1$ 时,$\mu'_1 = E(X-\mu) = 0$,即随机变量 X 的一阶中心矩等于0。

可以想象,当我们遍历正整数 n 与常数 c 时,随机变量 X 的所有阶矩能够唯一确定 X 的分布。

需提及的是,只要没有特别说明,函数的矩通常指的就是原点矩。而当 $n \geq 2$,即涉及第二阶或更高阶的矩,函数的矩通常使用中心矩,原因在于中心矩能更清楚地体现有关随机变量分布形状的信息。

2. 偏度和峰度

概率分布的标准化矩(standardized moments)是另一个较为常见的矩类型。对于随机变量 X,其 n 阶标准化矩指的是标准化后的 n 阶中心矩(通常 $n \geq 2$),即用 n 阶中心矩除以 n 阶标准差 σ^n 后得到。这一处理方式不会改变矩的尺度。

假定对于随机变量 X,其 n 阶中心矩为 μ_n,方差 $D(X) = \mu_2 = \sigma^2$(σ 为随机变量 X 的标准差),那么 X 的 n 阶标准化矩 γ_n 可以表达为

$$\gamma_n = \frac{\mu_n}{\sigma^n} \tag{4.19}$$

这一操作化使得标准化矩 γ_n 为一个无量纲的量。

在概率统计中,三阶和四阶标准化矩的用途最为广泛。其中,随机变量 X 的三阶标准化矩通常称为 X 的偏度(skewness),表达为

$$\gamma_3 = \frac{E[(X-\mu)^3]}{\sigma^3} \tag{4.20}$$

偏度测量的是随机变量分布的对称状况,用 X 的三阶中心矩除以标准差的三次方,目的是消除量纲的影响,即偏度仅仅用于测量随机变量分布的对称性而非离散程度。因此,当 $\gamma_3 < 0$ 时,分布呈现左偏;当 $\gamma_3 = 0$ 时,分布呈现对称形态;当 $\gamma_3 > 0$ 时,分布呈现右偏。(见图 4.1)

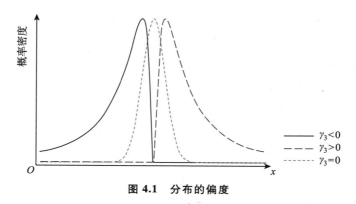

图 4.1 分布的偏度

随机变量 X 的四阶标准化矩通常称为 X 的峰度(kurtosis),这一统计量用于衡量随机变量 X 的概率分布的"尾部厚度",目的在于描述随机变量概率分布尾部形状相对于其整体形状的特征。

对于任意服从正态分布的随机变量,其峰度值都等于 3。由于在统计分析中,我们常常将其他分布与正态分布相比较,在实际计算峰度值时,我们往往会令随机变量的四阶标准化矩减去 3,使所得峰度值的正负能反映出该随机变量的峰度相对于正态分布峰度的情况。假定随机变量 X 的期望为 μ,标准差为 σ,那么 X 的峰度为

$$\gamma_4 = \frac{E[(X-\mu)^4]}{\sigma^4} - 3 \qquad (4.21)$$

当 $\gamma_4 = 0$ 时,随机变量 X 为正态峰;当 $\gamma_4 < 0$ 时,X 为扁平峰;当 $\gamma_4 > 0$ 时,X 为尖峰。(见图 4.2)

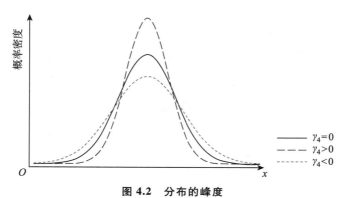

图 4.2 分布的峰度

二、参数分布

介绍完常用的参数,接下来将介绍几种在社会科学中应用十分广泛的参数分布。这些参数分布大致可以分为两类:一种是离散型参数分布,包括伯努利分布、二项分布和泊松分布;另一种为连续型参数分布,主要包含均匀分布、正态分布、伽马分布和指数分布等。在这部分,我们使用符号 $f(X|\theta)$ 代表参数分布的概率质量函数或概率密度函数,其中,X 代表随机变量,θ 指该分布的某个或某些参数。此外,我们还将通过举例呈现这些分布在社会科学量化研究中的应用。

(一) 离散型分布

有关离散型随机变量的概率分布,我们主要介绍以下三种。

1. 伯努利分布和二项分布

当一个随机试验只有两个可能出现的结果时,我们称该试验为伯努利试验(Bernoulli experiment)。如果试验在相同的条件下重复地进行 n 次,并且每次的试验结果相互独立,我们称这一串重复的独立试验为 n 重伯努利试验。

假定随机变量 X 的所有可能取值均属于一次伯努利试验的结果,即仅包含两个结果,则 X 服从伯努利分布(Bernoulli distribution)。如果重复该试验 n 次,随机变量 X 的取值源于 n 重伯努利试验的结果,那么 X 服从二项分布(binomial distribution)。

接下来,我们会分别介绍伯努利分布和二项分布,并讨论它们之间的关系。

我们先来看一个例子。

例 4.8 从一个装有 3 个红球和 7 个白球的袋中随机抽取 1 个球,设随机变量 X 为该试验的一次结果。如果抽取到的是红球,则记 $X = 1$,否则记 $X = 0$。据此我们就可以计算随机变量 X 不同取值的概率:

$$P(X = 1) = \frac{3}{10}$$

$$P(X = 0) = \frac{7}{10}$$

第四章 参数与参数分布

上述试验即一个标准的伯努利试验,随机变量 X 的分布被称为伯努利分布。假设随机变量 X 仅包含 0 和 1 两个取值,且每个取值对应的概率满足:

$$P(X=1)=p$$
$$P(X=0)=1-p$$

我们称随机变量 X 服从参数为 p 的伯努利分布,其概率质量函数为

$$f(x|p)=p^x(1-p)^{1-x} \quad x=0,1$$

我们也可以用分布列来表示 X 的概率分布。(见表 4.3)

表 4.3　随机变量 X 的分布列

X	0	1
$f(x)=P$	$1-p$	p

考虑到服从伯努利分布的随机变量 X 的取值只包含 0 和 1,那么 X^2 的取值也只包含 0 和 1。根据期望和方差的计算公式,随机变量 X 的期望和方差可以表达为

$$E(X)=1\cdot p+0\cdot(1-p)=p$$
$$D(X)=E(X^2)-[E(X)]^2=p-p^2=p(1-p)$$

在讲二项分布的性质之前,我们对例 4.8 做一个延伸:从一个装有 3 个红球和 7 个白球的袋中随机抽取 1 个球。现在重复该试验 10 次,且保证每次试验后抽出的球都会放回袋中。设随机变量 $X_i(i=1,\cdots,10)$ 为第 i 次试验的结果。如果抽取到的是红球,则记 $X_i=1$,否则记 $X_i=0$。求这 10 次试验中一共抽取到 5 次红球的概率。

我们首先分析题设。该伯努利试验一共重复了 10 次,且每次试验后抽出的球都会被放回袋中,这说明 10 次试验结果之间是相互独立的,即随机变量 X_i $(i=1,\cdots,10)$ 为独立随机变量。根据题设,每次试验中抽取到红球的概率都是 $\frac{3}{10}$,抽取到白球的概率是 $\frac{7}{10}$。因为试验一共进行了 10 次,如果红球被抽到 5 次,那么就意味着白球同样被抽了 5 次,根据概率的乘法法则,有

$$P = \left(\frac{3}{10}\right)^5 \left(\frac{7}{10}\right)^5$$

根据组合数的定义，在 10 次试验中抽到 5 次红球的结果共有 $C_{10}^5 = 252$ 种，将该组合数改写为二项式系数，即 $\binom{10}{5} = 252$，由此得出抽取到 5 次红球的概率为

$$P = \binom{10}{5} \left(\frac{3}{10}\right)^5 \left(\frac{7}{10}\right)^5 = 0.103$$

上例是一个典型的二项分布问题。当我们将伯努利试验重复 n 次时，如果每次试验的结果为独立同分布（independent identically distribution，简称 IID）的随机变量 $X_i (i = 1, \cdots, n)$，则随机变量 $X = X_1 + \cdots + X_n$ 服从以 $n \in \mathbb{N}, p \in [0,1]$ 为参数的二项分布，记作 $X \sim B(n,p)$，其中，n 代表伯努利试验的次数，p 为关键事件在每次伯努利试验中的概率。因此，二项分布的概率质量函数表达为

$$f(x \mid n, p) = P(X = x) = \binom{n}{x} p^x (1 - p)^{n-x} \tag{4.22}$$

由于随机变量 X 是 n 个服从伯努利分布的随机变量的代数和，且随机变量 $X_1, \cdots, X_n$ 相互独立。根据期望和方差的性质，随机变量 X 的期望和方差分别为

$$E(X) = \sum_{i=1}^n E(X_i) = np \tag{4.23}$$

$$D(X) = \sum_{i=1}^n D(X_i) = np(1 - p) \tag{4.24}$$

伯努利分布就是二项分布在 $n = 1$ 时的特殊情况。

下面我们通过图示来了解二项分布的参数 n 与 p 之间的关系。

首先，我们来看当 n 一定时，二项分布随参数 p 变化的模式。（见图 4.3）总体上，我们可以发现，当 $p = 0.5$ 时，二项分布更近似于对称分布；当 $p < 0.5$ 时，二项分布呈现正偏态（右偏）分布；当 $p > 0.5$ 时，二项分布呈现负偏态（左偏）分布。

然后，我们再来观察固定参数 p 后二项分布随参数 n 变化的模式。（见图 4.4）当 $p = 0.5$ 时，无论参数 n 的取值如何，二项分布始终表现出较强的对称

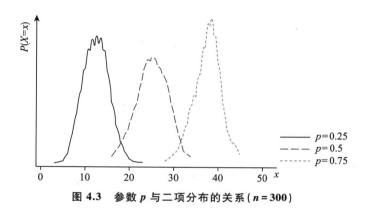

图 4.3 参数 p 与二项分布的关系($n=300$)

性。为了更好地探讨二项分布在非对称情况下的特性,我们选择 $p=0.2$ 进行分析。由图 4.4 可以发现,随着 n 的增加,二项分布越来越对称,也越来越趋近正态分布。

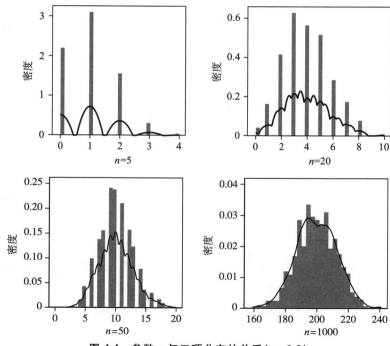

图 4.4 参数 p 与二项分布的关系($p=0.2$)

我们通过例 4.9 再熟悉一下二项分布的特征。

例 4.9 设随机变量 $X \sim B\left(5, \dfrac{1}{4}\right)$，计算下列事件概率：

（1）$P(X=3)$；

（2）$P(1 \leqslant X \leqslant 4)$。

解 根据题设，随机变量 X 服从参数 $n=5$，$p=\dfrac{1}{4}$ 的二项分布。

对于第一问，我们根据二项分布的概率质量函数即可求得

$$P(X=3) = \binom{5}{3}\left(\dfrac{1}{4}\right)^3\left(1-\dfrac{1}{4}\right)^{5-3} = 0.088$$

对于第二问，我们可以转化为二项分布的求和形式：

$$P(1 \leqslant X \leqslant 4) = P(X=1) + P(X=2) + P(X=3) + P(X=4)$$

$$= \sum_{x=1}^{4} \binom{5}{x}\left(\dfrac{1}{4}\right)^x\left(\dfrac{3}{4}\right)^{5-x}$$

$$= \binom{5}{1}\left(\dfrac{1}{4}\right)^1\left(\dfrac{3}{4}\right)^4 + \binom{5}{2}\left(\dfrac{1}{4}\right)^2\left(\dfrac{3}{4}\right)^3 + \binom{5}{3}\left(\dfrac{1}{4}\right)^3\left(\dfrac{3}{4}\right)^2$$

$$+ \binom{5}{4}\left(\dfrac{1}{4}\right)^4\left(\dfrac{3}{4}\right)^1$$

$$= 0.76$$

2. 泊松分布

泊松分布（Poisson distribution）是法国数学家西梅翁-德尼·泊松（Siméon-Denis Poisson）于 1838 年提出的一种离散型概率分布。该分布用于描述单位时间内小概率事件发生的次数，诸如在某时段内同一地点发生的交通事故、电台在单位时间内接到电话的数量、单位体积的水中细菌的分布等，服从泊松分布的随机变量通常被称作计数变量（count variables）。

泊松分布实际上是二项分布的一种极限情况，反映的是当试验次数 n 很大而成功概率 p 很小时的二项分布。

一般来讲，如果随机变量 X 服从参数为 λ 的泊松分布，则其概率质量函数满足：

$$f(x \mid \lambda) = \dfrac{\lambda^x}{x!} e^{-\lambda} \quad x = 0, 1, 2, \cdots, n \qquad (4.25)$$

通常我们将上述关系记作 $X \sim P(\lambda)$。

 如何理解泊松分布的概率质量函数？

我们可以尝试用下面的例子推导。

设某电台平均每小时能接到两个电话，随机变量 X 为次日某小时内该电台接到电话的数量，求 X 的分布。

我们可以将 1 小时划分为 3600 秒，那么平均每秒就有 $\frac{1}{1800}$ 个电话打入该电台，我们将此看作电台接到电话的概率。此时，该电台每秒钟接到电话的数量要么是 0 个，要么是 1 个，因此每秒钟接到电话的概率为 $\frac{1}{1800}$。我们可以把随机变量 X 看作服从参数为 $n=3600, p=\frac{1}{1800}$ 的二项分布，并用二项分布的概率质量函数进行计算。可以想象，这样的计算有多烦琐！

那么，我们换一种思路。如果从研究函数变化的角度来看，随机变量 X 的概率质量函数 f 在 x 变动一个单位后的变化量应该是非常微小的，我们便可以尝试估计以下偏差：

$$\frac{f(x+1)}{f(x)} = \frac{\binom{n}{x+1} p^{x+1}(1-p)^{n-x-1}}{\binom{n}{x} p^x (1-p)^{n-x}} = \frac{(n-x)p}{(x+1)(1-p)} = \frac{np - xp}{(x+1)(1-p)}$$

我们知道 $p=\frac{1}{1800}=0.00055556$，这就意味着 xp 将非常接近 0，同时 $1-p$ 与 1 的误差也非常微小，所以：

$$\frac{f(x+1)}{f(x)} \approx \frac{np}{x+1}$$

方便起见，我们定义 $\lambda = np$，从而得到一个迭代函数表达式：

$$f(x+1) \approx \frac{\lambda f(x)}{x+1}$$

根据该表达式，我们通过裂项来尝试求解 $f(x)$ 的具体函数形式：

$$f(1) = \lambda f(0)$$

$$f(2) = \frac{\lambda f(1)}{2} = \frac{\lambda^2}{2} f(0)$$

$$f(3) = \frac{\lambda f(2)}{3} = \frac{\lambda^3}{6} f(0)$$

$$\vdots$$

观察上述迭代表达式，可以发现 $f(x)$ 的任何一项都可以表示为 $f(0)$ 和 λ 的函数，因此 $f(x)$ 可以表达为

$$f(x) = \frac{\lambda}{x} f(x-1)$$

$$= \frac{\lambda}{x} \cdot \frac{\lambda}{x-1} f(x-2)$$

$$= \frac{\lambda}{x} \cdot \frac{\lambda}{x-1} \cdot \frac{\lambda}{x-2} f(x-3)$$

$$\vdots$$

$$= \frac{\lambda}{x} \cdot \frac{\lambda}{x-1} \cdot \cdots \cdot \frac{\lambda}{1} f(0)$$

$$= \frac{\lambda^x}{x!} f(0)$$

可见，只要能够得到 $f(0)$ 的值，我们就可以写出 $f(x)$ 的具体函数形式。因为 $f(x)$ 是随机变量 X 的概率质量函数，根据离散型随机变量概率质量函数的性质，$f(x)$ 满足：

$$\sum_{x=0}^{\infty} f(x) = 1$$

将 $f(x) = \frac{\lambda^x}{x!} f(0)$ 代入上式，有

$$\sum_{x=0}^{\infty} \frac{\lambda^x}{x!} f(0) = 1$$

因此，

$$f(0) = \frac{1}{\sum_{x=0}^{\infty} \frac{\lambda^x}{x!}}$$

第四章 参数与参数分布

进一步运用微积分中的麦克劳林公式（Maclaurin formula）：

$$e^x = 1 + x + \frac{x^2}{2!} + \frac{x^3}{3!} + \cdots + \frac{x^n}{n!} = \sum_{n=0}^{\infty} \frac{x^n}{n!}$$

将麦克劳林展开式代入 $f(0)$，可以得到 $f(0) = e^{-\lambda}$。此时，我们便得到了 X 的一个近似分布 $f(x) = \frac{\lambda^x}{x!} e^{-\lambda}$，这就是著名的泊松分布概率质量函数。

与二项分布不同，泊松分布只有一个参数。泊松分布的期望和方差都等于参数 λ，即

$$E(X) = D(X) = \lambda \tag{4.26}$$

其中，$\lambda = np$。

图 4.5 展示了参数 λ 与泊松分布之间的关系。可以发现，λ 越大，泊松分布越接近对称分布。

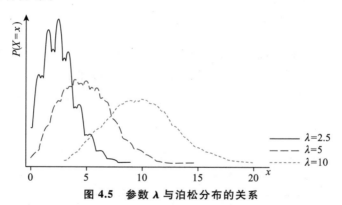

图 4.5　参数 λ 与泊松分布的关系

此外，泊松分布还有一个重要性质，即 n 个服从泊松分布的独立随机变量相加后得到的随机变量依然服从泊松分布，不仅如此，求和得到的随机变量的参数 λ 等于原先独立随机变量参数之和。这就是服从泊松分布的随机变量的可加性。

我们来看下面这个例子。

例 4.10　如果某电台平均每小时能接到 2 个电话，假设该电台在不同时间段接到电话的数量是相互独立的，那么在次日连续的 3 个小时内该电台接到 5 个电话的概率是多少？

解　假设随机变量 $X_i(i = 1, 2, 3)$ 为次日某小时内该电台接到电话的数量。记随机变量 $Y = X_1 + X_2 + X_3$，我们可以根据服从泊松分布的随机变量的可

加性来计算该概率。

由于随机变量 X_i 相互独立且服从参数为 $\lambda = np = 2$ 的泊松分布,因此随机变量 $Y \sim P(6)$,则 Y 的概率质量函数为

$$f(y|\lambda) = f(y|6)$$
$$= \frac{6^y}{y!} e^{-6}$$

其中,$y = 0, \cdots, n$。

由此我们可以计算出目标概率:

$$P = f(5|6) = \frac{6^5}{5!} e^{-6} = 0.16$$

泊松分布和二项分布的选择

前面提到,泊松分布实际上是二项分布的一种极限分布。那么,到底什么时候用泊松分布,什么时候用二项分布呢?

从经验上讲,通常,$n \geq 100, p \leq 0.1, np \leq 10$ 时,以 n, p 为参数的二项分布就是以 $\lambda = np$ 为参数的泊松分布。我们可以通过图 4.6 来观察二项分布与泊松分布的关系。

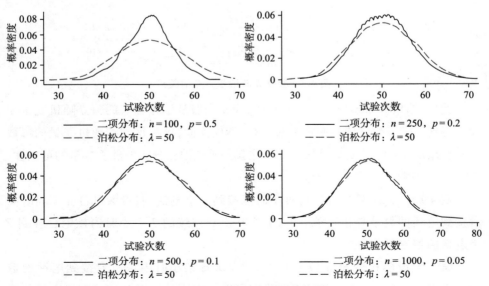

图 4.6　二项分布与泊松分布的关系

可以发现,当泊松分布的参数 λ 保持不变,且保持二项分布的参数满足 $np = \lambda$。随着二项分布的参数 n 不断变大且 p 不断减小,二项分布的函数图像逐渐逼近泊松分布。

(二) 连续型分布

我们主要介绍四种常用的连续型随机变量的概率分布,包含均匀分布、正态分布、伽马分布和指数分布。

1. 均匀分布

相比于其他的参数型分布,均匀分布(uniform distribution)更偏向一种"理想"分布。所谓"均匀",可以理解为"概率一致",即随机变量中的任一取值的概率都相等。(见图 4.7)通常,如果 X 为定义在闭区间 $[a,b]$ 的连续型随机变量,且 X 在 $[a,b]$ 内任意子区间的概率与这一子区间的长度成比例,则称随机变量 X 服从以 a,b 为参数的均匀分布,记作 $X \sim U(a,b)$。

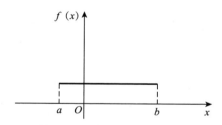

图 4.7 均匀分布的概率密度

当随机变量满足 $X \sim U(a,b)$,X 的概率密度函数为

$$f(x) = \begin{cases} \dfrac{1}{b-a} & a \leqslant x \leqslant b \\ 0 & x < a \text{ 或 } x > b \end{cases} \quad (4.27)$$

由式 4.27 可以看出,服从特定区间均匀分布的随机变量的概率密度函数在该区间内为常值函数,且该常值为区间长度的倒数。

如何计算均匀分布在某个区间的概率呢?我们来看例 4.11。

例 4.11 设随机变量 $X \sim U(-2,2)$,计算概率 $P(0 \leqslant x \leqslant 2)$。

解 根据均匀分布的定义,我们可以写出 X 的概率密度函数:

$$f(x) = \begin{cases} \dfrac{1}{4} & -2 \leqslant x \leqslant 2 \\ 0 & x < -2 \text{ 或 } x > 2 \end{cases}$$

此时，可以根据概率密度函数的性质来计算连续型随机变量在特定区间内的概率：

$$\begin{aligned} P(0 \leqslant x \leqslant 2) &= \int_0^2 f(x) \, \mathrm{d}x \\ &= \int_0^2 \dfrac{1}{4} \mathrm{d}x \\ &= \dfrac{1}{4} x \Big|_0^2 \\ &= \dfrac{1}{2} \end{aligned}$$

2. 正态分布

正态分布（normal distribution）又称高斯分布（Gaussian distribution），最早由法裔英国数学家亚伯拉罕·棣莫弗（Abraham de Moivre）在求二项分布的渐近公式中得到，后经德国数学家约翰·高斯（Johann C. F. Gauss）应用于天文学研究而广负盛名。正态分布是概率论与统计推断中最为重要的参数型分布，这主要归因于两个方面：第一，现实生活中的许多随机变量都具有渐近正态的分布特性，例如身高、体重等；第二，它与大样本统计推断的理论基础——中心极限定理的应用有关，这点我们将在第五章详细介绍。

（1）正态分布的定义及其性质

如果连续型随机变量 X 服从均值为 μ，方差为 σ^2 的正态分布，则其概率密度函数满足：

$$f(x \mid \mu, \sigma^2) = \dfrac{1}{\sqrt{2\pi}\sigma} e^{-\frac{1}{2}\left(\frac{x-\mu}{\sigma}\right)^2} \quad -\infty < x < \infty \tag{4.28}$$

图 4.8 是正态分布的概率密度函数，从中我们能够观察到正态分布的一些性质。比如，正态分布的概率密度曲线为单峰对称的"钟形曲线"，对称轴为 $x = \mu$，因此参数 μ 既是随机变量 X 的均值，也是它的中位数和众数；且函数 $f(x \mid \mu, \sigma^2)$ 在 $x = \mu$ 处取最大值。

第四章 参数与参数分布

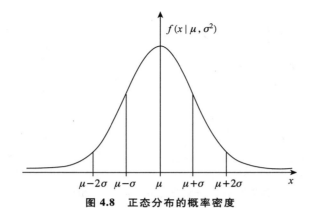

图 4.8　正态分布的概率密度

如果对 $f(x|\mu,\sigma^2)$ 求二阶导数,并令其二阶导数为 0,则有

$$f''(x|\mu,\sigma^2) = \frac{1}{\sqrt{2\pi}\sigma^3} e^{-\frac{1}{2}\left(\frac{x-\mu}{\sigma}\right)^2} \frac{(\mu-x+\sigma)(\mu-x-\sigma)}{\sigma^2} = 0$$

$$\Rightarrow \begin{cases} \mu - x + \sigma = 0 \\ \mu - x - \sigma = 0 \end{cases}$$

$$\Rightarrow x = \mu \pm \sigma$$

由此可知,正态分布的概率密度函数在 $x=\mu\pm\sigma$ 处存在拐点,即曲线的凹弧与凸弧的分界点。

一般来讲,我们将服从均值为 μ,方差为 σ^2 的随机变量 X 记作 $X \sim N(\mu,\sigma^2)$。根据概率密度函数和正态分布的定义,正态分布的概率密度函数满足:

$$\int_{-\infty}^{\infty} f(x|\mu,\sigma^2) dx = 1$$

即正态分布概率密度分布曲线的面积为 1。

正态分布的期望和方差等于:

$$E(X) = \int_{-\infty}^{\infty} x f(x|\mu,\sigma^2) dx = \mu$$

$$D(X) = E[(X-\mu)^2] = \sigma^2$$

图 4.9 进一步展示了正态分布的均值 μ 和方差 σ^2 与其概率密度函数之间的关系。

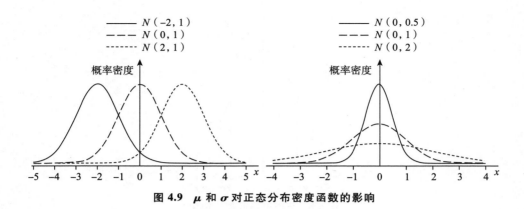

图 4.9 μ 和 σ 对正态分布密度函数的影响

如图 4.9 的左图,当方差保持不变,均值变化时,正态分布的概率密度曲线保持不变,仅发生平移变换。图 4.9 右图表明,当均值保持不变,方差变化时,正态分布的概率密度曲线位置保持不变,仅发生伸缩变换——如果方差很小,那么正态曲线将呈现"尖峰"态,其形态向均值聚集;当方差很大时,正态曲线呈现"扁平"态,其形态相对更加"发散"。

正态分布概率密度曲线下固定区间的面积,即随机变量 X 在该区间内的概率。如图 4.10,服从正态分布的随机变量 X 在区间 $[x_1, x_2]$ 内的概率对应的便是阴影部分的面积,可以用公式表达为

$$P(x_1 \leqslant X \leqslant x_2) = \int_{x_1}^{x_2} f(x \mid \mu, \sigma^2) \, dx \tag{4.29}$$

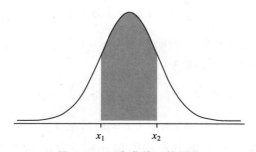

图 4.10 正态曲线下的面积

基于前述正态分布的性质可知,不同正态曲线下的概率具有一致的规律,即任何正态曲线下单位标准差范围内的概率都是相同的。通常情况下,我们

使用得最多的是一个标准差、两个标准差和三个标准差内的正态曲线对应的概率。(见表 4.4)

表 4.4　固定标准差范围内正态曲线的对应概率

固定标准差的范围	对应概率
$P(\mu - \sigma \leq X \leq \mu + \sigma)$	0.6827
$P(\mu - 2\sigma \leq X \leq \mu + 2\sigma)$	0.9545
$P(\mu - 3\sigma \leq X \leq \mu + 3\sigma)$	0.9973

（2）正态分布的线性转换与标准化

正态分布还有一个突出的性质,如果随机变量 $X \sim N(\mu, \sigma^2)$,那么随机变量 X 的线性函数也服从正态分布。我们假设 Y 是 X 的线性函数,且满足 $Y = aX + b$,其中 $a \neq 0$,那么随机变量 $Y \sim N(a\mu + b, a^2\sigma^2)$,即随机变量 Y 服从均值为 $a\mu + b$,方差为 $a^2\sigma^2$ 的正态分布。这一过程称作正态分布的线性转换(linear transformations)。

正态分布的这一性质表明,如果随机变量服从正态分布,其任意线性函数依然服从正态分布。

对于随机变量 $X \sim N(\mu, \sigma^2)$,将 X 减去均值 μ 除以标准差 σ 的过程,即 $\dfrac{X - \mu}{\sigma}$,称作正态分布的标准化。令 $Z = \dfrac{X - \mu}{\sigma}$,则 Z 被称为标准分(standard scores)。通过标准化,此时得到的随机变量 Z 服从均值为 0,方差为 1 的正态分布。

下面我们来推导 Z 的均值 $E(Z)$ 和方差 $D(Z)$。

$$E(Z) = E\left(\dfrac{X - \mu}{\sigma}\right)$$
$$= \dfrac{1}{\sigma} E(X - \mu)$$
$$= \dfrac{1}{\sigma} [E(X) - E(\mu)]$$
$$= 0$$

$$D(Z) = D\left(\frac{X-\mu}{\sigma}\right)$$

$$= \frac{1}{\sigma^2}D(X-\mu)$$

$$= \frac{1}{\sigma^2}[D(X) + D(\mu)]$$

$$= \frac{1}{\sigma^2}\sigma^2$$

$$= 1$$

如果随机变量 $X \sim N(\mu, \sigma^2)$，其累积分布函数 $F(x)$ 可以借助标准分由标准正态分布的累积分布函数 $\Phi(x)$ 来表示：

$$F(x) = \Phi\left(\frac{x-\mu}{\sigma}\right) = \Phi(Z) \tag{4.30}$$

同时，X 的分位数函数 $F^{-1}(x)$ 也可由标准正态分布的分位数函数 $\Phi^{-1}(x)$ 来表示：

$$F^{-1}(p) = \mu + \sigma\Phi^{-1}(p) \tag{4.31}$$

正态分布标准化的作用在于，通过将任意正态随机变量转化为服从标准正态分布的随机变量，进而简化正态曲线下概率的计算。

（3）标准正态分布及标准正态分布表

前文提到，通过对任意正态分布进行标准化，我们便会得到均值为 0，方差为 1 的正态分布，该分布常被称为标准正态分布（standard normal distribution）。

由此我们给出标准正态分布的定义：

如果随机变量 X 服从均值为 0，方差为 1 的正态分布，那么，我们称 X 服从标准正态分布，记作 $X \sim N(0,1)$。

其中，标准正态分布的概率密度函数为

$$\varphi(x) = f(x|0,1) = \frac{1}{\sqrt{2\pi}}e^{-\frac{1}{2}x^2} \tag{4.32}$$

标准正态分布的累积分布函数为

$$\Phi(x) = \int_{-\infty}^{x} \varphi(u)\,du \tag{4.33}$$

由于标准正态分布的均值为 0，方差为 1，常用标准正态曲线对应的概率可以由表 4.4 简化为表 4.5。

表 4.5　标准正态曲线下固定标准差范围内的对应概率

固定标准差的范围	对应概率
$P(-1 \leqslant X \leqslant 1)$	0.6827
$P(-2 \leqslant X \leqslant 2)$	0.9545
$P(-3 \leqslant X \leqslant 3)$	0.9973

需注意的是，无论是正态分布还是标准正态分布，其累积分布函数都不能以初等函数来表示。因此，在计算正态分布曲线下的概率时，我们只能通过数值近似的方法来求得。标准正态分布表正是查询正态曲线下随机变量累积分布概率的一种方法。表 4.6 为部分截取的标准正态分布表（完整表格请见本书的附表 1）。其中，x 为标准正态分布累积分布函数 $\Phi(x) = \int_{-\infty}^{x} \varphi(u) \mathrm{d}u$ 中的积分上限，即 X 对应的概率为 $P(X \leqslant x)$，代表图 4.11 中阴影部分的面积占正态曲线下面积的百分比。表的第一列代表 X 的整数以及小数点后一位，表的第一行代表 X 的小数点后第二位。

表 4.6　标准正态分布表（部分内容）

X	0.00	0.01	0.02	0.03	0.04	0.05	0.06	0.07	0.08
0	0.5000	0.5040	0.5080	0.5120	0.5160	0.5199	0.5239	0.5279	0.5319
0.1	0.5398	0.5438	0.5478	0.5517	0.5557	0.5596	0.5636	0.5675	0.5714
0.2	0.5793	0.5832	0.5871	0.5910	0.5948	0.5987	0.6026	0.6064	0.6103
0.3	0.6179	0.6217	0.6255	0.6293	0.6331	0.6368	0.6406	0.6443	0.6480
0.4	0.6554	0.6591	0.6628	0.6664	0.6700	0.6736	0.6772	0.6808	0.6844
0.5	0.6915	0.6950	0.6985	0.7019	0.7054	0.7088	0.7123	0.7157	0.7190
0.6	0.7257	0.7291	0.7324	0.7357	0.7389	**0.7422**	0.7454	0.7486	0.7517
0.7	0.7580	0.7611	0.7642	0.7673	0.7704	0.7734	0.7764	0.7794	0.7823
0.8	0.7881	0.7910	0.7939	0.7967	0.7995	0.8023	0.8051	0.8078	0.8106
0.9	0.8159	0.8186	0.8212	0.8238	0.8264	0.8289	0.8315	0.8340	0.8365

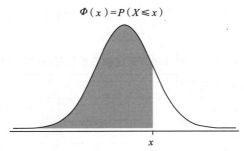

图 4.11　标准正态分布表与正态曲线下的概率

例如，当 $X = 0.65$ 时，我们要得到正态曲线下 $P(X \leqslant 0.65)$ 的概率，即定位标准正态分布表第一列中 0.6 所在的行与第一行 0.05 所在列的交点处，即 $P = 0.7422$。图 4.11 展示了标准正态分布表中 X 对应的概率与正态曲线下面积之间的关系。

细心的读者可能已经注意到，表 4.6 中只包含了 $X \geqslant 0$ 时对应的概率（$0.5 \leqslant P \leqslant 1$）。那么如果选取的 X 值为负数，该如何通过标准正态分布表查询其对应的概率呢？这就需要利用正态分布的对称性。

如果随机变量 $X \sim N(0,1)$，且 $0 < p < 1$，则标准正态分布的累积分布函数 $\Phi(x)$ 和分位数函数 $\Phi^{-1}(p)$ 满足：

$$\Phi(x) = 1 - \Phi(-x) \tag{4.34}$$

$$\Phi^{-1}(p) = -\Phi^{-1}(1-p) \tag{4.35}$$

这一性质反映了标准正态分布的对称性，它对于计算正态曲线下任意区间的概率非常重要。根据标准正态分布的对称性，只需要提供 $X \geqslant 0$ 的标准正态分布表就可以求得正态曲线下任意区间的概率。当 $X < 0$ 时，根据正态分布的对称性，$\Phi(x)$ 满足 $\Phi(x) = 1 - \Phi(-x)$，因此我们只需在标准正态分布表中查找 $X = -x$ 所对应的概率，然后通过减法求得目标概率。

图 4.12 展示了正态分布对称性几种常见的应用。

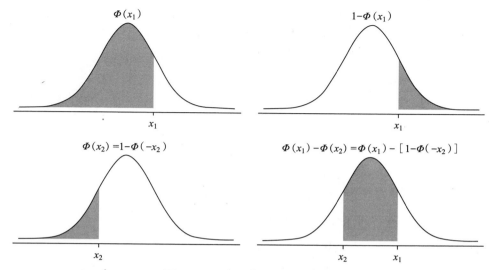

图 4.12 正态分布对称性的应用

下面我们通过两个例题来巩固正态分布曲线下的概率计算。

例 4.12 设随机变量 $X \sim N(3,3^2)$，随机变量 X 的累积分布函数为 F，求：

（1）$P(2 \leqslant X \leqslant 5)$；

（2）$F^{-1}(0.15865)$。

解 对于第一问，求取任意正态随机变量的概率都可以通过线性转换将其标准化，然后计算转化后的标准正态分布的相应概率，再借助正态分布对称性和标准正态分布表来得到最终结果。

由于随机变量 X 服从正态分布，令 $X = \sigma Z + \mu$，则 $Z = \dfrac{X-\mu}{\sigma} \sim N(0,1)$，其中 $\mu = \sigma = 3$，有

$$P(2 \leqslant X \leqslant 5) = P(2 \leqslant \sigma Z + \mu \leqslant 5)$$
$$= P(2 - \mu \leqslant \sigma Z \leqslant 5 - \mu)$$
$$= P\left(\frac{2-\mu}{\sigma} \leqslant Z \leqslant \frac{5-\mu}{\sigma}\right)$$
$$= P\left(-\frac{1}{3} \leqslant Z \leqslant \frac{2}{3}\right)$$

由于 $Z \sim N(0,1)$，因此

$$P\left(-\frac{1}{3} \leqslant Z \leqslant \frac{2}{3}\right)$$

$$= \Phi\left(\frac{2}{3}\right) - \Phi\left(-\frac{1}{3}\right)$$

$$= \Phi\left(\frac{2}{3}\right) - \left[1 - \Phi\left(\frac{1}{3}\right)\right]$$

$$= 0.7486 - (1 - 0.6293)$$

$$= 0.3779$$

对于第二问，根据正态分布标准化，有

$$F^{-1}(0.15865) = \mu + \sigma \Phi^{-1}(0.15865)$$

前文我们在介绍正态曲线下的面积时提到，任意正态分布曲线固定标准差范围内的概率具有一致性。对于标准正态分布，正态曲线下的面积也遵循这一原则。

当 $p = 0.15865$ 时，其与正态曲线下固定标准差内的概率存在如下关系：

$$p = 0.15865 = \frac{1 - 0.6827}{2}$$

上式表明，$p = 0.15865$ 所表示的区域为标准正态曲线下的总面积 1 减去正负一个标准差对应的面积 $P(-1 \leqslant X \leqslant 1)$ 的一半，即

$$p = 0.15865 = P(Z \leqslant -1) = 1 - P(Z \leqslant 1)$$

因此，

$$\Phi^{-1}(0.15865) = -1$$

$$F^{-1}(0.15865) = \mu + \sigma \Phi^{-1}(0.15865)$$

$$= 3 - 3$$

$$= 0$$

例 4.13 假设人类的智商（IQ）服从正态分布，且该分布关于直线 $x = 100$ 对称。设随机变量 X 为人类的 IQ，其分布形态如图 4.13，求随机变量 X 的期望和方差。

第四章 参数与参数分布

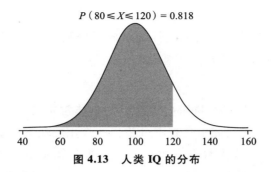

图 4.13 人类 IQ 的分布

解 根据题干可知，$E(X) = \mu = 100$。而图 4.13 表明随机变量 X 在区间 $[80, 120]$ 的概率为 0.818，根据正态分布的标准化我们可以列出如下等式：

$$P\left(\frac{80-100}{\sigma} \leq Z \leq \frac{120-100}{\sigma}\right)$$

$$= P\left(\frac{-20}{\sigma} \leq Z \leq \frac{20}{\sigma}\right)$$

$$= \Phi\left(\frac{20}{\sigma}\right) - \left[1 - \Phi\left(\frac{20}{\sigma}\right)\right]$$

$$= 2\Phi\left(\frac{20}{\sigma}\right) - 1$$

$$= 0.818$$

由此我们得到：

$$\Phi\left(\frac{20}{\sigma}\right) = \frac{0.818 + 1}{2} = 0.909$$

通过查附表 1 或者通过 Stata 计算标准正态分布 0.909 的分位数：

$$\frac{20}{\sigma} = \Phi^{-1}(0.909)$$

$$\sigma = \frac{20}{\Phi^{-1}(0.909)} \approx 15$$

综上，随机变量 $X \sim N(100, 15^2)$，其均值为 100，方差为 15^2 即 225。

（4）独立正态随机变量的线性组合

最后，相互独立且服从正态分布的随机变量还有一个非常重要的性质：如果随机变量 $X_1, \cdots, X_n$ 相互独立，且满足 $X_i \sim N(\mu_i, \sigma_i^2)$ $(i = 1, \cdots, n)$，设随机变

量 $X_1 + \cdots + X_n = S$,那么 $S \sim N(\mu_1 + \cdots + \mu_n, \sigma_1^2 + \cdots + \sigma_n^2)$。

简单地讲,正态随机变量的线性组合同样服从正态分布。这一性质为本书后面要介绍的抽样分布奠定了基础。

3. 伽马分布

伽马分布(Gamma distribution)是统计学中非常重要的一种连续型参数分布,在社会科学的量化研究中具有不可替代的作用。然而,当前国内有关社会科学量化研究的教材大多将重点放在正态分布及其应用的介绍上,缺少对伽马分布的细致讨论。实际上,伽马分布的应用甚至比正态分布更为普遍。我们最常使用的三种统计检验分布,即 χ^2(卡方)分布、t 分布和 F 分布都是伽马分布的构造分布,甚至在模型设定中的指数型分布也是伽马分布的子分布。此外,就连正态分布也与伽马分布存在一种近乎"暧昧"的关系。因此,我们将对伽马分布及其应用进行简要介绍。

伽马分布适用于所有取值均为非负数的随机变量,在拟合产品的使用寿命或"排队问题"的等候时长上具有广泛的应用。伽马分布是伽马函数的衍生分布,因而我们在引入伽马分布前首先要介绍与之相关的伽马函数。

伽马函数(Gamma function)也称作欧拉第二积分(欧拉第一积分为 Beta 函数,其衍生分布为 Beta 分布),是阶乘函数由正整数扩展到非负实数的一种函数。大约在 18 世纪,一些数学家尝试将阶乘函数 $n!$ 扩展到整体实数域,例如德国数学家克里斯蒂安·哥德巴赫(Christian Goldbach)思考的数列插值问题。举一个简单的例子,我们可以定义阶乘函数 $f(n) = n!$($n \in \mathbb{N}$),这一函数可以计算 $1!, 2!, \cdots$,但是,是否存在一个函数 $f(x) = x!$($x \in \mathbb{R}$)可以刻画所有实数的阶乘呢?在哥德巴赫之后,一大批数学家开展了相关研究,其中包括享誉世界的莱昂哈德·欧拉(Leonhard Euler)、阿德里安-马里·勒让德(Adrien-Marie Legendre)、高斯和卡尔·魏尔施特拉斯(Karl Weierstrass)等人。其中,欧拉引入了一种解析函数,该函数在自变量为整数时具有插值阶乘的性质。伽马函数由此诞生。后人为了纪念该伟大的发现也将其命名为欧拉第二积分。

下面,我们就对伽马函数(欧拉第二积分)展开介绍。

通常,如果对于任意非负实数 α,可以定义如下积分函数:

$$\Gamma(\alpha) = \int_0^\infty x^{\alpha-1} e^{-x} dx \tag{4.36}$$

则称 $\Gamma(\alpha)(\alpha>0)$ 为伽马函数。当 $\alpha=1$ 时，$\Gamma(\alpha)=1$。当 $\alpha>1$ 时，伽马函数具有如下性质：

$$\Gamma(\alpha)=(\alpha-1)\Gamma(\alpha-1) \qquad (4.37)$$

伽马分布是以非负数 α,β 为参数的连续型概率分布，它与伽马函数密切相关，是概率统计中一种非常重要的分布。伽马分布的概率密度函数定义为

$$f(x\mid\alpha,\beta)=\frac{\beta^{\alpha}}{\Gamma(\alpha)}x^{\alpha-1}\mathrm{e}^{-\beta x} \quad x>0 \qquad (4.38)$$

其中，参数 α 称为形状参数(shape parameter)，参数 β 称作尺度参数(scale parameter)。若随机变量 X 服从参数为 α,β 的伽马分布，则记为 $X\sim\Gamma(\alpha,\beta)$。伽马分布的概率密度函数在定义域内积分值为 1。

伽马分布的形状由形状参数 α 和尺度参数 β 所确定，因此对于服从伽马分布的随机变量，其期望和方差也是确定的，期望为 $\frac{\alpha}{\beta}$，方差为 $\frac{\alpha}{\beta^2}$。

对于伽马分布，尽管随机变量的期望相同，但是伽马分布的形态会因参数的细微变化而明显不同。(见图 4.14)

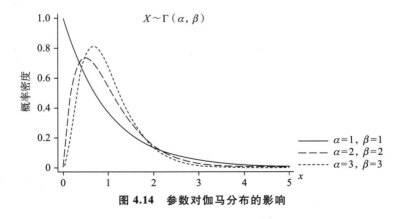

图 4.14　参数对伽马分布的影响

4. 指数分布

指数分布(exponential distribution)在社会学量化研究中也具有十分广泛的应用，它主要应用于随机事件之间发生的时间间隔的概率问题，比如电器使用寿命、动植物寿命、通话时间等。在社会科学中，指数分布常用于事件史分析(生存分析)，描述诸如从达到婚育年龄到实际结婚年龄的时间的概率、从生

育一胎到生育二胎的时间的概率以及从有第一份工作到发生职业流动的时间的概率等等。前面提到,指数分布是伽马分布的子分布。其实当伽马分布中的参数 $\alpha=1$ 时,随机变量的概率密度函数服从指数分布。因此,指数分布的概率密度函数可以表达为

$$f(x\mid\alpha=1,\beta)=\frac{\beta^{\alpha}}{\Gamma(\alpha)}x^{\alpha-1}e^{-\beta x}$$

$$=\beta e^{-\beta x} \qquad x>0$$

通常,我们习惯将指数分布的参数记作 λ,如果随机变量 X 服从参数为 λ 的指数分布,则记作 $X\sim E(\lambda)$,其概率密度函数可以表达为

$$f(x\mid\lambda)=\lambda e^{-\lambda x} \quad x>0 \tag{4.39}$$

由于指数分布是伽马分布的子分布,因此根据伽马分布的性质,我们可以直接得到服从指数分布随机变量的期望与方差:

$$E(X)=\frac{1}{\lambda} \tag{4.40}$$

$$D(X)=\frac{1}{\lambda^2} \tag{4.41}$$

图 4.15 展示了不同参数下指数分布概率密度曲线的变化:

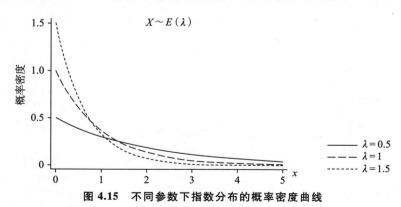

图 4.15 不同参数下指数分布的概率密度曲线

指数分布经常用于预测电器的寿命,下面我们来看一个例子。

例 4.14 假设有三只独立工作的同型号灯泡,其使用寿命(单位:小时)均服从参数为 $\lambda=\frac{1}{500}$ 的指数分布:

$$f\left(x \mid \frac{1}{500}\right) = \frac{1}{500}e^{-\frac{x}{500}} \quad x > 0$$

求三只灯泡独立同时工作的前 200 个小时内,至少有一只损坏的概率。

解 根据题意,设损坏灯泡的个数为 $H_i(i=1,2,3)$,且第 i 个灯泡的使用寿命为 X_i,则在三只灯泡同时工作的前 200 个小时内,有 i 个灯泡损坏的概率为

$$\begin{aligned}P(H_i) &= P(X_i \leqslant 200) \\ &= \int_0^{200} \frac{1}{500} e^{-\frac{x}{500}} dx \\ &= \int_0^{200} e^{-\frac{x}{500}} d\left(\frac{1}{500}x\right) \\ &= -e^{-\frac{x}{500}} \Big|_0^{200} \\ &= 1 - e^{-\frac{2}{5}}\end{aligned}$$

根据概率的逆可知,在三只灯泡同时工作的前 200 个小时内,有 i 个灯泡没有损坏的概率为

$$P(\overline{H_i}) = 1 - P(H_i) = e^{-\frac{2}{5}}$$

由于至少有一只灯泡损坏的概率与三只灯泡都没有损坏的逆概率相等,而三只灯泡又是独立同时运行的,至少有一只灯泡损坏的概率满足如下等式:

$$\begin{aligned}P(H_1 \cup H_2 \cup H_3) &= 1 - P(\overline{H_1} \cap \overline{H_2} \cap \overline{H_3}) \\ &= 1 - P(\overline{H_1}) \cap P(\overline{H_2}) \cap P(\overline{H_3}) \\ &= 1 - (e^{-\frac{2}{5}})^3 \\ &\approx 0.6988\end{aligned}$$

最后,需要提及的一点是,指数分布还有一个重要性质,即无记忆性(memoryless property),也称作遗失记忆性。从数学上讲,无记忆性指的是如果随机变量 $X \sim E(\lambda)$,则对于任意 $t, h > 0$,都满足:

$$P(X \geqslant t + h \mid X \geqslant t) = P(X \geqslant h) \quad (4.42)$$

式 4.42 表明,随机变量的概率只与时间间隔有关,而与时间起点无关。从实际应用上讲,所谓无记忆性,是指某种"理想"的产品经过一段时间的使用后,其使用寿命并不会因已经使用了一段时间而改变,依旧同新的产品一样具有相同的分布。以电池的使用寿命为例,式 4.42 表达的意思是,已知电池使用

了 t 小时,它能继续使用 $t+h$ 小时的条件概率,与该电池从刚开始投入工作时算起能够使用至少 h 小时的概率相同。换句话说,无论该产品已经使用了多久,其在接下来一段时间的使用寿命是不变的。因此,有人戏称如果一个变量服从指数分布,它将是"永远年轻"的。

三、应用 Stata 计算概率分布

有关如何使用 Stata 计算随机变量的各种参数,包括期望、方差和相关系数等,之前我们已经学习过,这里不再赘述。本部分的重点在于展示有关随机变量分布的模拟计算等内容,尤其关注正态分布、二项分布和泊松分布。

(一) 正态分布

在例 4.12 中,随机变量 $X \sim N(3, 3^2)$,我们需要求得概率 $P(2 \leq X \leq 5)$ 和分位数 $F^{-1}(0.15865)$。根据正态分布的标准化:

$$P(2 \leq X \leq 5) = P\left(-\frac{1}{3} \leq Z \leq \frac{2}{3}\right) = \Phi\left(\frac{2}{3}\right) - \Phi\left(-\frac{1}{3}\right)$$

在 Stata 中我们可以使用 normal 函数,通过如下命令得到结果(0.3781):

```
. dis normal(2/3) - normal(-1/3)
```

之所以与我们前文计算的结果有细微误差,是因为我们在例 4.12 中根据标准正态分布的对称性先计算了 $\Phi\left(\frac{2}{3}\right)$ 和 $\Phi\left(\frac{1}{3}\right)$ 并约分,然后相减得到了近似结果。

对于分位数的计算,同样基于正态分布的标准化,我们有

$$F^{-1}(0.15865) = 3 + 3\Phi^{-1}(0.15865)$$

在 Stata 中可以通过标准正态的分位数函数 invnormal(p) 直接求得对应概率的分位数,代码如下:

```
. dis 3 + 3 * invnormal(0.15865)
```

(二) 二项分布

在前文介绍二项分布的性质之前,我们对例 4.8 进行了延伸。我们设随机试验为从一个装有 3 个红球和 7 个白球的袋中随机抽取 1 个球。当有放回地

第四章 参数与参数分布

重复该试验 10 次后，根据二项分布，我们知道抽到 5 次红球的概率为 $P = \binom{10}{5}\left(\frac{3}{10}\right)^5\left(\frac{7}{10}\right)^5 = 0.103$，那么如何在 Stata 中计算呢？

Stata 中内置了相当多的统计函数，这些函数不仅可以直接计算特定的参数分布和非参数分布的概率，而且可以灵活地组合以实现更多功能。如果对这些函数不太熟悉，我们可以先在命令窗口键入 help density_functions 来查看 Stata 内置的所有统计函数的用法，然后选择最合适的函数。这里我们需要使用二项分布的概率质量函数 binomialp(n,k,p) 来计算最终结果，其中，参数 n 表示试验次数，k 为关键事件发生的次数，p 为该事件在一次伯努利试验中发生的概率。如图 4.16，我们可以通过 display 和 binomialp(n,k,p) 得到最终的结果。

```
. dis binomialp(10, 5, 3/10)
.10291935
```

图 4.16 用 display 计算

再来看例 4.9，随机变量 $X \sim B\left(5, \frac{1}{4}\right)$，我们需要求得如下两个概率：

（1）$P(X = 3)$；

（2）$P(1 \leqslant X \leqslant 4)$。

对于该例中第一问，我们可以直接通过 binomialp(n,k,p) 计算得到。

对于第二问，有两种思路可供参考。第一种思路即将这一概率区间拆分成不同随机事件概率之和：

$$P(1 \leqslant X \leqslant 4) = \sum_{i=1}^{4} P(X = i)$$

在这一方法下，我们同样可以通过命令 binomialp(n,k,p) 得到结果：

```
. dis binomialp(5, 1, 1/4) + binomialp(5, 2, 1/4) + binomialp(5, 3, 1/4) + binomialp(5, 4, 1/4)
```

第二种思路即使用二项分布累积概率质量函数 binomial(n,k,p) 计算，该函数与二项分布概率质量函数 binomialp(n,k,p) 的区别在于前者计算的是二项分布中关键事件发生次数从 0 至 k 的累积概率，即满足如下关系：

$$\text{binomial}(n,k,p) = \text{binomialp}(n,0,p) + \cdots + \text{binomialp}(n,k,p)$$

由此,我们通过命令"dis binomial(5, 4, 1/4)-binomial(5, 0, 1/4)"即可求得相同结果。图4.17是运行两种命令的结果对比。

```
. dis "P(1<=X<=4)=" binomialp(5, 1, 1/4) + binomialp(5, 2, 1/4) + binomialp(5, 3, 1/4) +
 binomialp(5, 4, 1/4)
P(1<=X<=4)=.76171875

. dis "P(1<=X<=4)=" binomial(5, 4, 1/4) - binomial(5, 0, 1/4)
P(1<=X<=4)=.76171875
```

图4.17 用display计算例4.9

(三) 泊松分布

例4.10是关于某电台在不同时间段接到电话的数量。回顾一下题干:已知独立随机变量 $X_i \sim P(\lambda=2)(i=1,2,3)$ 为次日某小时内该电台接到电话的数量,随机变量 $Y = X_1 + X_2 + X_3$,且 Y 服从参数 $\lambda=6$ 的泊松分布。此时目标事件的概率为

$$P = f(5|6) = \frac{6^5}{5!} e^{-6} = 0.16$$

在Stata中,我们同样可以使用统计函数计算泊松分布相应的概率取值。在本题中,我们同样有两种思路计算该结果。第一种思路是直接使用display命令的计算功能,代码为dis (6^5/exp(lnfactorial(5))) * exp(-6)。

第二种思路即使用Stata内置的poissonp(m,k)函数,其中参数m为泊松分布的均值,也即泊松分布公式中的参数 λ,参数k对应泊松分布中随机变量的取值。在本例中,m = 6,k = 5。上述两条命令及其运行结果如图4.18。

```
. dis "f(5|6)=" (6^5/exp(lnfactorial(5)))*exp(-6)
f(5|6)=.16062314

. dis "f(5|6)=" poissonp(6, 5)
f(5|6)=.16062314
```

图4.18 用display计算例4.10

由先前的推导我们知道,泊松分布本质上可以看作二项分布在某些条件下的极限形式。因此,我们进一步探讨两者的关系,通过具体计算比较它们对相同随机事件的刻画差异。

我们假设随机变量 X 表示电台在某一小时内接到的电话数量,并限定 $X = \{0,1,2,3,4,5\}$。在两种模型下,随机变量 X 的分布分别为:

第四章 参数与参数分布

二项分布：

假设每秒接到电话的概率为 $p = \dfrac{1}{1800}$，且每小时有 $n = 3600$ 秒，则 $X \sim B\left(3600, \dfrac{1}{1800}\right)$。其概率质量函数为

$$f(x \mid n,p) = f\left(x \mid 3600, \dfrac{1}{1800}\right) = \binom{3600}{x}\left(\dfrac{1}{1800}\right)^x \left(1 - \dfrac{1}{1800}\right)^{3600-x}$$

泊松分布：

由 $\lambda = np = 2$ 可知，泊松分布的概率质量函数为

$$f(x \mid \lambda) = f(x \mid 2) = \dfrac{2^x}{x!}e^{-2}$$

我们可以用 Stata 得到表 4.7 中的数据。可以发现，二项分布和泊松分布在 n 很大、p 很小时的概率几乎一致。这是因为二项分布在 $n \to \infty$、$p \to 0$ 且 $np = \lambda$ 的情况下收敛于泊松分布。因此，泊松分布常被用作二项分布的近似模型，特别是在处理大规模试验数据时更为简便。接下来我们将逐步讲解如何通过 Stata 获得表 4.7 的结果。

表 4.7 二项分布与泊松分布结果对比

$X = x$	0	1	2	3	4	5
二项分布	0.13526009	0.27067056	0.27074578	0.18049718	0.09022351	0.03606934
泊松分布	0.13533528	0.27067056	0.27067056	0.18044704	0.09022352	0.03608941
误差	−0.00007519	0	0.00007522	0.00005014	−0.00000001	−0.00002006

我们可以使用 display 和 binomialp(n,k,p) 以及 poissonp(m,k) 来计算两种分布的概率，然后作差得到 X 每一取值下分布的误差。此外，我们通过矩阵的方式来复刻表 4.7。主要思想是创建一个随机变量 $X = \{0,1,2,3,4,5\}$，通过 binomialp(n,k,p) 和 poissonp(m,k) 命令分别创建两个变量，变量的取值为 X 对应的二项分布和泊松分布的概率，最后通过矩阵命令将上述变量存放于矩阵中，再通过转置输出得到。

在进行函数命令解析前，我们首先要介绍一下 Stata 的矩阵相关命令。在命令输入窗口键入 help matrix 可开启与矩阵有关的一系列帮助文件。该系列

帮助文件就 Stata 矩阵的定义、矩阵运算以及矩阵和解析等一系列命令进行了解释，读者们可自行查阅。下面展示了本题的相关代码：

```
. set obs 6
. gen X = _n
. replace X = X - 1
. gen binomial = binomialp(3600, X, 1/ 1800)
. gen poisson = poissonp(2, X)
. gen error = binomial - poisson
. list, sep(10)
. mkmat X binomial poisson error, mat(a)
. mat list a
. mat table = a'
. mat list table
. matrix rownames table = X=x "二项分布" "泊松分布" "误差"
. mat result = table[2..4, ....]
. mat list result
. matrix colnames result = X=0 X=1 X=2 X=3 X=4 X=5
. mat list result, title("二项分布与泊松分布的对比")
```

上述命令中，set obs 6 指在数据框中增加 6 个观测值，gen X = _n 为创建新变量 X，其对应的取值为观测值的个数，命令的第 3 行至第 7 行为创建题设的相关变量。命令 mkmat X binomial poisson error, mat(a) 为将创建好的 4 个变量存放在名为"a"的 6 行 4 列的矩阵当中，而 mat list a 为将该矩阵打印在结果窗口中。（见图 4.19）

```
. mat list a

a[6,4]
          X    binomial     poisson       error
r1        0   .13526009   .13533528   -.00007519
r2        1   .27067056   .27067056            0
r3        2   .27074578   .27067056    .00007522
r4        3   .18049718   .18044704    .00005014
r5        4   .09022351   .09022352   -7.451e-09
r6        5   .03606934   .03608941   -.00002006
```

图 4.19　用 mat list 输出矩阵

第四章 参数与参数分布

尽管目前已经计算出了题设要求的所有概率内容,但是呈现的方式并不是很美观,接下来我们需要继续做一些调整。命令 mat table = a′ 表示将矩阵 **a** 的行与列进行转置,并存放在名为"table"的矩阵当中,转置的结果如图 4.20。

```
. mat list result

result[3,6]
                r1          r2          r3          r4          r5          r6
  二项分布   .13526009   .27067056   .27074578   .18049718   .09022351   .03606934
  泊松分布   .13533528   .27067056   .27067056   .18044704   .09022352   .03608941
      误差  -.00007519           0   .00007522   .00005014  -7.451e-09  -.00002006
```

图 4.20 将矩阵转置

此时,输出结果已经与表 4.7 非常相似,只是表格的行标题与列标题有所不同,下面的命令则是就矩阵行列的标题进行调整。第 12 行命令即矩阵行标题的重命名,我们将 table 的行标题依次更改为:"X=x","二项分布","泊松分布","误差"。命令 mat result = table[2..4, ...] 表示将矩阵 table 的 2—4 行以及所有列的内容存放在名为"result"的矩阵当中,这样我们就删除了图 4.20 矩阵第一行内容 r1,…,r6。命令"matrix colnames result = X = 0 X = 1 X = 2 X = 3 X = 4 X = 5"表示重命名矩阵 result 的列标题,最终我们以 mat list 命令将调整好的矩阵列示出来,并通过选项 title( ) 增加标题,结果如图 4.21。

```
. mat list result, title("二项分布与泊松分布的对比")

result[3,6]:  二项分布与泊松分布的对比
                X=0         X=1         X=2         X=3         X=4         X=5
  二项分布   .13526009   .27067056   .27074578   .18049718   .09022351   .03606934
  泊松分布   .13533528   .27067056   .27067056   .18044704   .09022352   .03608941
      误差  -.00007519           0   .00007522   .00005014  -7.451e-09  -.00002006
```

图 4.21 输出表 4.7 的结果

除了本书中给出的例题外,读者们可以在 Stata 统计函数的 help 文件中自行查阅相关内容并进行相应练习。

四、本章小结

本章主要介绍了分布的参数,以及一些常用的离散型和连续型参数分布。每一个知识点我们都配合了相应的例题,有关各种参数分布的生成我们在 Stata 操作部分也给出了详细的代码。通过这种从具体到抽象,再由抽象到具

体的方式,希望能够帮助读者更好地了解不同分布的形态和改变相应参数后分布形态的变化。即便是数学基础薄弱的读者,相信也可以获得直观感受。

此外,本章没有介绍用于统计检验的三个重要分布,即 χ^2 分布、t 分布和 F 分布。原因在于这三类统计检验分布都是正态分布和伽马分布的构造分布。有关这三个分布的特征和性质我们会在后续章节进行详细介绍。

第五章

抽样分布与中心极限定理

第二至四章主要介绍了概率的基本运算、参数型随机变量及其分布特征。这些内容往往基于一个大前提——总体已知。然而在实际研究中,由于调查总体的成本过高,总体信息难以获得。因此,想要知道总体的特征,常常需要借助从总体中随机抽取的样本,根据样本信息来推断总体的特征。这个过程称为统计推断。统计推断通常包含参数估计和假设检验两种方法,这两部分内容将在第六、七章介绍。本章着重讲解统计推断的三个储备知识点,抽样分布、大数定律和中心极限定理。

一、分布简介

(一) 参数和统计量

统计推断指通过样本来推断总体某些特征的统计方法。严格来说,统计推断是提出有关统计模型中某些概率陈述(probabilistic statement)的过程。这里,概率陈述指的是运用概率论的一些概念而提出的命题陈述。陈述的内容包括均值、方差、分位数或者某些特定的分布等等。

在统计推断中,参数(parameters)是刻画总体特征的量,在实际问题中往往是无法观测到的,通常用希腊字母 θ 来表示。比如,我们说二项分布的参数为 n,p;正态分布的参数为 μ,σ^2;伽马分布的参数为 α,β。由于总体是固定的,因此总体参数为常数。

总体大多存在于理想的情况下,而在实际研究中,由于总体规模过大、调查总体中每个个体的成本过高等因素,总体参数(如总体均值、总体方差)往往无法获得。也正是这个原因,我们常常从总体中抽取样本,然后通过样本信息对总体参数进行估计,于是有了统计量的概念。与参数相对应,统计量(statistics)

是用来描述样本特征的量,通常用英文字母来表示。表 5.1 列出了常用总体参数和样本统计量的符号表示。一般意义上的统计推断就是通过构造样本统计量来推断总体中的参数。因此,样本统计量可以看作总体参数 θ 的估计,也常用 $\hat{\theta}$ 来表示。这里需注意的是,统计量是样本中随机变量的实值函数。正是因为如此,统计量本身也可理解为一个随机变量,其自身存在分布。本章所关注的抽样分布(sampling distribution)就是有关样本统计量(如样本均值、样本比例、样本方差)的分布。

表 5.1　总体参数 θ 与样本统计量 $\hat{\theta}$

总体参数(θ)	样本统计量($\hat{\theta}$)
总体均值 μ	样本均值 $\bar{X}$
总体比例 π	样本比例 p
总体方差 σ^2	样本方差 s^2

在用样本统计量来推断总体参数之前,我们需要先了解下总体与样本之间的关系。

(二) 总体分布和样本分布

总体分布和样本分布是两个关系密切的概念。总体分布指试验的全部可能观测值或者我们所关心的所有个体的某种观测值的频数分布。样本分布指的是从总体中随机抽取的部分观测值的频数分布。

通常,为了能够基于样本准确地推断总体情况,要求样本具有很好的代表性,这就需要我们选择科学合理的抽样方法。最为简单有效的抽样方法就是简单随机抽样[1],即从总体中随机抽取 n 个个体作为样本,使得总体中的每个个体被抽中的机会都相等,这样的样本就称为简单随机样本[2]。这里,我们所指的样本分布也均是简单随机样本。

为了厘清总体分布和样本分布之间的关系,我们模拟生成了非正态总体 A,该总体包含 10000 个观测(如图 5.1 上半部分)。接着,我们分别从该总体中

---

[1] 除了简单随机抽样以外,在社会调查中还有很多其他方法,感兴趣的读者可以参考相关书籍。
[2] 除有特殊说明,本书提到的样本均指简单随机样本。

抽取 100 个观测构成样本 1（$n_1 = 100$），再从总体中抽取 1000 个观测构成样本 2（$n_2 = 1000$），然后分别画出样本 1 和样本 2 的分布（如图 5.1 下半部分）。

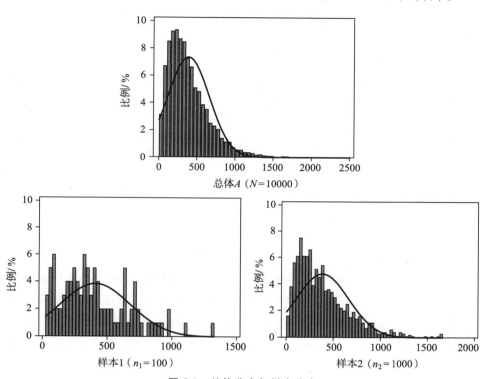

图 5.1　总体分布与样本分布

由图 5.1 可见，在很大程度上，样本分布的形状是由总体分布决定的。如果总体分布呈现非正态，那么样本分布也呈现非正态。随着从总体抽取出样本的容量逐渐增加，样本分布愈发接近总体分布。因此，相比样本容量为 100 的样本 1，样本容量为 1000 的样本 2 的分布与总体 A 的分布更为相近。

值得注意的是，要掌握任何样本分布的基本特征，了解样本均值、样本方差和标准差都是关键。这些统计量可以帮助我们量化数据的集中趋势和离散趋势。

样本均值（sample mean）也称样本均数，它可以通过一组数据中所有数据之和除以数据的个数得到。与总体均值相似，它是反映样本数据集中趋势的测量。样本均值 $\overline{X}$ 的计算公式为

$$\overline{X} = \frac{1}{n}\sum_{i=1}^{n} X_i$$

其中,X_i 表示第 i 个数据点;n 表示数据所包含的样本容量,即数据的个数。

样本方差和样本标准差是描述样本中数据点与样本均值差异的离散趋势的测量。

样本方差(sample variance)的计算公式为

$$s^2 = \frac{1}{n-1}\sum_{i=1}^{n}(X_i - \overline{X})^2$$

分母中使用 $n-1$ 而不是 n,这一校正方法称为贝塞尔校正(Bessel's correction),用于校正从样本估计总体方差的偏差。

样本标准差是样本方差的平方根,其计算方式为

$$s = \sqrt{s^2}$$

(三)抽样分布

刚才我们提到,抽样分布实际上是关于样本统计量的分布。这样讲也许还有些抽象。我们可以尝试通过图 5.2 来理解。假设有一个总体,我们想了解它的特征,于是我们从总体中随机抽取 k 个样本,每个样本的样本容量都是 n。对于每一个样本,我们都会计算一个样本统计量,那么,k 个样本就会有 k 个样本统计量,这 k 个样本统计量构成的分布就是关于这个样本统计量的抽样分布。基于该样本统计量的抽样分布特征,我们就可以推断总体参数了。样本统计量有很多,但这里我们主要关注样本均值及其抽样分布。

通常,我们记样本均值为 $\overline{X}$。这里,$\overline{X}$ 是一个随机变量,从总体中抽取了多少个样本就有多少个 $\overline{X}$。

样本均值 $\overline{X}$ 的抽样分布具有如下特征:

如果从服从参数为 (μ, σ^2) 的正态分布总体中随机抽取 k 个样本容量为 n 的独立样本 $X_1, \cdots, X_k$,每个样本计算一个均值,那么随机变量 $\overline{X}$ 服从参数为 $\left(\mu, \frac{\sigma^2}{n}\right)$ 的正态分布。[1] 也就是说,样本均值抽样分布的期望值与总体均值相等:

---

[1] 相关证明涉及矩母函数的运算,这里省略。

$$E(\bar{X}) = \mu \tag{5.1}$$

样本均值抽样分布的抽样方差等于总体方差除以样本容量：

$$D(\bar{X}) = \frac{\sigma^2}{n} \tag{5.2}$$

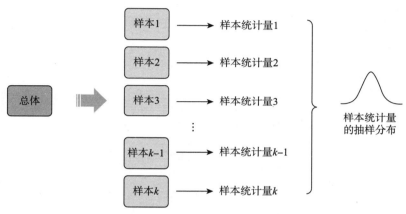

图 5.2　样本统计量的抽样分布

我们来看一个例子。

例 5.1　A 校开设了初级统计学课程，选该课的学生数共有 500 人。课程的期末考试分数直方图如图 5.3。

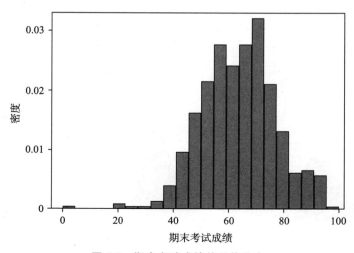

图 5.3　期末考试成绩的总体分布

已知期末考试成绩呈正态分布，均值 $\mu = 63.73$，标准差 $\sigma = 13.52$。如果从总体中重复抽取样本容量为 10 人、20 人和 50 人的样本各 1000 个，尝试计算三个样本容量下初级统计学考试成绩均值的抽样分布的均值和方差。

解 由于期末考试成绩呈正态分布，那么不同样本容量下的考试成绩均值的抽样分布也呈正态分布。

根据式 5.1 可知：

$$E(\overline{X}_{n=10}) = E(\overline{X}_{n=20}) = E(\overline{X}_{n=50}) = \mu = 63.73$$

根据式 5.2 可知：

$$s_{n=10} = \sqrt{\frac{\sigma^2}{10}} = \sqrt{\frac{13.52^2}{10}} = 4.28$$

$$s_{n=20} = \sqrt{\frac{\sigma^2}{20}} = \sqrt{\frac{13.52^2}{20}} = 3.02$$

$$s_{n=50} = \sqrt{\frac{\sigma^2}{50}} = \sqrt{\frac{13.52^2}{50}} = 1.91$$

可以看出，不同样本容量下的考试成绩均值抽样分布的均值都与总体均值相等，差别仅在于抽样分布的标准差。样本容量越大，考试成绩均值的抽样分布的标准差越小。

为了便于理解，我们首先构建样本容量为 10、20 和 50 下考试成绩均值的抽样分布。（见图 5.4）

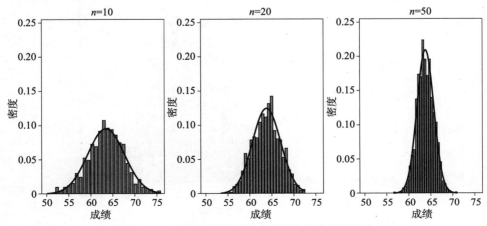

图 5.4 不同样本容量下考试成绩均值的抽样分布

在现实中,与例 5.1 中考试成绩不同的是,由于总体通常难以获得,总体分布的均值和标准差往往是未知的,那么,当我们面对这些未知情况时如何对总体进行推断呢?这就涉及我们下面要学习的理论。

二、大数定律

在样本均值的抽样分布中,我们提到,从服从正态分布的总体中抽取多个独立同分布的随机样本,样本均值的抽样分布也服从正态分布,且样本均值抽样分布的期望值等于总体期望。然而,这一特性是否仅限于正态总体?也就是说,如果总体不服从正态分布,样本均值抽样分布的期望值是否仍然等于总体期望呢?要回答这一问题,就需要借助大数定律相关内容。在讲大数定律之前,我们先介绍两个重要的概率不等式——马尔可夫不等式和切比雪夫不等式。

 切比雪夫与马尔可夫对概率论的贡献

帕夫努季·切比雪夫(Pafnuty L. Chebyshev)出生在位于莫斯科 200 千米开外荒郊奥卡托沃的一个贵族家庭。切比雪夫自出生左腿便有残疾,他从小接受家庭教育,16 岁考入莫斯科大学哲学系,就读于其属下的物理和数学专业,并于 1847 年在圣彼得堡大学任教。切比雪夫在许多数学领域都做出了卓越贡献,其一便是在概率论方面。切比雪夫建立了证明极限定理的新方法——矩方法,证明了一般形式的大数定律,这一贡献使得概率论进入一个新的发展阶段。

安德烈·马尔可夫(Andrey A. Markov)是俄国数学家,圣彼得堡科学院院士,圣彼得堡数学学派的中坚。他深受圣彼得堡数学学派领袖切比雪夫的学术影响,是切比雪夫概率思想的继承者和发展者。他在切比雪夫的基础之上,精确论述并证明了中心极限定理。他大大拓展了中心极限定理的适用性,通过引入处理变量依赖性的方法,增加了定理的实际应用和理论扩展的深度。当时,西方学界正极力把概率论排除在"科学殿堂"之外,正是圣彼得堡数学学派拯救了危难之中的概率论,使其恢复了数学科学地位。

(一) 概率不等式

马尔可夫不等式和切比雪夫不等式是两个非常重要的概率不等式,这两个不等式建立起随机变量的概率分布及其期望与方差之间的联系,给出了随机变量函数与概率分布的边界,是证明大数定律必不可少的条件。

1. 马尔可夫不等式

马尔可夫不等式(Markov inequality)常用来估计尾部事件(随机变量的函数大于等于某正数)的概率上界。

马尔可夫不等式数学定义为:

设 X 为随机变量且满足 $P(X \geq 0) = 1$,则对于任意实数 $t > 0$ 有如下不等式成立:

$$P(X \geq t) \leq \frac{E(X)}{t} \tag{5.3}$$

如何证明马尔可夫不等式呢?

设 X 为非负的连续型随机变量,且其概率密度函数为 $f(x)$,则对于任意实数 $t > 0$,X 的数学期望满足:

$$E(X) = \int_0^\infty x f(x) \, dx = \int_0^t x f(x) \, dx + \int_t^\infty x f(x) \, dx$$

因此,以下不等式成立:

$$E(X) \geq \int_t^\infty x f(x) \, dx$$

由于在积分区域 $x > t$,上述不等式可进一步写为

$$E(X) \geq \int_t^\infty x f(x) \, dx \geq \int_t^\infty t f(x) \, dx = t \int_t^\infty f(x) \, dx = t P(X \geq t)$$

左右两边除以 t 即可得到马尔可夫不等式。[①]

可见,马尔可夫不等式通过将概率关联到数学期望,给出了随机变量的累积分布函数一个宽泛但仍有用的界。那么,我们应该如何直观地理解马尔可夫不等式呢?举个简单的例子,假定变量 X 为月薪,其均值为 $E(X)$。我们进

---

① 离散型随机变量的证明方法类似,这里省略。

第五章 抽样分布与中心极限定理

而假定 $E(X)$ 的 n 倍等于 t，即 $t = nE(X)$。根据马尔可夫不等式，这就意味着月薪超过 $nE(X)$ 的人不超过 $\frac{1}{n}$。

2. 切比雪夫不等式

与马尔可夫不等式不同，切比雪夫不等式（Chebyshev inequality）使用方差来界定随机变量偏离均值的概率，表达了随机变量 X 远离其期望的概率会受到方差大小的限制这一思想。

切比雪夫不等式的数学定义为：

设 X 为随机变量，则对任意实数 $c > 0$ 满足：

$$P(|X - E(X)| \geq c) \leq \frac{D(X)}{c^2} \qquad (5.4)$$

由于 $D(X) = \sigma^2$，该式还可以表达为

$$P(|X - E(X)| \geq c\sigma) \leq \frac{1}{c^2} \qquad (5.5)$$

在概率统计上，式 5.5 确定了均值附近的标准差的范围。具体而言，不超过 $\frac{1}{c^2}$ 的分布值可以与平均值相差 c 个或更多个标准差，或者说位于均值 c 个标准差内的比例至少为 $1 - \frac{1}{c^2}$。直观地讲，切比雪夫不等式表达了所有事件大多会集中在平均值附近。如果某事件离平均值越远，其概率也会越低。

对于式 5.4 和式 5.5，只有当 $c > 1$ 时，该不等式才有用，原因在于：当 $c \leq 1$ 时，不等式右边 $\frac{1}{c^2} \geq 1$，也就是说，所有概率均不大于 1，这是一个必然事件。

切比雪夫不等式又该如何证明呢？

设随机变量 $Y = (X - E(X))^2$，则 $P(Y \geq 0) = 1$。根据方差的定义可知：

$$E(Y) = E[(X - E(X))^2] = D(X)$$

根据马尔可夫不等式可知，对于任意实数 $c > 0$，有

$$P(Y \geq c^2) = P((X - E(X))^2 \geq c^2) \leq \frac{E(Y)}{c^2} = \frac{E[(X - E(X))^2]}{c^2} = \frac{D(X)}{c^2}$$

由于，
$$P((X-E(X))^2 \geq c^2) = P(|X-E(X)| \geq c)$$
因此，
$$P(|X-E(X)| \geq c) \leq \frac{D(X)}{c^2}$$

从而得到切比雪夫不等式。

下面我们尝试基于图示理解切比雪夫不等式。假定随机变量 X 服从标准正态分布，即 $\mu = 0, \sigma^2 = 1$，那么，基于式 5.4，对于任意实数 $c > 0$，有

$$P(|X-0| \geq c) = P(|X| \geq c) = P(X \leq -c \cup X \geq c) \leq \frac{1}{c^2}$$

当 $c = 0.5$ 时，
$$P(X \leq -0.5 \cup X \geq 0.5) = 0.617 \leq \frac{1}{0.5^2} = 4$$

当 $c = 1.2$ 时，
$$P(X \leq -1.2 \cup X \geq 1.2) = 0.230 \leq \frac{1}{1.2^2} = 0.694$$

当 $c = 2.6$ 时，
$$P(X \leq -2.6 \cup X \geq 2.6) = 0.009 \leq \frac{1}{2.6^2} = 0.148$$

我们将上述结果画在图 5.5 中，三张小图上半部分基于随机变量 X 的概率密度函数画出了 $P(|X| \geq c)$ 的概率，下半部分列出了对应的切比雪夫不等式。总体上讲，当 X 离平均值越远，其所对应的概率越小。

需提及的是，不论分布如何，只要分布具有有限的均值和方差，我们便可以用切比雪夫不等式来进行估计。但是如果我们知道有关分布的更多特征，那么通过不等式所得的边界通常不尽理想。因此，利用切比雪夫不等式只能粗略估计随机变量落入其数学期望对称区间内的概率。这也印证了对于上述随机变量 X，为什么基于切比雪夫不等式的估计差距较大。

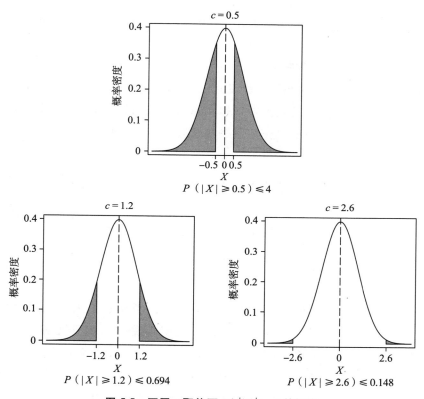

图 5.5　不同 c 取值下 $P(|X| \geq c)$ 的概率

我们来看一个例子。

例 5.2　某省的收入均值为 8000 元，标准差为 2000 元。如果我们从中随机选取了一个个体，该个体的收入低于 2000 元或高于 14000 元的概率是多少？

解　由于不知道更多有关收入的分布信息，我们很难直接计算概率。但是，我们可以通过切比雪夫不等式来估计一个上界。

假定随机变量 X 表示收入，则 X 低于 2000 元或高于 14000 元可以表达为

$$|X - E(X)| \geq c$$

其中，$E(X) = 8000$，$c = 6000$。

根据切比雪夫不等式，有

$$P(|X - E(X)| \geq c) \leq \frac{D(X)}{c^2} = \frac{2000^2}{6000^2} = \frac{1}{9}$$

我们可以得出结论,个体收入在 2000—14000 元之外的概率不到 $\frac{1}{9}$。

(二) 大数定律的思想

通过切比雪夫不等式我们已经发现,当样本量趋于无穷大时,样本均值会逐渐收敛于总体期望,这就是大数定律(law of large numbers)的基本思想。在正式引入大数定律前,我们先介绍一个数学概念——依概率收敛。

1. 依概率收敛

设 $Z_n = \{X_1, X_2, \cdots, X_n\}$ 为随机变量组成的一个序列,对于任意 $\varepsilon > 0$,若随机变量序列 Z_n 满足:

$$\lim_{n \to \infty} P(|Z_n - c| < \varepsilon) = 1 \tag{5.6}$$

则称随机变量序列 Z_n 依概率收敛于常数 c,记作

$$Z_n \xrightarrow{P} c$$

依概率收敛(convergence in probability)表明,当 n 趋于无穷大时,随机变量序列 Z_n 与常数 c "靠近"的概率会接近 1,也就是说,当 n 趋于无穷大时,我们有很大把握保证 Z_n 与常数 c 很接近。以掷硬币为例,当掷硬币的次数 n 足够大时,抛出正面或者反面的频率就会趋近概率 0.5。

这里,我们假定事件 $A = \{出现正面\}$,$f(A)$ 为事件 A 发生的频率,对于第 i 次试验结果($i = 1, 2, \cdots, n$),我们定义

$$X_i = \begin{cases} 1 & 第 i 次出现正面 \\ 0 & 第 i 次出现反面 \end{cases}$$

正面出现的总次数可以表达为 $\sum_{i=1}^{n} X_i$。

从而,随机变量序列

$$f(A) = \frac{1}{n} \sum_{i=1}^{n} X_i$$

那么,是不是对于任意给定的 $\varepsilon > 0$,只要 n 足够大,$|f(A) - 0.5| \geq \varepsilon$ 就一定不会发生呢?

当然不是！实际上,不管 n 多大,我们都有可能抛出正面次数超过反面次数的结果,使得 $|f(A) - 0.5| \geq \varepsilon$ 发生。我们设想一个极端的情况:n 次试验我

第五章 抽样分布与中心极限定理

们全都抛出了正面。基于前面学习的内容,我们很容易算出,全抛出正面的概率等于 $\frac{1}{2^n}$。这一概率在 n 趋于无穷大时等于 0,但是不代表这一极端事件不可能发生,这就是依概率收敛。尽管我们不能保证 n 足够大时偶然事件不发生,但是我们可以保证偶然事件发生的概率很小,几乎为 0。

2. 大数定律的定义

大数定律在统计学中占有核心地位。该定律指出,假定我们不断重复进行独立随机试验多次,并对试验结果求平均,所得的结果应该接近期望值。大数定律分弱大数定律(weak law of large numbers)和强大数定律(strong law of large numbers),两者的差别主要在理论层面。这里我们主要介绍弱大数定律。

我们仍旧以掷硬币试验作为引子。

假设有一枚质地均匀的硬币,在实际操作中,当我们只抛 1 次,出现正面的频率不是 1,就是 0。如果连抛 10 次、100 次、500 次……随着试验次数的增加,正面朝上的频率虽然很难正好等于 0.5,但是会越来越接近 0.5,且频率的波动也会越来越小。

我们可以尝试计算一下连掷硬币 10 次、100 次和 500 次,硬币正面朝上的频率在 0.4 到 0.6 区间的概率。由于掷硬币试验服从二项分布,那么硬币正面朝上的频率落入该区间的概率可以表达为:

当 $n = 10$ 时,

$$P(0.4 \leqslant \frac{X}{10} \leqslant 0.6) = P(4 \leqslant X \leqslant 6)$$
$$= \sum_{i=4}^{6} \binom{10}{i} 0.5^i (1 - 0.5)^{10-i}$$
$$= 0.6563$$

当 $n = 100$ 时,

$$P(0.4 \leqslant \frac{X}{100} \leqslant 0.6) = P(40 \leqslant X \leqslant 60)$$
$$= \sum_{i=40}^{60} \binom{100}{i} 0.5^i (1 - 0.5)^{100-i}$$
$$= 0.9648$$

当 $n = 500$ 时，

$$P\left(0.4 \leq \frac{X}{500} \leq 0.6\right) = P(200 \leq X \leq 300)$$

$$= \sum_{i=200}^{300} \binom{500}{i} 0.5^i (1-0.5)^{500-i}$$

$$= 0.9999$$

上述结果表明，当 n 逐渐增大时，抛掷 n 次硬币正面朝上的频率接近 0.5 的概率越来越大。(见图 5.6)

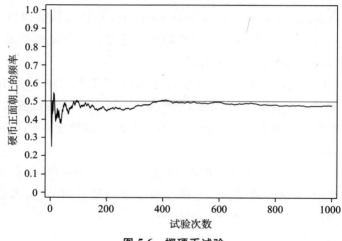

图 5.6 掷硬币试验

也就是说，某随机事件在单次试验中可能发生也可能不发生，但在大量重复试验中往往会呈现出明显的规律性，即该随机事件发生的频率会向某个常数值收敛，该常数值即该事件发生的概率。

由此，我们给出大数定律的数学定义：

假设一总体的分布未知，但期望为 μ，且存在有限方差。从该总体中抽取一随机样本，样本中 $X_1, \cdots, X_n$ 为独立随机变量。记 $\overline{X}$ 为样本均值，则样本均值 $\overline{X}$ 依概率收敛于总体期望 μ，记作 $\overline{X} \xrightarrow{P} \mu$，即

$$\overline{X} = \frac{1}{n}\sum_{i=1}^{n} X_i \xrightarrow{P} E(X_i) = \mu$$

我们可以运用切比雪夫不等式对大数定律进行证明。

第五章　抽样分布与中心极限定理

设总体方差为 σ^2。根据 $\overline{X}$ 的抽样分布可知，$E(\overline{X}) = \mu$，$D(\overline{X}) = \dfrac{\sigma^2}{n}$，任意实数 $s > 0$，将 $E(\overline{X})$ 和 $D(\overline{X})$ 代入切比雪夫不等式，可得：

$$P(|\overline{X} - E(\overline{X})| \geqslant s) \leqslant \frac{D(\overline{X})}{s^2}$$

$$P(|\overline{X} - \mu| \geqslant s) \leqslant \frac{\sigma^2}{ns^2}$$

根据概率的逆运算可知：

$$P(|\overline{X} - \mu| < s) \geqslant 1 - \frac{\sigma^2}{ns^2}$$

由于任意随机事件的概率都满足 $0 \leqslant P \leqslant 1$，上式也可写作

$$1 \geqslant P(|\overline{X} - \mu| < s) \geqslant 1 - \frac{\sigma^2}{ns^2}$$

对上式取极限得：

$$\lim_{n \to \infty} 1 \geqslant \lim_{n \to \infty} P(|\overline{X} - \mu| < s) \geqslant \lim_{n \to \infty} \left(1 - \frac{\sigma^2}{ns^2}\right)$$

由夹逼定理①可知，上式不等号两边的极限都为 1，因此，

$$\lim_{n \to \infty} P(|\overline{X} - \mu| < s) = 1$$

此时根据依概率收敛，我们就得到了大数定律的结论，即

$$\overline{X} \xrightarrow{P} \mu$$

大数定律表明，当样本量 n 足够大的时候，样本均值 $\overline{X}$ 将会非常接近总体期望 μ。该定律为我们提供了一种由观测数据来估计未知参数的重要思路。虽然社会科学研究通常基于可观测的抽样数据，但是依据大数定律，我们知

---

① 夹逼定理（squeeze theorem）是数学中判定极限存在的一个准则。该定理是法国著名数学家、物理学家约瑟夫-路易·拉格朗日（Joseph-Louis Lagrange）提出的。夹逼定理在数列和函数极限的计算中都有广泛的应用。当直接计算某个数列或函数的极限较为困难时，可以尝试找到两个极限相同的数列或函数，从两边夹住目标数列或函数，从而间接求得目标数列或函数的极限。就函数极限而言：若 $F(x)$ 与 $G(x)$ 在 x_0 连续且存在相同的极限 A，即 $\lim F(x) = \lim G(x) = A$，此时如果有函数 $f(x)$ 在 x_0 的某邻域内恒有 $F(x) \leqslant f(x) \leqslant G(x)$，则当 x 趋近 x_0 时，有 $\lim f(x) = A$。

道,样本均值总会随着样本量的增大而逐渐收敛于总体期望。

以上介绍的大数定律严格意义上称为弱大数定律,而强大数定律指的是当 n 趋于无穷大时,样本均值 $\bar{X}$ 依概率 1 收敛于总体期望 μ(也称几近收敛),其表达式为

$$P(\lim_{n\to\infty} \bar{X} = \mu) = 1$$

强大数定律及其应用已经超出了本书的讨论范围,感兴趣的读者可以参阅相关书籍。

三、中心极限定理

中心极限定理是概率理论与统计推断中最为重要的定理之一,该定理指出无论这些随机变量的总体分布如何,随机样本中独立随机变量的代数和渐近服从正态分布(或称为渐近正态)。这一定理的提出使得正态分布的性质可以运用于其他复杂分布的问题,为统计推断的进一步发展奠定了基础。在介绍中心极限定理的证明和运用之前,我们首先介绍一种收敛原理,即依分布收敛。

(一)依分布收敛

中心极限定理的核心是分布的收敛,即大样本中的随机变量函数的分布(也可以理解为统计量或估计量的分布)在一定条件下会收敛到正态分布上。

依分布收敛(convergence in distribution)的定义为:

设 $X_n = \{X_1, X_2, \cdots\}$ 为连续型随机变量序列,记 $F_n(x) = \{F_1(x), F_2(x), \cdots\}$ 为随机变量序列 X_n 的累积分布函数;定义随机变量为 X 及其累积分布函数为 $F(x)$。如果对 $F(x)$ 的任意连续点 x 都有

$$\lim_{n\to\infty} F_n(x) = F(x) \quad \forall x \in \mathbb{R} \tag{5.7}$$

我们称 $\{F_n(x)\}$ 弱收敛于 $F(x)$,也称随机变量序列 X_n 依分布收敛于 X,记作 $X_n \xrightarrow{d} X$。此时,F 分布为 X_n 的渐近分布(asymptotic distribution)。如果 $X \sim N(\mu, \sigma^2)$,则称随机变量序列 X_n 是渐近正态的(asymptotically normal),记作 $X_n \xrightarrow{d} N(\mu, \sigma^2)$。

第五章 抽样分布与中心极限定理

当处理整数随机变量时，下面的定理通常更有用。

假定我们有随机变量序列 $X_n = \{X_1, X_2, \cdots\}$ 和随机变量 X，且 X_n 和 X 的所有取值均为非负整数，即

$$R_{X_n} \subset \{0, 1, 2, \cdots\} \qquad n = 1, 2, 3, \cdots$$

$$R_X \subset \{0, 1, 2, \cdots\}$$

当且仅当

$$\lim_{n \to \infty} P_{X_n}(k) = P_X(k) \qquad k = 0, 1, 2, \cdots \tag{5.8}$$

则 $X_n \xrightarrow{d} X$。

通俗地讲，依分布收敛讲的是，如果有两个随机变量，当随机变量之间的距离收敛于 0 时，那么我们就可以说这两个随机变量是依分布收敛的。

比如说，当讲到泊松分布时，我们提到泊松分布是二项分布的极限分布，这一结论可以运用依分布收敛表达。当 n 足够大时，二项分布 $B(n, p)$ 依分布收敛于泊松分布 $P(\lambda)$。

我们可以尝试证明二项分布依分布收敛于泊松分布这一结论。

定义随机变量序列 $X_n = \{X_1, X_2, \cdots\}$ 服从二项分布，即

$$X_n \sim B\left(n, \frac{\lambda}{n}\right) \qquad n \in \mathbb{R}, n > \lambda$$

其中，λ 为常数，且 $\lambda > 0$。

根据式 5.8，如果要证明二项分布依分布收敛于泊松分布，即证明

$$\lim_{n \to \infty} P_{X_n}(k) = P_X(k) \qquad k = 0, 1, 2, \cdots$$

代入二项分布的概率计算公式，有

$$\lim_{n \to \infty} P_{X_n}(k) = \lim_{n \to \infty} \binom{n}{k} \left(\frac{\lambda}{n}\right)^k \left(1 - \frac{\lambda}{n}\right)^{n-k}$$

$$= \lambda^k \lim_{n \to \infty} \frac{n!}{k!(n-k)!} \left(\frac{1}{n^k}\right) \left(1 - \frac{\lambda}{n}\right)^{n-k}$$

$$= \frac{\lambda^k}{k!} \lim_{n \to \infty} \left(\left[\frac{n(n-1)(n-2)\cdots(n-k+1)}{n^k}\right] \left[\left(1 - \frac{\lambda}{n}\right)^n\right] \left[\left(1 - \frac{\lambda}{n}\right)^{-k}\right] \right)$$

如果 k 固定，有

$$\lim_{n\to\infty}\frac{n(n-1)(n-2)\cdots(n-k+1)}{n^k}=1$$

$$\lim_{n\to\infty}\left(1-\frac{\lambda}{n}\right)^{-k}=1$$

$$\lim_{n\to\infty}\left(1-\frac{\lambda}{n}\right)^{n}=e^{-\lambda}$$

因此,可以得到

$$\lim_{n\to\infty}P_{X_n}(k)=\frac{\lambda^k}{k!}e^{-\lambda}$$

从而得证。

实际上,依分布收敛中最著名的收敛例子是中心极限定理(central limit theorem,简称 CLT)。下面我们将对这一定理进行介绍。

(二) 中心极限定理及相关应用

在社会科学中,中心极限定理在很多研究议题上为样本容量的确定和大样本情况下的统计推断提供了理论依据。一般意义上的中心极限定理指的是林德伯格-莱维定理。作为最为经典的中心极限定理,林德伯格-莱维定理也是本书的介绍重点。

 中心极限定理的发展简史

18 世纪:理论的雏形

中心极限定理在 1920 年被美国数学家乔治·波利亚(George Polya)首次命名,但实际上它的发展比起它的命名提前了 200 年。这一定理的起源可以追溯到 18 世纪数学家棣莫弗及其突破性的工作。在 1738 年出版的《机会论(第二版)》中,棣莫弗展示了随着抛掷次数增加,抛掷硬币结果之和的分布越来越接近正态分布。这实际上是中心极限定理的早期示例,尤其是在二项分布的情况下。值得注意的是,《机会论》主要探讨的是赌博问题,例如如何确定各种游戏的公平赔率等。当时,即便是棣莫弗本人,也未意识到他实际上已经证明了中心极限定理的一个基本形式。为了肯定他的成就,学界通常认为棣莫弗的这个发现是中心极限定理诞生的标志。

19世纪：理论的扩展

1812年，法国数学家、物理学家皮埃尔-西蒙·拉普拉斯（Pierre-Simon Laplace）在其著作《概率分析理论》中对棣莫弗的先驱性研究进行了重要扩展。拉普拉斯通过用正态分布来逼近二项分布的方法，深化了中心极限定理在统计学中的应用。他引入的棣莫弗-拉普拉斯中心极限定理，证明了在特定条件下，大量独立随机变量之和将趋于正态分布。这一成就不仅增强了中心极限定理在统计学中的实际应用程度，也是概率论朝着更加严谨的数学分析方向发展的关键一步。

拉普拉斯的方法及发现为后来的数学家和统计学家提供了强大的理论基础和工具，使他们在理论和应用层面上进一步探索和扩展了中心极限定理。他的工作不仅证实了数学理论在解释自然现象和人类行为中的核心作用，也为19世纪及以后概率论的进步奠定了坚实的基础，推动了中心极限定理向更广泛的自然科学和社会科学应用的拓展。

20世纪初：理论的正式化

中心极限定理在20世纪经历了快速发展和正式化，在数学严谨性、理论的普遍性和适用性方面均取得了重大进步。1901年，俄国数学家亚历山大·李雅普诺夫（Aleksandr Lyapunov）引入了所谓李雅普诺夫条件，为中心极限定理的精确证明提供了严格的数学基础，从而加深了人们对中心极限定理严格性的理解。20世纪20年代，芬兰数学家亚尔·林德伯格（Jarl W. Lindeberg）和法国数学家保罗·莱维（Paul Lévy）分别独立提出了中心极限定理的特定形式，即林德伯格-莱维（Lindeberg-Lévy）定理，该定理阐明了在一定条件下，一系列独立同分布随机变量之和收敛于正态分布的条件，进一步精细化了中心极限定理的适用范围。1933年，安德烈·柯尔莫哥洛夫（Andrey Kolmogorov）在其开创性著作《概率论基础》中，提出了现代概率论的公理体系。柯尔莫哥洛夫的公理体系为中心极限定理及其他概率论定理的正式定义和证明提供了严格的框架，使得深入探究定理成立的条件成为可能。以上一系列的工作不仅推动了中心极限定理在更复杂和多样化情境下的扩展，也将中心极限定理从专用于特定分布近似的工具转变为一种广泛适用的统计原则，成为数学、统计学、经济学、物理学和工程学等多个领域分析实际问题的基石。

中心极限定理的发展历程展现了自 18 世纪以来,众多杰出人物对该理论的贡献和演化。从棣莫弗的初步探索到 20 世纪的严格公理化,中心极限定理的进展不仅见证了数学和统计学领域内科学发现的累积性和合作性,也突显了它在现代应用数学及其他学科中的核心地位。

1. 林德伯格-莱维定理

该定理表明任意分布下样本均值的抽样分布都服从正态分布。

通常我们讲的中心极限定理,就是林德伯格-莱维定理(Lindeberg-Lévy central limit theorem)。该定理表明,独立同分布随机变量的统计量(均值、代数和等)在大样本的条件下会渐近收敛于正态分布。

有关林德伯格-莱维定理的定义如下:

设 $X_1, \cdots, X_n$ 为独立同分布随机变量组成的序列,且其总体分布的期望为 μ,方差为 σ^2。记 $\overline{X} = \frac{1}{n}\sum_{i=1}^{n} X_i$,则统计量 $\frac{\overline{X} - \mu}{\frac{\sigma}{\sqrt{n}}}$ 依分布收敛于标准正态分布,即

$$\lim_{n \to \infty} P\left(\frac{\overline{X} - \mu}{\frac{\sigma}{\sqrt{n}}} \leq x\right) = \Phi(x) \tag{5.9}$$

其中,$P\left(\frac{\overline{X} - \mu}{\frac{\sigma}{\sqrt{n}}} \leq x\right)$ 为统计量 $\frac{\overline{X} - \mu}{\frac{\sigma}{\sqrt{n}}}$ 的累积分布函数,$\Phi(x)$ 为标准正态分布的累积分布函数。

林德伯格-莱维定理表明,从期望为 μ、方差为 σ^2 的总体中抽取一个容量较大的随机样本,无论总体服从分布如何,统计量 $\frac{\sqrt{n}}{\sigma}(\overline{X} - \mu)$ 或 $\frac{1}{\sigma\sqrt{n}}\sum_{i=1}^{n}(X_i - \mu)$ 一定是渐近正态的,即

$$\overline{X} \xrightarrow{d} N\left(\mu, \frac{\sigma^2}{n}\right)$$

或者

$$\sum_{i=1}^{n} X_i \xrightarrow{d} N(n\mu, n\sigma^2)$$

还可以表达为

$$\frac{1}{\sigma\sqrt{n}} \sum_{i=1}^{n} (X_i - \mu) \xrightarrow{d} N(0,1) \qquad n \to \infty$$

接下来,我们将基于服从不同分布的总体构建不同样本容量下的样本均值的抽样分布来直观感受一下中心极限定理。

(1) 总体服从均匀分布

首先,我们以均匀分布为例。

假定总体 X 服从均匀分布,$X \sim U(0,100)$,X 的概率密度函数为

$$f(x) = \begin{cases} \dfrac{1}{100} & 0 \leqslant x \leqslant 100 \\ 0 & x < 0 \text{ 或 } x > 100 \end{cases}$$

该总体包含 10000 个观测,关于 X 分布的直方图为图 5.7。

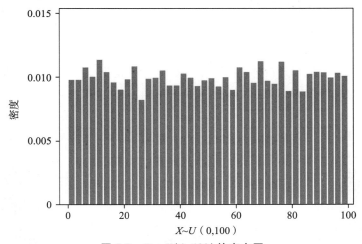

图 5.7　$X \sim U(0,100)$ 的直方图

我们从该总体随机抽取样本容量为 1 的样本,抽取 1000 次,每个样本计算一个均值,样本均值 $\overline{X}$ 的抽样分布如图 5.8。

由图 5.8 可知,当从总体中抽取多个样本容量为 1 的独立随机样本,样本均值的抽样分布与正态分布差距较大,但与总体分布呈现出相似的分布模式。这是偶然吗?

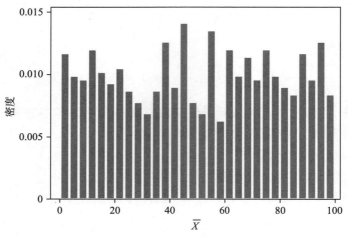

图 5.8 $\overline{X}$ 抽样分布的直方图($n=1$)

当然不是!原因在于从总体中抽取样本容量为 1 的样本,然后对该样本计算均值,所得的均值就是该样本本身,那么抽取 1000 个样本后所得到的样本均值的抽样分布就是样本分布。一般来讲,只要 n 够大,样本分布和总体分布的形态是非常接近的。

下面我们逐步增加样本容量,分别构建样本容量为 2、30、100 所对应的样本均值 $\overline{X}$ 的抽样分布,并将抽样分布展示在图 5.9。

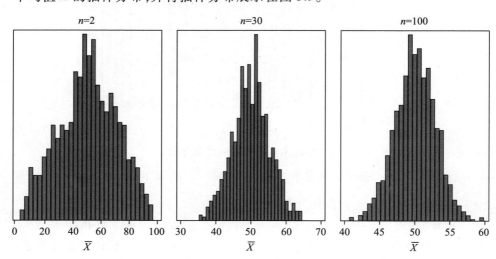

图 5.9 基于均匀总体得到的 $\overline{X}$ 抽样分布的直方图

由图 5.9 可见,当我们从总体中抽取 1000 个样本容量为 2 的独立随机样本,所得到的样本均值 $\overline{X}$ 的抽样分布在形态上发生了比较大的变化。相比图 5.8,它开始向正态分布靠近。当增加样本容量到 30 时,样本均值的抽样分布已经与正态分布非常接近。进一步增加样本容量到 100,这时候我们所得到样本均值 $\overline{X}$ 的抽样分布就更加接近正态分布了。

(2) 总体服从二项分布

我们再来看一个常用分布——二项分布。

假定总体 X 服从二项分布时,$X \sim B(1000, 0.002)$,X 的概率质量函数

$$P(X = k) = \binom{1000}{k} 0.002^k \cdot 0.998^{1000-k}$$

其中,$k = 0, 1, 2, \cdots, 1000$。总体分布 X 的直方图如图 5.10。

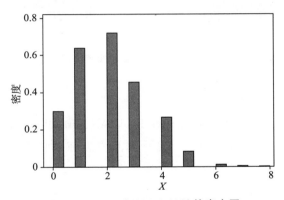

图 5.10　$X \sim B(1000, 0.002)$ 的直方图

与构建均匀分布总体的样本均值抽样分布相似,我们同样构建了样本容量分别为 1、2、30 和 100 对应的样本均值 $\overline{X}$ 的抽样分布。由图 5.11 可见,当样本容量为 1 时,此时样本均值的抽样分布等同于样本分布,由于 n 足够大,样本分布与总体分布非常相似。当逐渐增加样本容量后,样本均值的抽样分布愈发接近正态分布。

实际上,有关为什么当样本容量足够大时二项分布会收敛于正态分布,棣莫弗-拉普拉斯定理已经给出了答案。

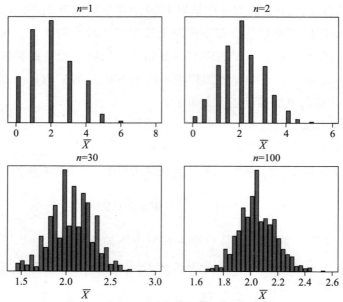

图 5.11　基于二项总体得到的 $\bar{X}$ 抽样分布的直方图

棣莫弗-拉普拉斯定理

棣莫弗-拉普拉斯定理（De Moivre-Laplace central limit theorem）是最早版本的中心极限定理。该定理适用于服从伯努利分布的随机变量，其核心在于运用正态分布去逼近二项分布。该定理的雏形首次出现于棣莫弗 1738 年出版的著作《机会论（第二版）》之中，并于 1812 年被拉普拉斯进一步完善。

棣莫弗-拉普拉斯定理的定义为：

设随机变量 $X_i \sim B(n,p)(i=1,\cdots,n)$，随机变量 $Y = \sum\limits_{i=1}^{n} X_i$，则 Y 的期望和方差为

$$E(Y) = E(\sum_{i=1}^{n} X_i) = np$$

$$D(Y) = D(\sum_{i=1}^{n} X_i) = np(1-p)$$

那么随机变量 Y 的渐近分布满足：

$$Y = \sum_{i=1}^{n} X_i \xrightarrow{d} N(np, np(1-p))$$

且随机变量 $Z = \dfrac{Y - np}{\sqrt{np(1-p)}}$ 的渐近分布满足：

$$Z = \frac{Y - np}{\sqrt{np(1-p)}} \xrightarrow{d} N(0,1)$$

也就是说，随机变量 $Z = \dfrac{\sum\limits_{i=1}^{n} X_i - \sum\limits_{i=1}^{n} P_i}{\sqrt{\sum\limits_{i=1}^{n} P_i(1-P_i)}}$ 的渐近分布也为标准正态分布，即

$$Z = \frac{\sum\limits_{i=1}^{n} X_i - \sum\limits_{i=1}^{n} P_i}{\sqrt{\sum\limits_{i=1}^{n} P_i(1-P_i)}} \xrightarrow{d} N(0,1)$$

（3）总体服从混合分布

以上两种分布都是比较常见的单一分布，具有更加复杂形态的总体是否仍能呈现如均匀分布、二项分布那样类似的模式呢？下面我们来验证一下。

假设总体 X 由两种分布 Y 和 Z 构成，包含 1000 个观测。Y 服从贝塔分布，$Y \sim Be(0.8, 0.5)$；Z 服从伽马分布，$Z \sim Ga(1,2)$；$X = 5Y + 0.2Z$。X 分布的直方图如图 5.12。

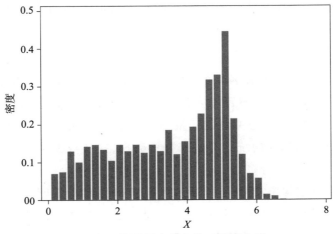

图 5.12 服从混合分布的 X 的直方图

基于这一总体,我们仍旧从总体中抽取样本容量为 1、2、30 和 100 的样本各 1000 个,分别构建样本均值 $\bar{X}$ 的抽样分布,如图 5.13。

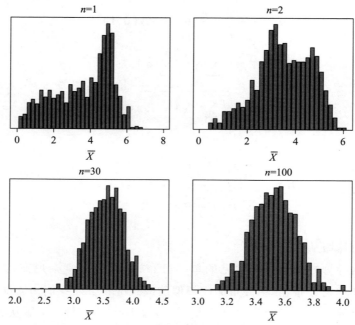

图 5.13　基于服从混合分布的总体得到的 $\bar{X}$ 抽样分布的直方图

图 5.13 所展现的样本均值抽样分布在不同样本容量下的变化模式与之前基本一致。可见,不论总体服从何种分布,样本均值 $\bar{X}$ 的抽样分布在 n 足够大时均趋于正态分布。

2. 中心极限定理的应用

中心极限定理,就如其名中的"中心"一样,在统计学定理中具有重要地位。这一定理可以帮助我们理解从总体中抽取样本时总体平均值的表现。在实际研究中,即便我们所感兴趣的变量不服从正态分布,中心极限定理也可以允许我们通过使用标准的统计方法来分析数据,并从数据样本中得出有关总体的结论。

在这一推断过程中,样本容量的大小与推断的准确性密切相关。需反复强调的是,中心极限定理中的样本容量 n 是从总体中随机抽取的样本的观测数,而不是样本的个数,每个样本的样本容量均相同。

第五章 抽样分布与中心极限定理

一般来讲,样本容量从两个方面影响样本均值 $\overline{X}$ 的抽样分布。

(1) 样本容量与抽样分布的正态性

对于任意分布的总体,从总体中抽取样本的样本容量越大,样本均值的抽样分布越接近正态分布。当样本容量较小时,样本均值的抽样分布大多不服从正态分布,除非总体本身服从正态分布。

通常,我们定义样本容量为 30 是"足够大样本"的临界值。

当 $n < 30$ 时,除了总体服从正态分布以外,中心极限定理基本不适用。

当 $n \geqslant 30$ 时,中心极限定理适用,即样本均值的抽样分布近似服从正态分布。

(2) 样本容量与抽样分布的标准差

样本容量会影响抽样分布的标准差:

当 n 较小时,样本均值抽样分布的标准差较大,基于样本均值抽样分布所得到的总体均值的估计准确度低;

当 n 较大时,样本均值抽样分布的标准差较小,所得到的总体均值估计也更准确。

还需提及的是,除了样本量足够大以外,中心极限定理还需满足如下两个条件以得到对总体均值的准确估计。

第一,样本独立同分布。只要样本来自随机抽样,这个条件通常容易满足。

第二,总体分布具有有限方差。中心极限定理不适用于方差无穷大的分布,比如柯西分布(Cauchy distribution)①。不过在社会科学中,我们遇到的大多数分布的方差都是有限的。

---

① 柯西分布,也称为洛伦兹分布(Lorentz distribution),是一种常见于物理学和数学领域的连续概率分布。它因在物理学中的应用——特别是在共振和波传播理论中的作用——以及其独特的数学性质而闻名。柯西分布的概率密度函数的表达式为

$$f(x; x_0, \gamma) = \frac{1}{\pi \gamma \left[1 + \left(\frac{x - x_0}{\gamma}\right)^2\right]}$$

其中,x_0 是位置参数,表示分布的中心位置;γ 是尺度参数,决定了分布的宽度。柯西分布的一个显著特点是其均值和方差都不存在,这一特性使柯西分布成为探讨中心极限定理和大数定律假设的一个重要案例。与正态分布相比,柯西分布更加重尾,这意味着其尾部衰减的速度更慢,极端值出现的概率也相对更高。因此,在需要考虑有限方差假设的统计方法中,柯西分布常常被用作反例。

有关林德伯格-莱维中心极限定理的实际应用,我们来看下面两个例子。

例 5.3 假设成年人日平均饮水量的分布呈现右偏,已知一个成年男性进行户外运动时的日平均饮水量是 2 L,标准差是 0.7 L。若随机召集 50 名成年男性进行一天的户外运动,并且携带 110 L 的饮用水,试求这些水被喝完的概率是多少。

解 本题为林德伯格-莱维定理在实际问题中的简单应用。根据题意可知,成年男性日均饮水的总体期望 $\mu = 2$,方差 $\sigma^2 = 0.7^2 = 0.49$。设 $X_i (i = 1, \cdots, 50)$ 为第 i 名男性的饮水量,则样本中成年男性的日均饮水量 $\overline{X} = \frac{1}{50}\sum_{i=1}^{50} X_i = \frac{110}{50} = 2.2$。根据中心极限定理可知,统计量 $\overline{X}$ 的渐近分布为均值 $E(\overline{X}) = \mu = 2$,方差 $D(\overline{X}) = \frac{\sigma^2}{n} = \frac{0.49}{50} = 0.0098$ 的正态分布。根据题意,这些水能够被喝完,即 50 名成年男性的平均饮水量大于 2.2 L。

设随机变量 Z 为标准化后的 50 名成年男性日均饮水量,根据中心极限定理可知:

$$P(\overline{X} > 2.2) = P\left(Z > \frac{\overline{X} - \mu}{\frac{\sigma}{\sqrt{n}}}\right)$$

$$= P\left(Z > \frac{2.2 - 2}{\frac{0.7}{\sqrt{50}}}\right)$$

$$= P(Z > 2.02) = 1 - P(Z \leq 2.02)$$

$$= 1 - \Phi(2.02)$$

查附表 1,$Z \leq 2.02$ 对应的 P 值为 0.9783,因此 $1 - \Phi(2.02) = 1 - 0.9783 = 0.022$。由此可知,这些水被喝完的概率是 2.2%。

例 5.4 企业 A 的员工的月薪均值为 16000 元,标准差为 23000 元。问:

(1) 如果我们随机抽取两名员工,他们的月薪超过 20000 元的概率是多少?

(2) 如果我们随机抽取 100 名员工,他们的平均月薪超过 20000 元的概率

第五章 抽样分布与中心极限定理

又是多少?

解 由于收入通常呈现右偏分布而非正态分布,如果随机抽取两名员工,这是个小样本,中心极限定理并不适用。因此,对于第一问,基于现有信息,我们无法计算相关概率。

对于第二问,即在随机抽取 100 名员工的情况下,计算他们的平均月薪超过 20000 元的概率。相比第一问,100 名员工是一个大样本,因此我们可以运用中心极限定理进行计算。

根据中心极限定理可知:

$$P(\overline{X} > 20000) = P\left(Z > \frac{\overline{X} - \mu}{\frac{\sigma}{\sqrt{n}}}\right)$$

$$= P\left(Z > \frac{20000 - 16000}{\frac{23000}{\sqrt{100}}}\right)$$

$$= P(Z > 1.74)$$

$$1 - P(Z \leqslant 1.74) = 1 - \Phi(1.74)$$

$$= 0.041$$

因此,如果我们随机抽取 100 名员工,他们的平均月薪超过 20000 元的概率为 0.041。

至此,我们均是基于独立同分布的随机变量进行推断的。如果随机变量相互独立却不具有相同的分布,其统计量的大样本分布是否渐近正态呢?

这就需要更通用的李雅普诺夫定理(Lyapunov central limit theorem)。该定理证明了独立但不同分布的随机变量在大样本条件下依旧会收敛于正态分布。有关李雅普诺夫定理的相关内容超出本书讨论的范围,感兴趣的读者可以参考相关书籍。

四、Stata 模拟抽样分布和中心极限定理

抽样分布和中心极限定理是统计推断的基石。在本章的最后部分,我们将使用 Stata 来模拟一些数据的抽样分布并以图示的方式呈现中心极限定理的内容。在使用 Stata 进行相应演示之前,我们首先介绍两个重要的抽样方法

(有放回抽样和无放回抽样),并基于这两种抽样方式来模拟抽样分布和中心极限定理。

(一) 放回抽样和无放回抽样

1. 放回抽样

放回抽样(sampling with replacement)是简单随机抽样的一种。将总体从 1 到 N 逐个编号,每次抽取一个个体后再放回总体,重复抽取 N 次后得到放回抽样的样本。由于每次抽样的总体保持不变,因而每一个体被抽中的概率都是 $\frac{1}{N}$,且同一个体可能在抽样样本中多次出现。

在 Stata 中放回抽样的命令为 bsample,其主要命令结构和选项请读者参考 bsample 的 help 文件。我们接下来使用数据 chapter_5_sample 子数据来进行演示,该数据包含 CGSS 2010 数据的"性别"和"收入"两个变量,我们将变量进行了简单处理并删除了缺失数据得到 chapter_5_sample。生成的命令如下:

```
. cd "..."
. use CGSS2010.dta, clear
. rename a2 gender
. gen income = a8a if a8a > 0 & a8a < 9999997
. keep gender income
. drop if mi(gender, income)
. gen id = _n
. label var id "样本标识"
. label var income "收入"
. order id
. des
. save chapter_5_sample, replace
```

这里 cd 命令里的"..."需要替换为存放 CGSS 2010 数据的具体路径信息以告诉 Stata 数据存放的位置。运行完上述命令后,新生成的数据 chapter_5_sample 在没有指定其他路径的情况下也会存放在相同的路径下。在上述命令中,为了方便标识每一个体,我们还通过命令"gen id = _n"生成了从 1 到 n 的新 id 信息。

第五章　抽样分布与中心极限定理

基于新生成的 chapter_5_sample 数据，我们使用如下命令在演示数据中运行 bsample 命令三次，每次抽取 10 个观测，共得到三组随机样本：

. use chapter_5_sample, clear

. bsample 10

. list

此外，我们还可以通过如下循环语句获得三个随机样本：

. use chapter_5_sample, clear

. forvalues i = 1/ 3 {

　bsample 10

　list

　}

方便起见，我们直接将抽样结果以表格的形式列示在表 5.2 中，可以看到采用放回抽样得到的三个样本。观察发现，放回抽样得到的样本中包含重复被抽样的个体，例如第二次抽样被标识"1388"的个体，以及第三次抽样中标识"1388"和"4634"的个体。需要提及的是，由于抽样过程是随机的，因而每次抽取所得到的样本都不同，读者们在运行本章的 do 文件时就会有所体会。

表 5.2　三次放回抽样样本

样本编号	第一次抽样			第二次抽样			第三次抽样		
	样本标识	性别	收入	样本标识	性别	收入	样本标识	性别	收入
1	2962	女	50	6574	女	9600	1388	男	16000
2	2399	男	10000	2399	男	10000	2399	男	10000
3	8893	男	22800	5325	男	10000	6574	女	9600
4	4921	男	20000	100	男	8000	1388	男	16000
5	100	男	8000	4634	女	9000	100	男	8000
6	1388	男	16000	1388	男	16000	4634	女	9000
7	6574	女	9600	2962	女	50	4634	女	9000
8	3992	男	6000	6574	女	9600	2962	女	50
9	5325	男	10000	4634	女	9000	1388	男	16000
10	4634	女	9000	1388	男	16000	4634	女	9000

2. 无放回抽样

无放回抽样(sampling without replacement)的操作过程同放回抽样类似,不同之处在于每次抽取一个个体后不再将其放回总体。由于每次抽样的总体都比上一次抽样的总体少了一个个体,因而无放回抽样中每一个体被抽中的概率都不相同。具体而言,无放回抽样从第一次开始直到最后一次,总体中每一个体被抽中的概率依次为 $\frac{1}{N-i}(i=0,\cdots,N-1)$。根据无放回抽样的定义,其抽样样本不会出现重复个体。

Stata 中无放回抽样的命令为 sample,其命令结构与 bsample 略有不同,sample 命令需要增加选项 count 才可以抽取规定的样本容量,否则抽取的是百分比。我们同样使用 chapter_5_sample 子数据进行演示。下述命令与放回抽样的命令类似,在此不再赘述:

. use chapter_5_sample, clear
. sample 10, count
. list

通过表 5.3 的结果可以看出,无放回抽样所得到的样本并不会出现重复个体。但与之前一样,由于抽样是随机的,每次抽取到的样本都会有所不同。

表 5.3 三次无放回抽样样本

样本编号	第一次抽样			第二次抽样			第三次抽样		
	样本标识	性别	收入	样本标识	性别	收入	样本标识	性别	收入
1	5235	男	15600	1404	男	5000	3126	男	6000
2	82	男	20000	6842	女	40000	4830	男	2500
3	984	男	40000	7907	男	24000	5965	女	30000
4	5891	男	20000	7428	男	30000	1435	男	30000
5	2456	女	2800	1529	男	20000	1463	女	12000
6	7665	男	10000	6002	女	20000	1738	男	5000
7	839	男	8000	2800	男	15000	3122	女	2240
8	8842	女	12000	4201	女	8000	2713	男	9600
9	6836	男	20000	327	男	30000	2598	女	10000
10	3549	女	8000	7312	男	12000	940	女	10000

3. 标准误

Stata 所产生的标准误(standard error,简称 SE),实际上就是样本均值抽样分布的标准差,也称为均方根误差,是用以描述样本均值分布的离散程度以及衡量均值抽样误差大小的量。表达式为

$$\sigma_{\bar{X}} = \frac{\sigma}{\sqrt{n}} \tag{5.10}$$

式 5.10 中,σ 代表总体分布的标准差,$\bar{X}$ 为样本均值。由于 σ 在实际问题中往往是未知的,我们常常使用 σ 的估计量 s,即样本标准差来估计统计量的标准误。因此,式 5.10 在实际情况下应写为

$$s_{\bar{X}} = \frac{s}{\sqrt{n}}$$

标准误与标准差的区别在于:标准差是用以衡量一组数据的观测值与该组数据的均值之间的偏离程度;标准误衡量的也是一组数据,只不过这组数据中的每一个观测值都是一个样本均值。根据期望迭代定律,这些样本均值的期望就是总体期望了,因而标准误衡量的是样本均值与总体期望之间的偏离程度。标准误越小,样本统计量与总体参数就越接近,用样本统计量对总体参数的估计就越可靠。因此,标准误数值的大小往往能够反映出统计推断可靠性的大小。

在前面的章节中我们提到,假设我们的分析样本就是总体,那么总体标准差可以通过由 summarize 命令得出的结果乘以 $\sqrt{\frac{n-1}{n}}$ 获得。然而,这种做法的前提是,分析样本就是总体。所以,这一前提往往不合适,这种做法也仅仅适用于演示。一个更为科学的方法是,我们可以通过模拟的方式来计算 100 次放回抽样得到的样本均值抽样分布的期望和标准误,来推断总体情况。

我们假设 chapter_5_sample 子数据就是一个总体,该数据共包含三个变量,分别是样本标识(id)、性别(gender)和收入(income),删除了缺失值后,数据共有 9001 个观测值,其中包含部分缺失。现在我们从该数据中采用放回抽样的方法抽取一个容量为 100 的随机样本,并计算出收入(income)变量的样本均值,重复抽样 1000 次。由此,可以得到收入变量的样本均值的抽样分布。那

么,对基于这一过程所产生的样本均值运行 summarize 命令所得到的标准差就是样本均值抽样分布的标准差。我们通过如下代码来实现:

```
. use chapter_5_sample, clear
. mat A = J(1000, 1001, .)
. mat B = J(100, 1, 1)
. forvalues i = 1/1000 {
      preserve
      bsample 100
      mkmat income, mat(C)
      mat A['i', 1] = C'
      mat mean = C' * B/100
      mat A['i', 1001] = mean
      restore
  }
. svmat A, names(m)
. drop m1-m1000
. rename m1001 mean
. sum mean
. sum income
```

上述代码中,mat A = J(1000, 1001, .)的目的在于定义一个 1000×1001 的空矩阵来存储 1000 次抽样的结果和最终的样本均值抽样分布的均值信息。mat B = J(100, 1, 1)的目的是构建一个 100 行 1 列的单位列向量,以便计算每个样本的样本均值。mkmat income, mat(C)是将数据中的 income 变量变为一个列变量。mat A[`i´, 1] = C´用来存储每次抽样的结果,即把每次抽取的 100 个样本放在矩阵 A 的第 i 行。mat mean = C´ * B/100 是计算每次抽样所得样本的样本均值(这里,行向量 C´与列向量 B 相乘等于将抽样得到的 100 个观测加总,然后除以 100 得到均值)。mat A[`i´, 1001] = mean 是把矩阵第 i 行第 1001 列上的元素赋值为第 i 次抽样的均值。接着,我们用 svmat A, names(m) 命令把矩阵 A 的每一列都转变为一个变量,名称以 m 开头。最后我们删除了每次抽样所得的样本,即 m1-m1000,仅保留包含 1000 次抽样的样本均值的

m1001。我们进一步将 m1001 重命名为 mean。执行 sum mean 命令后我们可以发现,样本均值抽样分布的均值 $\overline{X}$ =21688.27,样本均值的抽样标准误 $\sigma_{\overline{X}}$ = 8273.568。① 执行 sum income 命令后所得的总体期望 μ = 21680.04,总体标准差 σ = 85562.51× $\sqrt{\dfrac{9000}{9001}}$ = 85557.757。(见图 5.14)样本均值的标准误 $\sigma_{\overline{X}} = \dfrac{\sigma}{\sqrt{n}}$ = $\dfrac{85557.757}{\sqrt{100}}$ = 8555.78,这一结果与我们通过放回抽样所得的样本容量为 100 的样本均值抽样分布的标准差较为接近。

```
. sum mean

    Variable |        Obs        Mean    Std. dev.       Min        Max
-------------+---------------------------------------------------------
        mean |      1,000    21688.27    8273.568     12372.3     89410.2

. sum income

    Variable |        Obs        Mean    Std. dev.       Min        Max
-------------+---------------------------------------------------------
      income |      9,001    21680.04    85562.51          8     6000000
```

图 5.14 income 抽样分布的特征

(二)基于自举法的模拟

本书所涉及的统计推断方法,无论是后面章节将要介绍的参数估计还是假设检验,都是通过渐近理论(核心为大数定律和中心极限定理)来获得参数的估计。当样本量 n 足够大的时候,有限样本统计量的渐近分布可以较好地近似总体的精确分布。但是,当样本量较小的时候,该方法将不再适用。此外,一些统计模型的样本统计量和总体参数非常复杂,常常没有显性解,我们难以通过渐近理论得到该统计量的渐近分布。此时,要想获得总体参数的估计,就需要另辟蹊径。

自举法(bootstrapping)为上述问题提供了一种思路,而这一方法的核心其实就是有放回的重复再抽样。国内对这一术语的翻译有很多种,目前较为常

---

① 需注意的是,由于命令 bsample 是从 chapter_5_sample 数据中随机抽取,所以每次形成的样本均值的抽样分布会有所不同,从而 summarize 命令所得的关于 mean 的均值和标准差也会有所差异。

见的是"自举法",此外,也有译作"自助法""自抽样"等。这里我们使用英文名称,方便读者在阅读不同教材时不产生疑惑。

1. 自举法简介

自举法是一种有放回的再抽样方法。其基本思想就是通过对现有经验样本的放回再抽样,构建出多个抽样样本,然后将这些抽样样本的估计量从小到大进行排序,进而获得估计量的渐近分布。

一般而言,假设 $X_n = \{X_1, \cdots, X_n\}$ 为源自某一总体的 n 个随机样本,也就是说,X_1 是一个随机样本,X_2 是一个随机样本,一直到 X_n 都是随机样本。如果现在我们要获得总体参数 θ 的估计量的抽样分布,就要获得样本中有关 θ 的统计量/估计量的分布情况。根据本章的内容可知,参数 θ 的估计量是关于样本中随机变量的函数,我们可以记作 $\hat{\theta}(X_n)$。由于有 n 个随机样本,而每一个随机样本可以得到一个 θ 的估计量,那么此时就可以获得 n 个 θ 的估计量,这样一来参数 θ 的估计量的抽样分布就是已知的了。基于这一抽样分布,我们通过统计推断的方法就可以获得参数 θ 的估计。然而现实情况是,我们往往只有总体的一个随机样本,因而样本估计量的抽样分布是未知的。举例来说,假设全部中国人口是总体,那么 CGSS 2010 数据就是其中的一个随机样本,仅基于这样一个样本,我们是无法获得样本估计量的抽样分布的。这个时候,就需要使用 bootstrap 来获得样本估计量的渐近分布。

2. 模拟抽样分布

接下来我们就来介绍如何使用自举法模拟统计量的抽样分布。自举法对应的 Stata 命令为 bootstrap,该命令的语法格式如下:

bootstrap exp_list [, options eform_option] : command

上述命令中:bootstrap 为主命令;exp_list 为我们要得到的统计量的表达式;[, options eform_option] 为该命令的选项窗口,可以设定相应的抽样次数与样本容量等内容,默认情况下样本容量与原始数据相同;": command"为计算统计量的函数。有关该命令的详细说明,读者可以自行查阅相应帮助文件。

下面基于 income 总体,我们尝试使用自举法获得样本均值的抽样分布,并

第五章 抽样分布与中心极限定理

计算该抽样分布的均值和标准差,再与原始数据中 income 的期望与标准差进行对比。相关 Stata 代码如下:

```
. use chapter_5_sample, clear
. sum income
. return list
. scalar mu = r(mean)
. scalar sd = r(sd)
. bootstrap income_mean = r(mean), reps(500) saving(bs_sample, replace): sum income
. use bs_sample, clear
. histogram income_mean, normal plotregion(style(none)) saving("hist_bs.gph", replace)
. sum income_mean
. scalar mu_x = r(mean)
. scalar sd_x = r(sd)
. di_n"总体分布:mu = " mu ", sd = " sd _n "抽样分布:mu_x = " mu_x ", sd_x = " sd_x
```

上述代码中,scalar 为 Stata 软件的单值功能,其主要是将一些变量或变量的取值存在自定义的单值之中,方便后期调用。详细使用方法请读者参阅 scalar 的帮助文件,或在命令窗口输入 help scalar。本例中,我们首先输入 sum income 来获得关于 income 变量的描述性统计信息。需提及的是,运行完该命令之后,Stata 会在内存中储存 summarize 命令的结果,包含样本量、均值、方差、最大值和最小值等。具体包含哪些,我们可以通过 return list 来查看,如图 5.15。

在运行自举法前,我们主要想记录 chapter_5_sample 数据中 income 的均值和标准差。于是我们用 scalar 命令(scalar mu = r(mean) 和 scalar sd = r(sd))将数据中 income 变量的均值和标准差存放在名为 mu 和 sd 的单值之中。然后使用 bootstrap 命令,统计量表达式为 income_mean = r(mean),是指将每个抽样样本计算得到的均值存在名为 income_mean 的变量中;选项 reps(500) 指重复抽样 500 次;saving(bs_sample, replace) 是将 500 个 income 均值保存在 Stata 数据 bs_sample 中。bootstrap 选项冒号后的 sum income 与之前一样,目的在于对原始数据的 income 变量进行描述性统计，进而通过 return list 的返回值将每次重抽样获得的 income 均值存放于前面定义的 income_mean 变量中。

```
. sum income

    Variable |        Obs        Mean    Std. dev.       Min        Max
-------------+---------------------------------------------------------
      income |      9,001    21680.04    85562.51          8    6000000

. return list

scalars:
                  r(N) =  9001
              r(sum_w) =  9001
               r(mean) =  21680.04199533385
                r(Var) =  7320943119.896236
                 r(sd) =  85562.51001400226
                r(min) =  8
                r(max) =  6000000
                r(sum) =  195142058
```

图 5.15　summarize 命令后的返回值

基于 bs_sample 数据，我们可以绘制 income 均值的抽样分布图（见图 5.16），并将抽样分布的均值和标准误与原始变量的期望和标准差进行对比（见图 5.17）。

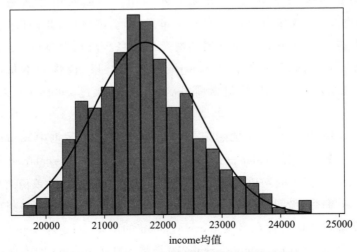

图 5.16　income 均值的抽样分布的直方图

```
. di _n "总体分布:    mu = " mu ", sd = " sd _n  "抽样分布: mu_x = " mu_x ", sd_x =
>  " sd_x
```

```
总体分布:    mu = 21680.042,    sd = 85562.51
抽样分布: mu_x = 21705.952, sd_x = 895.41296
```

图 5.17　用自举方法来模拟 income 均值的抽样分布

从屏幕输出结果(见图 5.16)和直方图(见图 5.17)均可发现,变量 income 均值的抽样分布是近似正态的,所得样本均值的抽样分布的均值 $\mu_{\bar{x}}$ = 21705.952 与总体均值 21680.042 非常接近;而样本均值的标准误 $\sigma_{\bar{x}}$ = 895.413。根据本章抽样分布的内容可知,基于总体标准差计算的样本均值的标准误

$$\sigma_{\bar{X}} = \frac{\sigma}{\sqrt{n}} = \frac{85562.51 \times \sqrt{\frac{9000}{9001}}}{\sqrt{9001}} = 901.81$$

该结果已经与我们使用自举法方法得到的抽样分布标准误很接近了。

构建样本统计量抽样分布的方法有很多,这里我们只介绍两种,读者们可以根据自己的偏好进行选择,也可以继续探索新的方法。

3. 模拟中心极限定理

中心极限定理告诉我们,无论总体分布如何,如果从总体中抽取一个容量较大的样本,那么样本均值的抽样分布是渐近正态的。其实刚刚生成的收入均值抽样分布的直方图(见图 5.16)已经展示了中心极限定理的性质。因为居民收入在经验层面上一般都不是正态分布的,真实分布往往呈现右偏态,而在模拟抽样分布时,我们通过对总体进行反复再抽样,得到关于均值的抽样分布却是渐近正态的。接下来,我们尝试通过构建更一般化的总体对中心极限定理进行验证。这里我们继续用 Stata 的 bootstrap 命令来操作。

这里我们可以基于图 5.12 所展示的总体分布来进行验证。该总体 X 由两种分布 Y 和 Z 构成,共包含 1000 个观测。Y 服从贝塔分布,$Y \sim Be(0.8, 0.5)$;Z 服从伽马分布,$Z \sim Ga(1, 2)$;$X = 5Y + 0.2Z$。要生成总体 X,我们可以用如下 Stata 代码:

```
. clear
. set obs 1000
. set seed 123
```

```
. gen x1 = rbeta(0.8,0.5)
. gen x2 = rgamma(1,2)
. gen x = 5 * x1+0.2 * x2
```

在上述命令中,我们首先需要了解 Stata 自带的随机数函数。(在命令窗口键入:help Random-number functions 可以打开相应的帮助文件。)其中,rbeta(a,b)、rgamma(α,β)分别为参数为 a,b 的贝塔分布和参数为 α,β 的伽马分布。随机数函数可以结合 generate 命令来创建变量。在创建好两个随机变量后,我们可以通过加总的方式创建随机变量 X,即我们关注的总体。然后,我们可以通过如下 Stata 代码来模拟样本量为 1、2、30、100 时样本均值的抽样分布:

```
. foreach i in 1 2 30 100 {
    preserve
    bootstrap mu_hat = r(mean), size('i') reps(1000) saving(clt_'i', replace): sum y
    use clt_'i', clear
    histogram mu_hat, kdensity ytitle("") ylabel("") title("n = 'i' ") xtitle("x̄") plotregion(style(none)) bin(30) nodraw name("clt_'i' ", replace)
    restore
  }
. graph combine clt_1 clt_2 clt_30 clt_100, title("样本均值 x̄ 的抽样分布") col(2)
```

该代码的思路主要是通过自举法进行模拟抽样,每次模拟 1000 次抽样,然后借助 foreach 循环来实现遍历 1、2、30 和 100 样本容量抽样的目的。需要提及的有三点:(1) preserve 和 restore 命令用于储存和恢复当前数据,由于每次 bootstrap 抽样后数据结构会发生变化,我们通过这一组命令可以在一次循环完毕后恢复至初始阶段并开启下一个循环;(2) 本次在 bootstrap 命令中增加了 size(#)选项,该选项可以设定每次抽样所需的样本容量,配合 foreach 命令的局部宏`i´,size(#)选项能够使每次模拟抽样的样本量进行相应改变;(3) 在得到每一组 $\hat{\mu}$ 的分布数据后,我们用 histogram 命令绘制直方图以查看数据分布样态。在所有循环结束后,借助命令 graph combine 将上述四组模拟数据的分布图绘制在一张画板上。(见图 5.13) 总体来讲,随着样本容量不断增大,样本均

第五章 抽样分布与中心极限定理

值的抽样分布越来越接近于正态分布。由此,可以看出中心极限定理确实得到了证实。

五、本章小结

在理想状况下,我们可以知道总体情况,样本量也可以趋于无穷大。然而,在实际分析中,在不知道总体特征也没有大量观察的支撑下,我们怎样才能实现从样本到总体的推断?本章内容就构建了这样一座桥梁,从抽样分布开始引出了统计推断的理论核心——大数定律和中心极限定理。为了帮助读者理解,与前四章一样,我们设计了大量案例,同时加入了 Stata 模拟,并通过视觉化方式帮助读者理解抽象的统计定理。

第六章

参数估计

统计学的关键在于进行统计推断,即通过从总体中抽取的随机样本来了解总体的分布情况。比如,想了解中国的人口特征,相比花费巨额成本调查所有居住在中国的人,我们可以从总体中随机抽取 1000 个人,基于这个随机样本对中国整体的人口特征进行推断。我们知道,统计推断包含两个重要内容:参数估计和假设检验。本章就来学习第一个组成部分——参数估计。需强调的是,本章旨在介绍点估计和区间估计背后的逻辑,其中涉及的部分数学结论只简单介绍其要旨,更详细的内容可以参考相关数理统计类书籍。

一、估计

在讲具体估计内容前,我们需要先了解什么是估计。就此,我们先来看一个例子。

例 6.1 假设我们把 CGSS 2010 数据当作总体,从中随机抽取 30 条受访者的信息,以下是他们的年龄数据(单位:岁):

38	38	28	48	74	77	56	29	27	71
26	52	32	32	22	63	18	17	23	52
43	33	14	18	42	18	59	44	36	22

试根据以上数据估计一下 CGSS 2010 中所有受访者年龄的平均值、方差、最小值和最大值。

看到这道题,你会怎么做呢?不难想到,我们可以利用这 30 条数据计算均值、方差、最小值和最大值,将它们作为全体受访者相应数值的估计量。

具体来说:

第一步,利用公式 $\bar{X} = \dfrac{\sum_{i=1}^{n} x_i}{n}$ 算出 38.4 作为平均数的估计值;

第二步,利用公式 $s^2 = \dfrac{\sum_{i=1}^{n}(x_i - \bar{X})^2}{n-1}$ 算出方差的估计值为 322.8;

第三步,用这 30 条数据中的最小值 14 作为最小值的估计值;
第四步,用这 30 条数据中的最大值 77 作为最大值的估计值。

答案真就这么简单,这么符合直觉吗?没错,运用统计学方法得出的答案与上述答案几乎别无二致。

事实上,CGSS 2010 中受访者年龄的均值是 47.3,方差是 245.82[①],最大值是 96,最小值是 17。对比估计值和观测值我们可以发现,两者之间差距并不悬殊,在某种意义上,利用 30 条数据得出的估计值可以大致描绘出 CGSS 2010 中 11783 条受访者信息总体的状况。

有些读者可能会问:既然凭直觉就能得出和统计学家一样的答案,那学习统计的意义在哪里呢?

诚然,在一些简单的情况下给出一个不错的总体估计值并不需要太多的统计学知识,凭直觉就能完成。然而,直觉是缺乏分析推理的,它是我们现有知识和实证经验的结合,在简单的情况下确实可能很好地解决问题,但当情况变得复杂时,我们的知识和实证经验难以让我们仅通过直觉就完成任务,这就需要借助更深、更严谨的统计学知识。统计学的意义就在于为直观的猜想提供严谨的数理基础,并在此基础之上探索更有效的方法。

虽然例 6.1 中,我们可以用非常合乎"直觉"的方式找到还不错的答案,但

---

① 用 Stata 直接计算方差为 245.8404,因为 Stata 计算方差使用的是样本方差计算公式,这里因为我们把 CGSS 2010 数据当作总体,需采用总体方差进行计算,所以通过 Stata 计算的数值不能直接用,而是需要再乘以 $\dfrac{n-1}{n}$。

如果对凭"直觉"寻找答案的过程进行反省，就会发现其中存在很多值得追问的地方。比如：

（1）这里的 30 个观测仅仅是从数据总体中抽取的一个随机样本，如果我们再随机抽取 30 个观测，得到的样本均值和方差可能又会不同，那么这样的估计真的可信吗？

（2）这里的总体情况是已知的，可是大多数情况下我们并不会事先知道总体的情况，此时应该怎么判断总体参数可能的范围呢？

（3）用样本均值作为总体均值的估计量，样本方差作为总体方差的估计量，其背后有什么理论依据吗？

（4）一个好的估计量到底有什么具体标准？

在学习完本章之后，我们便可以对以上的追问做出一些基本的回答。

我们为什么要进行估计呢？因为我们想知道总体的情况，其中，总体参数就是我们要估计的对象。

在大多数情况下，由于总体覆盖面过大，对总体开展调查所费不赀，我们几乎不会事先知道总体的情况。因此，我们只能从总体中抽取随机样本来估计总体分布中的未知参数，这个过程就是参数估计（parameter estimation）[1]。用于估计总体参数的随机变量就是估计量（estimator）[2]，如样本均值、样本方差等。

从估计形式看，参数估计分为点估计和区间估计。简单来讲，点估计是总体参数的单个值估计。区间估计是在一定信度下给出所求的估计量的精度，相比点估计，它考虑到了用于估计总体参数的统计量是随机变量这一事实。

---

[1] 统计估计实际包含参数估计和非参数估计两大部分。两者是一对对应的概念，其中，参数估计是在已知总体分布类型的情况下对决定总体分布形态的具体参数或数字特征进行的估计，而非参数估计是在不知道总体分布类型的情况下对总体分布或特征进行的估计。本书主要介绍参数估计。有关非参数估计，读者们可以参阅相关书籍。

[2] 估计量与前面章节所提及的统计量是两个相关却又不同的概念。统计量是统计理论中用来对数据进行分析、检验的变量，其由随机变量的函数形式确定。只要表达式中不包含任何未知参数，就构成一个统计量。而估计量是利用样本构造的一个用于估计未知参数的特殊统计量，其由具体样本点确定。一般只有在参数估计时，才称估计量。

二、点估计

根据定义,点估计(point estimation)就是利用样本[①]估计总体分布中所含的未知参数或未知参数的函数,通常它们是总体的某个特征值,如期望、方差等。我们常说的样本均值就是期望的一个点估计。

在参数估计中,如果总体分布已知,我们可以运用相关方法来确定分布的具体形态。即便很多时候我们可能不知道总体的分布,但也不妨碍我们对总体分布进行假设,比如前面章节学习的一些概率分布就可以帮助我们进行计算。实际上,只要了解不同的概率分布中可以决定其分布状态的参数,如均匀分布 $U(a,b)$ 中的 a 和 b、正态分布 $N(\mu,\sigma^2)$ 中的 μ 和 σ,我们就可以得到这个分布的概率(密度)函数,从而完整掌握这个分布蕴含的所有信息。此时就可以估计分布的特征了。

常见的点估计方法主要有矩量法(method of moments)和最大似然法(method of maximum likelihood)。相比例 6.1 中依靠猜测和直觉获得估计量的方法,这两种方法主要基于数理推导。下面我们就对这两种方法逐一介绍。

(一) 矩量法

在前面的章节中,我们简单介绍了矩的定义。

对于随机变量 X,其中,$c \in \mathbb{R}$,那么 X 相对值 c 的 n 阶矩就可以表达为 $E[(x-c)^n]$。我们使用最多的均值和方差分别为随机变量 X 的一阶原点矩 $E(X)$ 和二阶中心矩 $E[(X-\mu)^2]$。

1. 样本矩

矩量法是点估计的一种,其原理是通过构造样本矩去估计总体的矩。假定有一样本,c 为实数空间内的任意标量,即 $c \in \mathbb{R}$,那么相对值 c 的 k 阶样本矩 $\hat{\mu}_k$ 可以表达为

$$\hat{\mu}_k = \frac{1}{n} \sum_{i=1}^{n} (x_i - c)^k \tag{6.1}$$

[①] 如无特别说明,本章中所有的样本都是指简单随机样本。

当 $c=0$ 时，式 6.1 为 k 阶样本原点矩。当 $c=\bar{X}$ 时，式 6.1 为 k 阶样本中心矩。需提及的是，在使用矩估计方法时，通常要求总体的分布类型已知，这样我们才能构造包含待估计参数的矩。

2. 矩估计

假定我们只需要估计一个参数 θ，矩估计背后的核心思想就是：要找到一个好的估计量，我们应该让总体矩和样本矩尽可能匹配和接近。也就是说，应该选择一个参数 θ，使得一阶总体矩 $E(X)$ 等于一阶样本矩 $\bar{X}$。

矩量法的理论依据是大数定律，即如果有一期望为 μ 的总体 X，我们从该总体 X 中抽取 m 个样本容量为 n 的独立样本，分别为 $X_1, X_2, \cdots, X_m$。随着样本容量的增加，那么样本均值就会向总体均值收敛：

$$\bar{X}_n = \frac{1}{n}\sum_{i=1}^{n} X_i \xrightarrow{P} \mu \qquad n \to \infty$$

为了说明矩量法如何确定估计量，我们继续考虑一个参数的情况。

假定总体 X 的概率密度函数为 $f(x|\theta)$，参数 θ 为未知。我们从该总体抽取多个概率密度函数为 $f(x|\theta)$ 的独立随机样本 $X_1, X_2, \cdots$，那么，X_i 的均值，即 μ_X 就是 θ 的函数，我们将其表达为 $k(\theta)$。如果 X_i 为连续型随机变量，则

$$\mu_X = \int_{-\infty}^{\infty} x f(x|\theta)\,\mathrm{d}x = k(\theta)$$

根据大数定律，如果样本容量 n 足够大，分布均值 $\mu = k(\theta)$ 就可以用样本均值近似：

$$\hat{\mu}_1 = \bar{X} \approx k(\theta)$$

我们可以进一步设定 θ 的估计量为 $\hat{\theta}$，则

$$\bar{X} \approx k(\hat{\theta})$$

从而通过解方程得到 $\hat{\theta}$。

下面我们通过例子来理解。

例 6.2 如果总体 X 服从参数为 p 的伯努利分布，$X_1, X_2, \cdots$ 为从该总体中抽取的独立随机样本，问：p 的矩估计量是什么？

解 对于任意服从伯努利分布的变量,
$$E(X) = p$$
由于只有一个参数,因此,我们只需要一个方程,即令一阶总体原点矩与相应的样本矩相等,得到
$$p = \frac{1}{n} \sum_{i=1}^{n} X_i$$
这时 p 已经求解出来了,我们只需在 p 上加一个帽子,以强调这是一个估计量,即
$$\hat{p} = \frac{1}{n} \sum_{i=1}^{n} X_i$$
可见,对于服从伯努利分布的总体 X,p 的矩估计量 $\hat{p}$ 就是样本比例。

以上是一种参数的情况。当所要估计参数不止一个的时候,我们仍旧可以运用上述求解思路。

下面我们对矩估计给出更一般化的定义:

假设总体 X 分布未知,参数 $\theta_1, \theta_2, \cdots, \theta_m$ 未知,总体的 m 阶矩存在:
$$\mu_k(\theta_1, \theta_2, \cdots, \theta_m) = E(X^k) \quad k = 1, 2, \cdots, m$$
设 $x_1, x_2, \cdots, x_n$ 为来自该总体的一个独立随机样本的 n 个观测值,基于大数定律,当 n 趋于无穷时,k 阶样本矩 $\hat{\mu}_k$ 依概率收敛于总体的 k 阶矩 $\mu_k(\theta_1, \theta_2, \cdots, \theta_m)$:
$$\hat{\mu}_k = \frac{1}{n} \sum_{i=1}^{n} x_i^k \xrightarrow{P} \mu_k(\theta_1, \theta_2, \cdots, \theta_m) \quad n \to \infty \tag{6.2}$$

由于总体的矩 μ_k 通常是未知的,并且可以用未知参数 $\theta_1, \theta_2, \cdots, \theta_m$ 进行表达,我们构造如下方程组:
$$\begin{cases} \mu_1(\theta_1, \theta_2, \cdots, \theta_m) = \hat{\mu}_1 \\ \mu_2(\theta_1, \theta_2, \cdots, \theta_m) = \hat{\mu}_2 \\ \quad \vdots \\ \mu_m(\theta_1, \theta_2, \cdots, \theta_m) = \hat{\mu}_m \end{cases}$$

解得的参数估计值 $\hat{\theta}(\hat{\theta}_1, \hat{\theta}_2, \cdots, \hat{\theta}_m)$ 称为矩估计量。

下面我们再来看一个例子。

例 6.3 设 $X_1, X_2, X_3, \cdots, X_n$ 为来自总体 $N(\mu, \sigma^2)$ 的 n 个独立随机样本，试用矩量法估计参数 μ 和 σ^2 的大小。

解 总体的一阶、二阶原点矩分别为：

$$E(X) = \mu$$

$$E(X^2) = \mu^2 + \sigma^2$$

在这种情况下，我们有两个参数，如果用矩量法求解的话，我们需要两个方程。下面，我们令一阶总体原点矩和一阶样本原点矩相等，可得

$$E(X) = \mu = \frac{1}{n} \sum_{i=1}^{n} X_i$$

同样，我们令二阶总体原点矩和二阶样本原点矩相等，得到

$$E(X^2) = \mu^2 + \sigma^2 = \frac{1}{n} \sum_{i=1}^{n} X_i^2$$

因此，

$$\hat{\mu} = \frac{1}{n} \sum_{i=1}^{n} X_i = \overline{X}$$

即 μ 的矩估计量 $\hat{\mu}$ 为样本均值，因此，

$$\hat{\sigma}^2 = \frac{1}{n} \sum_{i=1}^{n} X_i^2 - \mu^2 = \frac{1}{n} \sum_{i=1}^{n} X_i^2 - \overline{X}^2$$

上式可以进一步写为

$$\hat{\sigma}^2 = \frac{1}{n} \sum_{i=1}^{n} (X_i - \overline{X})^2$$

（二）最大似然法

最大似然估计采取的是一种"执果索因"的思路，即根据已经掌握的样本数据去寻找那组最有可能产生样本数据的模型参数。反过来讲，最大似然估计认为，相较其他参数值，在拥有真实的参数值的那个分布模型下，产生我们已知的那一组样本数据的可能性最大。下面我们用一个例子来简要说明最大似然法的思路。

例 6.4 假设我们有三枚质地不均的硬币，硬币甲正面朝上的概率为 $\frac{1}{2}$，硬

第六章 参数估计

币乙正面朝上的概率为 $\frac{2}{3}$，硬币丙正面朝上的概率为 $\frac{4}{5}$。我们从这三枚硬币中任意抽取一枚抛掷了 10 次，结果有 8 次正面朝上。试思考：我们最有可能抽取到哪一枚硬币？

解 抛掷 10 次之后有 8 次正面朝上，其实这种结果对于三枚硬币来说都有可能出现，只是出现的概率大小不同。掷硬币的试验可以看作 n 次的伯努利分布，用硬币甲抛掷出现 8 次正面的概率可以算得为 $C_{10}^8 \times \left(\frac{1}{2}\right)^{10}$，用硬币乙抛掷出现 8 次正面的概率可以算得为 $C_{10}^8 \times \left(\frac{2}{3}\right)^8 \times \left(\frac{1}{3}\right)^2$，用硬币丙抛掷出现 8 次正面的概率为 $C_{10}^8 \times \left(\frac{4}{5}\right)^8 \times \left(\frac{1}{5}\right)^2$。通过计算可知，用硬币丙抛掷出 8 次正面的概率最大。由目前所掌握的信息来看，用硬币丙抛掷出这个结果应当是最合理的猜测。如果我们继续掷硬币，掷到 1000 次的时候，有 501 次正面朝上，这时我们可以认为最有可能是用硬币甲掷的。但是在我们仅仅掌握 10 次抛掷结果的情况下，硬币丙就是几个可能的猜测中最优的。

例 6.4 展示了最大似然估计的主要思路，如何"执果索因"，根据已经掌握的情况在一系列可能的猜测中选择最优的猜测。

这一思路很自然地产生了以下两个问题：

（1）如何测量样本数据在特定参数模型下生成的概率？

（2）如何求解使概率最大的参数值？

对于第一个问题，统计学家们通过似然函数来测量和表示

$$L(\theta) = L(x_1, x_2, \cdots, x_n \mid \theta) = \prod_{i=1}^{n} P(X = x_i \mid \theta) \qquad (6.3)$$

$L(\theta)$ 就是关于待估参数 θ 的似然函数。等式右边 $P(X = x_i \mid \theta)$ 表示在以 θ 为参数的模型中，随机变量 X 取值为 x_i 的概率；$\prod_{i=1}^{n} P(X = x_i \mid \theta)$ 表示 n 个随机数值出现的概率的积。最大似然估计假设样本中的随机变量服从独立同分布，因此，$\prod_{i=1}^{n} P(X = x_i \mid \theta)$ 的实际意义还可以被理解为 n 个随机数值同时出现

的概率。

对于连续总体,似然函数可以定义为

$$L(\theta) = L(x_1, x_2, \cdots, x_n | \theta) = \prod_{i=1}^{n} f(x_i | \theta) \tag{6.4}$$

这里需要注意的是,连续总体的似然函数表示的并不是概率相乘的含义。理论上讲,连续函数中任意随机数值出现的概率都是0,连续总体的概率是定义在一段连续的空间上的,如 $P(a < X < b) = \int_a^b f(x) \mathrm{d}x$。由于我们没有办法真正计算连续总体中各个随机数值出现的概率,所以用 $f(x_i | \theta) \mathrm{d}x_i$ 来近似,我们将 $\mathrm{d}x_i$ 定义为长度无限接近0的区间。由于 $\mathrm{d}x_i$ 与 θ 无关,所以在似然函数中只关注 $f(x_i | \theta)$。

对于第二个问题,在很多情况下,$P(X = x_i | \theta)$ 和 $f(x_i | \theta)$ 关于 θ 可微,所以使似然函数达到最大的 θ 值可以在 $\dfrac{\mathrm{d}}{\mathrm{d}\theta} L(\theta) = 0$ 处解得。为了计算方便,统计学家们通常将 $L(\theta)$ 转化为对数似然函数 $\ln(L(\theta))$ 来求解,对数似然函数和似然函数在取极值处一致。

下面用一个例子具体展示最大似然估计的实现过程。

例 6.5 令 $X_1, X_2, \cdots, X_n$ 服从正态分布 $N(\mu, \sigma^2)$,试用最大似然法估计参数 μ 和 σ 的大小。

解 首先,写出正态分布的概率密度函数:

$$f(x) = \frac{1}{\sqrt{2\pi\sigma^2}} \mathrm{e}^{\frac{-(x-\mu)^2}{2\sigma^2}}$$

然后,我们可以写出样本容量为 n 时的似然函数:

$$L(\mu, \sigma) = \prod_{i=1}^{n} \frac{1}{\sqrt{2\pi\sigma^2}} \mathrm{e}^{\frac{-(X_i-\mu)^2}{2\sigma^2}}$$

$$L(\mu, \sigma) = \left(\frac{1}{\sqrt{2\pi\sigma^2}}\right)^n \mathrm{e}^{\sum_{i=1}^{n} \frac{-(X_i-\mu)^2}{2\sigma^2}}$$

不难看出,对于上式直接求偏导过程会很复杂,所以我们取似然函数的对数以简化运算:

$$\ln L(\mu,\sigma) = -\frac{n}{2}\ln(2\pi\sigma^2) - \sum_{i=1}^{n}\frac{(X_i-\mu)^2}{2\sigma^2}$$

分别对 μ 和 σ 求偏导：

$$\begin{cases}\dfrac{\partial \ln L(\mu,\sigma)}{\partial \mu} = \dfrac{1}{\sigma^2}\sum_{i=1}^{n}(X_i-\mu) = 0 \\ \dfrac{\partial \ln L(\mu,\sigma)}{\partial \sigma} = -\dfrac{n}{\sigma} + \dfrac{1}{\sigma^3}\sum_{i=1}^{n}(X_i-\mu)^2 = 0\end{cases}$$

$$\rightarrow \begin{cases}\hat{\mu} = \dfrac{1}{n}\sum_{i=1}^{n}X_i = \overline{X} \\ \hat{\sigma} = \sqrt{\dfrac{1}{n}\sum_{i=1}^{n}(X_i-\mu)^2} = \sqrt{\dfrac{1}{n}\sum_{i=1}^{n}(X_i-\hat{\mu})^2} = \sqrt{\dfrac{1}{n}\sum_{i=1}^{n}(X_i-\overline{X})^2}\end{cases}$$

与例 6.3 对照，可以发现，由最大似然法计算出来的结果与矩量法完全一致。

最大似然法是统计估计中最常用的方法，在之后的许多统计模型估计中都会碰到。上面我们举了一个用最大似然法对正态分布总体的参数进行估计的例子，在这个例子中，我们运用求导的方法直接得出待估参数的表达式。然而，在许多更复杂的情况下，我们并不能直接得到参数的解析解。这时，我们就要用到数值方法（numerical method）对方程的解进行近似，这是关于最大似然法更深入的内容，本书不做介绍。

（三）评判估计量的标准

在前面，我们分不同的情况介绍了点估计的方法，我们可以根据具体情境和需要选择一种估计方法进行估计。实际上，一个参数的估计量并不唯一。那么，我们怎样才能挑选出最令人满意的估计量呢？

想象一下，有人让你估计一下学校所有同学的平均身高，碰巧你之前做过针对全校所有同学身高的调查，知道平均身高的真实数值，这时你直接自信地给出正确答案就可以了。这样理想的情境在现实的估计中很少出现，毕竟统计学很大一部分工作就是在总体参数未知且样本量有限的情况下解决不确定性的问题，但这并不妨碍我们去想象这样的"理想"估计量。我们畅想它的目的在于依照它去确定衡量估计量优劣的标准,进而对我们在真实的情境中获得的估计值进行评价。

那么,现实中的估计量最令我们头疼的是什么?第一,估计量通常并不是一个确定值,在某一种估计方法中带入不同的样本可能会得出不同的估计值;第二,我们的估计值可能和真实值之间存在偏差。这两者分别对应的是估计量的确定性(或不确定性)问题以及准确性问题,我们希望得到的估计值应当尽可能准确而且确定。

基于此,统计学家给出了衡量估计值优劣的三个标准。其中有两个与准确性关系密切,分别是无偏性和一致性,另一个与确定性有关,即有效性。在讨论衡量标准之前,我们需要谨记估计量是一个随机变量,总体的真实值是一个未知的常数。估计量会随着带入样本的不同而产生变化,我们需要在存在不确定性的情境中对这个常数进行估计。

1. 无偏性

估计量的无偏性(unbiasness)是指,如果估计量 $\hat{\theta}$ 的期望等于总体真值 θ,则称这个估计量 $\hat{\theta}$ 是总体真值 θ 的无偏估计,表示为

$$E(\hat{\theta}) = \theta \tag{6.5}$$

如图 6.1,假设有一个总体 P,其参数为 θ_P。我们首先以方式 a 进行抽样,抽 n 个样本,每个样本计算一个对应于总体参数 θ_P 的估计值 $\hat{\theta}_{ai}(i=1,2,\cdots,n)$,构成 $\hat{\theta}_a$ 的抽样分布。然后,我们再以方式 b 进行抽样,抽 n 个样本,每个样本计算一个对应于总体参数 θ_P 的估计值 $\hat{\theta}_{bi}(i=1,2,\cdots,n)$,构成 $\hat{\theta}_b$ 的抽样分布。如果要对总体参数进行准确估计,理想的状况是,估计值的期望和总体参数 θ_P 相同。由图 6.1 可知,相比 $\hat{\theta}_a$,$\hat{\theta}_b$ 才是总体参数 θ_P 的无偏估计,因为 $E(\hat{\theta}_b) = \theta_P$,或者更直观地说,$E(\hat{\theta}_b)$ 与 θ_P 相重合。

我们常说样本均值是总体均值的无偏估计。这表示如果 $X_1, X_2, \cdots, X_n$ 是从总体 $X \sim N(\mu, \sigma^2)$ 中抽取的 n 个独立随机样本,其中任意一个 X_i 都可以成为总体均值(或期望)的无偏估计,即

$$E(X_i) = \mu \qquad 1 \leq i \leq n \tag{6.6}$$

第六章 参数估计

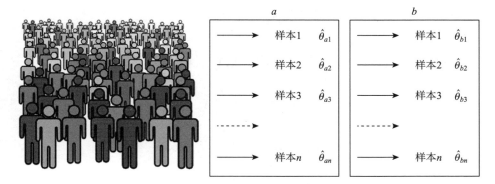

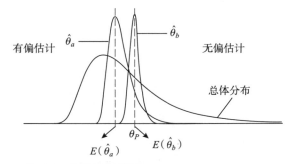

图 6.1 估计量无偏性

 样本方差是不是总体方差的无偏估计？

如果想要验证 $s^2 = \dfrac{\sum\limits_{i=1}^{n}[(X_i - \overline{X})]^2}{n-1}$ 是总体方差 σ^2 的无偏估计，就意味着我们需要证明 $E(s^2) = \dfrac{E[\sum\limits_{i=1}^{n}(X_i - \overline{X})^2]}{n-1} = \sigma^2$，或者 $E[\sum\limits_{i=1}^{n}(X_i - \overline{X})^2] = (n-1)\sigma^2$。

我们首先把 $E[\sum\limits_{i=1}^{n}(X_i - \overline{X})^2]$ 展开：

$$E\left[\sum_{i=1}^{n}(X_i-\overline{X})^2\right]$$

$$=E\left[\sum_{i=1}^{n}(X_i^2-2\overline{X}X_i+\overline{X}^2)\right]$$

$$=E\left[\sum_{i=1}^{n}X_i^2-2\overline{X}\sum_{i=1}^{n}X_i+\sum_{i=1}^{n}\overline{X}^2\right]$$

$$=E\left[\sum_{i=1}^{n}X_i^2-2\overline{X}\sum_{i=1}^{n}X_i+n\overline{X}^2\right]$$

$$=E\left[\sum_{i=1}^{n}X_i^2-n\overline{X}^2\right]$$

$$=\sum_{i=1}^{n}E(X_i^2)-nE(\overline{X}^2)$$

$$=n\sigma^2+n\mu^2-n\left(\frac{\sigma^2}{n}+\mu^2\right)$$

$$=(n-1)\sigma^2$$

由此,样本方差就是总体方差的无偏估计。

当总体存在多个无偏估计量的时候,仅靠无偏性作为评判估计量的好坏是不够的,我们还会考虑其他因素。

2. 一致性

估计量的一致性(consistency)描述的是在大样本的情境中好估计量的表现。当样本量无限增大时,估计量会无限趋近于真实值。更正式的表达为:样本估计量将依概率收敛于真实值。如果说估计量具有一致性,这意味着当样本量 n 趋向于∞,样本估计量 $\hat{\theta}$ 会无限接近于总体真值 θ,它的方差也将无限趋近于 0。由图 6.2 可见,随着样本量的增加,$\hat{\theta}$ 逐渐向总体真值 θ 靠近,方差也逐渐减少,当 $n\to\infty$,$\hat{\theta}=\theta$(竖直虚线)。

很多时候无偏性和一致性很容易混淆。不少初学者往往认为,一个估计量如果无偏就必然一致,这种说法是不对的。有关一致性还可能涉及如下两种情况:一致但有偏和不一致但无偏。

第六章 参数估计

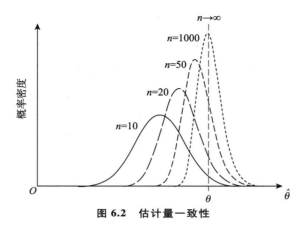

图 6.2　估计量一致性

（1）一致但有偏。比如我们用计算总体方差的公式来计算样本方差，此时它将不再是无偏估计，因为

$$E(s^2) = E\left(\frac{\sum_{i=1}^{n}(X_i - \overline{X})^2}{n}\right) = \frac{n-1}{n}\sigma^2$$

但它却是一个一致估计。当 n 趋向于 ∞ 时，$\frac{n-1}{n}\sigma^2$ 将无限趋近于 σ^2。实际上，由矩量法和最大似然法得出的正态分布方差的估计量就是总体方差的一致估计。

（2）不一致但无偏。令 $X_1, X_2, X_3, \cdots, X_n$ 为来自总体 $X \sim N(\mu, \sigma_1^2)$ 的样本，$Y \sim N(0, \sigma_2^2)$，且 X 与 Y 独立，则随机变量 $\overline{X}_n + Y$ 是 μ 的无偏但不一致的估计。因为

$$E(\overline{X}_n + Y) = E(\overline{X}_n) + E(Y) = \mu$$

$$\mathrm{Var}(\overline{X}_n + Y) = \frac{\sigma_1^2}{n} + \sigma_2^2$$

随着样本量 n 的增大，$\mathrm{Var}(\overline{X}_n + Y)$ 并不会趋向于 0，所以 $\overline{X}_n + Y$ 是 μ 的一个无偏但不一致的估计。

可见，一个估计量无偏并不意味着它一致，反之亦然。

3. 有效性

衡量估计量的标准中与确定性关系密切的是有效性（efficiency）。有效性

这一名称在中文语境下带有一些误导性，可能会被误认为是估计量是否起有效的(effective)作用，但它实际表示的是有效率(efficient)的意思：令 $\hat{\theta}_1$ 和 $\hat{\theta}_2$ 为参数 θ 的两个不同的无偏估计量，如果 $\mathrm{Var}(\hat{\theta}_1) < \mathrm{Var}(\hat{\theta}_2)$，则称 $\hat{\theta}_1$ 较之 $\hat{\theta}_2$ 更有效。(见图 6.3)

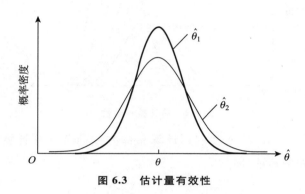

图 6.3　估计量有效性

参数估计量的方差衡量的是作为随机变量的参数估计量与平均数的平均偏离程度。参数估计量的方差越小意味着，我们在参数估计量服从的分布中任取一点，它与平均数的距离更小的可能性更大。极端的情况是参数估计量的方差等于 0，这意味着我们获得的参数估计量就是均值，在估计量无偏的情况下也就是真实的参数值。所以，我们在选择估计量时，在估计量无偏的情况下希望使用不确定性更小的估计量，即在估计时更能帮助我们接近真实值的估计量。

例 6.6　已知 X_1, X_2, X_3, X_4, X_5 为独立同分布随机变量，且方差均为 σ^2，试判断下列哪一总体平均数的估计量最有效。

$$\hat{\mu}_1 = \frac{1}{3}X_1 + \frac{1}{5}X_2 + \frac{1}{5}X_3 + \frac{1}{6}X_4 + \frac{1}{10}X_5$$

$$\hat{\mu}_2 = \frac{1}{2}X_1 + \frac{1}{6}X_2 + \frac{1}{8}X_3 + \frac{1}{8}X_4 + \frac{1}{12}X_5$$

$$\hat{\mu}_3 = 2X_1 - \frac{1}{3}X_2 - \frac{1}{3}X_3 - \frac{1}{4}X_4 - \frac{1}{12}X_5$$

$$\hat{\mu}_4 = \frac{1}{5}X_1 + \frac{1}{5}X_2 + \frac{1}{5}X_3 + \frac{1}{5}X_4 + \frac{1}{5}X_5$$

第六章　参数估计

解　对于以上四个估计量,不难看出它们都是总体均值 μ 的无偏估计量。因为五个随机变量独立同分布,它们的方差分别为

$$\mathrm{Var}(\hat{\mu}_1) = \frac{1}{9}\mathrm{Var}(X_1) + \frac{1}{25}\mathrm{Var}(X_2) + \frac{1}{25}\mathrm{Var}(X_3) + \frac{1}{36}\mathrm{Var}(X_4) + \frac{1}{100}\mathrm{Var}(X_5)$$

$$\mathrm{Var}(\hat{\mu}_2) = \frac{1}{4}\mathrm{Var}(X_1) + \frac{1}{36}\mathrm{Var}(X_2) + \frac{1}{64}\mathrm{Var}(X_3) + \frac{1}{64}\mathrm{Var}(X_4) + \frac{1}{144}\mathrm{Var}(X_5)$$

$$\mathrm{Var}(\hat{\mu}_3) = 4\mathrm{Var}(X_1) + \frac{1}{9}\mathrm{Var}(X_2) + \frac{1}{9}\mathrm{Var}(X_3) + \frac{1}{16}\mathrm{Var}(X_4) + \frac{1}{144}\mathrm{Var}(X_5)$$

$$\mathrm{Var}(\hat{\mu}_4) = \frac{1}{25}\mathrm{Var}(X_1) + \frac{1}{25}\mathrm{Var}(X_2) + \frac{1}{25}\mathrm{Var}(X_3) + \frac{1}{25}\mathrm{Var}(X_4) + \frac{1}{25}\mathrm{Var}(X_5)$$

由于

$$\mathrm{Var}(X_1) = \mathrm{Var}(X_2) = \mathrm{Var}(X_3) = \mathrm{Var}(X_4) = \mathrm{Var}(X_5) = \sigma^2$$

因此,

$$\mathrm{Var}(\hat{\mu}_1) = \left(\frac{1}{9} + \frac{1}{25} + \frac{1}{25} + \frac{1}{36} + \frac{1}{100}\right)\sigma^2 = \frac{103}{450}\sigma^2$$

$$\mathrm{Var}(\hat{\mu}_2) = \left(\frac{1}{4} + \frac{1}{36} + \frac{1}{64} + \frac{1}{64} + \frac{1}{144}\right)\sigma^2 = \frac{91}{288}\sigma^2$$

$$\mathrm{Var}(\hat{\mu}_3) = \left(4 + \frac{1}{9} + \frac{1}{9} + \frac{1}{16} + \frac{1}{144}\right)\sigma^2 = \frac{103}{24}\sigma^2$$

$$\mathrm{Var}(\hat{\mu}_4) = \left(\frac{1}{25} + \frac{1}{25} + \frac{1}{25} + \frac{1}{25} + \frac{1}{25}\right)\sigma^2 = \frac{1}{5}\sigma^2$$

通过比较我们可以看到,$\hat{\mu}_4$ 的方差在这四个估计量中最小,所以相较于其他三个估计量,$\hat{\mu}_4$ 是最有效的估计量,我们在选择总体均值的估计量时应当选择 $\hat{\mu}_4$。

实际上,统计量准确性(无偏性和一致性)和确定性(有效性)的性质可以由均方误差(mean squared error,简称 MSE)来体现。从数学定义来看,均方误差是各数据偏离真实值的距离平方和的平均数,即误差平方和的平均数,计算公式形式上接近方差,表达为

$$\mathrm{MSE} = E[(\hat{\theta}_n - \theta)^2] \tag{6.7}$$

其中,$\hat{\theta}_n$ 是样本量为 n 时的参数估计量,θ 为总体参数值。

把均方误差公式展开,有

$$E[(\hat{\theta}_n - \theta)^2]$$
$$= E[(\hat{\theta}_n - E(\hat{\theta}_n) + E(\hat{\theta}_n) - \theta)^2]$$
$$= E[(\hat{\theta}_n - E(\hat{\theta}_n))^2] + E[(E(\hat{\theta}_n) - \theta)^2] + 2E[(\hat{\theta}_n - E(\hat{\theta}_n))(E(\hat{\theta}_n) - \theta)]$$
$$= \mathrm{Var}(\hat{\theta}_n) + [E(\hat{\theta}_n) - \theta]^2$$

令 $\mathrm{Bias}(\hat{\theta}_n) = [E(\hat{\theta}_n) - \theta]^2$,则有

$$\mathrm{MSE} = E[(\hat{\theta}_n - \theta)^2] = \mathrm{Var}(\hat{\theta}_n) + \mathrm{Bias}(\hat{\theta}_n) \tag{6.8}$$

点估计常用的三个衡量标准(无偏性、一致性和有效性)均可由式 6.8 导出。(见表 6.1)

表 6.1 均方误差与点估计的评判标准

衡量标准	
	$\mathrm{MSE} = \mathrm{Bias}(\hat{\theta}_n) + \mathrm{Var}(\hat{\theta}_n)$
无偏性	$\mathrm{Bias}(\hat{\theta}_n) = 0$
一致性	当 $n \to \infty$,$\mathrm{Bias}(\hat{\theta}_n) \to 0$ 且 $\mathrm{Var}(\hat{\theta}_n) \to 0$
有效性	当有多个估计量均满足 $\mathrm{Bias}(\hat{\theta}_n) = 0$ 时,$\mathrm{Var}(\hat{\theta}_n)$ 在所有无偏估计量的方差中最小[1]

注 1:克拉默-拉奥界(Cramér-Rao bound)可以帮助判断无偏估计量方差的下界,但这已经超出了本书所要介绍的内容,故不详细介绍。

因此,均方误差是衡量点估计质量的重要指标。

三、区间估计

现实情况是,分析结果会随统计数据变化而变化。比如,我们从总体中抽取多个样本,每个样本都可能给出不同的估计值,但总体真值总会在这些估计值附近,因此,这时定义一个范围或者区间非常有用。

区间估计(interval estimation)是依据抽取的样本,根据一定的正确度与精确度的要求,构造出适当的区间作为总体分布的未知参数或参数的函数的真值所在范围的估计。它的数学表达式为

$$P_\theta(a \leq \theta \leq b) = 1 - \alpha \tag{6.9}$$

第六章 参数估计

式 6.9 左边的区间 $[a,b]$ 称为参数估计 θ 的置信区间(confidence interval, 简称 CI),a 和 b 分别为置信下限与置信上限。区间长度 $|b-a|$ 决定了区间估计的准确度。式 6.9 右边的 $1-\alpha$ 称作置信水平,反映了区间估计的精确度。

置信区间的估计需要包含以下三要素:

(1) 总体参数的点估计,例如,样本均值;

(2) 置信水平(通常为 95%,也可以选择 0—100% 之间的任何水平);

(3) 总体参数点估计量的标准误(抽样分布的标准差)。

如图 6.4,常见的置信区间有 90%、95% 和 99% 这三个。假设我们从一个服从均值为 μ、方差为 σ^2 的正态总体中抽取随机样本 $X_i(i=1,2,\cdots,n)$,关于总体的置信区间 CI 可以表达为 $\mu = \overline{X} \pm z_{\frac{\alpha}{2}} \frac{\sigma}{\sqrt{n}}$。其中,$\overline{X}$ 为样本均值,$\frac{\sigma}{\sqrt{n}}$ 为样本均值的标准误。那么,当 $\alpha=0.1$ 时,对应的是 90% 置信区间,其上下限为 $\mu \pm 1.65\sigma_{\overline{X}}$。当 $\alpha=0.05$ 时,对应的是 95% 置信区间,其上下限为 $\mu \pm 1.96\sigma_{\overline{X}}$。当 $\alpha=0.01$ 时,对应的是 99% 置信区间,其上下限为 $\mu \pm 2.58\sigma_{\overline{X}}$。

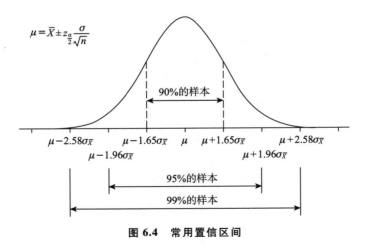

图 6.4 常用置信区间

当总体服从正态分布 $N(\mu,\sigma^2)$,在给定置信水平 $1-\alpha$ 下,置信区间的计算公式为

$$\text{CI} = \overline{X} \pm z_{\frac{\alpha}{2}} \text{SE} = \overline{X} \pm z_{\frac{\alpha}{2}} \frac{\sigma}{\sqrt{n}} \tag{6.10}$$

其中，$\left|z_{\frac{\alpha}{2}}\frac{\sigma}{\sqrt{n}}\right|$ 也称作误差界限（margin of error），它反映了允许误差的范围，数值上为置信区间长度的一半，表示计算结果与总体真值相差多少个百分点。误差界限常用来衡量一个结果的不确定性，误差界限越小，分析结果与总体真值越接近；误差界限越大，分析结果就越偏离总体真值。通常，误差界限在社会调查中用得较多，它能告诉我们在多大程度上调查结果可以反映总体的情况，因此误差界限常被用作衡量调查效果。

 如何理解置信区间呢？

严格来讲，$(1-\alpha)\times 100\%$ 的置信区间意味着我们从总体中抽 n 个样本，每个样本都计算一个 $(1-\alpha)\times 100\%$ 的置信区间，那么大约会有 $n\times(1-\alpha)$ 个区间包含总体真值 θ。

图 6.5 是 95% 置信区间的示意图。其中，中间的竖线代表总体真值，每一条横线代表基于从总体中随机抽取的每个样本所计算得到的 95% 的置信区间。可以发现，在基于随机抽取的 100 个样本构建的 100 个置信区间里，有 95 个包含的总体真值（因为竖线穿越了横线），剩下 5 条粗横线没有包含总体真值。

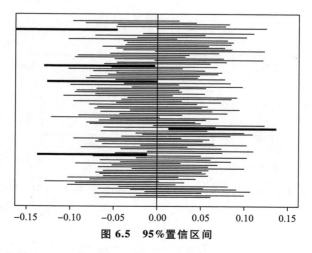

图 6.5　95% 置信区间

下面我们来介绍总体参数区间估计的具体方法。总体参数有很多，本书主要关注总体均值和比例的计算。① 下面我们就单总体和两总体的情况分别进行讨论。

（一）单总体的区间估计

1. 总体均值的区间估计

我们讨论置信区间的公式时是在总体服从正态分布且总体方差已知的情况下。然而很多时候，总体情况并不确定，在进行总体均值的区间估计时，能不能算、怎么算应依情况而定。基于正态总体和非正态总体均值的区间估计也会存在不同。

（1）正态总体均值的区间估计

设 $X = X_1, X_2, \cdots, X_n$ 是一个从正态总体抽取的 n 个简单随机样本。

① 总体方差 σ^2 已知

根据标准正态分布公式，我们将 $\overline{X}$ 转化为 z 分数：

$$z = \frac{(\overline{X} - \mu)}{\frac{\sigma}{\sqrt{n}}} \sim N(0,1)$$

根据正态分布的对称性，有

$$P\left(\left| \frac{(\overline{X} - \mu)}{\frac{\sigma}{\sqrt{n}}} \right| \leqslant z_{1-\frac{\alpha}{2}} \right) = 1 - \alpha \tag{6.11}$$

其中，$z_{1-\frac{\alpha}{2}}$ 为标准正态分布的 $1-\frac{\alpha}{2}$ 分位数。

经过不等式变换可以得到：

$$P\left(\overline{X} - z_{1-\frac{\alpha}{2}} \frac{\sigma}{\sqrt{n}} \leqslant \mu \leqslant \overline{X} + z_{1-\frac{\alpha}{2}} \frac{\sigma}{\sqrt{n}} \right) = 1 - \alpha$$

从而，

$$CI = \left[\overline{X} - z_{1-\frac{\alpha}{2}} \frac{\sigma}{\sqrt{n}}, \overline{X} + z_{1-\frac{\alpha}{2}} \frac{\sigma}{\sqrt{n}} \right] \tag{6.12}$$

---

① 有关总体方差区间估计，请参考相关书籍，如卢淑华编著：《社会统计学（第五版）》，北京大学出版社 2021 年版。

这就是我们要找的 μ 的 $(1-\alpha)\times 100\%$ 置信区间。

② 总体方差 σ^2 未知

在实际分析中,我们大多时候并不知道总体方差。此时应该如何进行估计呢？

由于样本方差 s^2 是总体方差 σ^2 的无偏估计,因此,即便总体方差 σ^2 未知,我们在计算时仍可以用样本方差 s^2 来代替总体方差 σ^2,以得到样本均值抽样分布的标准差 $\sigma_{\bar{X}}=\dfrac{s}{\sqrt{n}}$。此时,标准化的样本均值 $\dfrac{\bar{X}-\mu}{\dfrac{s}{\sqrt{n}}}$ 服从自由度 df 为 $n-1$ 的 t 分布①,表达式为

$$t=\dfrac{(\bar{X}-\mu)}{\dfrac{s}{\sqrt{n}}}\sim t_{n-1} \qquad (6.13)$$

式 6.13 的自由度(degree of freedom,简写为 df),指的是计算某一统计量时,取值不受限制的变量个数。一般来讲,自由度可以表达为 $df=n-k$,其中,n 为样本数量,k 为被限制的条件数、变量个数或计算某一统计量时用到其他独立统计量的个数。对于标准化的样本均值 $\dfrac{\bar{X}-\mu}{\dfrac{s}{\sqrt{n}}}$,有 1 个自由度用来估计均值,从而相应的自由度为 $n-1$。

不同于 σ^2 已知的情况,这时构造出来的统计量不再服从标准正态分布,而是服从以 $n-1$ 为自由度的 t 分布。随着样本量 n 不断增加,t 分布会无限接近于标准正态分布 z,但是 t 分布在样本量相对较小的情况下会更为准确。

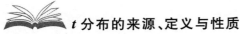 **t 分布的来源、定义与性质**

t 分布最早由英国统计学家威廉·戈塞特(William S. Gosset)于 1908 年提出。其中还有一段十分有趣的故事。1899 年,刚从牛津大学毕业的戈塞特加

---

① 这里自由度的计算公式为 $n-1$,是因为均值已知,只要知道 $n-1$ 个具体的数值,就可以知道第 n 个数的取值了。因此,只有 $n-1$ 个数是可以被自由估计的。

入了阿瑟·吉尼斯(Arthur Guinness)在爱尔兰都柏林开办的吉尼斯啤酒厂,并担任首席试验酿造师。他的工作主要是运用统计学知识来研究酿造工艺。戈塞特希望在采样较少的情况下尽可能得到一个较为有意义的结论。例如,他曾对大麦进行了小样本、分层且重复的平衡试验,并由此得出了最适宜酿酒的大麦品种。一系列的试验和研究成果向当时的啤酒商证明了小样本研究的可行性。而为了防止商业机密的泄露,吉尼斯啤酒厂的高层要求科研人员在发表相关成果时不得提及吉尼斯啤酒厂、啤酒甚至研究人员的真实姓名。这也是戈塞特在 1908 年那篇介绍 t 分布的著名论文中以"Student"署名的原因,所以后人也将 t 分布称作"学生 t 分布"。此外还有一个有意思的插曲,即当今风靡全球的吉尼斯世界纪录其实就源于吉尼斯啤酒厂当年的工作——他们将各种稀奇古怪的信息记录到一本小册子上,通过宣传这个小册子来增加啤酒的销量。

通过上述的背景介绍,我们大概了解到 t 分布相比正态分布,更适合在样本较小的情况下使用。其实在大多数的量化研究中,我们所使用的数据都不能算作大样本,由于 t 分布相比其他的大样本渐近分布有更高的容错率,因此在很多估计量的统计检验中被广泛应用。

我们在介绍抽样分布和中心极限定理时提到,统计量 $\frac{\sqrt{n}(\overline{X} - \mu)}{\sigma} \xrightarrow{d} N(0,1)$,但是多数情况下总体标准差 σ 是未知量,我们需要用估计量 $\hat{\sigma}$ 来代替 σ。此时,统计量 $\frac{\sqrt{n}(\overline{X} - \mu)}{\hat{\sigma}}$ 将不再服从标准正态分布,而是服从 t 分布。

t 分布的定义如下:

如果随机变量 Z 和随机变量 Y 相互独立,且满足 $Z \sim N(0,1), Y \sim \chi^2(k)$。定义随机变量 X 满足:

$$X = \frac{Z}{\sqrt{Y/k}} \tag{6.14}$$

则称随机变量 X 服从自由度为 k 的 t 分布,记作 $X \sim t(k)$。t 分布的概率密度表请见本书附表 3。自由度为 k 的 t 分布的概率密度函数为

$$f(x|k) = \frac{\Gamma\left(\frac{k+1}{2}\right)}{\sqrt{k\pi}\,\Gamma\left(\frac{k}{2}\right)} \left(1 + \frac{x^2}{k}\right)^{-\frac{(k+1)}{2}} \tag{6.15}$$

t 分布在统计推断中具有非常重要的作用,它是标准正态分布和 χ^2 分布的构造分布。① 与 z 分布相似,t 分布的概率密度大致呈现出"钟形曲线"的对称性,且对称轴为直线 $x=0$。

此外,从图 6.6 还可以看出,当 x 趋于正负无穷时,t 分布的概率密度曲线总是在标准正态曲线上方,这表明 t 分布的概率密度曲线在趋于正负无穷时,接近 0 的速度要比标准正态曲线更慢。在一定程度上也可以说,当自由度 k 趋于无穷大时,t 分布的概率密度函数 $f(x|k)$ 会依分布收敛于标准正态分布的概率密度函数。

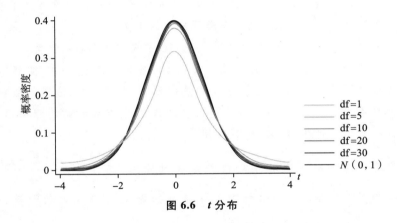

图 6.6 t 分布

在总体方差 σ^2 未知的情况下,手动计算置信区间常常会进一步分大样本和小样本两种情况进行讨论。②

在大样本($n \geqslant 30$)的情况下,由于 t 分布与 z 分布非常接近,我们在构建置信区间时仍旧用 z 统计量。置信区间的计算公式可以表达为

$$CI = \left[\overline{X} - z_{1-\frac{\alpha}{2}} \frac{s}{\sqrt{n}}, \overline{X} + z_{1-\frac{\alpha}{2}} \frac{s}{\sqrt{n}} \right] \tag{6.16}$$

而在小样本($n<30$)的情况下,样本均值 $\overline{X}$ 服从自由度 df 为 $n-1$ 的 t 分布。在构建置信区间时,我们该用 t 统计量。相应的置信区间的计算公式可以表达为

---

① 有关 χ^2 分布,我们会在后面章节详细介绍。
② 如果用统计软件进行区间估计,则不论大小样本都计算 t 分布。相比 z 分布,t 分布由于考虑了自由度而更加准确。

$$\mathrm{CI} = \left[\overline{X} - t_{n-1,1-\frac{\alpha}{2}}\frac{s}{\sqrt{n}}, \overline{X} + t_{n-1,1-\frac{\alpha}{2}}\frac{s}{\sqrt{n}}\right] \tag{6.17}$$

（2）非正态总体均值的区间估计

对于非正态总体，根据中心极限定理，在大样本的情况下，无论总体分布如何，样本均值的抽样分布均渐近正态，此时，我们仍可以认为 $\frac{(\overline{X}-\mu)}{\frac{\sigma}{\sqrt{n}}} \sim N(0,1)$，相应的置信区间计算与正态总体大样本的情况一样。当总体方差 σ^2 已知时，我们采用式 6.12 进行计算，即

$$\mathrm{CI} = \left[\overline{X} - z_{1-\frac{\alpha}{2}}\frac{\sigma}{\sqrt{n}}, \overline{X} + z_{1-\frac{\alpha}{2}}\frac{\sigma}{\sqrt{n}}\right]$$

而当总体方差未知时，我们用样本方差代替总体方差，置信区间计算公式为式 6.16，即

$$\mathrm{CI} = \left[\overline{X} - z_{1-\frac{\alpha}{2}}\frac{s}{\sqrt{n}}, \overline{X} + z_{1-\frac{\alpha}{2}}\frac{s}{\sqrt{n}}\right]$$

需提及的是，对于非正态总体，当样本量 $n < 30$ 时，由于中心极限定理不适用，我们不能运用上述公式进行计算。①

方便起见，我们将总体均值区间估计的计算公式总结为表 6.2。

表 6.2 总体均值区间估计的计算公式

样本大小	总体方差是否已知	正态总体	非正态总体
大样本	总体方差已知	$\overline{X} \pm z_{\frac{\alpha}{2}}\frac{\sigma}{\sqrt{n}}$	$\overline{X} \pm z_{\frac{\alpha}{2}}\frac{\sigma}{\sqrt{n}}$
	总体方差未知	$\overline{X} \pm z_{\frac{\alpha}{2}}\frac{s}{\sqrt{n}}$	$\overline{X} \pm z_{\frac{\alpha}{2}}\frac{s}{\sqrt{n}}$
小样本	总体方差已知	$\overline{X} \pm z_{\frac{\alpha}{2}}\frac{\sigma}{\sqrt{n}}$	无法计算
	总体方差未知	$\overline{X} \pm t_{\frac{\alpha}{2}}\frac{s}{\sqrt{n}}$	

---

① 有关非正态总体小样本的区间估计不在本书的讨论范围内，感兴趣的读者可以参阅相关书籍。

例 6.7　假设统计考试成绩呈标准差为 3 的正态分布,现从某校统计学专业随机抽取 36 名学生,计算得出他们的统计考试平均分为 68 分。试计算该校统计学专业平均考试成绩的 90% 置信区间并解释。

解　已知统计考试成绩呈正态分布,标准差为 3,意味着该题的总体服从正态分布,且总体方差已知。

现从总体中随机抽取 36 名学生,计算得出统计考试成绩的样本均值 $\bar{X}$ = 68。

根据总体服从正态分布、总体方差已知条件下的置信区间计算公式,有

$$CI = \left[\bar{X} - z_{1-\frac{\alpha}{2}}\frac{\sigma}{\sqrt{n}}, \bar{X} + z_{1-\frac{\alpha}{2}}\frac{\sigma}{\sqrt{n}}\right]$$

由于我们需要计算 90% 的置信区间,$\alpha = 0.1$。查附表 1 可知,0.05(即 $\frac{\alpha}{2}$)对应的 $z_{0.95} = 1.645$。把相应的数值代入后,有

$$CI = \left[68 - 1.645\frac{3}{\sqrt{36}}, 68 + 1.645\frac{3}{\sqrt{36}}\right] = [67.178, 68.823]$$

该结果表示,我们有 90% 的把握统计考试成绩的均值落在 [67.178, 68.823] 区间内。

对于例 6.7,读者们可以继续思考:如果我们把总体标准差改为样本标准差,结果会怎样变化?如果我们进一步去掉统计考试成绩呈正态分布的条件,结论又会是什么?

例 6.8　我们想调查某中学学生平均每天写作业所需时间的情况,已知该中学学生每天写作业的时间呈正态分布,总体标准差为 2.5,误差界限为 0.75。问:如果要构建 95% 的置信区间,至少要调查多少个学生?

解　已知某中学学生每天写作业的时间呈正态分布,标准差为 2.5。因此,在构建写作业时间 95% 的置信区间时,要用 $CI = \left[\bar{X} - z_{1-\frac{\alpha}{2}}\frac{\sigma}{\sqrt{n}}, \bar{X} + z_{1-\frac{\alpha}{2}}\frac{\sigma}{\sqrt{n}}\right]$ 进行计算,查附表 1 可知,$z_{1-\frac{\alpha}{2}} = 1.96$。

根据题意,误差界限 = $\left|z_{1-\frac{\alpha}{2}}\frac{\sigma}{\sqrt{n}}\right| < 0.75$,代入相关数值并进行变换后,有

$$n > \left(\frac{z_{1-\frac{\alpha}{2}} \times \sigma}{0.75}\right)^2 = \left(\frac{1.96 \times 2.5}{0.75}\right)^2 = 42.684$$

由于学生人数不能为小数,因此不论小数点后面为多少都需进1,因此,$n \geq 43$,即至少要调查43个学生。

2. 总体比例的区间估计

置信区间还常常用在二项分布比例的估计上。比如,我们想看选举中支持候选人A的比例,大学招生时选择理工科的学生比例,或者某城市25—35岁受过高等教育的人群中的已婚比例等。

在介绍二项分布比例的区间估计前,我们首先回顾一下二项分布的概率分布。假设随机变量X服从参数为n和p的二项分布,该分布记作$X \sim B(n,p)$,其概率质量函数可以表达为

$$P(X = x) = \binom{n}{x} p^x (1-p)^{n-x}$$

其中,n为伯努利试验的次数,x为某随机事件出现的次数,p为某随机事件发生的概率$\left(p = \dfrac{x}{n}\right)$,也称为总体比例。

对于一个公正的随机试验,样本比例$\hat{P}$通常可以表达为

$$\hat{P} = p + 随机误差$$

根据中心极限定理,当样本量足够大时,来自二项分布总体的样本比例$\hat{P}$同样服从正态分布$N\left(\hat{P}, \dfrac{\hat{P}(1-\hat{P})}{n}\right)$,那么相应的置信区间可以表达为

$$\text{CI} = \left[\hat{P} - z_{1-\frac{\alpha}{2}}\sqrt{\dfrac{\hat{P}(1-\hat{P})}{n}}, \hat{P} + z_{1-\frac{\alpha}{2}}\sqrt{\dfrac{\hat{P}(1-\hat{P})}{n}}\right] \quad (6.18)$$

对于二项分布,如何判断大样本呢?

一个通用的标准是,当$n\hat{P} \geq 5$且$n(1-\hat{P}) \geq 5$时,我们就认为这是一个大样本。但凡满足这一标准就可以用式6.18进行区间估计。

(二)两总体的区间估计

至此,我们讨论的都是单总体的区间估计,然而在很多时候,我们需要对两个总体均值差或两个总体比例(成数)差进行估计,比如,估计班级中男生、女生平均学业成绩的差异有多大,或者估计从事管理类职业与非管理类职业中吸烟者的比例差异。在实践中,我们往往通过样本对总体均值或比例的差

异进行估计。具体而言,我们会基于样本计算规定置信水平下的置信区间为总体均值或比例的差值提供了一个合理的范围,所以我们常常将这一置信区间称为双样本置信区间。在构建双样本置信区间前,我们需要对独立样本和配对样本加以区分。

简单来讲,独立样本(independent samples)是从两个不同总体中,分别独立地抽取出一个随机样本。与独立样本相对,配对样本(matched samples)也称为匹配样本(paired samples)或非独立样本(dependent samples),指的是一个样本中的数据与另一个样本中的数据相对应。它通常分为两种:一种常用于实验,即将参与者分为控制组和实验组,这两组参与者在特征上相似,那么实验后就可以观察到不同组是否在某些结果上存在差异;另一种常用于社会调查中的追踪数据,即同一群受访者被调查多次。因此,配对的样本,既可以是不同的人(或物),也可以是同一个人(或物)在不同时间的情况。不论哪种情况,配对的两个样本在特征上都相似,因此它们之间是相关的,而非相互独立的。

下面我们就不同样本下两总体区间估计所需估计的参数进行简要总结。(见表6.3)

表6.3 单总体与两总体区间估计需估计的参数

样本情况	数据类型	
	连续变量	分类变量
单个样本	均值	总体比例
两个独立样本	均值差	比例差
两个配对样本	差的均值	

1. 独立样本下两总体均值差的区间估计

接下来,我们介绍两个独立总体均值差的区间估计。与单总体均值的区间估计一样,这里我们也需要分情况讨论。

(1) 总体方差 σ_1^2 和 σ_2^2 已知

假设我们有两个不同总体:

第一个总体的均值和方差分别为 μ_1, σ_1^2;

第二个总体的均值和方差分别为 μ_2, σ_2^2。

第六章 参数估计

现从两总体中各独立抽取一个随机样本：

来自第一个总体的样本均值和方差分别为 $\bar{X}_1, s_1^2$；

来自第二个总体的样本均值和方差分别为 $\bar{X}_2, s_2^2$。

样本均值差 $\bar{X}_1 - \bar{X}_2$ 即总体均值差 $\mu_1 - \mu_2$ 的点估计。需提及的是，这里的样本均值差 $\bar{X}_1 - \bar{X}_2$ 是一个随机变量。如果两总体均为正态总体，或者分析所用样本虽来自两个非正态总体但均为大样本，即 $n_1 \geq 30$ 且 $n_2 \geq 30$，根据中心极限定理，对应样本均值 $\bar{X}_1$ 和 $\bar{X}_2$ 的分布都将趋于正态分布。又根据正态随机变量的线性组合的随机变量仍然服从正态分布的原理，$\bar{X}_1 - \bar{X}_2$ 的分布也将趋于正态分布。$\bar{X}_1 - \bar{X}_2$ 的抽样均值和标准差分别为

$$E(\bar{X}_1 - \bar{X}_2) = E(\bar{X}_1) - E(\bar{X}_2) = \mu_1 - \mu_2$$

$$\sigma_{\bar{X}_1 - \bar{X}_2} = \sqrt{\frac{\sigma_1^2}{n_1} + \frac{\sigma_2^2}{n_2}}$$

因此，如果两总体均为正态总体，或者来自两个非正态总体的样本均为大样本时，两总体均值差 $\mu_1 - \mu_2$ 的区间估计可以表达为

$$P(\bar{X}_1 - \bar{X}_2 - z_{1-\frac{\alpha}{2}} \sigma_{\bar{X}_1 - \bar{X}_2} < \mu_1 - \mu_2 < \bar{X}_1 - \bar{X}_2 + z_{1-\frac{\alpha}{2}} \sigma_{\bar{X}_1 - \bar{X}_2}) = 1 - \alpha$$

(6.19)

把样本均值差 $\bar{X}_1 - \bar{X}_2$ 的抽样分布的标准差 $\sigma_{\bar{X}_1 - \bar{X}_2}$ 公式代入后，可得到两总体均值差 $\mu_1 - \mu_2$ 的 $(1-\alpha) \times 100\%$ 的置信区间，即

$$CI = \left[\bar{X}_1 - \bar{X}_2 - z_{1-\frac{\alpha}{2}} \sqrt{\frac{\sigma_1^2}{n_1} + \frac{\sigma_2^2}{n_2}}, \bar{X}_1 - \bar{X}_2 + z_{1-\frac{\alpha}{2}} \sqrt{\frac{\sigma_1^2}{n_1} + \frac{\sigma_2^2}{n_2}} \right] \quad (6.20)$$

在大多数情况下，我们并不知道总体方差的情况，在两总体方差均未知的情况下应该如何进行区间估计呢？下面我们逐步进行介绍。

(2) 总体方差 σ_1^2 和 σ_2^2 未知，但 $\sigma_1^2 = \sigma_2^2$

当两总体方差未知但方差大致相等时，我们用样本方差 s_1^2 和 s_2^2 来代替总体方差 σ_1^2 和 σ_2^2，同时计算两样本的合并方差（common variance）s_p^2，即用两样本方差的加权平均值来进行区间估计。s_p^2 的计算公式为

$$s_p^2 = \frac{n_1 - 1}{(n_1 - 1) + (n_2 - 1)} s_1^2 + \frac{n_2 - 1}{(n_1 - 1) + (n_2 - 1)} s_2^2$$

$$= \frac{(n_1 - 1)s_1^2 + (n_2 - 1)s_2^2}{n_1 + n_2 - 2} \tag{6.21}$$

如果两总体均为正态总体,或分析所用样本均为大样本时,即 $n_1 \geqslant 30$ 且 $n_2 \geqslant 30$ 时,有

$$\frac{\overline{X}_1 - \overline{X}_2}{s_p \sqrt{\dfrac{1}{n_1} + \dfrac{1}{n_2}}} \sim t_{n_1 + n_2 - 2} \tag{6.22}$$

也就是说,标准化后的两样本均值差的抽样分布服从自由度 df 为 $n_1 + n_2 - 2$ 的 t 分布。

如何判断两总体的方差大致相等呢?

一个直观的检验方法就是计算两个样本的标准差之比。如果两者相等,即 $\dfrac{s_1}{s_2} = 1$,那么它们背后的总体方差也相等。然而,样本是从总体中随机抽取的,但凡涉及抽样就会有误差,这使得两样本标准差的比很难正好等于 1。一个经验性的法则为只要两样本标准差之比落在 $0.5 \leqslant \dfrac{s_1}{s_2} \leqslant 2$ 这个区间,那么我们就可以认为它们背后的总体方差大致相等。

此外,一个更为正式的检验方式为 F 检验,我们会在方差分析部分重点介绍。F 检验的原假设 H_0 为方差相等,如果 F 检验表明样本方差大致相同,即 F 检验所对应的 p 值大于规定的显著性水平 α 时,我们便可以基于两样本的合并方差构建两总体均值差 $\mu_1 - \mu_2$ 的 $(1-\alpha) \times 100\%$ 的置信区间:

$$\text{CI} = \left[\overline{X}_1 - \overline{X}_2 - t_{1-\frac{\alpha}{2}} s_p \sqrt{\frac{1}{n_1} + \frac{1}{n_2}},\ \overline{X}_1 - \overline{X}_2 + t_{1-\frac{\alpha}{2}} s_p \sqrt{\frac{1}{n_1} + \frac{1}{n_2}} \right] \tag{6.23}$$

其中,$t_{1-\frac{\alpha}{2}}$ 来自自由度为 df $= n_1 + n_2 - 2$ 的 t 分布。需提及的是,为方便计算,如果两总体服从正态分布,或从中分别抽取的样本均为大样本,那么我们在构建两总体均值差 $\mu_1 - \mu_2$ 的 $(1-\alpha) \times 100\%$ 的置信区间时也可以用 z 进行

近似,即将公式 6.23 中的 $t_{1-\frac{\alpha}{2}}$ 替换为 $z_{1-\frac{\alpha}{2}}$。

如果 F 检验表明两样本方差不同,那么我们就应该基于方差不等的假设进行计算。

(3) 总体方差 σ_1^2 和 σ_2^2 未知,但 $\sigma_1^2 \neq \sigma_2^2$

对于两总体方差未知但不满足 $\sigma_1^2 = \sigma_2^2$ 时的区间估计,由于其背后的数理推导和相关理论相当复杂,这里我们直接提供计算方法。

在这一情况下进行区间估计,需要满足一个前提条件,即两总体均为正态总体,或者分析所用样本虽来自两个非正态总体但均为大样本。此时,标准化后的样本均值差的抽样分布服从自由度经过修正的 t 分布:

$$\frac{\overline{X}_1 - \overline{X}_2}{\sqrt{\frac{s_1^2}{n_1} + \frac{s_2^2}{n_2}}} \sim t$$

其中,修正过的自由度称为萨特思韦特自由度(Satterthwaite's degrees of freedom),表达式为

$$df = \frac{\left(\frac{s_1^2}{n_1} + \frac{s_2^2}{n_2}\right)^2}{\frac{\left(\frac{s_1^2}{n_1}\right)^2}{n_1 - 1} + \frac{\left(\frac{s_2^2}{n_2}\right)^2}{n_2 - 1}} \quad (6.24)$$

因此,两总体均值差 $\mu_1 - \mu_2$ 的 $(1-\alpha) \times 100\%$ 的置信区间可以表达为

$$CI = \left[\overline{X}_1 - \overline{X}_2 - t_{1-\frac{\alpha}{2}}\sqrt{\frac{\sigma_1^2}{n_1} + \frac{\sigma_2^2}{n_2}}, \overline{X}_1 - \overline{X}_2 + t_{1-\frac{\alpha}{2}}\sqrt{\frac{\sigma_1^2}{n_1} + \frac{\sigma_2^2}{n_2}}\right] \quad (6.25)$$

其中,$t_{1-\frac{\alpha}{2}}$ 来自自由度为 $\dfrac{\left(\frac{s_1^2}{n_1} + \frac{s_2^2}{n_2}\right)^2}{\frac{\left(\frac{s_1^2}{n_1}\right)^2}{n_1 - 1} + \frac{\left(\frac{s_2^2}{n_2}\right)^2}{n_2 - 1}}$ 的 t 分布。

例 6.9 潜意识信息是一种视觉或听觉信息,它通常以非常快的速度或非常低的强度呈现,人们往往无法察觉。大量研究发现,潜意识信息看似不准

确，却可能通过影响人的心灵进而改变人的行为。基于这一研究基础，某学校也设计了一项试验，目的在于研究潜意识信息对青少年的数学成绩是否有影响。老师在二年级选取了两个班，一个班（A）正常教学，另一个班（B）在数学课正式开始前在 PPT 中插入一个非常短的动画，内容是"我很擅长数学"。两个月后，学校在这两个班级分别随机抽取了 15 名和 20 名学生进行数学测试，并记录了他们的成绩，相关结果如表 6.4。

表 6.4 两班的数学测试分布

班级	均值	标准差	样本量
A	85	18	15
B	89	12	20

假设两个班的数学成绩均呈现正态分布。试构建试验结束后两班考试成绩均值差 90% 的置信区间。

解 根据题设，本题属于总体服从正态分布，但总体方差未知的情况。进一步根据两样本标准差的比 $\left(\dfrac{18}{12}=1.5\right)$ 发现，该比值在 $[0.5, 2]$ 内，因此我们可以大致认为本题属于总体方差未知，但是两总体方差大致相等的情况。

因此，计算 90% 置信区间的公式为

$$CI = \left[\overline{X}_1 - \overline{X}_2 - t_{1-\frac{\alpha}{2}} s_p \sqrt{\frac{1}{n_1} + \frac{1}{n_2}},\ \overline{X}_1 - \overline{X}_2 + t_{1-\frac{\alpha}{2}} s_p \sqrt{\frac{1}{n_1} + \frac{1}{n_2}} \right]$$

其中，

$$s_p = \sqrt{\frac{(n_1-1)s_1^2 + (n_2-1)s_2^2}{n_1 + n_2 - 2}} = 14.845$$

且在自由度为 33 时，通过 Stata 命令 dis invttail(33,0.05) 可知，$t_{0.95} = 1.692$。

把数字代入公式后，得到：

$$CI = \left[(85-89) - 1.692 \times 14.845 \sqrt{\frac{1}{15} + \frac{1}{20}},\right.$$

$$\left. (85-89) + 1.692 \times 14.845 \sqrt{\frac{1}{15} + \frac{1}{20}} \right]$$

$$= [-12.579, 4.579]$$

该结果显示,我们有 90% 的把握两班的数学成绩均值差落在 [−12.579, 4.579] 这个区间内。

2. 配对样本下差的均值的区间估计

对配对样本的研究主要探讨对研究对象进行干预或者持续追踪后,某些指标会不会发生变化。比如,给同一群吸烟者放禁烟公益广告,通过他们戒烟的意愿、吸烟频率的变化来测量这一广告的宣传效果。再比如,为了解一种试剂对某病的疗效,我们将患了该病且特征相似的参与者随机分为实验组和控制组,一段时间后看他们的康复情况。

对配对样本均值差进行区间估计时,我们不再关注样本均值的差,而是关注配对样本在某个指标上的差的均值。假设我们配对样本 X 和 Y,样本量均为 n。(见表 6.5)与基于两独立样本的均值差不同,这里我们关注每一对差值 $d_i = X_i - Y_i$ 的均值,而不是均值的差 $\overline{X} - \overline{Y}$。因此,在配对样本中,我们是对差值的置信区间进行估计。

表 6.5 配对样本数据案例

ID	样本 X	样本 Y	差值
1	X_1	Y_1	$d_1 = X_1 - Y_1$
2	X_2	Y_2	$d_2 = X_2 - Y_2$
⋮	⋮	⋮	⋮
i	X_i	Y_i	$d_i = X_i - Y_i$
⋮	⋮	⋮	⋮
n	X_n	Y_n	$d_n = X_n - Y_n$

差值 d_i 的样本均值

$$\overline{d} = \frac{1}{n} \sum_{i=1}^{n} d_i$$

差值 d_i 的样本标准差

$$s_d = \sqrt{\frac{\sum_{i=1}^{n} (d_i - \overline{d})^2}{n-1}}$$

当 d_i 服从正态分布或者样本量足够大时,差值的均值 $\bar{d}$ 的抽样分布近似正态,均值为 μ_d,抽样分布的标准差为 $\dfrac{\sigma_d}{\sqrt{n}}$。由于 σ_d 未知,我们用 s_d 代替 σ_d,于是差值的均值 $\bar{d}$ 的抽样分布的标准差为 $\dfrac{s_d}{\sqrt{n}}$。此时,用配对样本的差值进行区间估计就是估计 μ_d 的 $(1-\alpha)\times 100\%$ 的置信区间。由于配对样本所涉及的差值的均值的样本量通常较小,差值的均值的抽样分布服从自由度为 $n-1$ 的 t 分布,因此 μ_d 的 $(1-\alpha)\times 100\%$ 的置信区间可以表达为

$$\text{CI} = \left[\bar{d} - t_{1-\frac{\alpha}{2}}\frac{s_d}{\sqrt{n}},\ \bar{d} + t_{1-\frac{\alpha}{2}}\frac{s_d}{\sqrt{n}}\right] \tag{6.26}$$

其中,$t_{1-\frac{\alpha}{2}}$ 来自自由度为 $\text{df} = n-1$ 的 t 分布。

我们把例 6.9 稍微修改一下,得到例 6.10。

例 6.10 潜意识信息是一种视觉或听觉信息,它通常以非常快的速度或非常低的强度呈现,人们往往无法察觉。大量研究发现,潜意识信息看似不准确,却可能通过影响人的心灵进而改变人的行为。基于这一研究基础,某学校也设计了一项试验,目的在于研究潜意识信息对青少年的数学成绩是否有影响。老师在班级 A 随机选取了 9 名学生进行小班训练,即在数学课正式开始前在 PPT 中插入一个非常短的动画,内容是"我很擅长数学"。该试验进行了两个月。学校在试验前后均对这 9 名学生进行了数学测试,成绩如表 6.6。

表 6.6 9 名学生试验前后的数学成绩记录

时间	ID								
	1	2	3	4	5	6	7	8	9
试验前	82	68	92	88	96	90	77	62	79
试验后	85	80	92	90	95	92	78	65	83

假设数学成绩呈现正态分布。试计算试验前后 9 名学生数学成绩差的 95% 的置信区间。

解 根据题设,9 名学生从班级 A 中随机抽取,并在试验前后进行了数学测试。试验前后是同一批人,因此本例是基于匹配样本均值差的区间估计。

对匹配样本均值差进行估计,是估计差的均值,所以我们首先计算试验前

后的数学成绩差值。(见表 6.7)

表 6.7 9 名学生试验前后的数学成绩记录差异

时间	ID								
	1	2	3	4	5	6	7	8	9
试验前	82	68	92	88	96	90	77	62	79
试验后	85	80	92	90	95	92	78	65	83
差值 d_i	-3	-12	0	-2	1	-2	-1	-3	-4

然后，我们需要估计差值 d_i 的均值

$$\bar{d} = \frac{1}{n}\sum_{i=1}^{n} d_i$$

$$= \frac{-3-12+0-2+1-2-1-3-4}{9}$$

$$= -2.889$$

差值 d_i 的样本标准差

$$s_d = \sqrt{\frac{\sum_{i=1}^{n}(d_i - \bar{d})^2}{n-1}}$$

$$= \sqrt{\frac{(-3-(-2.889))^2 + (-12-(-2.889))^2 + (0-(-2.889))^2 + \cdots + (-4-(-2.889))^2}{9-1}}$$

$$= 3.756$$

因此，计算 95% 置信区间的公式为

$$CI = \left[\bar{d} - t_{1-\frac{\alpha}{2}}\frac{s_d}{\sqrt{n}}, \bar{d} + t_{1-\frac{\alpha}{2}}\frac{s_d}{\sqrt{n}}\right]$$

对于本题，自由度不再是 33，而是 8（即 $n-1 = 9-1$），查附表 3 可知，$t_{0.975} = 2.306$。

把数字代入公式后，得到

$$CI = \left[-2.889 - 2.306 \times \frac{3.756}{\sqrt{9}}, -2.889 + 2.306 \times \frac{3.756}{\sqrt{9}}\right]$$

$$= [-5.776, -0.002]$$

该结果显示，我们有 95% 的把握试验前后 9 名学生数学成绩均值差落在 $[-5.776, -0.002]$。

3. 两总体比例差的区间估计

在社会科学研究中,学者们很多时候对估计两个总体比例之间的差异感兴趣。比如,我们想比较两个群组患心脏病的比例,两个地区的大学录取率,两个专业的女性比例,等等。这些比较涉及两个群组,且关注的结果均为二分变量,此时,我们要做的就是比较两组在某个比例上的差异。如果要估计这些差异,我们首先要从两个服从二项分布的总体中随机抽取样本,然后计算每个样本的比例。通过比较这两个样本比例的差异来估计两总体比例差的可能范围。

假设我们有两个不同总体,两总体均服从二项分布:

第一个总体中某事件 A 的总体比例为 π_1;

第二个总体中某事件 A 的总体比例为 π_2。

现从两总体中各独立抽取一个随机样本:

从第一个总体抽取的样本的样本量为 n_1,事件 A 的样本比例为 p_1;

从第二个总体抽取的样本的样本量为 n_2,事件 A 的样本比例为 p_2。

当两样本均为大样本,即满足 $n_1 p_1 \geq 5$ 且 $n_1(1-p_1) \geq 5$ 和 $n_2 p_2 \geq 5$ 且 $n_2(1-p_2) \geq 5$ 时,样本比例 p_1 和 p_2 趋向正态分布。那么,样本比例差 $p_1 - p_2$ 的抽样分布也将趋向正态分布,相应的期望和标准差分别为

$$E(p_1 - p_2) = \pi_1 - \pi_2$$

$$\sigma_{p_1 - p_2} = \sqrt{\frac{p_1(1-p_1)}{n_1} + \frac{p_2(1-p_2)}{n_2}}$$

因此,两总体比例差 $\pi_1 - \pi_2$ 的区间估计用公式可以表达为

$$P(p_1 - p_2 - z_{1-\frac{\alpha}{2}}\sigma_{p_1-p_2} < \pi_1 - \pi_2 < p_1 - p_2 + z_{1-\frac{\alpha}{2}}\sigma_{p_1-p_2}) = 1 - \alpha \quad (6.27)$$

把样本比例差 $p_1 - p_2$ 的抽样分布的标准差公式代入后,可以得到两总体比例差 $\pi_1 - \pi_2$ 的 $(1-\alpha) \times 100\%$ 的置信区间

$$CI = \left[(p_1 - p_2) - z_{1-\frac{\alpha}{2}} \sqrt{\frac{p_1(1-p_1)}{n_1} + \frac{p_2(1-p_2)}{n_2}}, \right.$$

$$\left. (p_1 - p_2) + z_{1-\frac{\alpha}{2}} \sqrt{\frac{p_1(1-p_1)}{n_1} + \frac{p_2(1-p_2)}{n_2}} \right] \quad (6.28)$$

例 6.11 为了合理分配高校助学金,某市教育局拟调查高校不同专业的贫困生比例。研究人员将大学专业分为理工科和人文社科两大类,并在全市

高校中抽取了 5000 名理工科学生,2000 名人文社科学生,其中均包含本科生和研究生。调查发现,理工科的贫困生比例为 13.2%,文史哲的贫困生比例为 8.91%。试估计两类专业贫困生比例差 95% 的置信区间。

解 本例为典型的两总体比例差区间估计的题目。

根据题设,这里包含两个样本:

样本 1(理工科专业的学生):$n_1 = 5000, p_1 = 0.132$;

样本 2(人文社科专业的学生):$n_2 = 2000, p_2 = 0.0891$。

由于 $n_1 p_1, n_1(1-p_1), n_2 p_2, n_2(1-p_2)$ 的数值均远大于 5,这意味着样本 1 和样本 2 均为大样本。

要构建 95% 的置信区间,$z_{1-\frac{\alpha}{2}} = 1.96$,将相关数值代入下式:

$$CI = \left[(p_1 - p_2) - z_{1-\frac{\alpha}{2}} \sqrt{\frac{p_1(1-p_1)}{n_1} + \frac{p_2(1-p_2)}{n_2}}, \right.$$

$$\left. (p_1 - p_2) + z_{1-\frac{\alpha}{2}} \sqrt{\frac{p_1(1-p_1)}{n_1} + \frac{p_2(1-p_2)}{n_2}} \right]$$

$$= \left[(0.132 - 0.0891) - 1.96 \times \sqrt{\frac{0.132 \times (1-0.132)}{5000} + \frac{0.0891 \times (1-0.0891)}{2000}}, \right.$$

$$\left. (0.132 - 0.0891) + 1.96 \times \sqrt{\frac{0.132 \times (1-0.132)}{5000} + \frac{0.0891 \times (1-0.0891)}{2000}} \right]$$

$$= [0.0272, 0.0585]$$

因此,我们有 95% 的把握两专业贫困生比例差落在 $[0.0272, 0.0585]$。

四、用 Stata 进行参数估计

这部分我们主要借助 CGSS 2010 数据来演示参数估计,尤其是区间估计,具体分为单总体和两总体两部分来介绍。由于我们用统计软件分析的大多是样本数据,因此这部分展示的内容,均是在总体方差未知的情况下。

(一)单总体的区间估计

对于单总体的参数估计,我们可以用 Stata 命令 ci 或者 cii。这两个命令是 Stata 内置命令,主要用于计算总体均值、比例、方差和标准差的置信区间,差别在于 ci 是基于个体层次的样本数据的,而 cii 是基于样本特征的。

1. 总体均值的区间估计

现在我们来看一个例子,假设我们想用 CGSS 2010 数据中的年龄估计 2010 年中国人口的平均年龄的 95% 的置信区间。在生成 age 变量之后,我们可以在 Stata 命令窗口输入 ci means age,结果如图 6.7。

```
. recode a3a -3=., gen(birthyr)
(0 differences between a3a and birthyr)

. recode a2 1=0 2=1, gen(female)
(11783 differences between a2 and female)

. generate age=2010-birthyr
(3 missing values generated)

. recode a8a 9999997/ 9999999=., gen(income)
(1625 differences between a8a and income)

. ci means age

    Variable |        Obs        Mean    Std. err.       [95% conf. interval]
-------------+---------------------------------------------------------------
         age |     11,780     47.30272    .1444621        47.01955    47.58589
```

图 6.7 用 Stata 估计 2010 年 age 的 95% 的置信区间

其中,Std. err. 为样本均值 $\overline{age}$ 的标准误 $\sigma_{age} = \dfrac{s_{age}}{\sqrt{n}}$,$s_{age}$ 为 age 变量的标准差,可以通过 summarize 命令获得。[95% conf. interval] 就是我们所要估计总体年龄的 95% 的置信区间。我们也可以通过 $CI = \left[\overline{X} - z_{1-\frac{\alpha}{2}} \dfrac{\sigma}{\sqrt{n}}, \overline{X} + z_{1-\frac{\alpha}{2}} \dfrac{\sigma}{\sqrt{n}}\right]$ 进行计算。将图 6.7 中均值(Mean)和标准误的值代入,$CI = [47.303 - 1.96 \times 0.144, 47.303 + 1.96 \times 0.144]$,就可以计算出 [95% conf. interval] 对应的数值了。

需提及的是,Stata 默认输出 95% 的置信区间,如果想估计 age 的 90% 的置信区间,只需在命令加上 level(90) 即可。命令及结果如图 6.8。

```
. ci means age, level(90)

    Variable |        Obs        Mean    Std. err.       [90% conf. interval]
-------------+---------------------------------------------------------------
         age |     11,780     47.30272    .1444621        47.06508    47.54035
```

图 6.8 用 Stata 估计 2010 年 age 的 90% 的置信区间

第六章　参数估计

［90% conf. interval］的对应数值可以通过公式 CI =［47.303 − 1.645 × 0.144, 47.303 + 1.645 × 0.144］算出。

我们还可以用 Stata 直接通过样本特征来进行总体的区间估计。如果我们没有个体层面的数据，只要知道样本的观测数、均值和标准差就足以进行总体均值的区间估计了。继续以变量 age 为例，我们先通过 summarize 命令获得关于 age 的基本信息。命令及结果如图6.9。

```
. sum age

    Variable |        Obs        Mean    Std. dev.       Min        Max
-------------+---------------------------------------------------------
         age |     11,780    47.30272     15.6793         17         96
```

图6.9　summarize 所得关于变量 age 的信息

基于这些信息，我们可以用 cii 命令进行区间估计，相应的 Stata 命令为"cii mean 11780 47.30272 15.6793"。cii mean 后面的数字分别对应了样本量、样本均值和样本标准差。在命令窗口输入命令后，结果如图6.10。

```
. cii means 11780 47.30272 15.6793

    Variable |        Obs        Mean    Std. err.       [95% conf. interval]
-------------+---------------------------------------------------------------
             |     11,780    47.30272    .1444621        47.01955    47.58589
```

图6.10　根据样本中变量的特征估计变量95%的置信区间

可以发现，即便没有个体层次的数据，只要知道样本的基本信息，我们就可以对总体均值进行区间估计，所得结果与基于调查数据的完全一样。如果想要展示90%的置信区间，可以输入命令"cii mean 11780 47.30272 15.6793, level(90)"。

2. 总体比例的区间估计

如果想再估计总体比例的 $(1-\alpha) \times 100\%$ 的置信区间，也可以用 ci 命令实现，只需把 ci means 改为 ci proportions。需要注意的是，Stata 在用 ci proportions 估计总体比例的 $(1-\alpha) \times 100\%$ 的置信区间时，必须基于编码为 0,1 的二分变量。如果数据中二分变量的编码不是 0,1，该命令则可能无法输出结果。因此在用 ci proportions 进行估计前，我们常常需要对数据中的二分变量进行重新编码。

举个例子,假设我们基于 CGSS 2010 数据估计 2010 年全国女性的占比,首先需要对性别变量 a2 进行重新编码。通过 labellist a2 可以知道,性别变量 a2 中的 1 为男性,2 为女性。如果反映女性的比例,我们需要用 recode 命令对 a2 进行重新编码,用命令 recode a2 1=0 2=1, gen(female) 生成新变量 female(1=女性;0=男性),下面就可以基于 female 变量进行总体比例的区间估计了。如果想要获得女性比例 95% 的置信区间,我们可以在 Stata 命令窗口输入代码 ci proportions female, wald。[1] 结果如图 6.11。

```
. ci proportions female, wald

                                                    Binomial Wald
    Variable |        Obs   Proportion   Std. err.   [95% conf. interval]
-------------+---------------------------------------------------------------
      female |     11,783    .5182042    .0046031    .5091822    .5272262
```

图 6.11 用 Stata 估计 female 的 95% 的置信区间

图 6.11 中 Std. err. 可以通过 $\sqrt{\frac{p_{女}(1-p_{女})}{n}}$ 计算出,$p_{女}$ 为女性的比例,对应图中的数值 0.5182,其也是 female 变量的均值。[95% conf. interval] 就是我们所要估计的女性比例 95% 的置信区间,我们也可以通过 CI = [0.5182 − 1.96 × 0.0046, 0.5182 + 1.96 × 0.0046] 得到同样的数值。如果想获得女性比例 90% 的置信区间,可以输入命令"ci proportions female, level(90) wald"。

同样,我们也可以基于样本特征估计总体比例的 $(1-\alpha) \times 100\%$ 的置信区间。与总体均值的区间估计有些不同,这里我们只需要样本量和我们关注变量取 1 的个数。对于 female 变量,我们关注 female==1 的频数,female 各分类的频数可以通过 tabulate 命令获得。此时,我们就可以进行女性比例的区间估计了,在命令窗口输入代码"cii proportions 11783 6106, wald"就可以实现女性比例 95% 的置信区间的计算。

有关 ci 更多的用法,读者们可以通过 help ci 获知。

---

[1] 需提及的是,在计算总体比例的置信区间的时候,我们需要在 ci proportions 的命令后面加上 wald 选项。在这个选项下,总体比例的置信区间才是基于标准正态分布计算的,否则所计算的置信区间为 Clopper-Pearson 区间,或二项比例的精确置信区间。感兴趣的读者可以参阅 L. D. Brown, T. T. Cai and A. DasGupta,"Interval Estimation for a Binomial Proportion," *Statistical Science*, 2001, 16(2):101–133。

(二) 两总体的区间估计

关于两总体均值差的区间估计,可以通过 ttest 实现。ttest 主要用于假设检验(第七章内容),但在进行假设检验的同时,该命令也会给出两总体均值差的区间估计。

1. 独立样本下两总体均值差的区间估计

首先,我们来看如何用 Stata 基于两独立样本进行总体均值差的区间估计。如前所述,由于我们的分析多基于总体方差未知的条件,因此,在涉及两独立总体均值差的区间估计时,我们需要区分两种情况,即总体方差相等($\sigma_1^2 = \sigma_2^2$)和总体方差不相等($\sigma_1^2 \neq \sigma_2^2$)。

在进行独立样本下两总体均值差的区间估计时,相应的 Stata 命令为"ttest x, by(groupvar) unequal"。其中,x 仍为我们关注的变量,groupvar 为群组变量,选项 unequal 并不是必需的,只有当我们认为两总体方差不相等时才用。对于 Stata,默认的是总体方差大致相等。假设我们想用 CGSS 2010 数据估计城乡收入均值差的 90% 的置信区间,在相关变量清理完毕后,我们可以在命令窗口输入"ttest income, by(s5) level(90)",其中,income 为收入变量,s5 为区分城乡的群组变量。与之前一样,如果不加 level(90),Stata 默认输出 95% 的置信区间。输入前述命令后会生成如图 6.12 的结果。

```
. ttest income, by(s5) level(90)

Two-sample t test with equal variances
------------------------------------------------------------------------------
   Group |     Obs        Mean    Std. err.   Std. dev.   [90% conf. interval]
---------+--------------------------------------------------------------------
      城市 |   6,096    26192.12    1302.456    101691.7    24049.45    28334.8
      农村 |   4,062    8733.353    396.8311    25291.56    8080.475    9386.231
---------+--------------------------------------------------------------------
Combined |  10,158    19210.68    802.0478    80835.92    17891.31    20530.05
---------+--------------------------------------------------------------------
    diff |             17458.77    1628.144                14780.47    20137.07
------------------------------------------------------------------------------
    diff = mean(城市) - mean(农村)                             t =  10.7231
H0: diff = 0                                 Degrees of freedom =    10156

    Ha: diff < 0                 Ha: diff != 0                 Ha: diff > 0
 Pr(T < t) = 1.0000         Pr(|T| > |t|) = 0.0000          Pr(T > t) = 0.0000
```

图 6.12 用 ttest 检验城乡收入差异 90% 的置信区间(城乡收入方差相等)

图 6.12 的上半部分展示了分城乡和汇总（Combined）的收入情况，以及城乡收入均值差（diff）的参数估计结果，下半部分为假设检验结果。参数估计部分所涉及的指标包含变量观测数（Obs）、均值（Mean）、标准误或抽样分布的标准差（Std. err.）、标准差（Std. dev.）和 90% 的置信区间（[90% conf. interval]）。有关城乡收入均值差的区间估计，我们只需关注 diff 对应行的数值即可。其中，Mean 对应的是城乡收入的均值差（$\overline{income}_{城市} - \overline{income}_{乡村}$），Std. err. 为收入均值差的标准误 $s_p\sqrt{\dfrac{1}{n_{城市}}+\dfrac{1}{n_{乡村}}}$。这里，$s_p$ 为城乡收入的合并标准差，$s_p = \sqrt{\dfrac{(n_{城市}-1)s^2_{城市}+(n_{乡村}-1)s^2_{乡村}}{n_{城市}+n_{乡村}-2}}$。[90% conf. interval] 可以通过 CI = [17458.77 − 1.645 × 1628.144, 17458.77 + 1.645 × 1628.144] 得到同样的数值，1.645 为 $\alpha = 0.1$、自由度为 10156 对应的 t 值。

细心的读者可以发现，城乡的收入标准差的比值已经超过 2，这意味着假定城乡收入方差大致相等可能并不合适。我们进一步基于 F 检验来判断城乡收入方差是否相等，这一步可以用 sdtest 命令。我们可以在命令窗口输入"sdtest income, by(s5) level(90)"。输出结果见图 6.13。需提及的是，该检验的原假设为样本方差相等，由图 6.13 可见，F 检验对应的 p 值为 0.0000，也就是说原假设被拒绝，因此对于城乡收入差的检验基于方差不等的条件更为合适。

```
. sdtest income, by(s5) level(90)

Variance ratio test
------------------------------------------------------------------------------
   Group |     Obs        Mean    Std. err.   Std. dev.   [90% conf. interval]
---------+--------------------------------------------------------------------
    城市 |   6,096    26192.12    1302.456    101691.7    24049.45    28334.8
    农村 |   4,062    8733.353    396.8311    25291.56    8080.475    9386.231
---------+--------------------------------------------------------------------
Combined |  10,158    19210.68    802.0478    80835.92    17891.31    20530.05
------------------------------------------------------------------------------
    ratio = sd(城市) / sd(农村)                              f =   16.1666
H0: ratio = 1                          Degrees of freedom = 6095, 4061

    Ha: ratio < 1              Ha: ratio != 1               Ha: ratio > 1
 Pr(F < f) = 1.0000         2*Pr(F > f) = 0.0000         Pr(F > f) = 0.0000
```

图 6.13 用 sdtest 命令检验两样本方差是否相等

如要基于方差不等进行区间估计,我们只需在命令中加入 unequal,即"ttest income, by(s5) unequal level(90)"。结果如图 6.14。

```
. ttest income, by (s5) unequal level(90)

Two-sample t test with unequal variances
------------------------------------------------------------------------------
   Group |     Obs        Mean     Std. err.    Std. dev.   [90% conf. interval]
---------+--------------------------------------------------------------------
    城市 |   6,096    26192.12     1302.456     101691.7     24049.45    28334.8
    农村 |   4,062    8733.353     396.8311     25291.56     8080.475    9386.231
---------+--------------------------------------------------------------------
Combined |  10,158    19210.68     802.0478     80835.92     17891.31    20530.05
---------+--------------------------------------------------------------------
    diff |             17458.77    1361.568                  15218.9     19698.64
------------------------------------------------------------------------------
    diff = mean(城市) - mean(农村)                                t =  12.8225
H0: diff = 0                        Satterthwaite's degrees of freedom =  7186.17

    Ha: diff < 0                 Ha: diff != 0                 Ha: diff > 0
 Pr(T < t) = 1.0000           Pr(|T| > |t|) = 0.0000        Pr(T > t) = 0.0000
```

图 6.14　用 ttest 检验城乡收入差异 90% 的置信区间(城乡收入方差不相等)

与"ttest income, by(s5) level(90)"的结果相比,diff 的 Std. err. 和 [90% conf. interval] 均发生了变化。不仅如此,均值差区间估计的自由度也发生了变化,从之前的 10156 变为 7186.17。实际上,自由度的大小在这里主要影响的是 $\alpha = 0.1$ 时的 t 值。对于本例,由于样本量足够大,虽然修正后的自由度相比之前小了近 30%,也不会对 t 值产生明显影响。

与 ci 命令类似,ttest 的衍生命令 ttesti 也可以根据样本特征(而非个体层次数据)进行独立/配对样本下的两总体均值差的区间估计。语法为"ttesti #obs1 #mean1 #sd1 #obs2 #mean2 #sd2",即只要知道两样本的观测数、均值和标准差,就可以进行估计。输出结果默认是基于 95% 的置信水平得出的,如果要改变置信水平,只需在命令后面加入 level(#)。现在我们使用 ttesti 命令来直接计算例 6.9 的结果。在命令窗口直接输入"ttesti 15 85 18 20 89 12, level(90)",输出结果如图 6.15,与例 6.9 计算所得基本一致。对于该例,除了用经验法则判断方差大致相等外,也可以用 F 检验,相关命令为"sdtesti 15 85 18 20 89 12, level(90)"。对应 p 值大于 0.1,即在 $\alpha = 0.1$ 下统计不显著,这说明两班级成绩的方差大致相等。(由于我们计算 90% 的置信区间,这意味着 $\alpha = 0.1$。)需提及的是,ttesti 命令只适用于独立样本下两总体均值差的区间估计,对于接下来要讲的匹配样本下差的均值的区间估计并不适用。

```
. ttesti 15 85 18 20 89 12, level(90)

Two-sample t test with equal variances
------------------------------------------------------------------------------
         |   Obs        Mean     Std. err.    Std. dev.   [90% conf. interval]
---------+--------------------------------------------------------------------
       x |    15          85     4.64758           18      76.81417    93.18583
       y |    20          89     2.683282          12      84.36025    93.63975
---------+--------------------------------------------------------------------
Combined |    35     87.28571    2.49523     14.76198      83.06647    91.50496
---------+--------------------------------------------------------------------
    diff |                 -4    5.070413                  -12.58097    4.580966
------------------------------------------------------------------------------
    diff = mean(x) - mean(y)                                  t =  -0.7889
H0: diff = 0                                 Degrees of freedom =       33

    Ha: diff < 0              Ha: diff != 0              Ha: diff > 0
 Pr(T < t) = 0.2179        Pr(|T| > |t|) = 0.4358      Pr(T > t) = 0.7821
```

图 6.15　基于两样本特征估计样本背后两总体均值差 90% 的置信区间

2. 配对样本下差的均值的区间估计

对于配对样本下的差的均值的区间估计,大多基于个体数据来进行。我们现在基于例 6.10 来进行具体的 Stata 演示。首先,我们用 input 命令把数据录入 Stata 中,把试验前和试验后的学生成绩分别命名为 before 和 after。

```
. clear
. input before after
82 85
68 80
92 92
88 90
96 95
90 92
77 78
62 65
79 83
end
```

录入完毕后,在 Stata 命令窗口输入 ttest before = after,结果如图 6.16。

```
. ttest before=after

Paired t test
------------------------------------------------------------------------------
Variable |    Obs        Mean     Std. err.    Std. dev.   [95% conf. interval]
---------+--------------------------------------------------------------------
  before |      9    81.55556     3.771645     11.31494     72.85813    90.25299
   after |      9    84.44444     3.114086     9.342258     77.26335    91.62554
---------+--------------------------------------------------------------------
    diff |      9   -2.888889     1.252159     3.756476    -5.776372   -.0014059
------------------------------------------------------------------------------
     mean(diff) = mean(before - after)                         t =  -2.3071
    H0: mean(diff) = 0                             Degrees of freedom =        8

 Ha: mean(diff) < 0            Ha: mean(diff) != 0           Ha: mean(diff) > 0
  Pr(T < t) = 0.0250          Pr(|T| > |t|) = 0.0499          Pr(T > t) = 0.9750
```

图 6.16 配对样本下的差的均值的区间估计

从 diff 相应行的数据可见,所得结果与例 6.10 几乎完全一致。

3. 两总体比例差的区间估计

两总体比例差的区间估计可以用 Stata 命令 prtest 或 prtesti 进行。与 ttest 和 ttesti 类似,prtest 是基于个体数据对二分变量进行估计,而 prtesti 是基于样本特征进行估计。下面我们用 Stata 进行演示。

假设我们用 CGSS 2010 的数据来估计 2010 年男性和女性在大专或以上学历上的比例差的 90% 的置信区间。在构建相应的置信区间之前,我们需要先把之前章节构建的四分类 educ 变量进行再编码,通过"recode educ 1/2 = 0 3/4 = 1, gen(col)"生成一个新的二分变量 col(1 = 大学专科或以上,0 = 其他教育类型)。接下来,我们在命令窗口输入"prtest col, by(female) level(90)",即可得到我们想要的结果。(见图 6.17)

```
. recode a7a (1/4=1 "初中或以下")(5/8=2 "高中或同等学力")(9/10=3 "大学专
科")(11/13=4 "大学本科或以上")(-3 14=.), gen(educ)
(10230 differences between a7a and educ)

. recode educ 1/2=0 3/4=1, gen(col)
(11768 differences between educ and col)

. recode a2 1=0 2=1, gen(female)
(11783 differences between a2 and female)

. lab def female 0 "男" 1 "女"

. lab val female female

. prtest col, by(female) level(90)

Two-sample test of proportions                男: Number of obs =    5665
                                              女: Number of obs =    6103
------------------------------------------------------------------------------
       Group |      Mean   Std. err.       z    P>|z|     [90% conf. interval]
-------------+----------------------------------------------------------------
          男 |  .1733451   .0050294                       .1650724    .1816178
          女 |  .1361625   .0043901                       .1289415    .1433836
-------------+----------------------------------------------------------------
        diff |  .0371826   .0066759                       .0262016    .0481635
             | under H0:   .0066603     5.58    0.000
------------------------------------------------------------------------------
              diff = prop(男) - prop(女)                        z =   5.5827
    Ha: diff < 0                 Ha: diff != 0                 Ha: diff > 0
 Pr(Z < z) = 1.0000         Pr(|Z| > |z|) = 0.0000        Pr(Z > z) = 0.0000
```

图 6.17　用 prtest 估计男女受过高等教育比例差异 90% 的区间估计

与 ttest 的结果一样，我们主要关注 diff 对应行的数值。Mean 对应的是男性和女性具有大专或以上学历的比例差，Std. err. 为该比例差的标准误，计算公式为 $\sigma_{p_\text{男}-p_\text{女}} = \sqrt{\dfrac{p_\text{男}(1-p_\text{男})}{n_\text{男}} + \dfrac{p_\text{女}(1-p_\text{女})}{n_\text{女}}}$。[90% conf. interval] 可以通过 CI = $[0.0371 - 1.645 \times 0.0067, 0.0371 + 1.645 \times 0.0067]$ 得到。

如果我们没有个体数据，但是知道两个样本的样本量和每个样本中我们感兴趣的事件比例或者事件发生数，就可以用 prtesti 对两总体比例差进行区间估计。对于上述案例，如果我们已知：男性样本 $n_\text{男} = 5665$，其中受过大专或以上教育的比例为 $p_\text{男} = 0.173$；女性样本 $n_\text{女} = 6103$，其中受过大专或以上教育的比例为 $p_\text{女} = 0.136$。此时，通过命令"prtesti 5665 0.173 6103 0.136, level(90)"，我们也可以进行两总体比例的区间估计。或者如果我们不直接知道男女样本中受过大专或以上教育的人的比例,但是知道相应个数,$n_{高等教育男} = 982$,$n_{高等教育女} = 831$,就可以将命令改为"prtesti 5665 982 6103 831,count level(90)"。这两个命令的结果均与图 6.17 相同,因此省略。

五、本章小结

本章介绍了统计推断的一个重要内容——参数估计。参数估计包含两部分:点估计和区间估计。点估计就是根据样本数据计算出的样本统计量对总体参数进行估计,得到一个确切的值。通常,评价一个点估计量的好坏有三个标准:无偏性、一致性和有效性。这三个标准也可以从均方误差的表达式中导出。就点估计而言,虽然满足这三个标准可以使得估计误差尽量小,但是误差究竟多大或者多小仍旧未知。区间估计的出现就充分考虑了这一点,它将误差通过置信度和置信区间反映出来。

紧接着,我们对总体参数,尤其是总体均值、比例的区间估计进行了介绍,并区分了单总体和两总体的区间估计。在两总体的区间估计中,我们进而对总体是否服从正态分布、总体方差是否已知、总体方差是否大致相等,以及从总体中抽取的样本是大样本还是小样本几种情况分别进行了讨论。与前几章一样,在讲述理论的同时,我们加入了 Stata 操作帮助读者学习和巩固相关知识。需强调的是,本章旨在介绍点估计和区间估计背后的逻辑,其中涉及的部分数学结论只简要介绍其要旨,更详细的内容读者可以参考相关数理统计类书籍。

第七章

假设检验

第六章我们学习了参数估计,本章我们将讲解统计推断的另一主要内容——假设检验。

一、假设检验简介

假设检验(hypothesis testing)是通过样本的统计量来检验关于总体参数值的假设是否为真的过程。它要求事先对总体参数(如均值、比例、方差等)做出假设,然后利用样本信息来判断它是否成立。通常,假设检验运用的是逻辑上的反证法和统计学上的小概率原理。

为了让大家更好地理解假设检验,我们先来了解一个由英国统计学家罗纳德·费希尔(Ronald A. Fisher)提出的经典例子——女士品茶。

例 7.1 20 世纪 20 年代末的某个夏日午后,在英国剑桥,一群大学教员、他们的妻子以及一些客人围坐在室外的一张桌子旁喝下午茶。有一位女士坚持认为,把茶加进牛奶与把牛奶加进茶,这两种方法制作出的奶茶风味是不同的,而且她能辨别出来。在场的大多数人都觉得她的想法很荒谬,说不管是怎样的添加顺序,最后得到的都是牛奶和茶的混合物。既然化学成分没有区别,味道怎么会不一样呢?

罗纳德·费希尔是个例外。他饶有兴趣地思考着这位女士的话,还充分发挥了科学家的实证精神,专门设计了一个随机试验来检验她说的是否可信:

首先,准备 8 杯调制好的奶茶,其中有 4 杯奶茶是先加茶后加牛奶,另外 4 杯的添加顺序则刚好相反,并将此告知了这位女士。

第七章 假设检验

随后，把这些奶茶的顺序打乱，让女士逐一品尝并辨别奶和茶的添加顺序。

试验开始了。费希尔把第一杯茶递给了这位女士。她品了一分钟，宣布这杯茶是将牛奶倒在茶里制作出来的。费希尔不置可否，只是将她的回答记录下来，然后把第二杯茶递给她……

想象一下，即便这位女士没有鉴别能力，如果给她一杯奶茶，她总有一半的概率可以猜对。即便女士有鉴别能力，也有可能会猜错。那么，费希尔到底是如何通过试验来判断这位品茶的女士是否有鉴别能力的？

为了进行验证，费希尔首先引进了一个假设，即该女士没有鉴别能力。不同于以往直接证明这位女士有鉴别能力，这里费希尔通过判断与论题相矛盾的反论题——"这位女士没有鉴别能力"的虚假来确立论题的真实性，这就是反证法的思路，而反证法正是假设检验的核心思想。

在判断假设是否成立之前，我们来计算一下如果费希尔给这位女士8杯调制好的奶茶，这位女士连续8杯都猜对的概率。

当只喝一杯时，由于答案只能是先茶后奶或者先奶后茶，那么总有50%的概率猜对，那如果连续8杯都对呢？连续8杯都对意味着这位女士猜对了4杯先茶后奶的奶茶，或者4杯先奶后茶的奶茶。由于每喝完一杯，奶茶总量就会少1，不同类型的奶茶占比也会变化，因此这里所涉及的概率计算与条件概率相关。根据题意，女士全部猜对的概率

$$p = \frac{4}{8} \times \frac{3}{7} \times \frac{2}{6} \times \frac{1}{5} = \frac{1}{70} \approx 0.014$$

或者写为

$$p = \frac{1}{C_4^8} = \frac{1}{70} \approx 0.014$$

0.014是一个非常小的概率。如果这位女士全都猜对了，这就意味着如此小概率的事件在这位女士身上发生了，那么我们就很难否认这位女士确实有鉴别能力。用更一般化的语言来表达这一假设检验的结果，即如果该随机试验的结果提供了不利于原假设（在女士品茶的例子里，即女士没有鉴别能力）的显著性证据，我们就要否定原假设。这里所讲的显著性指的是统计意义上的显著，用来判断所关注事件是否为小概率事件，这也是假设检验中小概率原

理的重要体现。

至此,有读者可能会问,实际分析中,究竟多小的概率可以算小概率。通常,社会科学研究视发生概率在 0.05 以下的事件为小概率事件。这个取值一般用字母 α 来表示,它还有一个名字是"显著性水平"(significance level;也称显著度,是变量落在置信区间以外的可能性)。因此,假设检验又称显著性检验。

如果我们根据一般统计标准,将显著性水平 α 定为 0.05,那么对于品茶试验的结果,我们可以认为这位女士有辨别能力是一个小概率事件(因为 $p = 0.014 < \alpha$)。根据小概率原理,此时我们就要拒绝原假设。

那么如果这位女士猜对至少 3 杯,我们就可以证明这位女士有鉴别能力吗?

要回答这个问题,我们首先需要计算这位女士猜对至少 3 杯的概率。

$$p = \frac{1 + C_4^3 C_4^1}{C_8^4} = \frac{17}{70} \approx 0.243$$

通过计算,我们得出猜对至少 3 杯的概率为 0.243,这一数值就概率来讲并不算低,也就是说,试验结果没有提供不利于原假设的证据,从而我们无法否定原假设。即如果这位女士猜对至少 3 杯,我们是无法否定这位女士没有鉴别能力这一命题的。

下面我们再通过一个例子来体会假设检验的思想。

例 7.2 星巴克和 Costa 都诞生于 1971 年,并且都是做咖啡豆起家的。星巴克侧重经营各种特级或稀有的咖啡豆;而 Costa 既卖咖啡豆,又会研究自己独特的意式咖啡豆配比,其中最常见的就是阿拉比卡与罗伯斯特的 6:1 混合拼豆。据说,星巴克和 Costa 的美式咖啡就像百事可乐和可口可乐一样,真正的咖啡爱好者是能喝出它们之间的区别的。这里我们可以设计实验检验一下。

与费希尔的品茶试验不同,这次我们采取"人海战术":

我们从咖啡爱好者中随机抽取 100 名参与实验,让他们品尝两杯没做记号的咖啡,并告知这两杯咖啡一杯是 Costa,一杯是星巴克。然后我们基于实验得到的统计量来计算样本中能区分出 Costa 和星巴克的人的比例。

结果发现,100 名实验对象有 72 名正确区分了 Costa 和星巴克。基于这个结果,我们可以判断咖啡爱好者有鉴别能力吗?首先,我们来计算在这一情况下可以正确区分的人所占比例是多少。根据题意,如果 100 名实验对象中有 72 名给出了正确答案,那么正确区分出 Costa 和星巴克的人的比例为

$$p_1 = \frac{72}{100} = 0.72$$

为清楚说明检验结果,我们与另一个结果(如果 100 名实验对象有 56 名准确区分)同时进行比较。此时,正确区分咖啡品牌的样本比例为

$$p_2 = \frac{56}{100} = 0.56$$

与女士品茶一样,这里我们先引入一个假设,咖啡爱好者无法区分星巴克和 Costa 的咖啡。如果这一论述是对的,那就意味着咖啡爱好者能区分出咖啡品牌是随机事件。那么,全部咖啡爱好者中能正确区分 Costa 和星巴克的人应该差不多占一半,即 $p = 0.5$。根据样本比例抽样分布的计算公式,有:

样本比例抽样分布的均值 $p = 0.5 = $ 总体比例 π_0;

样本比例抽样分布标准误 $SE = \sqrt{\dfrac{p(1-p)}{n}} = 0.05$。

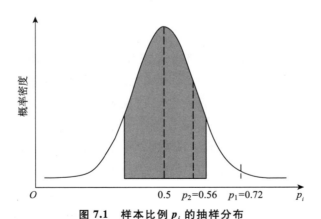

图 7.1　样本比例 p_i 的抽样分布

图 7.1 为样本比例 p_i 的抽样分布。阴影部分对应的取值范围是总体比例 $\pi_0 = 0.5$ 的 95% 的置信区间。① 根据置信区间计算公式（$0.5 \pm 1.96 \times 0.05$）,我们可以计算出区间上限和下限,即 0.598 和 0.402。如果样本比例 p_i 落在这个

---

① 根据抽样分布定理,样本比例抽样分布的均值是总体比例的无偏估计,因此这里用总体比例。

取值范围内,则意味着样本比例 p_i 与该实验的原假设提出的 0.5 没有显著差异;如果落在取值范围之外,则意味着样本比例 p_i 与原假设的比例 0.5 存在显著不同。对于 $p_2 = 0.56$,这一取值包含在 $\pi_0 = 0.5$ 的 95% 的置信区间内,这说明样本比例 p_2 与所假设的 0.5 没有显著差别。此时,我们不能拒绝原假设,即咖啡爱好者不能区分 Costa 和星巴克的咖啡。

当 $p_1 = 0.72$ 时,情况发生了变化,p_1 落在了阴影部分对应的取值范围的右边。这表示在 0.05 的显著性水平下,样本比例 p_1 与原假设的比例 0.5 有显著差异。根据小概率原理,我们应该拒绝原假设,即否认咖啡爱好者不能区分 Costa 和星巴克的咖啡。

很容易发现,在这个例子中,我们用到了很多参数估计的内容。实际上,假设检验和参数估计的统计推断思路是相通的,它们都以抽样分布和概率论为依据。两者最大的区别在于目的不同:在区间估计中,我们是用样本统计值推测总体参数可能的取值范围;而在假设检验中,我们是利用样本资料来检验事先对总体某些数量特征所做的假设是否可信。

接下来,我们来对假设检验中所涉及的概念逐一介绍。

(一) 假设的定义

假设(hypothesis)是对总体参数的一种看法,通常包括原假设和备择假设。在假设检验中,原假设(null hypothesis,H_0)指研究者收集证据加以反驳的假设。由于它通常表示"无效"、"无差别"或"无影响"的情况,因此也称为零假设或虚无假设。在数学表达上,原假设通常包含等号,如 =、≥、≤。

与原假设 H_0 相对立的假设为备择假设(alternative hypothesis),通常用 H_1 或 H_a 表示。如果用数学表达式,其表达式总是有不等号,如 ≠、>、<。由于备择假设往往是研究者提出的、想通过收集证据予以支持的假设,故它也称作研究假设(research hypothesis)。从这个角度看,假设检验就是找出对原假设不利、对备择假设有利的证据。

这时再回顾 Costa 与星巴克的美式咖啡案例,原假设为咖啡爱好者无法区分 Costa 和星巴克的咖啡,备择假设则是咖啡爱好者能够鉴别 Costa 和星巴克的咖啡。我们可以用数学表达式展示为

$$H_0: \pi_0 = 0.5$$

第七章 假设检验

$$H_1: \pi_0 \neq 0.5$$

需要强调的是,假设是对总体参数的一种看法。因此,在提出假设的时候,我们是针对总体参数提出的。而在检验的时候,我们是根据样本信息,基于抽样分布原理来进行假设检验的。

为熟悉假设的提法,我们来尝试写出例 7.3 中的 H_0 和 H_1。

例 7.3 已知学龄前儿童身体质量指数(BMI)呈正态分布,均值为 17.2。为了研究父母 BMI 与未成年子女 BMI 之间的关系,学者随机抽查了 25 名来自肥胖指数较高家庭的学龄前儿童的 BMI,这些儿童父母的 BMI 均超过 28。经过计算,这 25 名儿童的 BMI 均值为 22.5,标准差为 6.8。能否据此认为来自肥胖指数较高家庭的学龄前儿童的 BMI 与一般学龄前儿童的 BMI 有差别?

解 根据题干信息,可以知道,学龄前儿童 BMI 均值为 17.2,这是总体均值。随机抽查了 25 名来自肥胖指数较高家庭的学龄前儿童的 BMI,并测得他们的 BMI 均值为 22.5,这是样本均值。在提假设的时候,我们是对来自肥胖指数较高家庭的学龄前儿童的 BMI 的总体均值提假设。此外,从问法上看,本题想验证的是来自肥胖指数较高家庭的学龄前儿童的 BMI 是否与一般学龄前儿童有差别。这里,"是"与"否"是不存在方向的,可能是大于也可能小于。因此,本题的 H_0 和 H_1 可以表达为

$$H_0: \mu = 17.2$$
$$H_1: \mu \neq 17.2$$

或者我们将上述问题改写一下,即能否据此认为来自肥胖指数较高家庭的学龄前儿童的 BMI 比一般学龄前儿童的 BMI 高。

此时,根据问题表述,"来自肥胖指数较高家庭的学龄前儿童的 BMI 比一般学龄前儿童的 BMI 高"是一个非常具有方向性的表述,这意味着 H_0 和 H_1 需要包含明确的方向。这里备择假设 H_1 更好判断,因为它与陈述一致,即来自肥胖指数较高家庭的学龄前儿童的 BMI 比一般学龄前儿童的 BMI 高;它的对立假设就是原假设,即来自肥胖指数较高家庭的学龄前儿童的 BMI 并没有比一般学龄前儿童的 BMI 高。此时,H_0 和 H_1 可以表达为

$$H_0: \mu \leq 17.2$$
$$H_1: \mu > 17.2$$

由于原假设的方向(即大于或小于)的实际意义不大,因此也有不少书只考虑等于的关系,故 H_0 和 H_1 可以表达为

$$H_0 : \mu = 17.2$$
$$H_1 : \mu > 17.2$$

以上两种表述理论上都可以。

(二) 检验统计量

写出原假设和备择假设是统计显著性检验的第一步,第二步是构建检验需要用到的统计量。检验统计量是用于假设检验的样本统计量。通常,从样本得到的点估计量(均值、比例)不能直接作为检验的统计量,常用的方法是将其化成标准分,通过相应的统计量分布计算出对应的 p 值,通过和事先规定的显著性水平相比较,我们便可以方便地检验原假设了。

假设检验根据检验内容和条件不同需要采用不同的检验统计量。

首先我们要确认检验的内容,即检验什么总体参数,是均值、比例,还是方差。如果要检验总体均值,我们通常需根据总体分布以及样本大小,选择 t 统计量或者 z 统计量;如果是对总体比例进行检验,我们常用 z 统计量;如果要对总体方差进行检验,我们往往采用 χ^2 统计量。本章我们主要介绍对均值和比例的检验。

在总体均值和比例检验中,检验统计量的计算公式可以统一表达为

$$检验统计量 = \frac{样本估计量 - 总体参数假设值}{样本估计量的抽样分布标准误} \tag{7.1}$$

比如,在刚才的星巴克和 Costa 的案例中,检验统计量 $z = \dfrac{p_i - \pi_0}{\text{SE}}$。其中,$p_i$ 是样本比例,π_0 是假设的总体比例,SE 是样本比例抽样分布的标准误。

根据中心极限定理,当样本容量足够大时,样本比例的抽样分布近似正态分布。根据二项分布的抽样标准误计算公式,不同样本比例下所得 z 值分别为

$$z_1 = \frac{p_1 - \pi_0}{\text{SE}} = \frac{0.72 - 0.5}{0.05} = 4.4$$

$$z_2 = \frac{p_2 - \pi_0}{\text{SE}} = \frac{0.56 - 0.5}{0.05} = 1.2$$

第七章 假设检验

计算检验统计量 z 其实就是将服从正态分布的样本比例的抽样分布转化为标准正态分布。z 值反映了样本比例 p_i 与所假设的总体参数之间相差了多少个抽样标准误。基于星巴克和 Costa 的案例，我们绘制了样本比例抽样分布在标准化前（图 7.2 左图）和标准化后（图 7.2 右图）后的取值及位置以方便进行对比。

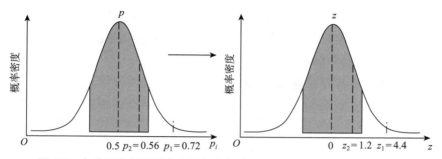

图 7.2 咖啡品鉴案例样本比例标准化前后在正态分布中的取值和位置

（三）双尾检验和单尾检验

计算完检验统计量之后，我们就需要判断是否要拒绝原假设了。在此之前，我们需要熟悉两个概念——双尾检验和单尾检验。

1. 双尾检验和单尾检验的概念

双尾检验和单尾检验主要是通过备择假设 H_1 来判断。如果备择假设不存在特定的方向性，即如果备择假设里包含"$\neq$"，则该检验称为双尾检验（two-tailed test）或双侧检验。比如，假定原假设为总体参数等于某一数值，如 $H_0: \overline{X} = \overline{X}_0$，则备择假设 $H_1: \overline{X} \neq \overline{X}_0$。只要 $\overline{X} < \overline{X}_0$ 和 $\overline{X} > \overline{X}_0$ 二者中有一个成立，我们就可以否定原假设。这种情况就是双尾检验，它对检验结果的方向是没有预判的。

如果备择假设具有特定的方向性，并包含">"或"<"，则称为单尾检验（one-tailed test）或单侧检验。比如，原假设 $H_0: \overline{X} \geq \overline{X}_0$，则备择假设 $H_1: \overline{X} < \overline{X}_0$，即只有当 $\overline{X} < \overline{X}_0$ 时，我们才能拒绝原假设。或者，$H_0: \overline{X} \leq \overline{X}_0$，$H_1: \overline{X} > \overline{X}_0$，即只有当 $\overline{X} > \overline{X}_0$ 时，我们才能拒绝原假设。上述两种情况，我们对结果方向都有预判，这时候使用的检验就是单尾检验。对于单尾检验，备择假设的不同方向对应不同的假设检验名称，当备择假设的方向为"<"，是左尾检验；当备择假

设的方向为">",是右尾检验。

2. 拒绝域与接受域

双尾检验和单尾检验所对应的假设检验的拒绝域和接受域有所不同。通常,拒绝域指的是能够拒绝原假设的统计量所有取值的集合,拒绝域之外的区域称为接受域。一般来讲,拒绝域的大小与事先选定的显著性水平 α 有关。α 和 $1-\alpha$ 确定了拒绝域的面积,对应的取值确定了拒绝域的临界值。当样本量一定时,拒绝域的面积随着 α 的减小而减小。

以总体均值的双尾检验为例,其拒绝域可以表示为图 7.3 阴影部分。很明显,对于双尾检验,它的拒绝域分布在标准正态分布的两侧,每部分的面积均为 $\frac{\alpha}{2}$。当检验统计量小于 $\frac{\alpha}{2}$ 对应的统计量取值的绝对值时,或者当检验统计量大于 $1-\frac{\alpha}{2}$ 对应统计量取值的绝对值时,我们就可以否定原假设。而如果检验统计量位于 $\frac{\alpha}{2}$ 与 $1-\frac{\alpha}{2}$ 对应统计量取值之间时,我们则无法拒绝原假设。在这一情况下,假设检验的原假设成立。

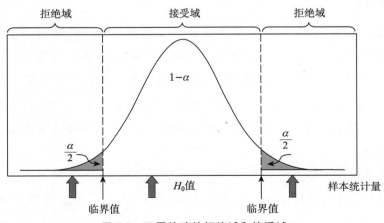

图 7.3 双尾检验的拒绝域和接受域

图 7.4 和图 7.5 展示了单尾检验的拒绝域和接受域。图 7.4 为左尾检验。当检验统计量小于 α 对应的统计量取值时,它就在拒绝域内。图 7.5 的右尾检验则正好相反,检验统计量大于 $1-\alpha$ 对应的统计量取值时,它就在拒绝域内。

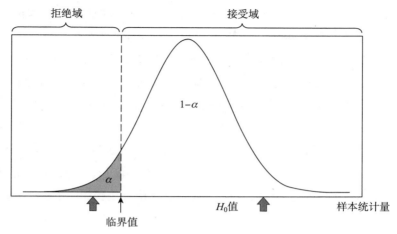

图 7.4　左尾检验的拒绝域和接受域

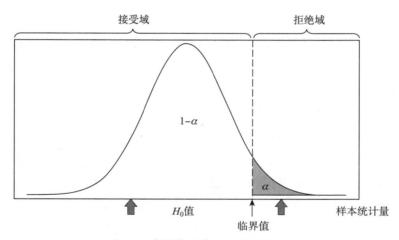

图 7.5　右尾检验的拒绝域和接受域

既然假设检验有单双尾之分,那我们应该如何选择呢?

根据相关定义,我们发现,双尾检验关注的是两组数据在同一变量上是否有差异,而单尾检验关注的是一组数据在某变量数值上是否高于或低于另一组数据。如果题干信息中没有明确的方向性用词,只是关注是否相等、是否有差别(比如,例 7.3 中的设问"能否据此认为来自肥胖指数较高家庭的学龄前儿童的 BMI 与一般学龄前儿童的 BMI 有差别?"),那就用双尾检验。但是如果说题干信息中有明显的方向性用词,如增加、减少、延长、缩短等(比如,将例 7.3

改写后的设问"能否据此认为来自肥胖指数较高家庭的学龄前儿童的 BMI 比一般学龄前儿童的 BMI 高?"),这时就应该进行单尾检验。

事实上,实际分析时往往很少有像例题一样如此明确的用词。因此,除非有理论和实证研究支撑,我们更多地选择双尾检验。原因在于:双尾检验任意侧的拒绝域面积比单尾检验的拒绝域面积更小,那么通过双尾检验的统计量临界值的绝对值要比通过单尾检验的统计量临界值的绝对值大。在给定的显著性水平 α 下,如果通过了双尾检验,那么也一定会通过单尾检验。比如,当显著性水平 α 取值为 0.05 时,通过双尾检验的临界值 $|z_{\frac{\alpha}{2}}| = 1.96$,通过单尾检验的临界值 $|z_{\alpha}| = 1.645$。因此,双尾检验比单尾检验更保险,也更加普遍。

确定了是双尾还是单尾检验之后,我们就可以通过比较检验统计量的绝对值和临界值的绝对值的大小来判断是否拒绝原假设了。

3. 假设检验的 p 值

除了比较检验统计量与临界值的大小之外,我们还可以基于所得的检验统计量进一步计算 p 值,借此判断是否拒绝原假设。p 值又称显著性概率,它表示当原假设为真时,出现偏离原假设值的观测值以及比观测值更极端的值的概率。显著性水平 α 实际就是 0—1 之间的 p 值。p 值越小,拒绝原假设的证据就越强。因此,p 值也被看作反对原假设的证据。

一般地,我们认为 p 值小于 0.05 具有统计意义。它表明原假设是正确的概率小于 5%。需提及的是,原假设是正确的概率小于 5% 并不意味着有 95% 的概率备择假设为真,因为这暗含了 100% 的确定性。通常,我们会说检验结果为备择假设提供了支持,因为原假设仍有不到 5% 的概率为真,虽然小,但是仍旧存在。

若 p 值大于 0.05,表示假设检验结果在 $\alpha = 0.05$ 下统计不显著,此时我们不能拒绝原假设,也就是说,我们保留对原假设的看法。需要注意的是,我们通常不说"接受原假设",我们只说"拒绝或无法拒绝原假设"。

至此,我们已对假设检验过程中的重要概念有了大致了解,现在来总结一下假设检验的步骤:

(1) 基于实际问题建立原假设 H_0 和备择假设 H_1。原假设一般是包含相等条件的表达式。

（2）根据给定的显著性水平 α，确定建立检验需要用到的统计量。

（3）根据双尾或单尾检验，计算出相关统计量。通过比较相关统计量绝对值与临界值绝对值的大小，或者比较相关统计量对应的 p 值和 α 的大小，来判断是否拒绝原假设。

二、假设检验的两类错误

在假设检验中，最理想的情况就是原假设为真，我们不能拒绝原假设，或者原假设为假，我们拒绝原假设。但是现实与理想总是存在差距。假设检验依据的是小概率事件在一次试验中几乎不可能发生，但是这一说法无法保证小概率事件一定不会发生，毕竟再小的概率只要不为 0 都有可能发生。同样，由于样本的随机性，大概率事件也未必一定会发生。因此，统计决策是存在错误的可能性的。

（一）两类错误的定义

在假设检验中，这些可能发生的错误包含两种类型：

第一类错误（type Ⅰ error）指原假设 H_0 为真时，拒绝了 H_0，故第一类错误也称为弃真错误（以单尾检验为例，见图 7.6）。在这类错误中，检验结果在统计上是显著的，但实际上这些结果纯属偶然或者是由不相关的因素导致的。通常，犯此类错误的风险与所选的显著性水平 α 有关，因此第一类错误也称作 α 错误（α error）。若显著性水平 α＝0.05，这意味着如果原假设为真，拒绝原假设的概率为 5% 或更小。因此，拒绝 H_0 并不代表可以接受 H_1。

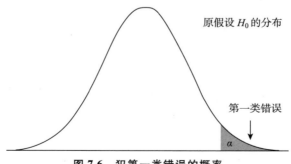

图 7.6　犯第一类错误的概率

第二类错误（type Ⅱ error）指原假设 H_0 为假，却没有拒绝 H_0，故第二类错误也称为取伪错误(以单尾检验为例,见图7.7)。通常,我们将犯这类错误的概率用 β 表示,因此第二类错误也称作 β 错误(β error)。当出现此类错误时,意味着我们无法得出实际存在影响或存在差异的结论。大多数情况下可能是研究缺乏足够的统计功效来检测特定大小的影响。统计功效(statistical power,简称 SP)是指备择假设为真时,统计检验拒绝原假设的概率,反映了假设检验能正确检测到真实的处理效应或真实差异的能力,如图7.7的空白区域。

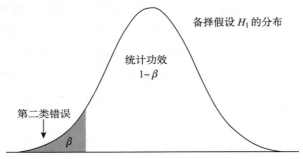

图 7.7 犯第二类错误的概率

统计功效的计算公式为

$$SP = 1 - \beta \qquad (7.2)$$

为了方便读者理解,表7.1列出了假设检验的理想状态和两类错误。第一列列出的是假设检验的前提,包含两种情况,即原假设 H_0 为真和原假设 H_0 为假。第二、三列为对应的决策,也包含两种选择,分别为拒绝原假设 H_0 和无法拒绝原假设 H_0。这里,我们用 √ 表示理想情形。剩下两个单元格分别对应第一类错误和第二类错误。

表 7.1 假设检验中的两类错误

前提	决策	
	拒绝原假设 H_0	无法拒绝原假设 H_0
原假设 H_0 为真	I 类错误	√
原假设 H_0 为假	√	II 类错误

(二) 两类错误的关系

α 错误与 β 错误的关系就像跷跷板一样:如果 α 错误发生的概率减小,那

么 β 错误发生的概率就会增大,反之亦然。

假设检验中的 H_0 和 H_1 分别对应不同的分布。在进行假设检验时,基于不同的假设,所形成的样本统计量的抽样分布是不同的。(见图 7.8)第一类和第二类错误分别对应的是 H_0 和 H_1 的拒绝域。我们先看 H_0 的分布,该分布以 H_0 为真为前提,其中浅色阴影区域为第一类错误率,如果检验统计量落在这一区域表示拒绝原假设。类似地,H_1 的分布以 H_1 为真为前提,其中深色阴影区域代表第二类错误率,如果检验统计量落在这一区域则拒绝备择假设。

需注意的是,第一类和第二类错误之间存在相关性。如果我们从左到右挪动粗实线,可以发现:粗实线越往右,α 错误的面积会减小,而 β 错误的面积会增大。也就是说,减少一方的发生概率总是以增加另一方的发生概率为代价,因此,在第一类和第二类错误之间取得平衡是很重要的。

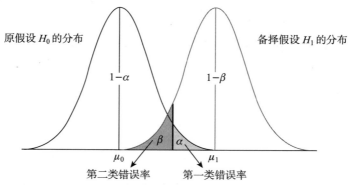

图 7.8 假设检验两类错误关系的图示(以单尾检验为例)

下面我们通过一个例子来看看如何计算 β。

例 7.4 假设 $X_1, X_2, \cdots, X_n$ 为来自总体 $X \sim N(\mu, 1)$ 的 n 个样本,如果对于总体 X,有

$$H_0: \mu = 1.8, H_1: \mu = 2.6$$

且检验的拒绝域 $W = \{\overline{X} > 2.3\}$,求:

(1)当 $n = 16$ 时,犯两类错误的概率。

(2)如果要使得犯第二类错误的概率小于 0.05,则 n 最小应该取多少?

解 对于第一问,我们需要先根据两类错误的定义把两类错误的概率写出来,其中,第一类错误(α 错误)是建立在原假设为真(即 $\mu = 1.8$)的基础上

的。因此，第一类错误 α 可以表达为

$$\alpha = P(\overline{X} > 2.3 \mid H_0) = P\left(\frac{\overline{X} - 1.8}{\sqrt{\frac{1}{n}}} \geqslant \frac{2.3 - 1.8}{\sqrt{\frac{1}{n}}}\right) = P(z \geqslant 0.5\sqrt{n})$$

$$= 1 - P(z < 0.5\sqrt{n}) = 1 - \Phi(0.5\sqrt{n}) = 1 - \Phi(2)$$

查附表 1 可知，当 $z \leqslant 2$ 时，$P = 0.9772$，即 $\Phi(2) = 0.9772$。

$$\alpha = 1 - \Phi(2)$$
$$= 1 - 0.9772$$
$$\approx 0.023$$

第二类错误（β 错误）是建立在原假设为假的基础上的。一般来讲，原假设为假并不意味着备择假设为真，因为原假设为假之外有很多可能性。但是根据题设，我们已经规定，原假设之外的备择假设只有一种可能，即 $\mu = 2.6$。因此，在计算 β 错误的时候，我们可以简单认为，它基于 $\mu = 2.6$，有

$$\beta = P(\overline{X} < 2.3 \mid H_1) = P\left(\frac{\overline{X} - 2.6}{\sqrt{\frac{1}{n}}} < \frac{2.3 - 2.6}{\sqrt{\frac{1}{n}}}\right)$$

$$= P(z < -0.3\sqrt{n})$$
$$= \Phi(-0.3\sqrt{n}) = \Phi(-0.3\sqrt{16}) = \Phi(-1.2) = 1 - \Phi(1.2)$$

查附表 1 可知，当 $z \leqslant 1.2$ 时，$P = 0.8849$，即 $\Phi(1.2) = 0.8849$。

$$\beta = 1 - \Phi(1.2) = 1 - 0.8849$$
$$\approx 0.115$$

对于第二问，可以根据刚推导出的 $\beta = \Phi(-0.3\sqrt{n})$ 结合题干，列出下式：

$$\beta = \Phi(-0.3\sqrt{n}) \leqslant 0.05$$

解得 $n \geqslant 30.062$，所以 $n = 31$。

根据上述计算过程，我们可以验证两点：(1) 增加样本量可以减小犯第二类错误的概率；(2) β 的取值存在不确定性。这是因为只有当 H_1 假设的参数值是确定的时候，我们才能计算 β。由于 H_1 更多情况下包含 $\neq$、> 或 <，所以 β 会存在多个取值。

(三) 如何控制两类错误?

社会科学研究很注重对第一类错误的控制,而对于第二类错误的重视程度不够。其实,第二类错误与第一类错误同样重要。如果第二类错误发生的概率太大,研究结论将会变得不可信。这里我们要回到之前提到的统计功效的概念。它反映了原假设被正确拒绝的概率($1-\beta$)。因此,统计功效只有在原假设被拒绝时才有用。某研究的统计功效越高,出现第二类错误的概率就越小。当差别真实存在时,我们能检测到该差异的概率也越大。

学术界一般认为,研究的统计功效只有达到 0.8 以上才比较可靠。

统计功效的用处很多,它既可以反映对某研究结果所得结论的信心,也可以作为一种工具来估计研究所需的样本大小,以检测实际研究中的效应。在高级统计学习中,功效分析(power analysis)常常被专门设定为一个专题进行讲解。[①]

当讨论统计功效时,在功效(power)、效应量(effect size)、样本容量(sample size)和显著性水平 α 这四个相互关联的概念中,只要固定其中三个,第四个是可以完全确定的。因此,如果想增加功效,我们可以通过增加效应量、样本容量和 α 值来实现。这三个因素是如何对统计功效造成影响的呢?

(1) 显著性水平 α。在提高统计功效的众多方法中,最简单直观的方法就是增加 α(比如从 0.05 到 0.1)。这一方法主要基于 α 和 β 之间的关系。因为 α 增加,β 会减小,而统计功效 $1-\beta$ 就会相应增加。鉴于此,从双尾检验转变为单尾检验也同样可以做到提高统计功效。然而,能否采用单尾检验需要足够的理论和实证研究支撑。否则,我们仍旧需要更多采用双尾检验。

(2) 样本容量。提高统计功效的另一种简单直观方法就是增加样本容量。因为样本容量的增加可以降低抽样分布标准误,H_0 和 H_1 形成的两个抽样分布会变得更加集中,二者的重合部分会变小,进而减小了 α 错误和 β 错误的面积,即相应的发生概率也会减小。然而,在实际研究中,样本容量往往不可能无限增大,这就涉及对两类错误进行控制的问题。耶日·内曼(Jerzy

---

[①] 具体内容超出本书的讨论范围,感兴趣的读者可以参考相关书籍。如 Paul D. Ellis, *The Essential Guide to Effect Sizes: Statistical Power, Meta-Analysis, and the Interpretation of Research Results*, Cambridge University Press, 2010。

Neyman)和埃贡·皮尔逊(Egon Pearson)对此提出了一条原则,即在限制犯第一类错误概率的前提下,使犯第二类错误的概率尽可能小。由此可见,H_0和H_1在假设检验中所起的作用是不对称的。H_0是受到保护的假设,没有充分证据不可以轻易否定。这有点类似于刑法的"疑罪从无"原则,没有充分的证据不可判定犯罪嫌疑人有罪,否则将有可能产生冤假错案。

(3)效应量(也称效应幅度)。效应量是一个独立于样本容量的标准化指数,其目的在于量化总体(原假设和备择假设)之间的差异大小,因此,它通常被定义为原假设下的均值和备择假设下的均值之间的标准差的个数,即 $d = \frac{\mu_1 - \mu_0}{\sigma}$。其中,$d$ 为效应量,μ_0 为原假设下的总体均值,μ_1 为备择假设下的总体均值,σ 为两个总体的标准差。可见,效应量的大小取决于 H_0 和 H_1 背后两总体的均值差和标准差大小。给定总体标准差,原假设和备择假设分布的均值差异越大,效应量越大,统计功效越大。同理,给定原假设和备择假设分布的均值差,标准差越小,效应量越大,统计功效越大。

至此,相信读者们已经对什么是假设检验、怎样进行假设检验有了初步的认识。然而,假设检验所要构建的检验统计量,会随检验内容和条件的不同而不同。下面我们将讨论各种情况下如何计算检验统计量。

三、单总体假设检验

首先我们来介绍如何进行单总体假设检验。顾名思义,单总体是只有一个总体,其参数值是已知或假设好的,我们关注的是基于所抽取的样本计算得到的检验统计量与这个总体的参数值之间是否存在统计上的显著出入。比如咖啡爱好者能不能分辨出星巴克和 Costa 的咖啡、使用新技术是否延长了产品的平均使用寿命等问题,都属于单总体假设检验。

根据检验内容,单总体假设检验可分为总体均值的假设检验、总体比例的假设检验和总体方差的假设检验,且不同参数在不同情况下所用的检验统计量有所不同。图 7.9 就此进行了总结。下面我们重点介绍总体均值的假设检验和总体比例的假设检验。

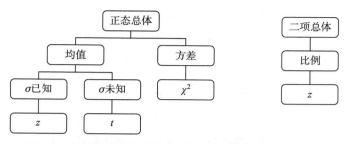

图 7.9　单总体假设检验的主要检验内容及对应的统计量

在用假设检验进行统计推断之前,所涉及的总体和样本需要满足一定条件。大多数情况下,我们会假定总体分布服从正态分布。原因在于,当总体为正态分布时,样本均值的抽样分布也服从正态分布,这为假设检验中检验统计量的计算提供了依据。但是当总体为非正态分布时,我们则要视样本容量来决定是否能进行假设检验。通常,只有在大样本条件($n \geq 30$)下,样本均值的抽样分布才呈现渐近正态。当样本容量较小($n < 30$)时,样本统计量的理论分布形式难以确定。①

(一) 总体均值的假设检验

对正态总体均值进行假设检验,总体方差是否已知与检验统计量的选择有着密切的关系。

假定我们有如下的原假设 H_0 和备择假设 H_1:

$$H_0 : E(X) = \mu_0$$
$$H_1 : E(X) \neq \mu_0$$

其中,X 为总体中随机抽取的样本,μ_0 为所假设的总体均值,也是原假设为真时的总体均值。

1. 总体方差已知

当总体服从正态分布,且总体方差 σ^2 已知时,在原假设为真的前提下,标准化的 $\overline{X}$,即 $\dfrac{\overline{X} - \mu_0}{\sigma_{\overline{X}}}$ 服从标准正态分布,其中,$\sigma_{\overline{X}} = \dfrac{\sigma}{\sqrt{n}}$。在这种情况下,假设

---

① 此时需转为非参数检验,但本书不覆盖这部分内容,感兴趣的读者可以参阅相关书籍。

检验选用的检验统计量为 z。相关计算公式为

$$z = \frac{\overline{X} - \mu_0}{\frac{\sigma}{\sqrt{n}}} \tag{7.3}$$

2. 总体方差未知

当总体服从正态分布，但是总体方差 σ^2 未知时，由于样本方差 s^2 是总体方差 σ^2 的无偏估计，我们采用样本标准差 s 代替总体标准差 σ 来计算样本均值的抽样标准误 $\mathrm{SE}_x = \frac{s}{\sqrt{n}}$，并选用检验统计量 t，在自由度为 $n-1$ 的条件下判断是否拒绝原假设：

$$t = \frac{\overline{X} - \mu_0}{\frac{s}{\sqrt{n}}} \sim t(n-1) \tag{7.4}$$

随着样本容量的增加，s^2 逐渐趋近 σ^2，相应地，t 分布也越来越接近标准正态分布（z 分布）。与区间估计一样，在手动计算的时候，我们还会分大样本和小样本两种情况进行讨论。

在大样本（$n \geq 30$）的情况下，由于 t 分布与 z 分布非常接近，我们可以直接计算 z 统计量进行假设检验。计算公式为

$$z = \frac{\overline{X} - \mu_0}{\frac{s}{\sqrt{n}}} \tag{7.5}$$

而在小样本（$n < 30$）的情况下，我们就需要构建 t 统计量进行假设检验，计算公式为

$$t = \frac{\overline{X} - \mu_0}{\frac{s}{\sqrt{n}}} \tag{7.6}$$

图 7.10 总结了如何选择不同情况下正态总体均值的检验统计量。

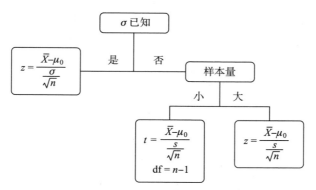

图 7.10 不同情况下正态总体均值的检验统计量的选择

不论是哪种情况,计算完相应统计量之后,我们就需要进行统计决策了。统计决策既可以通过将相应统计量的绝对值与规定显著性水平 α 下统计量临界值的绝对值相比得出,也可以通过找出该统计量对应的 p 值,进而与规定的显著性水平 α 相比得出。如果计算所得统计量的绝对值大于规定显著性水平下统计量的绝对值,或者统计量对应的 p 值小于 α,我们就要拒绝原假设。

现在我们来完成例 7.3 的假设检验。

前面讲过,这道题属于双尾检验,相应假设为

$$H_0: \mu = 17.2, H_1: \mu \neq 17.2$$

根据题设,本题属于总体服从正态分布,总体方差未知且为小样本($n < 30$),应采用 t 统计量。

将 $\mu_0 = 17.2, \bar{X} = 22.5, s = 6.8, n = 25$,代入 t 统计量的计算公式,有

$$t = \frac{\bar{X} - \mu_0}{s_{\bar{X}}} = \frac{\bar{X} - \mu_0}{\frac{s}{\sqrt{n}}} = \frac{22.5 - 17.2}{\frac{6.8}{\sqrt{25}}} = 3.897$$

因为是双尾检验,当 $\alpha = 0.05$,自由度 $df = n - 1 = 25 - 1 = 24$ 时,通过查附表 3 可得 $|t_{0.025, 24}| = 2.064 < 3.897$。因此,我们在 0.05 的显著性水平下拒绝原假设 H_0,即得出结论:来自肥胖指数较高家庭的学龄前儿童的 BMI 与一般学龄前儿童的 BMI 均值在 0.05 的显著性水平下有差别。

此外,我们还可以通过找出 $df = 24, t = 3.897$ 时的 p 值进行判断。通过 Stata 命令"dis ttail(24,3.897)"可得,当 $df = 24, t = 3.897$ 时,$p = 0.00034$。由于

本题为双尾检验,所得 p 值需要乘以 2 然后跟显著性水平 α 进行比较,因此,$p = 0.00034 \times 2 = 0.00068 < 0.05$。基于这一结果,我们可以做出与第一种方法完全一样的统计决策。

对于另一种问法"能否据此认为来自肥胖指数较高家庭的学龄前儿童的 BMI 比一般学龄前儿童的 BMI 高?",此时,我们就需要用单尾检验,相应假设为

$$H_0: \mu = 17.2, H_1: \mu > 17.2$$

与之前一样,我们仍旧需要用 t 检验量,计算方式和结果也完全一样,只是检验的临界值发生了变化,查附表 3,t 的临界值为 $|t_{0.05,24}| = 1.711 < t$。该结果显示,在 0.05 的显著性水平下,我们要拒绝原假设。当然,我们还可以通过计算 p 值来判断是否拒绝假设,只是对于单尾检验,我们不再需要乘以 2,直接将 df = 24,$t = 3.897$ 时,p 值为 0.00034 与 0.05 相比即可。

(二) 总体比例的假设检验

对总体比例的检验是基于服从二项分布的总体进行的。与总体均值的假设检验类似,对总体比例的检验也是将样本比例与原假设假定的目标值或参考值进行比较,由于其大多数是在大样本条件下进行的,根据中心极限定理,我们可以用正态分布来近似样本比例的抽样分布。因此,总体比例的假设检验常采用 z 统计量。①

有关总体比例假设检验的 z 统计量的计算公式为

$$z = \frac{P - \pi_0}{\sqrt{\dfrac{\pi_0(1 - \pi_0)}{n}}} \tag{7.7}$$

其中,π_0 为假设的总体比例,P 为待检验的总体比例。

基于计算所得 z 值,我们便可以参照总体均值假设检验进行统计决策的方式来判断是否拒绝原假设。

例 7.5 某市有关生育意愿和生育行为的调查报告指出,在不考虑生育政

---

① 当样本量较小时,则需要采用二项分布进行相关计算。相关计算超出本书范围,感兴趣的读者可以参阅相关书籍。

第七章 假设检验

策的情况下,某市育龄人群理想子女数为 3 的比例为 7.5%。为检验该项统计是否可靠,学者们在该市随机抽选了 200 名成年育龄男女并询问了他们有关理想子女数的问题,发现他们当中有 8 人回答理想子女数为 3。在 $\alpha=0.05$ 下,试问:

(1) 调查结果是否支持该市育龄人群理想子女数为 3 的比例为 7.5% 的说法?

(2) 抽样调查结果是否低估了这一比例?

解 对于第一问,由题意可知,"调查结果是否支持该市育龄人群理想子女数为 3 的比例为 7.5% 的说法"是一个双尾检验的问题,据此提出假设:

$$H_0: \pi = 7.5\%, H_1: \pi \neq 7.5\%$$

由题干可知,抽样计算所得育龄人群理想子女数为 3 的比例为 $\frac{8}{200} = 0.04$。

由于 $n\pi = 200 \times 0.075 = 15$,$n(1-\pi) = 200 \times (1-0.075) = 185$,属于大样本,因此检验统计量应选计算 z 值,计算可得

$$z = \frac{P - \pi_0}{\sqrt{\frac{\pi_0(1-\pi_0)}{n}}} = \frac{0.04 - 0.075}{\sqrt{\frac{0.075 \times (1-0.075)}{200}}} = -1.886$$

由于这是双尾检验,当 $\alpha=0.05$ 时,临界值 $|z_{\frac{\alpha}{2}}| = 1.96 > |z|$,故在 0.05 的显著性水平下无法拒绝原假设 H_0,即调查结果无法拒绝该市育龄人群理想子女数为 3 的比例为 7.5% 的说法。

此外,我们也可以通过计算 $z=-1.886$ 相应的 p 值,然后与 0.05 进行比较得出结论。通过查附表 1 或者在 Stata 软件中输入命令"dis normal(-1.886)"可知,当 $z=-1.886$ 时,对应的 $p=0.030$。由于双尾检验所求的 p 值需要乘以 2 后才能和 α 进行比较,将 0.030 乘以 2 后,$p=0.060>0.05$。因此,我们无法拒绝原假设。

对于第二问,这是一个单尾检验的问题,据此我们提出假设:

$$H_0: \pi = 7.5\%, H_1: \pi < 7.5\%$$

与第一问相同,接下来我们需要计算 z 值。根据式 7.7,z 值与第一问相同,即 $z=-1.886$。与第一问不同的是,第二问为单尾检验,这意味着当 $\alpha=0.05$

时,查附表 1,临界值不再是 $|z_{\frac{\alpha}{2}}|$,而是 $|z_\alpha|$。因此,当 $\alpha = 0.05$ 时,查附表 1,临界值 $|z_{0.05}| = 1.645 < |z|$,因此,在 0.05 的显著性水平下我们可以拒绝原假设 H_0,即抽样调查结果显著低估了该市育龄人群理想子女数为 3 的比例。同样,我们也可以通过计算 $z = -1.886$ 时对应的 p 值得出结论。与第一问不同的是,由于这是单尾检验,我们求得的 p 值不再需要乘以 2 再与 α 进行比较。由于当 $z = -1.886$ 时,所得 $p = 0.030 < 0.05$。因此,在 $\alpha = 0.05$ 下,我们可以拒绝原假设。

通过上述案例,我们发现,在规定的显著性水平下用 p 值做统计决策值,一定要注意双尾检验和单尾检验的差别。

四、两总体假设检验

两总体假设检验关注的是两个不同但均服从正态分布的总体在同一参数上是否有显著差异。例如,城乡居民的受教育程度是否存在差异;研究生学历与本科学历在收入上是否有差异;男女之间在家务劳动时间上是否存在差异;等等。下面我们将就两总体的均值差的假设检验进行介绍。

(一)两总体均值之差的假设检验

两总体假设检验和单总体假设检验相似,统计量的选择和计算要看总体方差是否已知,样本量是否够大。不同的是,两总体的假设检验需要区分来自不同总体的样本是独立样本还是配对样本。对应不同类型的样本,检验的方法有所不同,这与参数估计一样。

1. 独立样本下两总体均值差的假设检验

设有两个不同的正态总体 X_1 和 X_2,其均值和方差分别为 μ_1, σ_1^2 以及 μ_2, σ_2^2。

现在从两个总体中分别独立地抽取一个随机样本,标记为样本 1 和样本 2。两个样本的样本量、均值和方差可以分别表达为:

样本 1(来自总体 1):$n_1, \overline{X}_1, s_1^2$;

样本 2(来自总体 2):$n_2, \overline{X}_2, s_2^2$。

对这两个总体的均值差进行检验,实际上探讨的是这两个总体的均值 μ_1 和 μ_2 是否有统计上的显著差异,因此原假设 H_0 通常为两总体均值不存在差异,备择假设 H_1 则根据研究问题存在差异,分为总体 1 的均值大于总体 2 的均值、总体 1 的均值小于总体 2 的均值两种情况。表 7.2 总结了两个总体均值之差的假设检验。

表 7.2 两个总体均值之差的假设检验

假设	研究的问题		
	有无差异 （双尾检验）	均值$_1$<均值$_2$ （单尾检验）	均值$_1$>均值$_2$ （单尾检验）
H_0	$\mu_1 - \mu_2 = 0$	$\mu_1 - \mu_2 \geq 0$	$\mu_1 - \mu_2 \leq 0$
H_1	$\mu_1 - \mu_2 \neq 0$	$\mu_1 - \mu_2 < 0$	$\mu_1 - \mu_2 > 0$

进行两总体均值差的假设检验的检验统计量关注的是抽取到的两个独立样本均值差在其抽样分布中距离所假设的两总体均值差有多远。当距离超过某一临界值时，我们便有理由拒绝原假设，认为两总体的均值差不为 0。一般来讲，两总体均值差的假设检验统计量的公式可以列为

$$检验统计量 = \frac{样本均值差 - 假设的总体均值差}{样本均值差抽样分布的标准误} \tag{7.8}$$

式 7.8 与单总体假设检验的表达式非常相似。由此可见，无论是两总体还是单总体，假设检验的基本思路都是万变不离其宗的。后面要探讨的配对样本假设检验、两总体比例的假设检验，也是如此。

如果两个正态总体的总体方差 σ_1^2 和 σ_2^2 已知，标准化后两总体均值差服从标准正态分布，那么，应采用 z 统计量进行检验：

$$z = \frac{(\overline{X}_1 - \overline{X}_2) - (\mu_1 - \mu_2)}{\sqrt{\frac{\sigma_1^2}{n_1} + \frac{\sigma_2^2}{n_2}}} \sim N(0,1) \tag{7.9}$$

其中，$\overline{X}_1 - \overline{X}_2$ 为样本 1 和样本 2 的均值差，$\mu_1 - \mu_2$ 为总体 1 和总体 2 的均值差。由于原假设往往假定两总体均值之间没有差异，即 $\mu_1 - \mu_2 = 0$，这项往往会被略去，因此计算公式简化为

$$z = \frac{\overline{X}_1 - \overline{X}_2}{\sqrt{\frac{\sigma_1^2}{n_1} + \frac{\sigma_2^2}{n_2}}} \tag{7.10}$$

基于计算所得的 z 值，我们既可以通过将其绝对值与规定显著性水平 α 下 z 的临界值的绝对值相比来判断是否拒绝原假设，也可以通过找出该 z 统计量对应的 p 值，然后与规定的显著性水平 α 相比进行判断。判断方法与单总体假设检验相同。

例 7.6 某高校近五年录取情况的统计显示，本省学生的高考成绩标准差为 50 分，外省学生的高考成绩标准差为 55 分。现从本省学生中随机抽取 36 人组成一个样本，测得平均高考成绩为 635 分；从外省学生中随机抽取 40 人组成一个样本，测得平均高考成绩为 652 分。假设高考成绩服从正态分布，在显著性水平 α = 0.05 下，试问：本省学生与外省学生的高考成绩是否有显著差别？

解 设 X_1 和 X_2 分别表示本省学生与外省学生的高考成绩，根据题意有

$$X_1 \sim N(\mu_1, 50^2) \qquad n_1 = 36, \overline{X}_1 = 635$$

$$X_2 \sim N(\mu_2, 55^2) \qquad n_2 = 40, \overline{X}_2 = 652$$

由题可知，这是一个双尾检验问题，提出假设：

$$H_0: \mu_1 = \mu_2, H_1: \mu_1 \neq \mu_2$$

因为 n_1, n_2 均大于 30，属于大样本，故应选 z 统计量。

根据检验统计量 z 的计算公式，有

$$z = \frac{\overline{X}_1 - \overline{X}_2}{\sqrt{\frac{\sigma_1^2}{n_1} + \frac{\sigma_2^2}{n_2}}} = \frac{635 - 652}{\sqrt{\frac{50^2}{36} + \frac{55^2}{40}}} = -1.411$$

由于是双尾检验，α = 0.05，有

$$|z| = 1.411 < \left|z_{\frac{\alpha}{2}}\right| = 1.96$$

因此，在 0.05 的显著性水平下无法拒绝 H_0，即本省学生与外省学生的高考成绩不存在显著差别。

在大多数情况下，总体方差 σ_1^2, σ_2^2 是未知的。此时，我们用样本方差 s_1^2 和 s_2^2 来代替总体方差 σ_1^2 和 σ_2^2。当两个样本都足够大时，即 $n_1 \geq 30$ 且 $n_2 \geq 30$，我们仍可用 z 统计量进行近似，其计算公式为

$$z = \frac{\overline{X}_1 - \overline{X}_2}{\sqrt{\frac{s_1^2}{n_1} + \frac{s_2^2}{n_2}}} \qquad (7.11)$$

如果两正态总体的总体方差 σ_1^2, σ_2^2 未知，且从中抽取的样本均为小样本，就需要采用 t 统计量。与参数估计部分一样，t 统计量的构建因背后两总体方差是否相等而异。

第一，总体方差 σ_1^2 和 σ_2^2 未知，但 $\sigma_1^2 = \sigma_2^2$。

如果两总体方差未知，但 $\sigma_1^2 = \sigma_2^2$。与两总体均值差的区间估计一样，在计算样本均值差的抽样标准误时，我们要用样本合并方差 s_p^2 来代替总体方差：

$$s_p^2 = \frac{(n_1-1)s_1^2 + (n_2-1)s_2^2}{n_1 + n_2 - 2} \tag{7.12}$$

相应的 t 统计量计算公式为

$$t = \frac{\overline{X}_1 - \overline{X}_2}{\sqrt{\frac{s_p^2}{n_1} + \frac{s_p^2}{n_2}}} = \frac{\overline{X}_1 - \overline{X}_2}{s_p\sqrt{\frac{1}{n_1} + \frac{1}{n_2}}} \tag{7.13}$$

在假定 H_0 成立的条件下，服从自由度为 $df = n_1 + n_2 - 2$ 的 t 分布。然后，基于该自由度下 t 分布对应的 p 值，或者通过比较计算所得 t 值与双尾单尾检验的临界值，来判断是否拒绝原假设 H_0。

例 7.7 世界精神健康相关报告显示，抑郁已经成为全球性健康危机。在日常生活中有效缓解和改善抑郁成为相关学者密切关注的话题。有研究表明，运动就是其中一种有效方式。为探究较为有效的运动方式，研究者在医院 A 随机抽取 10 名中度抑郁患者，让他们每天进行至少 20 分钟的慢跑；然后又在医院 B 随机抽取中度抑郁患者 8 人，让他们每天进行至少一个半小时的快走；两个医院的护士会记录两组患者的实际运动时间。一个月后，研究者会对两个医院 18 名患者进行测试，看他们的抑郁症状况变化情况。测试所得分数越高，抑郁程度越高。一个月后，来自医院 A 的 10 名患者平均抑郁得分 70，标准差为 6；来自医院 B 的 8 名患者平均抑郁得分 66，标准差为 4.5。假设医院 A 和医院 B 患者的抑郁得分总体服从正态分布，且方差大致相等，那么在 0.05 的显著性水平下，试问：一个月后，医院 B 患者是否比医院 A 患者的抑郁程度低？

解 设 X_1 和 X_2 分别表示医院 A 和医院 B 患者的抑郁得分，根据题意有

$$X_1 \sim N(\mu_1, \sigma^2) \qquad n_1 = 10, \overline{X}_1 = 70, s_1 = 6$$

$$X_2 \sim N(\mu_2, \sigma^2) \qquad n_2 = 8, \overline{X}_2 = 66, s_2 = 4.5$$

由于 n_1, n_2 都小于 30，属于小样本，方差未知但相等，故检验统计量为 t。

提出假设：
$$H_0: \mu_1 = \mu_2, H_1: \mu_1 > \mu_2$$

首先，求出方差合并估计量 s_p^2，将数值代入公式有

$$s_p^2 = \frac{(n_1 - 1)s_1^2 + (n_2 - 1)s_2^2}{n_1 + n_2 - 2}$$

$$= \frac{(10 - 1) \times 6^2 + (8 - 1) \times 4.5^2}{10 + 8 - 2} = 29.109$$

其次，计算检验统计量

$$t = \frac{\overline{X}_1 - \overline{X}_2}{s_p\sqrt{\frac{1}{n_1} + \frac{1}{n_2}}} = \frac{70 - 66}{\sqrt{29.109 \times \left(\frac{1}{10} + \frac{1}{8}\right)}} = 1.563$$

由题可知，这是一个右尾检验问题，对于显著性水平 $\alpha = 0.05$，查附表 3 可知 $t_{\alpha=0.05, df=16} = 1.746$。

因为 $t = 1.563 < t_{0.05,16} = 1.746$，故不能拒绝 H_0，即在 $\alpha = 0.05$ 下，我们无法拒绝医院 A 和医院 B 患者的抑郁程度不存在显著差异。

第二，总体方差 σ_1^2 和 σ_2^2 未知，但 $\sigma_1^2 \neq \sigma_2^2$。

在假定 H_0 成立的条件下，检验统计量近似服从自由度为 df 的 t 分布：

$$t = \frac{\overline{X}_1 - \overline{X}_2}{\sqrt{\frac{s_1^2}{n_1} + \frac{s_2^2}{n_2}}} \tag{7.14}$$

其中，df 为萨特思韦特修正自由度。

$$df = \frac{\left(\frac{s_1^2}{n_1} + \frac{s_2^2}{n_2}\right)^2}{\frac{\left(\frac{s_1^2}{n_1}\right)^2}{n_1 - 1} + \frac{\left(\frac{s_2^2}{n_2}\right)^2}{n_2 - 1}} \tag{7.15}$$

进一步基于该修正自由度下 t 分布对应的 p 值，或者比较计算所得 t 值与规定显著性水平 α 下双尾、单尾检验的临界值判断是否拒绝原假设 H_0。

例 7.8 儿童时期的营养健康往往会对儿童成年后的身心发展产生重要影响。由于城乡资源的差异,家庭收入以及父母陪伴的差异,农村留守儿童相对同龄城市儿童往往更容易出现营养不良、发育迟缓等问题。为验证这一说法,研究者在某地区随机抽选了 20 名 14—16 岁农村留守儿童和 25 名同龄城市儿童,并测量了他们的身高。研究者发现,农村留守儿童的平均身高 159.8 cm,标准差为 3.6 cm;而城市儿童平均身高 164.6 cm,标准差为 7.8 cm。假设农村留守儿童和城市儿童的身高都服从正态分布,在显著性水平 $\alpha = 0.05$ 下,试问:该地区农村留守儿童的身高是否相比同龄城市儿童更低?

解 设 X_1 和 X_2 分别表示该地区农村留守儿童和城市儿童的身高,根据题意有

$$X_1 \sim N(\mu_1, \sigma^2) \qquad n_1 = 20, \overline{X}_1 = 159.8, s_1 = 3.6$$

$$X_2 \sim N(\mu_2, \sigma^2) \qquad n_2 = 25, \overline{X}_2 = 164.6, s_2 = 7.8$$

由题干可知,这是一个左尾检验问题,提出假设:

$$H_0: \mu_1 = \mu_2, H_1: \mu_1 < \mu_2$$

由于总体方差未知且不等,以及 n_1, n_2 都小于 30,属于小样本,故检验统计量为 t:

$$t = \frac{\overline{X}_1 - \overline{X}_2}{\sqrt{\dfrac{s_1^2}{n_1} + \dfrac{s_2^2}{n_2}}} = \frac{159.8 - 164.6}{\sqrt{\dfrac{3.6^2}{20} + \dfrac{7.8^2}{25}}} = -2.734$$

因为两总体方差不同,需要求出萨特思韦特修正自由度

$$df = \frac{\left(\dfrac{s_1^2}{n_1} + \dfrac{s_2^2}{n_2}\right)^2}{\dfrac{\left(\dfrac{s_1^2}{n_1}\right)^2}{n_1 - 1} + \dfrac{\left(\dfrac{s_2^2}{n_2}\right)^2}{n_2 - 1}} = \frac{\left(\dfrac{3.6^2}{20} + \dfrac{7.8^2}{25}\right)^2}{\dfrac{\left(\dfrac{3.6^2}{20}\right)^2}{20 - 1} + \dfrac{\left(\dfrac{7.8^2}{25}\right)^2}{25 - 1}} = 35.320$$

由于这是一个左尾检验问题,对于显著性水平 $\alpha = 0.05$,根据 Stata 命令 "dis invttail(35.320, 0.05)" 可知,$|t_{0.05, 35.320}| = 1.689$。

因为 $|t| = 2.734 > |t_{0.05, 35.320}| = 1.689$,故拒绝 H_0,这表明在 $\alpha = 0.05$ 下,该地区农村留守儿童的身高显著比同龄城市儿童更低。

2. 配对样本下两总体均值差的假设检验

与配对样本均值差的区间估计相似,对配对样本进行假设检验,我们不关注两个配对的样本的均值有没有差异,而是关注配好对的样本在某指标上是否存在差异,也就是对差的均值进行检验。

设我们对随机抽取的个体调查两次,两次调查构成的配对样本分别为样本 A 和样本 B。对于个体 i,两次的观测值分别为 X_{1i} 和 X_{2i},那么观测值的差为 $d_i = X_{1i} - X_{2i}$。(见表 7.3)

表 7.3 配对样本数据形式

ID	样本 A	样本 B	差值
1	X_{11}	X_{21}	$d_1 = X_{11} - X_{21}$
2	X_{12}	X_{22}	$d_2 = X_{12} - X_{22}$
⋮	⋮	⋮	⋮
i	X_{1i}	X_{2i}	$d_i = X_{1i} - X_{2i}$
⋮	⋮	⋮	⋮
n	X_{1n}	X_{2n}	$d_n = X_{1n} - X_{2n}$

假定 X_{1i} 和 X_{2i} 服从正态分布,观测值之差 d_i 同样服从正态分布,它服从均值为 0、方差为 σ^2 的正态分布,记作 $d \sim N(0, \sigma^2)$。在进行配对样本的假设检验时,差值构成了假设检验的样本,我们就需要对这个差值进行检验。因此,对配对样本进行检验的原假设 H_0 通常为 $\mu_d = 0$,而备择假设 H_1 根据研究问题可以为 $\mu_d \neq 0, \mu_d > 0$ 或 $\mu_d < 0$。

由于总体方差未知,因此对配对样本的假设检验通常采用的统计量为 t:

$$t = \frac{\bar{d} - \mu_d}{\frac{s_d}{\sqrt{n}}} = \frac{\bar{d}}{\frac{s_d}{\sqrt{n}}} \sim t(n-1) \tag{7.16}$$

其中,样本差值的均值 $\bar{d} = \frac{\sum_{i=1}^{n} d_i}{n}$;差值的标准差 $s_d = \sqrt{\frac{\sum_{i=1}^{n}(d_i - \bar{d})^2}{n-1}}$;$\mu_d$ 为假

设的样本差异,通常为 0,因此在实际分析中常常被省略。

当 H_0 成立时,基于配对样本差值的均值 $\bar{d}$ 所计算的统计量将满足自由度 $df = n-1$ 的 t 分布。

最后,与基于独立样本的假设检验一样,我们可以基于相应自由度下 t 分布对应的 p 值,或者通过比较所得 t 值与规定显著性水平 α 下 t 的临界值,来进行统计决策。

例 7.9 某校教学工作小组提出,为了提高学生的学习积极性和课堂互动性,考虑在教学中增设云课堂用以辅助传统教学。为了验证增设云课堂后是否有助于提高学生的成绩,教学小组在该校某年级随机抽取了 7 名同学,记录了增设云课堂前后他们的考试成绩,结果如表 7.4。试问:在 $\alpha = 0.05$ 的显著性水平下,云课题堂是否对提高学生的成绩有用?

表 7.4 增设云课堂前后学生的成绩记录

时间	学生						
	1	2	3	4	5	6	7
增设前	85	92	77	68	88	96	90
增设后	84.5	93	82	65	90	96	92.5

解 由于题目问的是增设云课堂能否提高学生的成绩,因此这是一个单尾检验问题。提出假设:

$$H_0: \mu_d = 0, H_1: \mu_d < 0$$

其中,μ_d 为增设前与增设后学生成绩差异的均值。

接下来,依次计算出每对观测值之差 d_i。(见表 7.5)

表 7.5 增设云课堂前后学生的成绩变化

时间	学生						
	1	2	3	4	5	6	7
增设前	85	92	77	68	88	96	90
增设后	84.5	93	82	65	90	96	92.5
d_i	0.5	−1	−5	3	−2	0	−2.5

$$\bar{d} = \frac{\sum_{i=1}^{n} d_i}{n} = -1$$

$$s_d = \sqrt{\frac{\sum_{i=1}^{n}(d_i - \bar{d})^2}{n-1}} = 2.533$$

$$t = \frac{\bar{d}}{\frac{s_d}{\sqrt{n}}} = \frac{-1}{\frac{2.533}{\sqrt{7}}} = -1.045$$

由于这是一个左尾检验问题，第六章提到，配对样本所涉及的差值的均值的抽样分布服从自由度为 $n-1$ 的 t 分布，当 df = 7-1 = 6，显著性水平 $\alpha = 0.05$ 时，查附表 3 可知，$|t_{0.05,6}| = 1.943$。

因为 $|t| = 1.045 < |t_{0.05,6}| = 1.943$，所以在 $\alpha = 0.05$ 的显著性水平下，我们无法拒绝原假设 H_0，也就是说增设云课堂前后学生的成绩没有差异。

与此同时，我们还可以计算 df = 6，$t = -1.045$ 时的 p 值。通过 Stata 命令"dis t(6,-1.045)"可知，$p = 0.168 > \alpha = 0.05$。因此，同样地，原假设 H_0 无法被拒绝。

（二）两总体比例之差的假设检验

和单总体比例的假设检验一样，总体比例差的假设检验也多是在大样本的条件下进行的，因此我们常用 z 作为两总体比例差的检验统计量。

设有两个总体 X_1 和 X_2 均服从二项分布，对应总体比例分别为 π_1 和 π_2。现从这两个总体分别独立地抽取一个随机样本，标记为样本 1 和样本 2，其样本量和样本比例分别为：

样本 1（抽取自总体 X_1）：n_1, p_1；

样本 2（抽取自总体 X_2）：n_2, p_2。

与其他假设检验的逻辑一样，我们先要提出假设。对于两总体比例差的假设检验，我们通常要检验这两个总体的比例是否相等，那么就会有以下三种情况：

$H_0: \pi_1 = \pi_2, H_1: \pi_1 \neq \pi_2$　　　双尾检验

$H_0: \pi_1 = \pi_2, H_1: \pi_1 > \pi_2$ 右尾检验

$H_0: \pi_1 = \pi_2, H_1: \pi_1 < \pi_2$ 左尾检验

在样本 1 和样本 2 均为大样本的情况下(即同时满足 $n_1 p_1 \geq 5$，$n_1(1-p_1) \geq 5$ 且 $n_2 p_2 \geq 5$，$n_2(1-p_2) \geq 5$)，标准化的样本比例差的抽样分布服从标准正态分布，我们需采用 z 统计量进行检验：

$$z = \frac{(p_1 - p_2) - (\pi_1 - \pi_2)}{\text{SE}_0} \sim N(0, 1) \quad (7.17)$$

与之前一样，由于我们通常假设背后两总体的比例相等，即 $\pi_1 = \pi_2$，因此 $\pi_1 - \pi_2$ 这项省略。

需注意的是，在对两独立样本的比例差进行假设检验时，我们的原假设 H_0 为两独立样本的比例之差为 0，即 $p_1 = p_2$。如果原假设为真，我们便认为两样本比例相等。在计算两独立样本比例差的抽样分布的标准差(标准误)SE_0 时，我们一般需要先计算一个合并比例 $\hat{p}$，然后基于 $\hat{p}$ 来计算相应比例差的标准误，这与计算两样本比例差的置信区间不同。合并比例 $\hat{p}$ 为关于两比例的加权平均值，计算公式为

$$\hat{p} = \frac{n_1 p_1 + n_2 p_2}{n_1 + n_2} \quad (7.18)$$

因此，检验统计量

$$z = \frac{p_1 - p_2}{\sqrt{\hat{p}(1-\hat{p})\left(\frac{1}{n_1} + \frac{1}{n_2}\right)}} \quad (7.19)$$

其中，$\hat{p}$ 为两个样本合并后得到的合并比例，$\hat{p} = \dfrac{n_1 p_1 + n_2 p_2}{n_1 + n_2}$。

在计算完 z 值之后，我们便将其与相应的显著性水平下 z 的临界值相比较，或者计算 z 统计量下的 p 值，将其与 α 比较，然后做出统计决策。

例 7.10 为调查 20—30 岁的城乡青年结婚状况，研究者从 20—30 岁的农村青年和城镇青年群体中分别随机抽取 150 人和 200 人进行分析。调查结果

显示,在调查的 150 名农村青年中有 123 人已婚,而在调查的 200 名城镇青年中已婚的人数为 102 人。试问:在 $\alpha = 0.05$ 下,20—30 岁的农村青年和城镇青年的已婚比例是否有差别?

解 设 π_1、π_2 分别为 20—30 岁的城镇青年和农村青年的结婚比例,根据题意提出假设:

$$H_0: \pi_1 = \pi_2, \quad H_1: \pi_1 \neq \pi_2$$

由题干可知,$n_1 = 150$,$n_2 = 200$,$p_1 = \dfrac{123}{150} = 0.82$,$p_2 = \dfrac{102}{200} = 0.51$。

计算后得知,$n_1 p_1$,$n_1(1-p_1)$,$n_2 p_2$,$n_2(1-p_2)$ 均大于 5,也就是说本分析基于大样本,从而可以认为,城乡结婚比例差的抽样分布服从正态分布。

在计算检验统计量 z 之前,我们需先求得合并比例 $\hat{p}$:

$$\hat{p} = \frac{n_1 p_1 + n_2 p_2}{n_1 + n_2} = \frac{123 + 102}{150 + 200} = 0.643$$

根据式 7.19,统计量

$$z = \frac{p_1 - p_2}{\sqrt{\hat{p}(1-\hat{p})\left(\dfrac{1}{n_1} + \dfrac{1}{n_2}\right)}}$$

$$= \frac{0.82 - 0.51}{\sqrt{0.643 \times (1 - 0.643) \times \left(\dfrac{1}{150} + \dfrac{1}{200}\right)}}$$

$$= 5.990$$

由于这是一个双尾检验问题,对于给定的 $\alpha = 0.05$,查附表 1 可知,$|z_{0.025}| = 1.96$。

因为 $|z| = 5.990 > |z_{0.025}| = 1.96$,故拒绝 H_0,即在 $\alpha = 0.05$ 的水平下,我们认为 20—30 岁的农村青年和城镇青年的结婚比例有显著差别。

关于两总体均值、比例之差的假设检验的检验统计量选择,见图 7.11。[1]

---

[1] 本书未覆盖总体方差的假设检验,感兴趣的读者可以参阅相关书籍。

第七章 假设检验

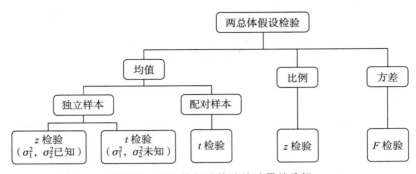

图7.11 两总体假设检验统计量的选择

五、用 Stata 进行假设检验

这部分我们主要基于例题和 CGSS 2010 数据进行假设检验实操练习。用 Stata 进行假设检验的相关命令与参数估计类似,即 ttest 和 prtest。需提及的是,对于总体均值或均值差的假设检验,不论是大样本还是小样本,Stata 报告的均是 t 值,而对于总体比例或比例差的假设检验报告的大多是 z 值。

(一) 计算 p 值、z 值、t 值

注意,在用 Stata 进行实际分析时,双尾检验和单尾检验所比较的 p 和 α 有所不同。具体而言,对于双尾检验,我们比较 p 值乘以 2 与 α 的大小,如果 $2p < \alpha$,则拒绝原假设。对于单尾检验,我们比较 p 值和 α 的大小,如果 $p < \alpha$,则拒绝原假设。如果原假设被拒绝,我们常常会称总体参数与假定的数值之间的差异显著或有说这种差异有统计上的显著性意义。

想获得准确的 p 值,除了查附表,还可以借助软件来实现。在 Stata 软件里,计算双尾检验的 p 值的命令如下:

(1) 对于 z 检验,命令为 dis 1−normal(z);

(2) 对于 t 检验,命令为 dis 2∗ttail(df,t),其中,df 为自由度,通常等于 $n-k$(n 是样本总量,k 为被限制的条件数或变量个数,或计算某一统计量时用到其他独立统计量的个数)。

现在,我们试着用上述命令重新计算一遍星巴克和 Costa 美式咖啡试验的结果,即用 Stata 计算 z 检验统计量和对应的 p 值。

例 7.2 中,已知被试者个数,即样本量 $n = 100$。如果原假设为真,即咖啡爱

好者无法区分星巴克和 Costa 的咖啡,在 $p = 0.5$ 时,样本比例抽样分布的标准误 SE = 0.05。在 $\alpha = 0.05$ 的显著性水平下,我们分别判断当有 72 名和 56 名咖啡爱好者能正确区分星巴克和 Costa 的咖啡时的假设检验结果。首先,我们列出该检验的原假设和备择假设:

$$H_0: p = 0.5, \quad H_1: p \neq 0.5$$

当 100 名实验对象中有 56 名正确区分了星巴克和 Costa 的咖啡,即 $p_1 = 0.56$。我们首先用 Stata 命令"dis (0.56−0.5)/0.05"计算出 z 分数 1.2。然后基于标准正态分布曲线,通过 Stata 命令"dis 1−normal(1.2)"得到该 z 值下的 p 值 0.115。由于 $p = 0.115 > \alpha = 0.05$,故不能拒绝原假设,即咖啡爱好者无法区分星巴克和 Costa 的咖啡。

当 100 名实验对象中有 72 名正确区分了星巴克和 Costa 的咖啡,此时 $p_2 = 0.72$,我们可以用类似的 Stata 命令"dis (0.72−0.5)/0.05"计算出 z 分数 4.4,再通过 Stata 命令"dis 1−normal(4.4)"得到该 z 值下的 p 值 0.000。由于 $p = 0.000 < \alpha = 0.05$,故拒绝原假设,即咖啡爱好者无法分辨出这两种品牌的咖啡。

这里顺便附上 Stata 中直接查找各分布对应的临界值及各检验统计值对应概率的命令,供读者参考。

(1) 查正态分布几个标准差之间的累积分布。

. disnormal(n)

n:标准差

(2) 查正态分布临界值对应的右端临界概率。

. dis 1-normal(z)

(3) 查正态分布临界概率所对应的临界值。

. dis invnormal(α)

(4) 查自由度为 df,t 值为 t 所对应的单双边概率值。

单边:. dis ttail(df,t)
双边:. dis 2* ttail(df,t)

(5) 查自由度为 df,显著性水平为 α 所对应的 t 临界值。

. dis invttail(df,α)

（二）单总体的假设检验

1. 基于样本均值的假设检验

对于单样本 t 检验，ttest 的语法为"ttest x == #"，其中 x 为我们关注的变量，# 为相应的数值。假设我们想基于样本数据检验 2010 年年龄均值是否与 45 岁有差异。① 此时，H_0:age = 45，H_1:age ≠ 45。我们直接在 Stata 命令窗口输入"ttest age == 45"，结果输出如图 7.12。

```
. recode a3a -3=., gen(birthyr)
(0 differences between a3a and birthyr)

. generate age=2010-birthyr
(3 missing values generated)

. recode a2 1=0 2=1, gen(female)
(11783 differences between a2 and female)

. ttest age==45

One-sample t test
------------------------------------------------------------------------------
Variable |     Obs        Mean    Std. err.   Std. dev.   [95% conf. interval]
---------+--------------------------------------------------------------------
     age |  11,780    47.30272    .1444621     15.6793     47.01955    47.58589
------------------------------------------------------------------------------
    mean = mean(age)                                        t =  15.9399
H0: mean = 45                                Degrees of freedom =    11779

    Ha: mean < 45              Ha: mean != 45              Ha: mean > 45
 Pr(T < t) = 1.0000       Pr(|T| > |t|) = 0.0000       Pr(T > t) = 0.0000
```

图 7.12 用 ttest 检验 age 是否等于 45

图 7.12 中所记录的参数估计的内容，包含 age 变量观测数（Obs）、均值（Mean）、抽样标准误（Std. err.）、标准差（Std. dev.）和 95% 的置信区间（[95% Conf. interval]）。t 为假设检验对应的 t 值，它的下面同时列出了检验的自由度。图 7.12 还展示了原假设 H0:mean = 45、备择假设 Ha，以及对应的 p 值，以帮助我们判断是否拒绝原假设。其中，Ha:mean != 45 即在图 7.12 上面正文列出的 H_1，其下对应的 Pr(|T| > |t|) = 0.0000 反映的是双尾检验的 p 值。由于 $p < 0.05$，即在 $\alpha = 0.05$ 的显著性水平下，我们拒绝 H_0，认为数据中年龄均值与

---

① 有关年龄变量的生成，请见第一章描述性统计。

45 有差异。

若假定分析为单尾检验,具体而言,如果研究的备择假设为受访者年龄均值小于 45(左尾检验),则应关注 Ha:mean < 45 对应的 Pr(|T|>|t|)。类似地,如果研究的备择假设为受访者年龄均值大于 45(右尾检验),我们则应关注 Ha:mean > 45 对应的 Pr(|T|>|t|)。可见,如果是前者,我们无法拒绝原假设 H_0。如果是后者,我们拒绝原假设 H_0,认为数据中的年龄均值可能大于 45。

需提及的是,如果没有个体数据,我们仍旧可以进行假设检验。在这种情况下,只需知道样本量的大小、所关注变量的均值、标准差以及我们所假设的均值,然后通过 ttesti 命令即可实现。对于 2010 年年龄均值是否与 45 岁有差异这一题设,只需在命令窗口输入代码"ttesti 11780 47.30272 15.6793 45"就可以得到和图 7.12 一样的结果了。

2. 基于样本比例的假设检验

如果要进行基于样本比例的假设检验,我们可以通过 prtest 命令实现。假设我们想基于样本数据检验 2010 年女性比例是否等于 0.5。基于这一题设,$H_0: p_{女性} = 0.5$,$H_1: p_{女性} \neq 0.5$。首先,我们需要对性别变量进行编码,生成二分类变量 female(1 = 是,0 = 否),然后可以在 Stata 命令窗口输入代码"prtest female == 0.5",结果如图 7.13。

```
. prtest female==0.5

One-sample test of proportion                    Number of obs    =     11783
-----------------------------------------------------------------------------
    Variable |       Mean   Std. err.                     [95% conf. interval]
-------------+---------------------------------------------------------------
      female |   .5182042   .0046031                      .5091822    .5272262
-----------------------------------------------------------------------------
    p = proportion(female)                                    z =   3.9521
H0: p = 0.5

    Ha: p < 0.5                 Ha: p != 0.5                  Ha: p > 0.5
 Pr(Z < z) = 1.0000          Pr(|Z| > |z|) = 0.0001        Pr(Z > z) = 0.0000
```

图 7.13 用 prtest 检验女性比例是否等于 0.5

图 7.13 展示了基于 CGSS 2010 调查数据所得的女性比例的假设检验结果。与 ttest 结果类似,这里既展示了参数估计的结果,也呈现了假设检验的结果。对于假设检验部分,H0:p = 0.5 为分析的原假设,Ha:p != 0.5 为双尾检验

的备择假设,即题设所希望验证的假设。基于这一假设下的 $\Pr(|Z|>|z|)$,我们便可以判断是否拒绝原假设。类似地,如果我们想检验女性比例大于 0.5,那么 $H_a: p>0.5$ 为我们所关注的备择假设,其下方的 $\Pr(|Z|>|z|)$ 就是我们需要关注的 p 值。由上述分析可知,不论是基于单尾还是双尾检验,原假设均会被否定,即在 $\alpha=0.05$ 的显著性水平下,我们认为 2010 年女性比例与 0.5 存在差异,不仅如此,其显著比 0.5 高。

如果我们想在 $\alpha=0.1$ 的显著性水平下对女性比例是否等于 0.5 进行检验,只需在命令后面加上 level(90),即输入"prtest female == 0.5, level(90)"实现。与样本均值的假设检验一样,如果我们没有个体数据,我们可以通过 prtesti 命令,并输入样本量、样本中的女性比例以及所假设的比例,便可以实现与图 7.13 中的结果完全一样的假设检验,即在命令窗口直接输入"prtesti 11783 0.5182042 0.5"。

(三) 两总体的假设检验

1. 基于独立双样本均值差的检验

独立双样本检验比较的是两个样本在某一变量均值上的差异,相应的 Stata 命令与两总体均值差的区间估计一样。

假设我们想考察 CGSS 2010 数据中男女的年龄均值是否有差异,如果男女的年龄方差大致相等,那么相关命令可以写为"ttest age, by(a2)",结果如图 7.14。

```
. ttest age, by(a2)

Two-sample t test with equal variances
------------------------------------------------------------------------------
   Group |     Obs        Mean    Std. err.   Std. dev.   [95% conf. interval]
---------+--------------------------------------------------------------------
       男 |   5,674    47.86147    .2098295    15.80561    47.45013    48.27282
       女 |   6,106    46.78349    .1989267    15.54431    46.39353    47.17346
---------+--------------------------------------------------------------------
Combined |  11,780    47.30272    .1444621     15.6793    47.01955    47.58589
---------+--------------------------------------------------------------------
    diff |            1.077982    .2889603                .5115717    1.644392
------------------------------------------------------------------------------
    diff = mean(男) - mean(女)                                    t =   3.7306
H0: diff = 0                                     Degrees of freedom =    11778

    Ha: diff < 0                 Ha: diff != 0                 Ha: diff > 0
 Pr(T < t) = 0.9999         Pr(|T| > |t|) = 0.0002         Pr(T > t) = 0.0001
```

图 7.14 用 ttest 检验男女在 age 变量上是否存在明显差异

图 7.14 上半部分为参数估计的结果,从男性和女性样本的方差来看,我们假定男女年龄方差大致相等是合理的($15.80561/15.54431 \approx 1.02$)。此外,我们还可以通过 Stata 命令"sdtest age, by(a2)"进行更为正式的 F 检验。由于 F 检验与经验算法一致,因此这里省略。接下来,我们来看图 7.14 下半部分的假设检验。对于题设男女的年龄均值是否有差异,原假设为 H0:$age_M - age_F = 0$ 或者 $age_M = age_F$,其中,age_M 为男性的平均年龄,age_F 为女性的平均年龄。Ha 仍旧是备择假设。根据题设,我们应该关注 Ha:diff!=0 对应的 p 值。根据 t 检验结果,我们应该拒绝原假设 H0,认为男女的平均年龄不相等。与单样本检验一样,根据实际情况,我们还可以关注不同的 Ha,并根据检验结果判断是否拒绝原假设 H0。当需要在 $\alpha = 0.05$ 以外的显著性水平下进行检验时,只需在命令后面指定 level(#)。

上述检验是在男女年龄的方差大致相等的前提下进行的,这就需要我们进行相应检验:一是通过计算男女年龄标准差的比值,二是基于"sdtest age, by(a2)"命令进行 F 检验。如果男女年龄的方差相差较大,即男女年龄标准差的比值小于 0.5 或者大于 2,同时 F 检验结果在 $\alpha = 0.05$ 下统计显著,那么我们就需要把假设检验的 Stata 命令改为"ttest age, by(a2) unequal"。

此外,与单一总体的假设检验一样,对两总体的均值差进行假设检验也可以通过样本特征信息实现,即通过输入"ttesti #obs1 #mean1 #sd1 #obs2 #mean2 #sd2"实现。其中,#obs1 为样本 1 的样本量,#mean1 和 #sd1 分别为样本 1 的均值和标准差,#obs2 为样本 2 的样本量,#mean2 和 #sd2 分别为样本 2 的均值和标准差。当需要指定 $\alpha = 0.05$ 以外的显著性水平或者两总体的方差不等时,直接在命令后面加入 level(#) 或者 unequal 即可。例如,对于例 7.8,我们可以通过命令"ttesti 20 159.8 3.6 25 164.6 7.8, unequal"直接解答。

2. 基于两独立样本比例差的假设检验

与单一总体比例的假设检验一样,基于两独立样本比例差的假设检验同样可以通过 prtest 命令实现。假设我们想在 $\alpha = 0.05$ 的显著性水平下检验城乡女性的比例是否存在差异,在构建虚拟变量 female 之后,我们可以在 Stata 命令窗口输入代码"prtest female, by(s5)",结果如图 7.15。

```
. prtest female, by(s5)

Two-sample test of proportions              城市: Number of obs =     7222
                                            农村: Number of obs =     4561
------------------------------------------------------------------------------
       Group |       Mean   Std. err.      z    P>|z|     [95% conf. interval]
-------------+----------------------------------------------------------------
        城市 |   .5249238   .0058763                      .5134066    .5364411
        农村 |   .5075641   .0074027                      .4930551    .5220732
-------------+----------------------------------------------------------------
        diff |   .0173597   .0094515                     -.0011648    .0358843
             |  under H0:   .0094504     1.84   0.066
------------------------------------------------------------------------------
        diff = prop(城市) - prop(农村)                         z =    1.8369
    H0: diff = 0

   Ha: diff < 0                 Ha: diff != 0                  Ha: diff > 0
Pr(Z < z) = 0.9669         Pr(|Z| > |z|) = 0.0662         Pr(Z > z) = 0.0331
```

图 7.15 prtest 检验城乡的女性比例是否存在明显差异

结果解读与 ttest 类似。根据题干信息,我们想检验的是城乡女性比例是否存在差异,属于双尾检验,那么要判断是否要拒绝原假设,我们需要关注 Ha: diff! = 0 所对应的 Pr(|Z|>|z|)。由图 7.15 可见,Ha: diff! = 0 所对应的 Pr(|Z|>|z|) = 0.0662>0.05,此时我们无法拒绝原假设,即城乡女性比例在 $\alpha = 0.05$ 的显著性水平下不存在显著差异。如果我们希望检验城市的女性比例是否比农村的高,那么我们需关注 Ha: diff>0 所对应的 Pr(|Z|>|z|)。与双尾检验不同,这一单尾检验的结果显示,检验统计量 z 所对应的 p 值为 0.0331<0.05。在这一检验结果下,我们可以拒绝原假设,认为城市的女性比例显著地高于农村的女性比例。

同样,我们也可以通过 prtesti 命令基于两样本的样本量和女性比例信息进行比例差异的假设检验。通过在 Stata 命令窗口输入 "prtesti 7222 0.5249238 4561 0.5075641",就可以得到和图 7.15 一样的结果。具体语法读者们可以通过 help prtest 获得。

3. 配对样本 t 检验

对于用 Stata 进行配对样本 t 检验,我们可以尝试复制一下例 7.10 的结果。进行 t 检验之前,我们首先用 input 命令将成绩信息录入 Stata 中,并将增设云课堂前学生的成绩命名为 before,将增设云课堂之后学生的成绩命名为 after,命令如下:

```
. clear
. input before after

85    84.5
92    93
77    82
68    65
88    90
96    96
90    92.5
end
```

数据录入完毕之后,在命令窗口输入"ttest before = after"即可,结果如图7.16。

```
. ttest before=after

Paired t test
------------------------------------------------------------------------------
Variable |   Obs        Mean     Std. err.    Std. dev.   [95% conf. interval]
---------+--------------------------------------------------------------------
  before |     7     85.14286     3.641223      9.63377    76.23311    94.05261
   after |     7     86.14286     3.98317      10.53848    76.39639    95.88932
---------+--------------------------------------------------------------------
    diff |     7           -1     .9574271     2.533114   -3.34274     1.34274
------------------------------------------------------------------------------
     mean(diff) = mean(before - after)                         t =  -1.0445
 H0: mean(diff) = 0                              Degrees of freedom =        6

 Ha: mean(diff) < 0         Ha: mean(diff) != 0          Ha: mean(diff) > 0
 Pr(T < t) = 0.1683        Pr(|T| > |t|) = 0.3365        Pr(T > t) = 0.8317
```

图 7.16 配对样本的假设检验

输出结果解读与独立双样本 t 检验类似,图7.16记录了增设云课堂前、增设云课堂后的学生成绩以及增设前后的学生成绩变化的统计情况。本例的原假设为 H0:mean(diff) = 0,即增设前后学生成绩没有差异;根据题设,本例的备择假设为 Ha:mean(diff) < 0。根据对应的 p 值进行判断:$p = 0.1683 > \alpha$,无法拒绝 H0,所得结论与例7.10 一致。如果我们需要改变假设检验的置信水平,同样只需要在选项后面加上 level(#)。

六、本章小结

本章对统计推断的另一重要内容——假设检验进行了详细介绍。与参数估计不同,假设检验是先对总体参数提出假设,然后基于样本信息来推断这一假设是否成立。假设检验中包含两个假设：一个是原假设 H_0，一个是备择假设 H_1。原假设 H_0 在内容上通常包含没有影响、没有差别之类的表述，也往往是研究者希望被否定或拒绝的假设，而其对立假设——备择假设则更多是研究过程中希望获得支持的假设。我们进行假设检验的目的在于，通过样本得出的检验统计量来推断其背后的总体参数。然而只要是进行推断，就有可能犯错。在假设检验中，通常有两类错误需要引起重视，即第一类错误（弃真错误）和第二类错误（取伪错误）。为了获得准确的统计推断，最理想的情况是消除它们，可惜的是，完全消除是不可能的，我们只能尽量减少它们。

接下来，我们分单总体和两总体介绍了相关的假设检验方法。与参数估计部分类似，在两总体均值差的假设检验部分，我们也分别对总体是否服从正态分布、总体方差是否已知、总体方差是否大致相等，以及从总体中抽取的样本是大样本还是小样本等不同情况进行了讨论。在两总体比例差的假设检验部分，我们只关注大样本下的比例差检验。此外，我们还介绍了配对样本的假设检验。为了便于理解，我们还提供了相关 Stata 操作，也对操作过程进行了详细介绍，供读者参考。有关总体方差的假设检验，本书尚未涉及，感兴趣的读者可以参考相关书籍。

第八章

列联表分析、相关分析

在前面的学习中,我们知道,变量依据不同的测量尺度可以被分为分类变量和数值变量两大类。研究不同类型变量间的关系对应不同的分析方法。本章我们将重点学习针对两个分类变量之间关系的列联表分析,以及针对两个数值变量之间关系的相关分析。[①]

一、列联表分析

(一) 列联表简介

列联表分析的目的在于研究两个分类变量之间的关联。通常情况下,我们将两个分类变量进行交叉分类形成频次分配表,即二维列联表。列联表中,行和列分别对应行变量与列变量。通常,我们用 r 表示行,r_i 表示第 i 行,或者说是行变量的第 i 个类别;用 c 表示列,c_j 表示第 j 列,或者说列变量的第 j 个类别。行变量和列变量交互形成一个个单元格。其中,每个单元格中的频数称为单元格计数(cell counts),用 n_{ij} 或者 f_{ij} 表示。我们把拥有 r 行 c 列的列联表称为 $r \times c$ 列联表,如表 8.1。

[①] 由于本章使用的案例均基于调查数据,因此 Stata 演示部分随文介绍,未置于最后作为单独的一部分,以方便读者查看。

第八章 列联表分析、相关分析

表 8.1 $r \times c$ 列联表的一般表示

行 r_i	列 c_j				行合计
	$j=1$	$j=2$	$\cdots$	$j=m$	
$i=1$	n_{11}	n_{12}	$\cdots$	n_{1m}	n_{1+}
$i=2$	n_{21}	n_{22}	$\cdots$	n_{2m}	n_{2+}
$\vdots$	$\vdots$	$\vdots$	$\vdots$	$\vdots$	$\vdots$
$i=k$	n_{k1}	n_{k2}	$\cdots$	n_{km}	n_{i+}
列合计	n_{+1}	n_{+2}	$\cdots$	n_{+j}	n_{++}

为了更加直观地展现列联表的性质,这里以学生家庭经济收入和本科毕业打算之间的关系为例,具体地解释列联表中分布的一些表示形式。首先,还是从频数分布开始。(见表 8.2)

表 8.2 家庭经济收入和本科毕业打算的频数分布

本科毕业打算 Y	家庭经济收入 X			合计(Y)
	高	中	低	
不确定	104	430	306	840
工作	112	563	617	1292
读研究生	429	1322	885	2636
合计(X)	645	2315	1808	4768

在表 8.2 中,行变量 Y 为本科毕业打算,分为不确定、工作、读研究生三类;列变量 X 为家庭经济收入,分为高、中、低三类。理论上讲,一个 $r \times c$ 的列联表会有 $r \times c$ 个单元格,因此表 8.2 包含了 9 个单元格。表格中的最后一行和最后一列中的数字称为边际总数(marginal totals)。其中,最后一列,即将单元格计数按行加总起来得到的是行边际总数(row marginal totals),记作 n_{i+}。最后一行,即将单元格计数按照列加总起来得到的是列边际总数(column marginal totals),记作 n_{+j}。将合计行和列之外的所有单元格计数加总得到的是分析所用的总样本量,记作 n_{++}。

单元格计数虽然可以清晰地反映数据的分布,但并不适合进行直观的比较。为了能在相同的基数上进行比较,我们常常会计算百分比。依据计算百分比时分母的不同可以分为行百分比、列百分比和总百分比。

每一个单元格计数 n_{ij} 除以相应的行边际总数 n_{i+} 得到的百分比称为行百分比。对于行百分比,当给定列变量的某一个类别,行变量所有类别的条件比例加起来应当等于 100%(表 8.3 最后一列)。由表 8.3 可见,来自经济收入高家庭的学生占所有打算读研学生的 16.27%,而来自经济收入中等或较低家庭的学生在所有打算读研的学生中分别占 50.15% 和 33.57%。

表 8.3 家庭经济收入和本科毕业打算的行百分比分布　　　　　　单位:%

本科毕业打算 Y	家庭经济收入 X			合计(Y)
	高	中	低	
不确定	12.38	51.19	36.43	100.00
工作	8.67	43.58	47.76	100.00
读研究生	16.27	50.15	33.57	100.00
合计(X)	13.53	48.55	37.92	100.00

类似地,每一个单元格计数 n_{ij} 除以相应的列边际总数 n_{+j} 得到的百分比称为列百分比。对于列百分比,当给定行变量的某一个类别,列变量所有类别的条件比例加起来应当等于 100%(表 8.4 最后一行)。由表 8.4 可见,对于家庭经济收入高的学生,本科毕业打算工作的比例为 17.36%,本科毕业打算继续读研的占 66.51%,而对于家庭经济收入低的学生,本科毕业打算工作和读研的比例分别为 34.13% 和 48.95%。

表 8.4 家庭经济收入和本科毕业打算的列百分比分布　　　　　　单位:%

本科毕业打算 Y	家庭经济收入 X			合计(Y)
	高	中	低	
不确定	16.12	18.57	16.92	17.62
工作	17.36	24.32	34.13	27.10
读研究生	66.51	57.11	48.95	55.29
合计(X)	100.00	100.00	100.00	100.00

行百分比和列百分比反映的是一种条件比例(conditional proportion)。以表 8.3 中的行百分比为例,其反映的是给定本科毕业打算,来自不同经济收入家庭的学生的条件概率估计,即对于 $Y=y_j, P(X=x_i|Y=y_j)$ 是多少,其中 y_j 为 Y 的不同类别(或取值),x_i 为 X 的不同类别(或取值)。类似地,对于表 8.4 中的列百分比,其反映了给定家庭经济收入,本科毕业打算的条件概率估计,即对于 $X=x_i, P(Y=y_j|X=x_i)$ 是多少。

最后,还有一种百分比是总百分比,它可以通过每一个单元格计数除以总样本量 $\left(\dfrac{n_{ij}}{n_{++}}\right)$ 得到。总百分比反映的是两个变量的联合分布,所以总百分比也称作联合比例(joint proportion),公式为 $P_{ij}=\dfrac{n_{ij}}{n_{++}}$。如表 8.5,合计行和列之外的所有单元格的百分比 P_{ij} 之和等于 100%。最后一行和最后一列对应的是边际比例(marginal proportion),其中,最后一行对应的是列边际比例,最后一列对应的是行边际比例。由表 8.5 可知,行边际比例之和或列边际比例之和也等于 100%。

表 8.5　家庭经济收入和本科毕业打算的总百分比分布　　　　　　单位:%

本科毕业打算 Y	家庭经济收入 X			合计(Y)
	高	中	低	
不确定	2.18	9.02	6.42	17.62
工作	2.35	11.81	12.94	27.10
读研究生	9.00	27.73	18.56	55.29
合计(X)	13.53	48.55	37.92	100.00

在研究中,我们通常应该如何选取列表方式呢?

一般情况下,我们在探究两个分类变量之间的关联时,其背后都会存在自变量 X 和因变量 Y 的区分。我们想要回答的是 Y 如何随着 X 的变化而变化。为了展示给定自变量类别的情况下因变量的变化情况,我们通常会将自变量 X 作为列变量,将因变量 Y 作为行变量,采用列百分比的展示形式来比较不同 X 下的 Y 分布。当然,列联表的展示方式并不唯一,依据研究问题的不同,我们也会选取其他的展示形式。

(二) 独立性检验及其相关概念

在完成了列联表数据的整合和描述后,我们要对行变量 Y 和列变量 X 之间的关联进行分析。在列联表分析中,我们最为关心的问题是,两个分类变量 X 和 Y 之间是否独立,即对列联表进行独立性检验。

1. 统计独立

在进行独立性检验之前,我们首先需要了解什么是统计独立(statistical independence)。

对统计独立的理解往往与条件分布有关。假定存在两个分类变量 X 和 Y, X 有 n 类,Y 有 m 类,那么 X 的每一个取值为 $x_i(i=1,2,\cdots,n)$,Y 的每一个取值为 $y_j(j=1,2,\cdots,m)$。如果 X 与 Y 统计独立,也就是说对于 $X=x_i$,Y 的条件分布 $P(Y=y_j|X=x_i)$ 都相同;类似地,对于 $Y=y_j$,X 的条件分布 $P(X=x_i|Y=y_j)$ 都相同。换句话说,给定其中一个随机变量的取值后,另一个随机变量的概率分布不会发生改变。以家庭经济收入和本科毕业打算为例,如果对于不同家庭经济收入类别,本科毕业打算的分布都一样,或者在不同的毕业打算下,学生的家庭经济收入分布没差别,那就意味着本科毕业打算与家庭经济收入是相互独立的。否则,两变量之间存在统计关联(statistical dependence)。

基于统计独立的定义,我们可以计算出理想状态下的频数分布。这里的"理想"指的是当行变量和列变量相互独立时的情况。我们将这一前提下计算所得的单元格计数称为期望频数(expected frequency)。与之对应,我们将列联表中实际呈现出来的单元格计数称为观测频数(observed frequency)。单元格的期望频数往往用 E_{ij} 表示,其值等于总样本量 n_{++} 乘以该观测频数 n_{ij} 落入第 i 行和第 j 列的概率,用公式表达为

$$E_{ij} = n_{++} \cdot \left(\frac{n_{i+}}{n_{++}}\right) \cdot \left(\frac{n_{+j}}{n_{++}}\right) = \frac{n_{i+}n_{+j}}{n_{++}} \tag{8.1}$$

基于式 8.1,我们便可以计算出表 8.2 有关家庭经济收入和本科毕业打算的列联表的期望频数。对于第 1 行第 1 列单元格,期望频数

$$E_{11} = 4768 \times \frac{840}{4768} \times \frac{645}{4768} = \frac{840 \times 645}{4768} = 113.63$$

基于同样的方法，我们可得到其他单元格的期望频数，我们将最终计算所得的期望频数列于表 8.6 中。

表 8.6 家庭经济收入和本科毕业打算的观测频数与期望频数

本科毕业打算 Y	家庭经济收入 X 的观测频数			合计(Y)
	高	中	低	
不确定	104	430	306	840
工作	112	563	617	1292
读研究生	429	1322	885	2636
合计(X)	645	2315	1808	4768

本科毕业打算 Y	家庭经济收入 X 的期望频数			合计(Y)
	高	中	低	
不确定	113.63	407.84	318.52	840
工作	174.78	627.3	489.92	1292
读研究生	356.59	1279.85	999.56	2636
合计(X)	645	2315	1808	4768

由表 8.6 可以发现，基于行、列变量相互独立所计算出的期望频数与观测频数存在较大差异，尤其在工作和读研两行。从某种程度上，该结果意味着家庭经济收入与本科毕业打算可能存在某种关联。此时，我们是不是就可以说家庭经济收入和本科毕业打算之间不相互独立呢？

当然没那么简单，要得出这一结论，我们还需在统计层面探究两个变量是否相互独立，这就是我们下面要介绍的独立性检验。

2. 独立性检验

为了培养读者研究分析的良好习惯，这里我们遵循假设检验的分析步骤来对独立性检验进行讲解。

第一步，和统计学中所有的假设检验步骤一样，我们首先需要根据研究问题提出假设。在独立性检验中，原假设 H_0 和备择假设 H_1 分别为：

H_0：行变量与列变量之间相互独立；

H_1：行变量与列变量之间不相互独立。

紧接着，第二步就是计算期望频数，通过比较期望频数与观测频数的差异大小来判断是否拒绝原假设。在列联表的独立性检验中，我们需要计算的检验统计量为卡方(X^2)，计算公式为

$$\chi^2 = \sum_{i=1}^{r} \sum_{j=1}^{c} \frac{(O_{ij} - E_{ij})^2}{E_{ij}} \tag{8.2}$$

其中，O_{ij}为列联表中第i行第j列类别的观测频数，E_{ij}为列联表中第i行第j列类别的期望频数。

这一统计量测量了观测频数与期望频数的相对偏差。从直观感受上来说，对于相同的期望频数，如果观测频数与相对频数相差越大，计算所得的χ^2值就越可能倾向拒绝原假设H_0。在大样本的情况下，χ^2值的抽样分布服从χ^2分布。

 **χ^2分布**

χ^2分布的定义

χ^2分布(chi-square distribution)是伽马分布在形状参数$\frac{k}{2}$和尺度参数2下的一种特殊形式，在统计推断中具有广泛应用。它常用于基于正态分布样本的方差估计，以及假设检验中的方差分析、独立性检验和拟合优度检验等。χ^2分布与正态分布具有非常紧密的关系：如果$Z_1, Z_2, \cdots, Z_k$是k个独立标准正态随机变量[$Z_i \sim N(0, 1)$且相互独立]，则它们的平方和$X = \sum_{i=1}^{k} Z_i^2$服从自由度为k的χ^2分布。其定义如下：

对于任意$k > 0$，若随机变量$X \sim \Gamma\left(\frac{k}{2}, \frac{1}{2}\right)$，则称随机变量$X$服从自由度为$k$的$\chi^2$分布，记作$X \sim \chi^2(k)$。由伽马分布的概率密度函数可知，$\chi^2$分布的概率密度函数满足：

$$f(x|k) = \frac{1}{2^{\frac{k}{2}} \Gamma\left(\frac{k}{2}\right)} x^{\frac{k}{2}-1} e^{-\frac{1}{2}x} \quad (x > 0) \tag{8.3}$$

结合第四章介绍过的伽马分布和指数分布，我们会发现，如果随机变量

$X \sim \chi^2(2)$,那么该随机变量 X 也相应满足:$X \sim \Gamma\left(1, \frac{1}{2}\right)$,$X \sim E\left(\frac{1}{2}\right)$。因此,参数 $\alpha = 1$,$\beta = \frac{1}{2}$ 的伽马分布与参数 $\lambda = \frac{1}{2}$ 的指数分布以及自由度 $k = 2$ 的 χ^2 分布是等价的。

图 8.1 展示了不同自由度下 χ^2 分布的概率密度曲线。可以看出,χ^2 分布的概率密度曲线呈现偏态分布。随着自由度不断增大,χ^2 分布逐渐逼近正态分布。有关如何基于 χ^2 分布找到相应的 p 值,我们在本书的附录部分提供了 χ^2 概率分布表(附表 2)供读者使用。

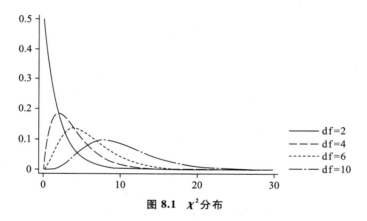

图 8.1 χ^2 分布

由于 χ^2 分布是伽马分布的子分布,因此期望和方差可以根据伽马分布的矩母函数来推导。χ^2 分布的矩母函数可表达为

$$\psi(t) = \left(\frac{\beta}{\beta - t}\right)^{\alpha} = \left(\frac{1}{1 - 2t}\right)^{\frac{k}{2}} \tag{8.4}$$

其期望和方差满足:

$$E(X) = \psi'(0) = \frac{\alpha}{\beta} = k \tag{8.5}$$

$$D(X) = \psi''(0) - [\psi'(0)]^2 = \frac{\alpha}{\beta^2} = 2k \tag{8.6}$$

其中,$\alpha = \frac{k}{2}$,$\beta = \frac{1}{2}$。

χ^2 分布的性质

由于与伽马分布具有紧密的联系，χ^2 分布也具有类似于伽马分布的线性叠加性质。此外，χ^2 分布还与正态分布存在非线性关系，多个正态随机变量的平方和构成的统计量服从相应的 χ^2 分布。

（1）χ^2 分布的线性叠加性

若独立随机变量 $X_i \sim \chi^2(k_i)(i=1,\cdots,n)$，则随机变量线性组合 $\sum_{i=1}^{n} X_i$ 满足 $\chi^2(\sum_{i=1}^{n} k_i)$，即

$$\sum_{i=1}^{n} X_i \sim \chi^2(\sum_{i=1}^{n} k_i) \tag{8.7}$$

（2）χ^2 分布与正态分布的关系

设随机变量 $X \sim N(0,1)$，令 $Y = X^2$，则随机变量 $Y \sim \chi^2(1)$。

推论：由 χ^2 分布的线性叠加性及其与正态分布的关系可知，若独立随机变量 $X_i \sim N(0,1)(i=1,\cdots,n)$，那么这些随机变量的平方和 $\sum_{i=1}^{n} X_i^2$ 满足 $\chi^2(n)$，即

$$\sum_{i=1}^{n} X_i^2 \sim \chi^2(n) \tag{8.8}$$

与 t 检验类似，χ^2 检验同样需要指定自由度。那么 χ^2 统计量的自由度如何计算呢？在列联表中自由度表示可以自由取值的 n_{ij} 个数。对于 $r \times c$ 的列联表而言，最大值为 $r \times c$，但因为总样本量 n_{++} 已经确定，所以自由度需要减 1。又因为行和列的边际分布也是确定的，共有 $r+c$ 个，且对于行边际总数和列边际总数还存在约束条件 $\sum_{i=1}^{r} n_{i+} = n_{++}$ 和 $\sum_{j=1}^{c} n_{+j} = n_{++}$，即可以自由取值的行和列的边际分布个数实际为 $(r-1)+(c-1)$ 个。因此，可以自由取值的 n_{ij} 个数就是 $r \times c - 1 - [(r-1)+(c-1)] = (r-1)(c-1)$。综上，对于列联表，$\chi^2$ 统计量服从自由度为 $(r-1)(c-1)$ 的 χ^2 分布[①]，表格的行、列越多，自由度也会越大。且由式 8.2 可知，表格越大，计算 χ^2 统计量时所要进行加总的项就越多，

[①] 卢淑华编著：《社会统计学（第五版）》，北京大学出版社 2021 年版，第 285 页。

χ^2 值也会越大,而 χ^2 值越大,就意味着我们能够拒绝原假设 H_0 的证据越强。

在独立性检验中,我们通常基于 χ^2 分布右尾的 p 值来判断是否拒绝原假设 H_0。该 p 值测量的是,基于原假设 H_0 为真,χ^2 值能与观测值相等的概率。如果 p 值小于分析规定的显著性水平 α,我们就拒绝原假设。否则,不能拒绝原假设。

需要注意的是,由于列联表中呈现的是分类变量,我们对于独立性的判断只能确认变量间是否存在关系,至于关系的大小和方向,是无法通过独立性检验判断得出的。因此,χ^2 值越大只意味着行变量与列变量之间越可能存在关联,却不能反映两变量之间关联的大小和方向。还有一点需要注意的是,给定两变量之间的关系,样本量越大,通常 χ^2 值也越大。从而,在较大的样本量下,即便 χ^2 值很大,两变量也可能只是存在弱关联。

 为什么独立性检验只看右尾概率?

对于列联表分析,我们的原假设是行变量与列变量之间统计独立。基于这一假定,我们通过计算期望频数,然后利用式 8.2 计算出相应的 χ^2 值。仔细观察式 8.2 的分子,可以发现,由于分子反映的是观测频数与期望频数差的平方,所以无论是 $O_{ij} < E_{ij}$ 还是 $O_{ij} > E_{ij}$,观测频数与期望频数差的平方都一样,从而所得 χ^2 值也一样。因此,独立性假设检验的目的在于判断观测频数是否大于或小于期望频数。也正因为如此,虽然我们在进行统计决策时,计算的是 χ^2 分布右尾的概率 p,即通过相应的 χ^2 值在 χ^2 分布的位置来计算该值到正无穷所包含的概率,但是,从假设的提法来看,独立性检验是双尾检验。

接下来,我们在 $\alpha = 0.05$ 的显著性水平下,检验家庭经济收入与本科毕业打算的关系。

首先,我们提出原假设 H_0 和备择假设 H_1:

H_0:家庭经济收入与本科毕业打算相互独立;

H_1:家庭经济收入与本科毕业打算不相互独立。

基于表 8.6,我们先计算该列联表对应的 χ^2 值。将表 8.6 中的数据排成一列,根据式 8.2,我们把计算过程展示在表 8.7 中。

表 8.7 χ^2 值的计算

本科毕业打算 Y	频数	家庭经济收入 X		
		高	中	低
不确定	n_{ij}	104	430	306
	E_{ij}	113.63	407.84	318.52
	$n_{ij} - E_{ij}$	-9.63	22.16	-12.52
	$\dfrac{(n_{ij} - E_{ij})^2}{E_{ij}}$	0.81613042	1.2040643	0.49212106
工作	n_{ij}	112	563	617
	E_{ij}	174.78	627.3	489.92
	$n_{ij} - E_{ij}$	-62.78	-64.3	127.08
	$\dfrac{(n_{ij} - E_{ij})^2}{E_{ij}}$	22.5502254	6.59092938	32.9631907
读研究生	n_{ij}	429	1322	885
	E_{ij}	356.59	1279.85	999.56
	$n_{ij} - E_{ij}$	72.41	42.15	-114.56
	$\dfrac{(n_{ij} - E_{ij})^2}{E_{ij}}$	14.7037441	1.388149	13.1297707

将不确定、工作、读研究生三个类别的最后一行数据加总得到：

$$\chi^2 = \sum_{i=1}^{r}\sum_{j=1}^{c}\frac{(O_{ij}-E_{ij})^2}{E_{ij}} = 93.84$$

由于表 8.7 为 3×3 列联表，该 χ^2 统计量服从自由度 = (3-1)×(3-1) = 4 的 χ^2 分布。通过查附表 2 或者通过 Stata 命令"dis chi2tail(4,93.84)"可知，在自由度为 4，χ^2 值为 93.84 的情况下，对应的 p 值等于 0.000 < 0.05。因此，在 $\alpha = 0.05$ 的显著性水平下，我们拒绝原假设，即家庭经济收入与本科毕业打算不相互独立。

下面，我们再通过一个例子来巩固一下对独立性检验相关知识点的掌握。

例 8.1 为调查在京就读大学生未来的生育意愿，我们随机抽取了 15 所大学，分男、女对其在大学期间的生育意愿进行了调查。(见表 8.8)基于该表，我们尝试在 $\alpha = 0.05$ 下，判断性别与生育意愿之间是否相互独立。

第八章 列联表分析、相关分析

表 8.8 性别与生育意愿的频数分布

生育意愿	男	女	行合计
将来不准备生小孩	115	186	301
打算生 1 个小孩	1232	1254	2486
打算生 2 个小孩或更多	80	99	179
未想过该问题	1069	719	1788
列合计	2496	2258	4754

解 根据题意,我们需要检验不同性别间的生育意愿是否存在差异。

首先,我们要列出原假设 H_0 和备择假设 H_1:

H_0:性别与生育意愿之间相互独立;

H_1:性别与生育意愿之间不相互独立。

接下来,我们根据期望频数的公式计算出每一个观察值的期望频数。(见表 8.9)

表 8.9 观测频数与期望频数

生育意愿	观测频数 O_{ij}			期望频数 E_{ij}		
	男	女	合计	男	女	合计
将来不准备生小孩	115	186	301	158.03	142.97	301
打算生 1 个小孩	1232	1254	2486	1305.23	1180.77	2486
打算生 2 个小孩或更多	80	99	179	93.98	85.02	179
未想过该问题	1069	719	1788	938.76	849.24	1788
合计	2496	2258	4754	2496	2258	4754

根据式 8.2 算出 χ^2 值:

$$\begin{aligned}
\chi^2 &= \sum_{i=1}^{r}\sum_{j=1}^{c}\frac{(O_{ij}-E_{ij})^2}{E_{ij}} \\
&= \frac{(115-158.03)^2}{158.03}+\frac{(186-142.97)^2}{142.97}+\frac{(1232-1305.23)^2}{1305.23} \\
&\quad +\frac{(1254-1180.77)^2}{1180.77}+\frac{(80-93.98)^2}{93.98}+\frac{(99-85.02)^2}{85.02} \\
&\quad +\frac{(1069-938.76)^2}{938.69}+\frac{(719-849.24)^2}{849.24} \\
&= 75.75
\end{aligned}$$

最后，根据题目中提到的显著性水平 $\alpha = 0.05$ 和自由度 $(4-1) \times (2-1) = 3$ 来查阅附表2，发现 $p = 0.000 < 0.05$，统计量落入了假设检验的拒绝域，所以拒绝原假设 H_0，认为性别与生育意愿之间不相互独立。

对于该例，我们还可以通过 Stata 实现。首先，对于这种表格，我们可以用 input 命令把表中数据直接录入到 Stata 中。相应命令为

```
. clear
. input plan sex freq
1 1 115
1 2 186
2 1 1232
2 2 1254
3 1 80
3 2 99
4 1 1069
4 2 719
end
```

上述命令中，我们首先用 clear 清除记忆，以防在运行该命令前我们打开了其他 Stata 数据文件。然后就可以进行录入了。其中，plan、sex 和 freq 对应的数值分别为第 i 行、第 j 列和相应单元格的频数 n_{ij}。数据录入完毕后，我们在命令窗口直接输入"tab plan sex [fw = freq], chi2"即可得到 χ^2 检验结果。(见图8.2) 从语法来看，该命令中 chi2 代表展示 χ^2 检验结果。此外，命令中还进一步加了频数权重，即[fw = freq]，意味着 tabulate 命令是基于集合数据运行的。频数权重实际上是根据单元格中的频数把集合数据变为个体数据，以便 Stata 准确地进行后续的列联表分析。例如，对于第1行第1列对应的单元格，即将来不准备生小孩的男生频数为115，说明有115名男性受访者属于这一类别。如果要化为个体数据的话，就要将该信息重复114次，从而样本中包含115个观测为男且将来不想要小孩的数据。

```
. tab plan sex [fw=freq], chi2

           |     sex
      plan |     1         2  |   Total
-----------+------------------+--------
         1 |   115       186  |     301
         2 | 1,232     1,254  |   2,486
         3 |    80        99  |     179
         4 | 1,069       719  |   1,788
-----------+------------------+--------
     Total | 2,496     2,258  |   4,754

        Pearson chi2(3) =  75.7461   Pr = 0.000
```

图 8.2　生育意愿与性别的 χ^2 检验结果

图 8.2 最后一行即 χ^2 检验结果。Pearson chi2(3) = 75.7461 表示，基于数据计算得到的自由度为 3 的 χ^2 值为 75.7461，对应概率 p 为 Pr = 0.000。所得结果与手动计算结果相一致。

以上结果是基于表格的集合数据来检验行变量和列变量之间是否相互独立，如果对个体数据进行独立性检验的话，我们只需删去频数权重即可。

下面我们再基于 CGSS 2010 数据来举个例子。假设我们想看受访者的教育程度与愿不愿意在环境保护上支付更高的价格之间是否相互独立。我们可以通过 Stata 命令 recode a7a（1/4 = 1 "≤初中"）（5/8 = 2 "高中"）（9/10 = 3 "大学专科"）（11/13 = 4 ">大学本科"）（* = .），gen(educ)将教育分为四类（1 为初中或以下，2 为高中，3 为大学专科，4 为大学本科或以上）。对于环境保护费用，我们看变量 l12a，问卷中对应的题目为：为了保护环境您在多大程度上愿意支付更高的价格（1 为非常愿意，2 为比较愿意，3 为既非愿意也非不愿意，4 为不太愿意，5 为非常不愿意，8 为无法选择）。查看数据编码，我们发现该变量编码还有三类缺失值的编码（-3 为拒绝回答，-2 为不知道，-1 为不适用）。在进行独立性检验之前，我们需要对该变量进行重新编码，把 -3/-1 的缺失值编码为 Stata 中的 "."。考虑到 "既非愿意也非不愿意"和 "无法选择"两者意思相近，我们进一步把 8 编码为 3，并生成一个新变量 payenviron。运用代码 "recode l12a (-3/-1 = .)(8 = 3), gen(payenviron)"。为了方便判断类别，我们可以把 l12a 的变量值标签 lab20 赋给 payenviron，运行代码 "lab val payenviron lab20"。

接下来，我们就可以进行独立性检验了。之前我们提到过，tabulate 命令默认展示的是频数分布，如果我们想看相应的百分比就需要在命令后面加入 row、col 或者 cell，以展示行百分比、列百分比或者总百分比。对于这一案例，设愿意支付环境保护费用为行变量，教育程度为列变量，想看愿意支付环境保护费用如何随受访者教育程度的变化而变化。因此，呈现列百分比比较合适。我们可以在 Stata 命令窗口输入"tab payenviron educ, col chi2 nofreq"。该命令表示，我们在展示列百分比（但不展示单元格频数）的同时进行独立性检验。结果如图 8.3。

```
. tab payenviron educ, col chi2 nofreq

 RECODE of l12a |
 (为了保护环境
 ，您在多大程度        RECODE of a7a
 上愿意支付更高     (您目前的最高教育程度是)
        的价格) |   <=初中      高中    大学专科   >大学本科 |    Total
----------------+--------------------------------------------+----------
        非常愿意 |    8.14      8.71      10.09       9.72 |     8.55
        比较愿意 |   29.67     37.96      43.22      47.57 |    33.93
既非愿意也非不愿意 |   28.41     26.12      24.61      23.96 |    27.27
        不太愿意 |   25.12     21.36      17.98      17.71 |    23.16
      非常不愿意 |    8.66      5.85       4.10       1.04 |     7.10
----------------+--------------------------------------------+----------
           Total |  100.00    100.00     100.00     100.00 |   100.00

          Pearson chi2(12) =  85.6822   Pr = 0.000
```

图 8.3 支付环境保护费用与教育程度的 χ^2 检验结果

基于图 8.3 的结果，我们可以发现，以上 5×4 列联表相应的 $\chi^2(12)$ = 85.6822，p 值为 0.000 小于显著性水平 0.05，因此，我们拒绝原假设 H_0，即在 α = 0.05 的显著性水平下，支付环境保护费用与教育程度统计不独立。

3. χ^2 与 2×2 列联表的比例差异

独立性检验是对任意 $r×c$ 列联表的行变量与列变量之间的关系进行检验的一般方式。对于一个 2×2 列联表，尤其是当列联表是用来比较两组在某一个二分类变量（比如，是否同意某一观点）上的分布差异时，根据第七章的内容，我们还可以通过比较两组同意该观点的比例差异来实现。此时，χ^2 与 2×2 列联表的比例差异之间是否存在某种关系呢？

我们假定组 1 中，对某一观点回答"同意"的比例为 π_1；组 2 中，对该观点回答"同意"的比例为 π_2。我们将 2×2 列联表中的相应比例展示在表 8.10 中，行为组别列为对于某观点回答表示同意或不同意的比例。

表 8.10　2×2 列联表比较两组别的比例差异

组别	态度的总体比例		总计
	同意	不同意	
1	π_1	$1-\pi_1$	1.0
2	π_2	$1-\pi_2$	1.0

就表 8.10 而言，如果行变量与列变量相互独立，这意味着 $\pi_1=\pi_2$。此时，独立性检验的原假设可以表达为 $H_0:\pi_1=\pi_2$。根据基于两个二项总体的独立样本比例差的假设检验，我们可以通过计算 z 统计量来判断是否拒绝原假设，即

$$z = \frac{\hat{\pi}_2 - \hat{\pi}_1}{\mathrm{SE}_0} \qquad (8.9)$$

其中，$\hat{\pi}_1$ 和 $\hat{\pi}_2$ 分别为样本 1（组 1）和样本 2（组 2）中回答"同意"的比例，样本比例差的抽样标准误 $\mathrm{SE}_0 = \sqrt{\dfrac{\hat{\pi}_1(1-\hat{\pi}_1)}{n_1} + \dfrac{\hat{\pi}_2(1-\hat{\pi}_2)}{n_2}}$，这里的 n_1 和 n_2 分别为样本 1 和样本 2 的样本量。需注意的是，通过式 8.9 计算所得的 z 统计量的平方就等于 χ^2 值。基于 χ^2 分布得到的 p 值与双尾检验下 z 统计量的 p 值相等，这一结论仅适用于 2×2 列联表。

为了更为直观地证明上述结论，我们沿用第七章基于两独立样本比例差的假设检验案例，即在 $\alpha=0.05$ 的显著性水平下检验城乡女性的比例是否存在差异。通过对比 Stata 独立性检验结果和基于两独立样本比例差的假设检验结果来进行验证。

回顾第七章内容，我们可以基于 prtest 命令获得两总体比例差的假设检验结果。（见图 7.15）如要对该 2×2 列联表进行独立性检验，可以在 Stata 命令窗口输入"tab female s5, col chi2 nofreq"。基于这一代码，我们既可以直接展示 CGSS 2010 数据中城乡的男女的频数和比例（图 8.4 的上半部分表格内容），还可以展示独立性检验结果（图 8.4 最后一行内容）。

```
. tab female s5, col chi2 nofreq

RECODE of |
       a2 |     样本类型
    (性别) |   城市      农村  |    Total
-----------+--------------------+----------
        男 |   47.51     49.24 |    48.18
        女 |   52.49     50.76 |    51.82
-----------+--------------------+----------
    Total |  100.00    100.00  |   100.00

          Pearson chi2(1) =   3.3743    Pr = 0.066
```

图 8.4　城乡类型与性别的独立性检验结果

对比图 7.15 的比例差检验结果与图 8.4 的独立性检验结果，我们可以发现，基于两总体比例差假设检验公式所得到的统计量 $z = 1.8369$，而独立性检验的卡方值 $\chi^2(1) = 3.3743$。两者之间存在 $\chi^2(1) = z^2$ 的关系。值得注意的是，这一对等关系仅在自由度为 1 时成立。

  z 检验与 χ^2 独立性检验的适用性讨论

有关这一点，读者们常常会问以下两个问题。

对于 2×2 列联表，如果 χ^2 独立性检验和比例差的 z 检验的结果相同，那么我们为什么要用 z 检验呢？为什么我们还要用 χ^2 检验呢？

针对第一个问题：其中一个原因是，z 检验可以根据备择假设 H_1 进行单尾检验；而如果用 χ^2 独立性检验的话，差异的方向性就会消失。

针对第二个问题：原因在于 z 统计量只能对原假设 H_0 进行单一估计值的检验。具体而言，对于单个样本比例，如果我们假设其背后的总体比例为 0.8，我们就要对原假设 $H_0: \pi_1 = 0.8$ 进行检验。对于两个样本比例，我们通常检验 π_1 和 π_2 是否相等，即对原假设 $H_0: \pi_1 = \pi_2$ 或 $\pi_1 - \pi_2 = 0$ 进行检验。但是，如果当列联表不再是 2×2 的表格，而是包含更多行和列的表格时，我们就需要更多参数来描述行变量与列变量之间的关系，比如之前的例题，性别与生育意愿之间的关系。由于生育意愿包含四类，如果我要进行 z 检验，即比较每种意愿下女性或男性的比例是否相等，那么我们所要检验的原假设为 $H_0: \pi_1 = \pi_2 = \pi_3 = \pi_4$，其中，$\pi_i (i = 1, 2, 3, 4)$ 为每种意愿下女性或男性的比例。根据组合法则，我们需要进行比较的参数有 6 个,即 $(\pi_1-\pi_2)$,$(\pi_1-\pi_3)$,$(\pi_1-\pi_4)$,$(\pi_2-\pi_3)$,$(\pi_2-\pi_4)$,$(\pi_3-\pi_4)$。也就是说,我们需要对 6 个比例差分别进行 z 检验,非常烦琐。χ^2 检验则只需计算一个值便可以描述列联表行变量与列变量之间的关系。此外,χ^2 检验的自由度实际上决定了描述这一关系所需比较的参数个数。比如,对于表 8.8 这样的 4×2 列联表,其自由度 df = 3,这就意味着,只要我们知道 $(\pi_1-\pi_2)$,$(\pi_1-\pi_3)$,$(\pi_1-\pi_4)$,$(\pi_2-\pi_3)$,$(\pi_2-\pi_4)$,$(\pi_3-\pi_4)$ 这 6 个中的 3 个,我们就可以得到其他 3 个。这里假设我们知道 $(\pi_1-\pi_2)$,$(\pi_1-\pi_3)$,$(\pi_1-\pi_4)$,那么,

$$(\pi_2 - \pi_3) = (\pi_1 - \pi_3) - (\pi_1 - \pi_2)$$
$$(\pi_2 - \pi_4) = (\pi_1 - \pi_4) - (\pi_1 - \pi_2)$$
$$(\pi_3 - \pi_4) = (\pi_1 - \pi_4) - (\pi_1 - \pi_3)$$

关于独立性检验还需注意的是,独立性检验与基于单一样本比例的假设检验和两独立样本比例差的假设检验一样,也需在大样本的条件下进行。这是因为 χ^2 统计量只有在大样本下的抽样分布才近似服从 χ^2 分布。

在列联表中判断大样本的经验法则为:每个单元格的单元格计数 $n_{ij} > 5$。

当样本量很小,或者数据在列联表单元格之间分布非常不均匀时,由于此时基于行、列变量相互独立的原假设计算所得的单元格期望频数会很低,这种近似并不成立。通常,当列联表中任意单元格的期望频数低于 5 时,χ^2 检验可能就不适用;而在自由度为 1(如 2×2 列联表)的情况下,如果任意单元格的期望频数小于 10,χ^2 检验也可能不适用。不仅如此,对于样本量小、数据分布分散或不平衡的表格,基于 χ^2 分布计算的 p 值还可能导致完全相反的结论。所以在进行 χ^2 独立性检验时,我们需要注意大样本这个前提条件。

如果 χ^2 检验在小样本下不可信,那此时我们应该怎么检验行、列变量之间是否相互独立呢?

4.费希尔精确检验

对于列联表,如果单元格计数 $n_{ij} \leqslant 5$ 时,我们通常采用费希尔精确检验(Fisher's exact test)。实际上,费希尔精确检验适用于任意大小的列联表,由于相关计算非常复杂,所以我们一般在小样本量数据中使用。因此,费希尔精确

检验与 χ^2 独立性检验正好形成互补,前者适用于小样本,后者适用于大样本。

下面我们以 2×2 列联表为例来介绍费希尔精确检验的计算。假设我们关注组 1 和组 2 在某一观点上的频数分布,单元格计数如表 8.11。

表 8.11　2×2 列联表频数分布

组别	态度		合计
	同意	不同意	
1	a	b	$a+b$
2	c	d	$c+d$
合计	$a+c$	$b+d$	$a+b+c+d=n$

费希尔精确检验的 p 值计算公式为

$$p = \frac{\binom{a+b}{a}\binom{c+d}{c}}{\binom{n}{a+c}} = \frac{(a+b)!\,(c+d)!\,(a+c)!\,(b+d)!}{a!\,b!\,c!\,d!\,n!} \quad (8.10)$$

通过 Stata 软件,费希尔精确检验结果可以轻松获得。我们以某职业里性别与是否严重脱发之间的关联为例,将分性别的有关是否严重脱发的频数记录于表 8.12 中。

表 8.12　某职业男女脱发情况频数的记录

脱发程度	性别		合计
	男	女	
严重脱发	153	0	153
尚无严重脱发	56	2	58
合计	209	2	212

与获得 χ^2 独立性检验结果一样,我们可以通过 tabulate 命令来实现费希尔精确检验。通过在 tabulate 命令之后加入选项 exact 即可,代码为"tab var1 var2, exact"。其中,var1 和 var2 分别为列联表中的行变量与列变量。这种输入方式通常是基于已有的调查数据,但是对于表 8.12 的集合数据,在进行检验

第八章 列联表分析、相关分析

之前，我们需要将上述数据录入 Stata。前面章节有提到，我们可以通过 input 命令实现数据录入。这里，我们还有一种方法可以同时实现数据录入和相关检验，即 tabi 命令。相关代码为"tabi 153 0\56 2, chi2 exact"。该命令在输出单元格计数分布的同时，还会展示 χ^2 独立性检验结果和费希尔精确检验结果。（见图 8.5）

```
. tabi 153 0 \ 56 2, chi2 exact

           |        col
       row |     1          2 |    Total
-----------+----------------------+----------
         1 |   153          0 |      153
         2 |    56          2 |       58
-----------+----------------------+----------
     Total |   209          2 |      211

          Pearson chi2(1) =   5.3263   Pr = 0.021
              Fisher's exact =                 0.075
      1-sided Fisher's exact =                 0.075
```

图 8.5 χ^2 检验与费希尔精确检验结果对比

对上述列联表进行检验，原假设 H_0 为性别与是否严重脱发相互独立，备择假设 H_1 为性别与是否严重脱发不相互独立。由图 8.5 可知，如果基于 χ^2 检验结果判断性别与是否严重脱发之间的关系，相应的 p 值等于 0.021，在 $\alpha = 0.05$ 的显著性水平下，我们要拒绝原假设。然而，由于该例属于单元格计数小于 5 的情况，采用费希尔精确检验更为合适。基于费希尔精确检验结果，对应的 $p = 0.075 > 0.05$。因此，在 $\alpha = 0.05$ 的显著性水平下，我们不能拒绝原假设，即认为性别与是否严重脱发相互独立。

二、相关分析

与列联表分析对应，相关分析通常是为了研究两个数值变量之间的关系。[①] 下面我们以一个简单的例子来介绍两个数值变量之间的相关性。

---

① 相关关系还可以根据涉及变量的个数分为单相关（simple correlation）和复相关（multiple correlation）。单相关研究的是两个变量之间的相关关系，通常是一个因变量和一个自变量之间的相关关系。复相关研究的是三个及三个以上变量之间的相关关系。这里我们主要讨论两个变量之间的单相关。

例 8.2 表 8.13 是从 CGSS 2010 调查数据中随机抽取的 15 个受访者的身高和体重数据,这里我们想考察的是受访者的身高和体重的关系。① 通过观察数据并运用生活中的常识,能看出身高和体重之间是怎样变化的吗?

表 8.13 受访者身高、体重

id	身高(height)/cm	体重(weight)/斤
1	170	182
2	160	100
3	165	130
4	155	106
5	150	80
6	150	90
7	170	155
8	163	130
9	179	146
10	165	120
11	161	98
12	160	140
13	178	130
14	170	120
15	165	130

我们用一种更为直观的呈现方式,通过绘制身高和体重的散点图(scatterplot),并进行相应的线性拟合来观察它们之间的关系。②

如图 8.6,身高越低的人,体重也倾向于更轻。当然,以上都是直观的视觉感受,并不能帮助我们做出统计上的判断。那么,我们应该怎样更加准确地表述数据的分布情况,以及两个变量之间的关系呢?在这里,我们引入协方差

---

① 为了在画图阶段更清晰地展示出变量间的关系,此处在 CGSS 2010 的所有被访者中随机抽取了 15 个观测组成子样本参与下面的讨论。

② 我们可以通过 Stata 命令"twoway (scatter height weight) (lfit height weight)"来实现,其中,height 为身高在纵轴呈现,weight 为体重在横轴呈现。

(covariance)和相关系数(correlation coefficient),用来描述研究中身高和体重的相互关系。

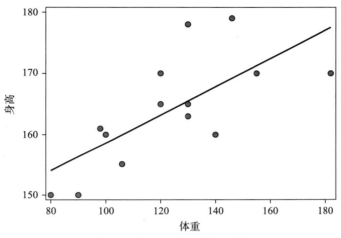

图 8.6 体重与身高的散点图

(一)协方差

首先,我们来看协方差。协方差是一种用来分析两变量之间线性关系的统计测量,记作 $\mathrm{Cov}(X,Y)$ 或 σ_{XY}。设随机变量 X 的期望 $E(X)=\mu_X$,随机变量 Y 的期望 $E(Y)=\mu_Y$,则 X 与 Y 的协方差

$$\mathrm{Cov}(X,Y)=E[(X-\mu_X)(Y-\mu_Y)]=\frac{\sum(X_i-\mu_X)(Y_i-\mu_Y)}{N} \qquad (8.11)$$

式 8.11 适用于对总体求协方差 σ_{XY},其中,X_i 为随机变量 X 的第 i 个取值,Y_i 为随机变量 Y 的第 i 个取值。然而在大多数情况下,总体协方差通常是未知的,因此,我们往往通过从总体 (X_i, Y_i) $(i=1,\cdots,n)$ 中抽取包含 n 个观测的随机样本来估计。样本协方差是总体协方差的一致估计,记作 $s_{XY} \xrightarrow{P} \sigma_{XY}$。

基于样本计算协方差的公式可以写为

$$s_{XY}=\frac{\sum(X_i-\overline{X})(Y_i-\overline{Y})}{n-1} \qquad (8.12)$$

与样本方差的计算类似,公式中的分母为 $n-1$。$\overline{X}$ 和 $\overline{Y}$ 分别代表样本数据中变量 X 和 Y 的均值。

我们应该如何理解两个变量的协方差呢?

由图 8.7 可见,如果 $(X_i - \bar{X})$ 和 $(Y_i - \bar{Y})$ 同号,即 X 和 Y 的变动方向一致,那么 $(X_i - \bar{X})(Y_i - \bar{Y})$ 就大于 0,进一步求和再取平均之后得到的 $\text{Cov}(X, Y)$ 也大于 0。反之,如果 $(X_i - \bar{Y})$ 和 $(Y_i - \bar{Y})$ 异号,意味着 X 和 Y 的变动方向不一致,那么求得的 $\text{Cov}(X, Y)$ 就会小于 0。

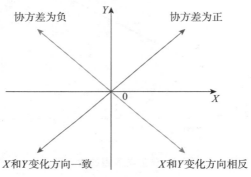

图 8.7 协方差取值

因此,如果协方差的值大于 0,则表明两变量朝着同样的方向变化,呈正向线性关系;如果协方差的值小于 0,则表明两个变量变化的方向相反,呈负向线性关系;如果协方差等于 0,则表明两个变量不存在线性关系,如图 8.8。

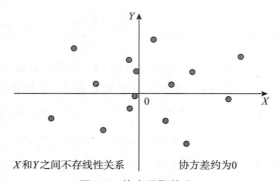

图 8.8 协方差取值为 0

回到例 8.2,要计算个体的身高和体重是如何共同变化的,我们可以计算两者的协方差。计算过程可见表 8.14。

表 8.14　身高和体重之间的协方差计算

X	Y	$X_i - \bar{X}$	$Y_i - \bar{Y}$	$(X_i - \bar{X})(Y_i - \bar{Y})$
170	182	5.9	58.2	343.38
160	100	−4.1	−23.8	97.58
165	130	0.9	6.2	5.58
155	106	−9.1	−17.8	161.98
150	80	−14.1	−43.8	617.58
150	90	−14.1	−33.8	476.58
170	155	5.9	31.2	184.08
163	130	−1.1	6.2	−6.82
179	146	14.9	22.2	330.78
165	120	0.9	−3.8	−3.42
161	98	−3.1	−25.8	79.98
160	140	−4.1	16.2	−66.42
178	130	13.9	6.2	86.18
170	120	5.9	−3.8	−22.42
165	130	0.9	6.2	5.58
$\bar{X} = 164.1$	$\bar{Y} = 123.8$			$\sum = 2290.2$

例 8.2 使用的是样本数据，因此我们需要用到样本协方差的计算公式：

$$\text{Cov}(X,Y) = s_{XY} = \frac{\sum (X_i - \bar{X})(Y_i - \bar{Y})}{n-1} = \frac{2290.2}{15-1} = 163.59$$

所以，受访者身高与体重之间的协方差为 163.59 > 0，因此，我们可以判定两变量朝着相同的方向变化，呈正向的线性关系。

我们还可以通过 Stata 进行运算。我们知道，在计算协方差前，我们随机抽取了 CGSS 2010 数据中的 15 个样本，这时我们需要用到"sample #"命令。其中，# 代表抽样的百分比。我们在命令窗口键入命令"sample 15, count"，此时在结果窗口会返回图 8.9 的信息。

```
. sample 15, count
(11,768 observations deleted)
```

图 8.9 sample 的输出结果

这说明数据随机抽样了 15 个观测,然后将剩余 11768 个观测值删除了。这里的 count 表示抽取 15 个观测,如果不加 count,表示从数据中随机抽取 15%的样本。需要注意的是,我们每一次导入数据进行随机抽样,所得到的随机样本尽管具有相同的观测数,但是其观测个体并不一定相同,这是"随机"导致的必然结果。然而,在量化研究中,很多时候我们希望能够复制或重现研究者的量化结果,比如此时我们计算的题,如果仅用 sample 命令,那么每次得到的随机样本都不同,计算得到的身高和体重的期望值必然有差异,那么如何保证计算的结果可复制呢?这里我们需要介绍 Stata 中的"种子数"。

其实不光在 Stata,几乎任何一款统计软件或编程语言都有设定"种子数"的功能。所谓种子,可以理解为计算机进行模拟或抽样等工作时的"前提条件",即给定种子数(条件)后,计算机将得到确定的伪随机数(pseudo-random number)或模拟结果。在 Stata 中,我们每次在运行抽样或模拟等命令前,如果先设定一个随机数,那么在该随机数下的模拟命令将得到一致的结果。设定随机数的命令为"set seed #",其中,# 代表手动输入的随机数,这一随机数可以根据自己的偏好随意设定。这里我们设定种子数为 100,然后运行如下命令:

```
. use CGSS2010.dta, clear
. set seed 100
. sample 15, count
```

此时,在给定种子数为 100 的条件下,我们从 CGSS 2010 中随机抽取了样本量为 15 的样本,且不论运行多少次,我们得到的样本都是相同的(大家可以试试看如果去掉 set seed 的命令,运行"sample 15"命令多次结果是怎样的)。基于这一样本我们便可以计算协方差了。

为了更清晰地展示结果,我们先对数据中身高、体重变量进行清理,即排除掉"拒绝回答"和"不知道",并将相关变量重新命名为 height 和 weight。以身高为例,相关命令为"recode a13 -3 -2=., gen(height)"。体重的命令和身高的

第八章 列联表分析、相关分析

一样，只需改为"recode a14 -3 -2=., gen(weight)"。然后我们用 correlation 命令进行协方差的计算，即在 Stata 命令窗口输入"corr height weight, cov"。这里，correlation 命令是计算协方差和相关系数的命令，加入 cov 是告诉 Stata 我们要展示协方差。如果不加 cov，Stata 会默认展示相关系数（有关相关系数的 Stata 结果我们会在稍后进行展示）。结果如图 8.10。

```
. corr height weight, cov
(obs=15)

             |   height    weight
-------------+------------------
      height |   74.781
      weight |  163.586   707.743
```

图 8.10　计算 height 和 weight 的协方差

图 8.10 中，左下角的数字 163.586 即 height 和 weight 变量的协方差，对角线上的数字 74.781 和 707.743 分别为 height 和 weight 变量的方差。

此外，协方差还有另一种计算方法，这种方法在我们需要手动计算时相对方便，即

$$\text{Cov}(X,Y) = E(XY) - E(X)E(Y) \tag{8.13}$$

式 8.13 的推导过程为

$$\begin{aligned}
\text{Cov}(X,Y) &= E[(X-\mu_X)(Y-\mu_Y)] \\
&= E(XY - X\mu_Y - Y\mu_X + \mu_X\mu_Y) \\
&= E(XY) - 2\mu_X\mu_Y + \mu_X\mu_Y \\
&= E(XY) - E(X)E(Y)
\end{aligned}$$

与均值和方差类似，协方差也有一些基本性质，这些性质能够便于我们简化复杂随机变量的计算。

性质 1：如果随机变量 X 和 Y 是独立随机变量，那么，X 和 Y 的协方差为 0：

$$\text{Cov}(X,Y) = 0 \tag{8.14}$$

在第四章，当我们提到方差性质时都是基于独立随机变量，而当随机变量之间不满足相互独立时，随机变量和的方差可以用协方差的性质 2 和 3 来解决。

性质 2：对于任意两个随机变量 X 和 Y，X 和 Y 和的方差满足：

$$D(X+Y) = D(X) + D(Y) + 2\text{Cov}(X,Y) \tag{8.15}$$

性质 3：当有多个随机变量时，设 $X_1, \cdots, X_n$ 为任意随机变量，则这些随机变量之和的方差满足：

$$D(\sum_{i=1}^{n} X_i) = \sum_{i=1}^{n} D(X_i) + 2\sum_{i<j} \text{Cov}(X_i, X_j) \tag{8.16}$$

需要注意的是，我们这里讨论协方差（不论是总体还是样本协方差）都仅用于判断两者间是否存在线性关系，以及线性关系的方向。所以，协方差值的大小不能用来比较线性关系的强度。

协方差等于 0 也只能说明两个变量间不存在线性关系，而不代表这两个变量间一定不存在关系，因为两者间还可能存在诸如曲线关系等形式的关系，即不能通过一条直线近似地反映两个变量之间的关系。

（二）相关系数

协方差让我们可以判断两变量间线性关系的方向，那么，如果我们想比较两变量间线性关系的强度，又该怎么办呢？

这时候就需要使用相关系数。和协方差相比，相关系数就是那个不仅能描述线性关系的方向，还可以告诉我们相关程度的大小的指标。

本小节讨论的相关系数 r 全称为皮尔逊相关系数（Pearson correlation coefficient），是以数学统计学学科的创建者卡尔·皮尔逊（Karl Pearson）来命名的。[①] 基于他对线性回归、相关分析以及最小二乘法的贡献，相关系数 r 也称皮尔逊 r（Pearson's r）。

一般来讲，对于随机变量 X 和 Y，它们之间的相关系数是指 X 和 Y 的协方差与其标准差乘积的比值，记作 $\text{Corr}(X, Y)$ 或 $\rho(X, Y)$，即

$$\rho(X, Y) = \frac{\text{Cov}(X, Y)}{\sqrt{D(X)D(Y)}} \tag{8.17}$$

相关系数是在线性相关条件下，表明两个变量之间相关关系的方向和密切程度的综合性指标。与协方差一样，相关系数反映的仅仅是两个随机变量的线性关系。（见图 8.11）线性相关一般分为四种情况。其中最常见的是，当 $\rho(X, Y) > 0$ 时，假定我们以 X 为横轴，Y 为纵轴，此时我们称 X 和 Y 正相关（见

---

① 唐启明：《量化数据分析：通过社会研究检验想法》，任强译，社会科学文献出版社 2018 年版，第 89 页。

图 8.11a);当 $\rho(X,Y)<0$ 时,称 X 和 Y 呈负相关(见图 8.11b)。还有两种特殊情况分别为:"完全线性相关"指的是所有 X 的取值对应的 Y 的取值刚好全部落在这条直线上(见图 8.11c、图 8.11d);当 $\rho(X,Y)=0$ 时表示 X 和 Y 两个变量不具有线性关系。需要注意的是,$\rho(X,Y)=0$ 仅代表两个变量间不具有线性相关性,并不能说明两个变量相互独立,它们之间可能呈现非线性关系,如图 8.12。尽管在图 8.12 中,X 和 Y 的协方差为 0,它们之间并不相互独立。

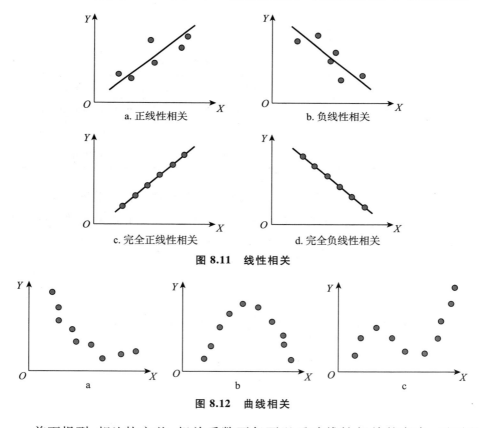

图 8.11 线性相关

图 8.12 曲线相关

前面提到,相比协方差,相关系数不仅可以反映线性相关的方向,还可以反映线性相关的大小。原因在于,协方差是 X 和 Y 两变量的观测值对于它们各自的均值所造成的偏差相乘,再取平均值计算出来的,这种方式无法消除量纲的影响。换句话说,变量的测量单位对协方差的大小影响很大,即便是同样两个变量,如果测量单位有所改变,比如之前的身高体重案例,如果改用米来测量身高(将原来的身高数值都除以 100),改用 10 斤来测量体重(将原来的体重数值都除以 10),协方差就会有所变化(大家可以算算看等于多少)。

在计算相关系数时,我们首先将变量的每个取值通过减去变量均值再除以变量标准差的方式进行标准化,然后求其乘积的平均值,量纲的影响得以消除。因此,两变量不论怎么改变测量单位,它们之间的相关系数也不会变。由于相关系数采用的是标准化后的变量,消除了量纲的影响,其取值范围为 $[-1,1]$。

这里,将协方差与相关系数的异同列在表 8.15 中,供读者参考。

表 8.15 协方差与相关系数的性质对比

	协方差	相关系数
提供的信息	线性关系的方向	相关的方向和强度
取值范围	不存在上下限	$[-1,1]$
是否标准化	未标准化	标准化

与协方差一样,相关系数同样分总体相关系数和样本相关系数。将式 8.17 中的总体协方差与方差用样本协方差与方差替换后,样本相关系数 r 可以表达为

$$r = \frac{s_{XY}}{s_X s_Y} \tag{8.18}$$

由于 $s_{XY} = \dfrac{\sum (X_i - \overline{X})(Y_i - \overline{Y})}{n-1}$,$r$ 还可以表达为

$$r = \frac{1}{n-1} \sum \left(\frac{X_i - \overline{X}}{s_X} \right) \left(\frac{Y_i - \overline{Y}}{s_Y} \right) \tag{8.19}$$

或者

$$r = \frac{1}{n-1} \frac{\sum (X_i - \overline{X})(Y_i - \overline{Y})}{s_X s_Y} \tag{8.20}$$

接下来,我们仍然以例 8.2 中身高和体重的数据为例,运用 Stata 来说明相关系数的计算方法。如前所述,在数据清理完毕后,计算相关系数可以用 correlation 命令。在命令窗口键入"corr height weight"就可以得出,结果如图 8.13 所示。

第八章 列联表分析、相关分析

```
. corr height weight
(obs=15)

             |   height   weight
-------------+------------------
      height |   1.0000
      weight |   0.7111   1.0000
```

图 8.13 计算 height 和 weight 的相关系数

根据相关系数的公式,图 8.10 计算出的协方差以及 height 和 weight 的方差,我们可以算出相关系数:

$$r = \frac{\text{Cov}(X,Y)}{s_X s_Y} = \frac{163.586}{\sqrt{74.781} \times \sqrt{707.743}} = 0.711$$

与协方差一样,相关系数也有另一个计算公式。它通过变量代换,将相关系数的计算公式进行化简,所以该计算公式又称为相关系数的简化式。通过它可以直接利用原始变量的值进行计算,在手动计算时相对方便:

$$r = \frac{n\sum XY - \left(\sum X\right)\left(\sum Y\right)}{\sqrt{n\sum X^2 - \left(\sum X\right)^2}\sqrt{n\sum Y^2 - \left(\sum Y\right)^2}} \tag{8.21}$$

通过前面内容的介绍,有读者可能会问:到底相关系数多大才算大?表 8.16 列举了相关关系密切程度的经验标准。

表 8.16 判断相关关系密切程度的标准

数值	相关程度
$\lvert r \rvert < 0.3$	微弱相关
$0.3 \leqslant \lvert r \rvert < 0.5$	低度相关
$0.5 \leqslant \lvert r \rvert < 0.8$	明显相关
$0.8 \leqslant \lvert r \rvert < 1$	高度相关
$\lvert r \rvert = 1$	完全相关
$r = 0$	不相关

此外,判断线性相关,还有一个经验法则,即如果相关系数 $\lvert r \rvert \geqslant \frac{2}{\sqrt{n}}$,则认为两个变量间存在线性相关,其中 n 为样本量。根据该经验法则,对于之前身

高与体重的例子，$|r| \geq \dfrac{2}{\sqrt{15}} = 0.516$ 才能被认为存在线性相关。通过计算，我们发现相关系数 r 为 $0.711 > 0.516$，因此，我们可以认为身高和体重之间存在线性相关。

以上两种对于线性相关关系密切程度的判断，都是基于样本数据的经验法则。

（三）线性相关检验

对于相关系数，读者们常常有一个疑问：是不是数值越大就意味着变量之间的相关性就一定越显著呢？

答案是不一定。相关系数高，只能说两个变量间呈现高度线性相关，与统计显著性关联不大。而统计上的显著性更多地依赖样本量，而不是相关性。因此，对于相关系数很小但样本量很大的样本，我们仍可能看到高度统计显著的结果；反之亦然。要看相关系数是否统计显著，我们还需要进行线性相关检验。

对于线性相关检验，我们通常采用 t 分布来检验样本相关系数 r 的显著性。步骤如下：

第一步，提出原假设和备择假设。

$$H_0 : r = 0$$
$$H_1 : r \neq 0$$

第二步，计算检验的统计量。

$$t = \dfrac{|r|\sqrt{n-2}}{\sqrt{1-r^2}} \tag{8.22}$$

其中，r 为相关系数大小，n 为样本量。

第三步，进行决策。相关系数显著性检验的统计量服从自由度 $(n-2)$ 的 t 分布，根据给定的显著性水平 α 和自由度 $(n-2)$，在 t 分布表中找到相应的临界值 $|t_{\frac{\alpha}{2}}|$。如果 $|t| > |t_{\frac{\alpha}{2}}|$，则落入假设检验的拒绝域，表明 r 在统计上显著地不为 0，即两个变量之间很可能存在线性相关性。如果 $|t| < |t_{\frac{\alpha}{2}}|$，则不能拒绝原假设，即两个变量之间不存在线性相关。我们也可以找出对应自由度下 t 统计量的 p 值，将其与规定的显著性水平 α 进行比较。需注意的是，根据假设的

提法,对于相关系数的假设检验大多为双尾检验,所得 p 值通常需要乘以 2 再和 α 比较。如果 $2p < \alpha$,则拒绝原假设,否则不能拒绝。

回到例 8.2,我们基于 15 个观测计算出两变量的相关系数 r 为 0.711,那么基于信息,我们可以进一步计算出检验统计量 $t = \dfrac{|r|\sqrt{n-2}}{\sqrt{1-r^2}} = \dfrac{0.711 \times \sqrt{15-2}}{\sqrt{1-0.711^2}} = 3.646$。查附表 3,由于在 $\alpha = 0.05$,df $= 15 - 2 = 13$ 时,$|t_{\frac{\alpha}{2}}| = 2.160 < 3.646$,所以拒绝原假设。

此外,我们还可以通过 Stata 命令"dis ttail(13,3.646)"找出 df $= 13$,$t = 3.646$ 时的 p 值。根据输出结果可知,当 df $= 13$,$t = 3.646$ 时,$p = 0.0015$,那么 $2p = 0.003 < \alpha = 0.05$,从而得出了一样的结论。

基于 Stata 的 pwcorr 命令,我们可以直接得到 height 和 weight 变量之间相关系数假设检验的 p 值,从而方便我们在一定的显著性水平 α 下判断相关系数的显著性。我们只需在命令窗口输入"pwcorr height weight, sig"即可。其中,sig 选项的目的就是展示相关系数假设检验对应的 p 值。(见图 8.14)

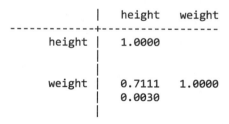

图 8.14　height 和 weight 相关系数的显著性

下面我们再来看一个例子练习一下相关系数的假设检验。

例 8.3　假设基于 6 个样本观测数据,我们发现某公司的股票价格与气温的样本相关系数为 $r = 0.80$。试问:在 $\alpha = 0.05$ 的显著性水平下,是否可以认为该公司的股票与气温之间存在显著的线性相关关系?

解　根据题目,我们首先列出研究假设:
$$H_0: \rho = 0$$
$$H_1: \rho \neq 0$$

接下来，计算统计量：

$$t = \frac{|r|\sqrt{n-2}}{\sqrt{1-r^2}} = \frac{0.8 \times \sqrt{6-2}}{\sqrt{1-0.8^2}} = 2.667$$

查附表 3 或者通过 Stata 命令"dis invttail(4, 0.025)"可以得出，当 α = 0.05，自由度为 4 时，$|t_{\frac{\alpha}{2}}|$ = 2.776。

由于 $|t_{\frac{\alpha}{2}}| > |t|$，也就是说，$t$ 没有落入拒绝域，所以我们无法拒绝原假设，即 $\rho = 0$。因此，样本的相关系数 r 没有通过显著性检验，即在 α = 0.05 的显著性水平下，我们不能证明该公司的股票与气温之间存在显著的线性相关关系。

从这个例子中可以看出，虽然有时候根据样本观测的值可以计算出较高的相关系数，但是也可能会因为样本数量过少导致无法通过显著性检验。因此，在面对总体下结论之前，一定要经过严格的假设检验。

三、本章小结

本章我们学习了比较两变量之间相关的方法。对于分类变量，我们通常采用 χ^2 检验，目的在于分析两变量是否相互独立。对于数值变量，我们通常采用相关分析来分析两变量之间是否存在线性相关。需注意的是，通过相关分析，我们只能判断两变量之间的线性关系是否显著，而不能检验两变量之间是否存在非线性关系。因此，即便检验结果指向不能拒绝原假设，我们也只能认为两变量之间没有显著的线性关系。

第九章

方差分析

从前面的章节我们学到,当我们想比较两个独立样本的均值差异时,可以用 t 检验。但如果我们要比较两个以上独立样本的均值差异,又该怎么做呢?可能有读者会认为,进行多组比较不过是多了几个组别而已,我们仍旧可以沿用之前 t 检验的思路,进行两两比较。比如,有三个组别(1,2,3),我们就做三个 t 检验:1 vs. 2,1 vs. 3,2 vs. 3。如果有四个组别(1,2,3,4),我们就做六个 t 检验:1 vs. 2,1 vs. 3,1 vs. 4,2 vs. 3,2 vs. 4,3 vs. 4。

 上述方法可行吗?

答案当然是不可行!

首先,随着组别数的增加,我们需要两两进行比较的组也会迅速增加,比如有 10 个组别,我们就要进行 $C_{10}^2 = 45$ 个 t 检验;如果有 100 组,我们则要进行 $C_{100}^2 = 4950$ 个 t 检验。实际上,关键原因还不在于冗繁,而是随着组别的增加,两两比较会大大增加错误估计的概率。

这是为什么呢?

回想一下假设检验中的第一类错误(原假设为真,我们却错误地将其拒绝了)。当我们将显著性水平 α 设置为 0.05 时,这意味着对于单个检验,我们接受有 5% 的可能性会发生这种错误。当只有两个组别时,只需要进行一次 t 检验,此时发生第一类错误的概率就是我们预设的 $\alpha = 0.05$。但是,当我们增加到三组时,就产生了三种可能的两两比较。(见图 9.1)

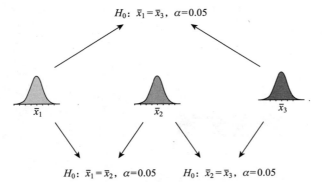

图 9.1 两两比较的累积第一类错误

- 比较组 1 和组 2（假设 $H_0:\bar{x}_1=\bar{x}_2$，$\alpha=0.05$）。
- 比较组 1 和组 3（假设 $H_0:\bar{x}_1=\bar{x}_3$，$\alpha=0.05$）。
- 比较组 2 和组 3（假设 $H_0:\bar{x}_2=\bar{x}_3$，$\alpha=0.05$）。

由于每次比较都是独立的 t 检验，因此每次比较都有 5% 的可能性会犯第一类错误。

问题在于，每个 t 检验都是独立进行的，因此在多次比较中至少发生一次第一类错误的概率会增加。对于三次独立的比较，累积的第一类错误率变为 $1-0.95\times 0.95\times 0.95=0.143$。这意味着，在三次比较中至少有一次发生第一类错误的累积概率大约为 0.143，即 14.3%，这几乎是我们在单次 t 检验中预设 5% 错误率的三倍。当有 k 个组别时，犯第一类错误的概率就会变为 $1-0.95^k$。

累积的第一类错误率增加，意味着通过多次 t 检验进行组间比较时，即使各组之间没有实际差异，依然可能因为偶然性而得到"显著"结果。这种错误率的膨胀会降低我们研究结果的可信度。

本章将谈到的方差分析可以帮助我们克服 t 检验存在的问题。与第八章一样，本章的 Stata 内容也置于文中。

一、方差分析简介

方差分析，英文简称"ANOVA"，是"analysis of variance"的缩写。该方法是由英国统计学家罗纳德·费希尔发明的，因此，ANOVA 也称 F 检验，"F"就是 Fisher 的首字母。该方法主要用于比较两个及两个以上样本均值是否存在显著差异。基于方差分析所涉及的因素个数,可以将其分为单因素 ANOVA 和多因素 ANOVA。为说明方差分析的基本特点,我们首先从单因素方差分析开始介绍。

 ANOVA 的起源

1919 年,费希尔开始在英国洛桑农业实验站工作。其间,他发表了题为《收成变异的研究》("Studies in Crop Variation")的系列文章,并于 1923 年第一次提出 ANOVA。

二、单因素方差分析

刚才我们提到,当存在两个以上组别的时候,t 检验并不有效。方差分析就可以帮我们克服 t 检验的不足。

我们首先从单因素方差分析开始。单因素方差分析,顾名思义,分析只涉及一个关键因素,我们主要基于这一关键因素来解释样本的变异情况。那什么时候用单因素方差分析呢?

实际上,当我们收集了一个分类自变量和一个数值因变量的数据时,就可以使用单因素方差分析。通常,我们关注的自变量至少有三个类别。单因素方差分析可以告诉我们因变量是否随着自变量而变化。

下面我们就来举例说明一下方差分析的基本思路。

例 9.1 应教育发展的需求,全国各大中小学校开始将"云课堂"融入传统教学。与传统课堂老师讲、学生听不同,云课堂让学生成为学习主体参与课堂教学。且相比传统课堂教学,云课堂可以加入更多生动有趣的音视频,有助于吸引学生的注意力,提升学生的学习兴趣。然而云课堂因为统一录制,无法实时追踪同学们的学习情况。比如,对于知识点的掌握,传统课堂上教师可以根据学生们的面部表情、口头反馈及时调整课堂节奏,选择性进行讲解,而云课堂则难以做到这一点。此外,云课堂难以对课堂秩序进行控制。因此,究竟这种新型的教学模式效果如何,一直难有定论。

为了探究教学模式的影响,我们随机选取了学校 A 初中一年级的三个班,分别标记为 1 班、2 班和 3 班。1 班沿用传统课堂教学模式，2 班采用云课堂教学模式，3 班采用云课堂结合传统课堂的教学模式。试行不同教学模式之前，三个班的学生在性别、年龄、家庭背景以及学习成绩上没有显著差异。一年之后，我们再对三个班学生的学习成绩进行分析。简单起见，我们从每个班随机抽取了七名学生，记录了他们的学习成绩。(需提及的是，试行新教学模式的这一年，三个班均没有学生转入、转出的情况，即一年后，各班仍旧是原班人马。)

对于这个例子，我们想要分析的是三种教学模式下学生成绩是否存在差异。

在具体分体这一问题之前，我们要先提出原假设，即三种教学模式下学生的学习成绩没有差异。相应地，备择假设则是至少一种教学模式下的学生成绩与其他模式不同。表达为

$$H_0: \mu_1 = \mu_2 = \mu_3$$

$$H_1: \mu_1, \mu_2, \mu_3 \text{ 不全相同}$$

我们将收集的三个班学生的学习成绩数据列于表 9.1 中。

表 9.1 三个班学生的学习成绩

班级	1 班	2 班	3 班
成绩	82	71	64
	93	62	73
	61	85	87
	74	94	91
	69	78	56
	70	66	78
	53	71	87
均值	$\bar{x}_1$	$\bar{x}_2$	$\bar{x}_3$

对于单因素方差分析，我们通过计算不同群组水平的均值与因变量的总体均值是否不同，来确定由自变量分类创建的组是否具有统计上的差异。

在单因素方差分析里，我们通常关注两种均值。一种是总均值（grand

mean),即表格里 21 个学生成绩的均值,记作 $\bar{\bar{x}}$,可以表达为

$$\bar{\bar{x}} = \frac{\sum_{j=1}^{k}\sum_{i=1}^{n_j} x_{ij}}{N} \qquad i = 1,2,\cdots,n_j,\ j = 1,2,\cdots,k$$

其中,x_{ij} 为第 i 行第 j 列个单元格的观测值,k 为组别个数,n_j 为每个组别(列)的观测个数,N 为总观测数。

另一种是组(列)均值,即每一个班学生成绩的均值。对于班 j,其均值记作 $\bar{x}_j$,表达为

$$\bar{x}_j = \frac{\sum_{i=1}^{n_j} x_{ij}}{n_j} \qquad i = 1,2,\cdots,n_j$$

由表 9.1 可见,表格中一共包含 21 个学生,基于这 21 个学生的成绩我们便可以计算学生成绩的总均值。表格中每一列为一个班级,每个班级各包含 7 名学生,基于每个班级的学生成绩样本,我们还可以计算各班级学生学习成绩的组均值。

三个班的学生平均成绩分别为

$$\bar{x}_1 = \frac{\sum_{i=1}^{7} x_{i1}}{7} = \frac{82 + 93 + 61 + 74 + 69 + 70 + 53}{7} = 71.71$$

$$\bar{x}_2 = \frac{\sum_{i=1}^{7} x_{i2}}{7} = \frac{71 + 62 + 85 + 94 + 78 + 66 + 71}{7} = 75.29$$

$$\bar{x}_3 = \frac{\sum_{i=1}^{7} x_{i3}}{7} = \frac{64 + 73 + 87 + 91 + 56 + 78 + 87}{7} = 76.57$$

学生成绩的总均值

$$\bar{\bar{x}} = \frac{\sum_{j=1}^{3}\sum_{i=1}^{7} x_{ij}}{21} = 74.52$$

(一)方差分解

回顾方差的定义,我们知道方差是用来计算每一个变量(组)与总体均值

之间的差异的。为避免出现离差总和为 0 的情况，统计学采用离差平方和（sum of squares of deviations，简称 SSD）的算术平均值来描述变量的变异程度。在方差分析中，我们就用离差平方和来反映变异的大小。在单因素方差分析中，总变异（总平方和）、组间变异（组间平方和）、组内变异（组内平方和）是我们关注的重点。

1. 总变异

方差分析中的总变异（total sum of squares，简称 SST），指的是所有观测值总的变异程度，可以通过计算每个观测值与总体均值之间的离差平方和得到。

$$\text{SST} = \sum_{j=1}^{k} \sum_{i=1}^{n_j} (x_{ij} - \bar{\bar{x}})^2 \tag{9.1}$$

其中，x_{ij} 为第 j 组（列）第 i 个单元格的观测值，$\bar{\bar{x}}$ 为总均值，k 为组别个数，n_j 为每个组别的观测个数。

2. 组间变异

每一组的均值 $\bar{x}_j$ 与总均值 $\bar{\bar{x}}$ 之间还存在差异，我们称之为组间变异（between-group sum of squares）。在单因素方差分析中，因各组是按列分布的，我们也可称其为列变异（column sum of squares，简称 SSC）。

$$\text{SSC} = \sum_{j=1}^{k} n_j (\bar{x}_j - \bar{\bar{x}})^2 \tag{9.2}$$

其中，$\bar{x}_j$ 为每组（列）的平均数。

3. 组内变异

此外，每一列或每一个班内部也有变异，我们称为第 j 列的变异，记作 SSE_j。

$$\text{SSE}_j = \sum_{i=1}^{n_j} (x_{ij} - \bar{x}_j)^2 \tag{9.3}$$

对每列的变异加总可得总的列变异，即组内变异。组内变异反映的是我们所关注的自变量（群组）内部的变异，即未被自变量所解释的变异，在方差分析中也常常称作误差变异（error sum of squares，简称 SSE；或 residual sum of squares）。

$$\text{SSE} = \sum_{j=1}^{k} \text{SSE}_j = \sum_{j=1}^{k} \sum_{i=1}^{n_j} (x_{ij} - \bar{x}_j)^2 \tag{9.4}$$

第九章 方差分析

 如何理解组间变异和组内变异呢？

对于单因素方差分析，我们关注的是组间变异，因为这一变异反映的是我们所关注的关键变量——群组所能解释的样本变异。组内变异，反映的则是无法被群组所解释的变异。简单地说，组间变异和组内变异所对应的就是可以被解释和不能被解释的变异。

下面我们基于例9.1的数据分别计算一下总变异、组间变异和组内变异。

$$SST = \sum_{j=1}^{k} \sum_{i=1}^{n_j} (x_{ij} - \bar{\bar{x}})^2$$

$= (82 - 74.52)^2 + (93 - 74.52)^2 + (61 - 74.52)^2 + (74 - 74.52)^2$
$+ (69 - 74.52)^2 + (70 - 74.52)^2 + (53 - 74.52)^2 + (71 - 74.52)^2$
$+ (62 - 74.52)^2 + (85 - 74.52)^2 + (94 - 74.52)^2 + (78 - 74.52)^2$
$+ (66 - 74.52)^2 + (71 - 74.52)^2 + (64 - 74.52)^2 + (73 - 74.52)^2$
$+ (87 - 74.52)^2 + (91 - 74.52)^2 + (56 - 74.52)^2 + (78 - 74.52)^2$
$+ (87 - 74.52)^2$

$= 2901.24$

$$SSC = \sum_{j=1}^{k} n_j (\bar{x}_j - \bar{\bar{x}})^2$$

$= 7 \times (71.71 - 74.52)^2 + 7 \times (75.29 - 74.52)^2 + 7 \times (76.57 - 74.52)^2$

$= 88.67$

$$SSE = \sum_{j=1}^{k} \sum_{i=1}^{n_j} (x_{ij} - \bar{x}_j)^2$$

$= (82 - 71.71)^2 + (93 - 71.71)^2 + (61 - 71.71)^2 + (74 - 71.71)^2$
$+ (69 - 71.71)^2 + (70 - 71.71)^2 + (53 - 71.71)^2 + (71 - 75.29)^2$
$+ (62 - 75.29)^2 + (85 - 75.29)^2 + (94 - 75.29)^2 + (78 - 75.29)^2$
$+ (66 - 75.29)^2 + (71 - 75.29)^2 + (64 - 76.57)^2 + (73 - 76.57)^2$
$+ (87 - 76.57)^2 + (91 - 76.57)^2 + (56 - 76.57)^2 + (78 - 76.57)^2$
$+ (87 - 76.57)^2$

$= 2812.57$

仔细观察 SST、SSC、SSE，细心的读者可以发现如下的等式关系：
$$SST = SSC + SSE \tag{9.5}$$
这是偶然吗？

当然不是！

下面我们尝试用代数知识证明一下式 9.5。

$$
\begin{aligned}
SST &= \sum_{j=1}^{k}\sum_{i=1}^{n_j}(x_{ij}-\bar{\bar{x}})^2 = \sum_{j=1}^{k}\sum_{i=1}^{n_j}(x_{ij}-\bar{x}_j+\bar{x}_j-\bar{\bar{x}})^2 \\
&= \sum_{j=1}^{k}\sum_{i=1}^{n_j}(x_{ij}-\bar{x}_j)^2 + \sum_{j=1}^{k}\sum_{i=1}^{n_j}[2(x_{ij}-\bar{x}_j)(\bar{x}_j-\bar{\bar{x}})+(\bar{x}_j-\bar{\bar{x}})^2] \\
&= SSE + \sum_{j=1}^{k}\sum_{i=1}^{n_j}[2x_{ij}\bar{x}_j-2(\bar{x}_j)^2-2x_{ij}\bar{\bar{x}}+2\bar{x}_j\bar{\bar{x}}+(\bar{x}_j)^2-2\bar{x}_j\bar{\bar{x}}+(\bar{\bar{x}})^2] \\
&= SSE + \sum_{j=1}^{k}\sum_{i=1}^{n_j}[2x_{ij}\bar{x}_j-(\bar{x}_j)^2-2x_{ij}\bar{\bar{x}}+(\bar{\bar{x}})^2] \\
&= SSE + \sum_{j=1}^{k}[2(\bar{x}_j)^2 n_j - n_j(\bar{x}_j)^2 - 2\bar{\bar{x}}\bar{x}_j n_j + n_j(\bar{\bar{x}})^2] \\
&= SSE + \sum_{j=1}^{k}n_j[(\bar{x}_j)^2 - 2\bar{\bar{x}}\bar{x}_j + (\bar{\bar{x}})^2] \\
&= SSE + \sum_{j=1}^{k}n_j(\bar{x}_j-\bar{\bar{x}})^2 \\
&= SSE + SSC
\end{aligned}
$$

可见，方差分析的基本思想就是方差的分解。具体而言，是将总变异分解为两个部分，一部分是被分组解释了的变异（组间变异），另一部分是没有被分组解释的变异（组内变异）。

相比 t 检验，方差分析在检验组间差异时将其看作一个整体，而非逐一进行两两比较。

（二）F 检验

值得注意的是，变异程度除了与离差平方和的大小有关外，还与自由度有关。

我们先来回顾一下之前介绍过的自由度这一概念。自由度是计算某一统计量时，取值不受限制的变量个数。通常，自由度 $df = n - k$，n 为样本数量，k 为被限制的条件数、变量个数或计算某一统计量时用到其他独立统计量的个数。

在单因素方差分析中，k 通常为组别个数。

自由度与平方和一样可以进行分解。我们将总自由度写为 df_{total}，组间自由度（或列自由度）写为 df_{column}，组内自由度（或误差自由度）写为 df_{error}。三者存在以下等式关系：

$$df_{total} = df_{column} + df_{error} \quad (9.6)$$

总自由度 df_{total} 的值等于观测总数（或单元格总数）减 1，表达为 $df_{total} = n_{total} - 1$，指分析样本中用来估计样本方差的独立信息个数，其中，n_{total} 为总样本量；组间自由度 df_{column} 等于组别个数（或列总数）减 1，表达为 $df_{column} = n_j - 1$，其中，n_j 为组别个数（或列总数）；根据式 9.6，组内自由度则等于总自由度减去组间自由度，因此，$df_{error} = (n_{total} - 1) - (n_j - 1) = n_{total} - n_j$。

由于各部分自由度不相等，各部分的离差平方和不能直接进行比较，因此，须先将各部分的离差平方和除以相应的自由度，得到均方差来比较。均方差也常常被简称为均方（mean square，简称 MS）。

组间变异（SSC）、组内变异（SSE）所对应的组间均方差（MSC）和组内均方差（MSE）可以通过以下公式进行计算。

组间均方差

$$MSC = \frac{SSC}{df_{column}} \quad (9.7)$$

组内均方差

$$MSE = \frac{SSE}{df_{error}} \quad (9.8)$$

组间均方与组内均方的比值称为 F 统计量：

$$F = \frac{MSC}{MSE} \quad (9.9)$$

F 统计量服从自由度为 $n_j - 1$ 和 $n_{total} - n_j$ 的 F 分布。当 F 值小于 1 或者接近 1 时，我们没有理由拒绝 H_0；反之，F 值越大，拒绝 H_0 的理由越充分。

当 H_0 成立时，F 统计量服从 F 分布。此时，各组样本的均值相等，即各组别的样本来自同一总体，此时不存在组间差异。总变异等于组内变异，只反映随机误差作用的大小。

表 9.2 总结了单因素方差分析中与 F 检验相关的统计量，供读者参考。

表 9.2　单因素方差分析中与 F 检验相关的统计量

统计量	变异名称	自由度	均方
SSC	组间变异	$\mathrm{df}_{\text{column}} = n_j - 1$	$\mathrm{MSC} = \dfrac{\mathrm{SSC}}{\mathrm{df}_{\text{column}}}$
SSE	组内变异	$\mathrm{df}_{\text{error}} = n_{\text{total}} - n_j$	$\mathrm{MSE} = \dfrac{\mathrm{SSE}}{\mathrm{df}_{\text{error}}}$
SST	总变异	$\mathrm{df}_{\text{total}} = n_{\text{total}} - 1$	$F = \dfrac{\mathrm{MSC}}{\mathrm{MSE}}$

F 分布

F 分布常用于总体方差的假设检验以及方差分析问题。其定义如下：

设随机变量 Y 和 T 相互独立，且满足 $Y \sim \chi^2(k_1)$，$T \sim \chi^2(k_2)$，定义随机变量 $X = \dfrac{Y/k_1}{T/k_2}$，则称 X 服从自由度为 (k_1, k_2) 的 F 分布，记作 $X \sim F(k_1, k_2)$。其中，F 分布的概率密度函数

$$f(x \mid k_1, k_2) = \frac{\Gamma\left(\dfrac{k_1 + k_2}{2}\right) \left(\dfrac{k_1}{k_2}\right)^{\frac{k_1}{2}} x^{\frac{k_1}{2} - 1}}{\Gamma\left(\dfrac{k_1}{2}\right) \Gamma\left(\dfrac{k_2}{2}\right) \left(\dfrac{k_1}{k_2} x + 1\right)^{\frac{k_1 + k_2}{2}}} \quad x > 0 \qquad (9.10)$$

F 分布的概率密度函数如图 9.2。如图可见，F 分布的概率密度曲线形状随两个自由度的变化而变化。

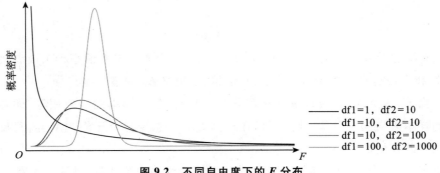

图 9.2　不同自由度下的 F 分布

F 分布有如下性质:

性质 1: F 分布是一簇单峰正偏态分布曲线。

性质 2: F 分布有两个自由度,即 k_1 和 k_2,相应的分布记为 $F(k_1,k_2)$,k_1 通常称为分子自由度,k_2 通常称为分母自由度。不同的自由度决定了 F 分布的形状。

性质 3: F 统计量非负。

性质 4: 如果随机变量 X 服从自由度为 (k_1,k_2) 的 F 分布,即 $X \sim F(k_1,k_2)$,那么 X 的倒数服从自由度为 (k_2,k_1) 的 F 分布,记作 $\frac{1}{X} \sim F(k_2,k_1)$。

对于单因素方差分析,如果只有两个相互独立的组别,我们选择 t 检验或者 F 检验是一样的,因为此时 t 检验和 F 检验存在以下等式关系:

$$t^2 = F \qquad (9.11)$$

下面我们用代数知识证明一下这一等式关系。

要验证式 9.11,我们实际是要证明,当 $k = 2$ 时,

$$F_{k-1,N-k} = \frac{\mathrm{MSC}}{\mathrm{MSE}} = \frac{\dfrac{\mathrm{SSC}}{k-1}}{\dfrac{\mathrm{SSE}}{N-k}}$$

可以简化为

$$t_a^2 = \frac{(\bar{x}_1 - \bar{x}_2)^2}{s_p^2 \left(\dfrac{1}{n_1} + \dfrac{1}{n_2}\right)}$$

其中,N 是观测总数,k 是组别个数,F 值分母误差(组内)均方差所对应的自由度为 $a = N - k$。n_1 为组 1 对应的观测数,n_2 为组 2 对应的观测数。

对于 MSE,当 $k = 2$ 时,

$$\mathrm{MSE} = \frac{\mathrm{SSE}}{N-2} = \frac{\sum\limits_{i=1}^{n_1}(x_{1i} - \bar{x}_1)^2 + \sum\limits_{i=1}^{n_2}(x_{2i} - \bar{x}_2)^2}{N-2}$$

已知样本方差公式为

$$s_j^2 = \frac{\sum\limits_{i=1}^{n_j}(x_{ij} - \bar{x}_j)^2}{n_j - 1}$$

那么，

$$\frac{\text{SSE}}{N-2} = \frac{(n_1-1)s_1^2 + (n_2-1)s_2^2}{n_1+n_2-2} = s_p^2$$

对于 MSC，当 $k=2$ 时，

$$\text{MSC} = \frac{\text{SSC}}{2-1} = \text{SSC}$$

根据样本方差的公式，可以得到

$$\text{SSC} = \sum_{j=1}^{2} n_j (\bar{x}_j - \bar{\bar{x}})^2 = n_1(\bar{x}_1 - \bar{\bar{x}})^2 + n_2(\bar{x}_2 - \bar{\bar{x}})^2$$

又由于

$$\bar{\bar{x}} = \frac{n_1\bar{x}_1 + n_2\bar{x}_2}{N}$$

把该式代入 SSC 的计算公式，则有

$$\text{SSC} = n_1\left[\bar{x}_1 - \left(\frac{n_1\bar{x}_1 + n_2\bar{x}_2}{N}\right)\right]^2 + n_2\left[\bar{x}_2 - \left(\frac{n_1\bar{x}_1 + n_2\bar{x}_2}{N}\right)\right]^2$$

这里，SSC 可以看作被分解成了两个部分，SSC_1 和 SSC_2。

$$\text{SSC}_1 = n_1\left[\bar{x}_1 - \left(\frac{n_1\bar{x}_1 + n_2\bar{x}_2}{N}\right)\right]^2$$

$$\text{SSC}_2 = n_2\left[\bar{x}_2 - \left(\frac{n_1\bar{x}_1 + n_2\bar{x}_2}{N}\right)\right]^2$$

对于 SSC_1，有

$$\text{SSC}_1 = n_1\left[\bar{x}_1 - \left(\frac{n_1\bar{x}_1 + n_2\bar{x}_2}{N}\right)\right]^2 = n_1\left[\frac{N\bar{x}_1}{N} - \left(\frac{n_1\bar{x}_1 + n_2\bar{x}_2}{N}\right)\right]^2$$

$$= n_1\left[\frac{N\bar{x}_1 - n_1\bar{x}_1 - n_2\bar{x}_2}{N}\right]^2 = n_1\left[\frac{(N-n_1)\bar{x}_1 - n_2\bar{x}_2}{N}\right]^2$$

$$= n_1\left[\frac{n_2\bar{x}_1 - n_2\bar{x}_2}{N}\right]^2 = n_1\left[\frac{n_2(\bar{x}_1 - \bar{x}_2)}{N}\right]^2$$

$$= \frac{n_1 n_2^2}{N^2}(\bar{x}_1 - \bar{x}_2)^2$$

类似地，

$$SSC_2 = \frac{n_2 n_1^2}{N^2}(\bar{x}_2 - \bar{x}_1)^2$$

$$SSC = SSC_1 + SSC_2 = \left(\frac{n_1 n_2^2}{N^2} + \frac{n_2 n_1^2}{N^2}\right)(\bar{x}_1 - \bar{x}_2)^2 = \frac{n_1 n_2(n_1 + n_2)}{N^2}(\bar{x}_1 - \bar{x}_2)^2$$

$$= \frac{n_1 n_2}{n_1 + n_2}(\bar{x}_1 - \bar{x}_2)^2 = \frac{(\bar{x}_1 - \bar{x}_2)^2}{\dfrac{1}{n_1} + \dfrac{1}{n_2}}$$

所以,

$$F_{k-1,N-k} = \frac{MSC}{MSE} = \frac{\dfrac{SSC}{2-1}}{\dfrac{SSE}{N-2}} = \frac{(\bar{x}_1 - \bar{x}_2)^2}{s_p^2\left(\dfrac{1}{n_1} + \dfrac{1}{n_2}\right)} = t_a^2$$

(三)方差分析应用条件

一般来讲,方差分析的应用需要符合三个条件,即正态性、独立性和方差齐性。

正态性指因变量的取值服从正态分布。在分析时,我们可以通过观察直方图(见图9.3)或计算偏度峰度值来进行直观判断。

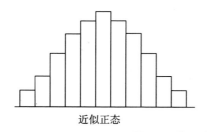

图 9.3 基于直方图目测样本正态性

独立性指观察值之间相互独立。就例 9.1 而言,如果学习积极性高的学生全都进入了 2 班和 3 班,因变量取值和组别就违背了相互独立的假设。这时,即使我们发现 2 班和 3 班的成绩要明显高于 1 班,也不一定是因为教学模式的差异,而可能是因为 2 班和 3 班的学生学习积极性更高。也就是说,即便我们没有改变教学模式,这些学习积极性高的学生相比其他学生,仍然会更努力学习,成绩自然也可能更好。

在方差分析中,方差齐性(homoscedasticity)指各组样本的总体方差大致相等。(有关方差齐性的一般定义见附录二。)方差齐性检验可以通过盒形图(见图 9.4)目测,或者基于经验法则——最大组内变异与最小组内变异之比 < 3 来进行初步判断。但是要进一步验证,还需进行更为严格的 Bartlett 检验或 Levene 检验。

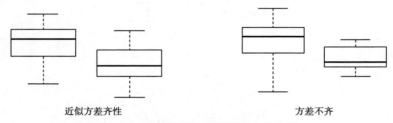

图 9.4　基于盒型图目测样本方差齐性

(四) Stata 操作

在进行单因素方差分析之前,我们需要将表 9.1 的数据重新整理,用 input 命令整理成 Stata 可以分析的形式:

```
. clear
. input cell year grade
1 1 82
2 1 93
3 1 61
4 1 74
5 1 69
6 1 70
7 1 53
8 2 71
9 2 62
10 2 85
11 2 94
12 2 78
13 2 66
14 2 71
15 3 64
```

```
16 3 73
17 3 87
18 3 91
19 3 56
20 3 78
21 3 87
end
```

上述 Stata 命令中，cell 对应单元格 id，它可以用来与表 9.1 中的数据进行对应，方便我们对录入的数据进行检查；year 对应的是自变量班级；grade 对应的是我们所关注的因变量成绩。

在 Stata 中，oneway 是进行单因素方差分析的命令。对于上例，Stata 命令为"oneway grade year, tabulate"，输出结果如图 9.5。其中，输入 tabulate 之后，Stata 输出窗口会展示各班级描述性统计结果；如果不加 tabulate，则仅展示方差分析部分的结果。

```
. oneway grade year, tabulate

            |     Summary of grade
       year |    Mean   Std. dev.    Freq.
------------+------------------------------------
          1 |  71.714286  13.161994       7
          2 |  75.285714  11.190983       7
          3 |  76.571429  13.049357       7
------------+------------------------------------
      Total |  74.52381   12.044165      21

                    Analysis of variance
    Source           SS         df      MS            F     Prob > F
------------------------------------------------------------------------
Between groups    88.6666667    2    44.3333333      0.28    0.7563
 Within groups    2812.57143   18    156.253968
------------------------------------------------------------------------
    Total         2901.2381    20    145.061905

Bartlett's equal-variances test:  chi2(2) =    0.1792    Prob>chi2 = 0.914
```

图 9.5　班级成绩的单因素方差分析输出结果

图 9.5 下半部分为方差分析结果。其中，Source 指方差来源，Between groups 对应的是组间变异，Within groups 对应的是组内变异，Total 对应的是总变异。SS 为平方和（sum of squares），对于 Between groups，SS 实际对应的是

SSC 的值；对于 Within groups，SS 对应的是 SSE 的值；对于 Total，SS 对应的是 SST 的值，即 SSC 和 SSE 的加总。此外，df 为自由度，MS 为均方差，MS 的值等于对应的方差除以自由度。F 就是分析最为关注的 F 值。Prob>F 是指当 F 值为 0.28、组间自由度为 2、组内自由度为 18 时所对应的概率。如果 Prob 值<0.05，F 值显著，表明至少有 2 个组的成绩存在显著差异。如果 Prob 值>0.05，F 值不显著，意味着各班级不存在显著的成绩差异。

图 9.5 最后一行为 Bartlett 检验结果。如前所述，Bartlett 检验是方差齐性检验，其原假设为方差齐性，或者说各组别方差没有显著差异，表达为

$$H_0: \sigma_1^2 = \sigma_2^2 = \sigma_3^2$$

H_1：至少有一组的方差与其他组的方差不同

对应的检验统计量

$$\chi^2 = \frac{(N-k)\ln s_p^2 - \sum_{i=1}^{k}\ln s_i^2}{1 + \frac{1}{3(k-1)}\left[\sum_{i=1}^{k}\left(\frac{1}{N_i - 1}\right) - \frac{1}{N-k}\right]} \quad (9.12)$$

式 9.12 中，s_i^2 为第 i 组的方差，N 为总样本量，N_i 为第 i 组的样本量，k 为组别数量。s_p^2 为总体的方差，定义为

$$s_p^2 = \frac{\sum_{i=1}^{k}(N_i - 1)s_i^2}{N - K} \quad (9.13)$$

当 χ^2 检验所对应的 p 值小于 0.05 时，我们拒绝原假设，即方差齐性假设不成立。否则，我们不能拒绝原假设，即方差齐性成立。

值得提及的是，Bartlett 检验对样本是否为正态分布非常敏感，尤其适用于单因素方差分析。当样本为正态分布时，Bartlett 检验才可信。而当样本偏离正态分布时，Bartlett 检验就会变得非常不稳健，此时，Levene 检验可能更适合。Levene 检验的 H_0 和 H_1 与 Bartlett 检验相似，其统计量定义为

$$W = \frac{(N-k)\sum_{i=1}^{k}N_i(\overline{Z}_{i.} - \overline{Z}_{..})^2}{(k-1)\sum_{i=1}^{k}\sum_{j=1}^{N_i}(Z_{ij} - \overline{Z}_{i.})^2} \quad (9.14)$$

其中，Z_{ij} 有三种定义：

第九章　方差分析

(1) $Z_{ij} = |Y_{ij} - \overline{Y}_{i.}|$，其中，$\overline{Y}_{i.}$ 为第 i 组的均值；

(2) $Z_{ij} = |Y_{ij} - \widetilde{Y}_{i.}|$，其中，$\widetilde{Y}_{i.}$ 为第 i 组的中位数；

(3) $Z_{ij} = |Y_{ij} - \overline{Y}'_{i.}|$，其中，$\overline{Y}'_{i.}$ 为第 i 组的 10% 截尾均值（trimmed mean）。

$\overline{Z}_{i.}$ 为 Z_{ij} 的组均值，$\overline{Z}_{..}$ 为 Z_{ij} 的总体均值。

这三种定义下所得到的 Levene 检验的稳健性和统计功效均不同。稳健性指的是，当数据呈现非正态分布但各组变异实际上相等时，我们不会错误地拒绝原假设，即方差齐性。统计功效是指，当方差不齐时，准确甄别出不均等方差的能力。

根据莫顿·布朗（Morton B. Brown）和艾伦·福赛思（Alan B. Forsythe）的说法，截尾均值最适合重尾分布（如柯西分布）；对于偏斜分布，或者当分布的基本形状不确定时，用中位数更为合适；对于对称分布，则使用均值。

Levene 检验所对应的 Stata 命令为 robvar，对于上例，我们可以通过在命令窗口输入"robvar grade, by(year)"实现。输出结果如图 9.6。

```
. robvar grade, by(year)

              |      Summary of grade
         year |        Mean   Std. dev.       Freq.
--------------+------------------------------------
            1 |    71.714286   13.161994           7
            2 |    75.285714   11.190983           7
            3 |    76.571429   13.049357           7
--------------+------------------------------------
        Total |    74.52381    12.044165          21

  W0  =  0.09583403    df(2, 18)    Pr > F = 0.90907526
  W50 =  0.11200807    df(2, 18)    Pr > F = 0.89465527
  W10 =  0.09583403    df(2, 18)    Pr > F = 0.90907526
```

图 9.6　基于班级成绩的单因素方差分析的 Levene 检验输出结果

输出结果下方的 W0、W50、W10 分别对应的是 Z_{ij} 的三种定义（均值、中位数和 10% 截尾均值）下的 F 值。当给定组间、组内自由度时，如果概率 Pr>F 小于 0.05，则拒绝原假设，即至少有一组的方差与其他组不同；如果概率 Pr>F 大于 0.05，则表示无法拒绝方差齐性的原假设。

三、双因素方差分析

在本章第二部分我们只考虑一个因素对试验结果的影响。然而在实际问题研究中,我们往往需要同时考虑多个因素的影响。简单起见,本部分我们将对双因素方差分析进行介绍。顾名思义,双因素方差分析,即方差分析涉及两个变动因素,可分为非重复型双因素方差分析和重复型双因素方差分析。

在双因素方差分析中,我们假设影响试验结果的两个变动因素分别为 A 和 B,其中因素 A 存在 i 个不同水平,因素 B 存在 j 个不同水平,那么两种因素之间则存在 $i \times j$ 种组合方式。对两个因素的所有组合方式进行试验,称为双因素全面试验。如果在每一种试验条件下均进行一次试验,我们称其为非重复型双因素方差分析。而如果是在每一种试验条件下进行一次以上的试验,我们就称其为重复型双因素方差分析。

(一)非重复型双因素方差分析

首先,我们通过一个例子来讲解非重复型双因素方差分析。

例 9.2 为了保证各门市店的餐饮和服务质量,川味火锅连锁餐饮企业 A 推行了"神秘顾客"计划,即总部会雇用一些"神秘顾客"让他们扮成普通顾客不定期到各店暗访考察(暗访内容主要涵盖门店的硬件环境、软性的服务质量等)并给予相应的佣金。这些"神秘顾客"看上去和普通顾客没什么区别,但他们是带着任务去的,且经过了专业训练,暗访的目的是保证他们评论反馈的一致性和客观性,进而保证该计划的结果能够有效地帮助企业 A 提高其品牌形象。

已知企业 A 在上海、杭州、南京培训了 6 名"神秘顾客",并让这 6 个人到这 3 个城市里的旗下连锁店进行体验。与此同时,他们去这 3 个城市连锁店的顺序是随机的。表 9.3 为企业 A 不同城市连锁店的评分。

表 9.3 企业 A 不同城市连锁店的评分

神秘顾客	城市		
	上海	杭州	南京
1	78	75	75
2	65	70	65

(续表)

神秘顾客	城市		
	上海	杭州	南京
3	70	60	65
4	80	65	75
5	80	65	80
6	80	60	65

对于该例,我们想看的是企业 A 的评分在不同城市是否存在差异。很明显,我们关注的结果变量是评分,其中用来解释评分差异的有两个因素:一是城市,二是神秘顾客。

这时,可能有读者会问:我们既然研究的是不同城市连锁店评分,那么像例 9.1 一样,只考虑城市之间的连锁店评分差异,并进行单因素方差分析不是更简单吗?为什么还要加入神秘顾客呢?

因为神秘顾客的评分可能会影响该店在不同城市的评分,使得城市评分差异无法准确解释。具体来讲,尽管每位神秘顾客都是经过专业训练的,但是即便 3 个城市的连锁店在服务、菜品等各方面都发挥正常,每位神秘顾客在不同城市连锁店的评分仍旧可能存在较大差异。比如,每位神秘顾客可能对调查所在地的方言熟悉程度不同,这就可能使得有些神秘顾客与当地店员存在沟通障碍,这种由沟通带来的消费体验差异可能导致他们对不同城市连锁店评分不同;再如,每位神秘顾客的口味偏好可能存在差异,他们对不同城市的食材还有调味的感受差异也会使得他们给不同城市的连锁店打不同的分;诸如此类。总之,由于不同城市连锁店的评分与神秘顾客的体验密切相关,每个人的评分特点最终也会反映到对连锁店的评分上,这使得计算所得的评分并不一定能反映当地连锁店的真实情况。如果不考虑神秘顾客这一因素,就可能导致我们之前所得的城市评分差异不准确。[①]

从统计上讲,方差分析可以把总变异分解成两部分,组间变异(可解释变异)和组内变异(或误差变异,即不可解释变异)。引入神秘顾客这一新因素可

---

① 实际上,还有很多因素会影响不同城市连锁店的评分,这里我们将问题简化了。

以对因变量的变异(尤其是误差变异)进一步分解。

在双因素方差分析中,神秘顾客这一因素往往被称作区组变量(blocking variable)。区组变量属于控制变量,它影响因变量,同时也可能对关键自变量的效应有潜在影响。因此,我们在方差分析中需要控制它,目的是通过解释更多的因变量变异以减少误差变异,同时排除可能影响关键自变量效应的混杂因素,使得我们关心的自变量效应(比如这里的地区差异)可以更清楚地揭示出来。

我们通过下面的演示来帮助读者理解。

(1) 单因素方差分析

由于我们感兴趣的问题是不同城市连锁店的评分是否存在差异,city 就是我们关心的核心自变量,如果进行单因素方差分析,我们只用在分析中加入 city 这一个变量。

在分析前,我们首先写出原假设 H_0 和备择假设 H_1:

$$H_0: \mu_{上海} = \mu_{杭州} = \mu_{南京}$$

$$H_1: \mu_{上海} \neq \mu_{杭州} \neq \mu_{南京}$$

那么,基于表 9.3 的数据,我们可以求出评分总均值 $\bar{\bar{x}} = 70.722$,上海、杭州和南京的评分均值分别为 75.5、65.833 和 70.833。

根据式 9.1、式 9.2,我们很容易计算出 SST 和 SSC。

$$\text{SST} = \sum_{j=1}^{k} \sum_{ni=1}^{n_j} (x_{ij} - \bar{\bar{x}})^2$$

$= (78 - 70.722)^2 + (75 - 70.722)^2 + (75 - 70.722)^2 + (65 - 70.722)^2$
$\quad + (70 - 70.722)^2 + (65 - 70.722)^2 + (70 - 70.722)^2 + (60 - 70.722)^2$
$\quad + (65 - 70.722)^2 + (80 - 70.722)^2 + (65 - 70.722)^2 + (75 - 70.722)^2$
$\quad + (80 - 70.722)^2 + (65 - 70.722)^2 + (80 - 70.722)^2 + (80 - 70.722)^2$
$\quad + (60 - 70.722)^2 + (65 - 70.722)^2$

$= 879.611$

$$\text{SSC} = \sum_{j=1}^{k} n_j (\bar{x}_j - \bar{\bar{x}})^2$$

$= 6 \times (75.5 - 70.722)^2 + 6 \times (65.833 - 70.722)^2 + 6 \times (70.833 - 70.722)^2$

$= 280.444$

第九章 方差分析

由于
$$SSE = SST - SSC = 879.611 - 280.444 = 599.167$$
因此，
$$F = \frac{MSC}{MSE} = \frac{280.444/2}{599.167/15} = 3.510$$

通过 Stata 命令"dis Ftail(2,15,3.51)"，我们可以求得在区间自由度为 2、组内自由度为 15 下，F 值对应的 p 值为 0.056。因此，我们可以得出结论：在显著性水平 $\alpha = 0.05$ 下，我们无法拒绝原假设，即认为 3 个城市的连锁店评分在 0.05 的显著性水平下并没有显著的差异。

我们也可以通过 Stata 进行检验。首先，我们用如下命令将表 9.3 中的数据录入 Stata 中：

```
. clear
. input cell customer city score
1 1 1 78
2 1 2 75
3 1 3 75
4 2 1 65
5 2 2 70
6 2 3 65
7 3 1 70
8 3 2 60
9 3 3 65
10 4 1 80
11 4 2 65
12 4 3 75
13 5 1 80
14 5 2 65
15 5 3 80
16 6 1 80
17 6 2 60
18 6 3 65
end
```

上述命令中，score 对应的是我们所关注的因变量连锁店评分；cell 对应的是单元格 id；customer 对应的是神秘顾客 id；city 对应的是上海、杭州、南京 3 个城市，为了录入方便，我们用数字 1、2、3 来区分。为了清晰辨别不同城市，我们可以通过如下命令给 city 的变量取值加上标签：

. label define cityname 1 "上海" 2 "杭州" 3 "南京"
. label value city cityname

然后，我们在 Stata 命令窗口输入命令"oneway score city"，有关企业 A 各连锁店评分的单因素方差分析输出结果如图 9.7。

```
. oneway score city

                        Analysis of variance
    Source              SS         df      MS             F     Prob > F
------------------------------------------------------------------------
Between groups      280.444444      2    140.222222       3.51    0.0562
Within groups       599.166667     15     39.9444444
------------------------------------------------------------------------
    Total           879.611111     17     51.7418301

Bartlett's equal-variances test: chi2(2) =    0.0806   Prob>chi2 = 0.960
```

图 9.7　企业 A 不同城市连锁店评分的单因素方差分析输出结果

图 9.7 中，score 和 city 分别对应各连锁店的评分和所在城市。图 9.7 的单因素方差分析结果显示，当只考虑城市因素时，F 值 3.51 在组间自由度为 2、组内自由度为 15 时所对应的概率为 0.0562。另外，Bartlett 检验的结果显示，自由度为 2 的 χ^2 检验所得 p 值等于 $0.960>0.05$。因此，在 $\alpha=0.05$ 的显著性水平下，该数据满足方差齐性假设——方差分析的应用条件。

（2）双因素方差分析

如果进行双因素方差分析，我们需要进一步考虑神秘顾客的因素。表 9.3 中每一行数字对应一位神秘顾客的评分。

相比单因素方差分析，双因素方差分析除了存在之前提到的总变异（SST）、列变异（SSC）和误差变异（SSE），还多了一个行变异，即每位神秘顾客在 3 个城市连锁店的评分所构成的变异。需提及的是，在进行双因素方差分析时，我们往往会区分核心自变量的变异和控制变量的变异。通常，我们将核心自变量的变异称为处理变异（SSC），将控制变量的变异称为区组变异（sum of squares of blocks，简称 SSB）。对于该例，不同城市所产生的变异为处理变异，

第九章　方差分析

神秘顾客所产生的变异为区组变异。区组变异

$$\text{SSB} = \sum_{i=1}^{k} n_i (\bar{x}_i - \bar{\bar{x}})^2 \tag{9.15}$$

其中，$\bar{x}_i$ 为第 i 行的观测值平均值，$\bar{\bar{x}}$ 为总均值，k 为行数，n_i 为每行的观测个数。

如果要检验连锁店评分是否存在城市差异，我们需要计算相应的 F 值，即 $F = \dfrac{\text{MSC}}{\text{MSE}}$，然后基于列变异和误差变异的自由度计算得到 p 值与给定显著性水平相比进行判断。从 F 值的公式来看，这里看似与单因素方差分析一致，然而值得注意的是，加入了神秘顾客之后，误差变异发生了变化，误差变异对应的自由度也发生了变化，从而使得 MSE 与之前不同。下面我们将双因素方差分析中 F 值及其相关统计量列于表 9.4 中。

表 9.4　双因素方差分析中 F 值及其相关统计量

统计量	变异名称	自由度	均方
SSC	列变异	$df_{\text{column}} = n_j - 1$	$\text{MSC} = \dfrac{\text{SSC}}{df_{\text{column}}}$
SSB	行变异	$df_{\text{row}} = n_i - 1$	$\text{MSB} = \dfrac{\text{SSB}}{df_{\text{row}}}$
SSE	误差变异	$df_{\text{error}} = (n_j - 1)(n_i - 1)$	$\text{MSE} = \dfrac{\text{SSE}}{df_{\text{error}}}$
SST	总变异	$df_{\text{total}} = n_{\text{total}} - 1$	$F = \dfrac{\text{MSC}}{\text{MSE}}$

接下来，我们便可以根据表 9.4 中的相关公式算出 F 值，然后根据 F 值以及对应组别的自由度求出概率，最后与给定的显著性水平相比较，得出结论。对每一行求平均可得 6 名神秘顾客的评分均值分别为 76、66.667、65、73.333、75 和 68.333。

基于式 9.15，我们可以得到：

$$\begin{aligned}
\text{SSB} &= \sum_{i=1}^{6} 3(\bar{x}_i - \bar{\bar{x}})^2 \\
&= 3 \times (76 - 70.722)^2 + 3 \times (66.667 - 70.722)^2 + 3 \times (65 - 70.722)^2 \\
&\quad + 3 \times (73.333 - 70.722)^2 + 3 \times (75 - 70.722)^2 + 3 \times (68.333 - 70.722)^2 \\
&= 323.611
\end{aligned}$$

在双因素方差分析中,存在等式 SSC + SSB + SSE = SST。相比之前的单因素方差分析,这里 SST、SSC 没有变化,由于加入了 SSB,SSE 有了变化。因此,在计算新的误差变异 SSE 时我们需要进一步考虑 SSB,将各项相应的值代入,有

SSE = SST − SSC − SSB = 879.611 − 280.444 − 323.611 = 275.556

变量 city 对应的 F 值为

$$F = \frac{\text{MSC}}{\text{MSE}} = \frac{280.444/2}{275.556/10} = 5.089$$

得到了 F 值后,我们可以通过 Stata 命令"dis Ftail(2,10,5.089)"得到当自由度为 2 和 10 时,F 值对应的 p 值为 0.0299。由于在显著性水平 $\alpha = 0.05$ 下,$p < \alpha$,因此,我们可以拒绝原假设,即认为 3 个城市连锁店的评分存在差异。

此外,我们还可以通过 Stata 直接进行估计。在 Stata 中,进行双因素或多因素方差分析的命令是"anova"。对于例 9.2,我们在命令窗口输入"anova score city customer",就会得到如图 9.8 的结果。

```
. anova score city customer

                Number of obs =          18     R-squared     =  0.6867
                Root MSE      =     5.24934     Adj R-squared =  0.4674

         Source |  Partial SS        df       MS          F      Prob>F
       ---------+------------------------------------------------------
          Model |   604.05556         7    86.293651     3.13    0.0502
                |
           city |   280.44444         2    140.22222     5.09    0.0299
       customer |   323.61111         5    64.722222     2.35    0.1174
                |
       Residual |   275.55556        10    27.555556
       ---------+------------------------------------------------------
          Total |   879.61111        17    51.74183
```

图 9.8 企业 A 不同城市连锁店评分的非重复双因素方差分析输出结果

"anova"命令输出的结果和"oneway"命令输出的结果解读基本一致。两者的差别主要在于方差的表达。"oneway"因为只涉及一个因素,所以方差来源(Source groups)仅分为组间变异(Between groups)和组内变异(Within groups)。而双因素方差分析因涉及两个因素,在 Source 中不仅区分了 Model(模型变异,对应的是"oneway"里的组间变异)和 Residual(误差变异,对应的是"oneway"里的组内变异),而且为了方便辨别具体的方差来源,Model 下面还进一步区分

第九章　方差分析

了来自不同自变量（这里指 city 和 customer）的变异。

由图 9.8 的输出结果可见，加入了神秘顾客因素之后，误差变异有所减小，从图 9.7 单因素方差分析中的 599.167，变为双因素方差分析的 275.556。由于总变异不变，那么相应地，由于增加了 customer 这一因素，使得 city 和 customer 一同组成的模型变异或可解释变异增大。进一步对比图 9.7 的结果，可以发现，city 所对应的 F 值在 0.05 的显著性水平下变得统计显著了，这意味着在考虑了神秘顾客因素之后，企业 A 的评分在不同城市呈现显著的差异。

因此，加入神秘顾客这一变量改善了我们分解总变异的方式，其从误差变异中进一步剥离出部分变异，令误差变异减小，从而导致 F 值变大，这使得我们的假设检验更准确。

需提及的是，相比单因素方差分析，双因素方差分析由于多纳入了一个变量，实际背后包含了两组假设。就例 9.2 来讲，除了关于城市差异的假设，还包含关于神秘顾客评分差异的假设，即

$$H_0: \mu_{顾客1} = \mu_{顾客2} = \mu_{顾客3} = \mu_{顾客4} = \mu_{顾客5} = \mu_{顾客6}$$

$$H_1: \mu_{顾客1} \neq \mu_{顾客2} \neq \mu_{顾客3} \neq \mu_{顾客4} \neq \mu_{顾客5} \neq \mu_{顾客6}$$

而之前我们只针对 city 提出假设的原因在于，例 9.2 所要检验的核心问题是连锁店评分是否存在城市差异，如果我们转换了核心问题，即关注不同神秘顾客的评分是否存在差异时，我们就应该以这组假设为主，这也是实际做研究时需要注意的。换句话说，研究的假设总是要基于我们想要分析或者验证的问题来提，当纳入越来越多的自变量后，这点尤为重要。

题外话

细心的读者可能会发现，"oneway"命令与"anova"命令所产生的 SS 有些不同，前者是平方和（SS），而后者是偏平方和（Partial SS）。原因在于，对于双因素或者多因素方差分析来说，每个变量所对应的 SS 都是在进一步考虑了其他变量对总变异贡献的情况下得出的。由于自变量之间可能存在相关，那么仅放入自变量 A 所产生的变异（单因素方差分析）与同时放入自变量 A 和其他自变量 B，C，D，…后（双因素或多因素方差分析）该自变量 A 所产生的变异可能并不相等，这在重复双（多）因素方差分析中尤为常见。

（二）重复型双因素方差分析

如果每个神秘顾客分别光顾企业 A 在各城市的连锁店三次，且每次体验时都进行一次评分，此时这就变成了一个重复型双因素方差分析的命题了。

我们把每个神秘顾客三顾同一连锁店所记录的得分总结在表 9.5 中。

表 9.5　不同神秘顾客在不同城市三次光顾连锁店的评分情况

神秘顾客	城市		
	上海	杭州	南京
1	78	75	75
	75	78	80
	80	70	75
2	65	70	65
	70	68	70
	72	65	65
3	70	60	65
	70	62	65
	72	65	70
4	80	65	75
	82	68	75
	80	70	78
5	80	65	80
	82	60	75
	81	65	75
6	80	60	65
	75	65	65
	78	70	70

可见，相比表 9.3，每一位神秘顾客在一个城市的评分变成了三个，而非一个。正是因为每个神秘顾客在各城市有了重复观测，表 9.5 中的大单元格不再是一个常数，而是一个分布，其可以用均值和标准差来表示。（见表 9.6）这是重复型双因素方差分析的核心。

表 9.6　不同神秘顾客在不同城市三次光顾连锁店的评分分布

神秘顾客	城市		
	上海	杭州	南京
1	平均值：77.667 标准差：2.517	平均值：74.333 标准差：4.041	平均值：76.667 标准差：2.887
2	平均值：69 标准差：3.606	平均值：67.667 标准差：2.517	平均值：66.667 标准差：2.887
3	平均值：70.667 标准差：1.155	平均值：62.333 标准差：2.517	平均值：66.667 标准差：2.887
4	平均值：80.667 标准差：1.155	平均值：67.667 标准差：2.517	平均值：76 标准差：1.732
5	平均值：81 标准差：1	平均值：63.333 标准差：2.887	平均值：76.667 标准差：2.887
6	平均值：77.667 标准差：2.517	平均值：65 标准差：5	平均值：66.667 标准差：2.887

下面我们来演示一下如何用 Stata 进行重复型双因素方差分析。

首先我们仍旧需要用如下 input 命令录入数据，相比例 9.2，这里我们需要再增加一个变量 freq 来区分神秘顾客光顾同一个城市的连锁店的次数：

```
. clear
. input cell customer city freq score
1 1 1 1 78
2 1 1 2 75
3 1 1 3 80
4 1 2 1 75
5 1 2 2 78
6 1 2 3 70
7 1 3 1 75
8 1 3 2 80
9 1 3 3 75
10 2 1 1 65
11 2 1 2 70
12 2 1 3 72
13 2 2 1 70
14 2 2 2 68
```

```
15 2 2 3 65
16 2 3 1 65
17 2 3 2 70
18 2 3 3 65
...
end
```

囿于篇幅，这里只展示了两位神秘顾客三顾同一城市连锁店的评分，其余代码读者可以依照上述代码自行补充完整。待数据录入完毕后，我们便可以进行分析了。

对于重复型双因素方差分析，我们仍旧是用 Stata 的"anova"命令进行分析。在 Stata 命令窗口输入"anova score city customer"，输出结果如图 9.9。

```
. anova score city customer

              Number of obs =      54    R-squared     =  0.6904
              Root MSE      = 3.83023    Adj R-squared =  0.6432

        Source |  Partial SS       df       MS          F     Prob>F
     ----------+----------------------------------------------------
         Model |   1504.5741        7   214.93915     14.65   0.0000
               |
          city |   793.59259        2    396.7963     27.05   0.0000
      customer |   710.98148        5    142.1963      9.69   0.0000
               |
      Residual |   674.85185       46   14.670692
     ----------+----------------------------------------------------
         Total |   2179.4259       53   41.121244
```

图 9.9　企业 A 连锁店评分的重复型双因素方差分析输出结果

如图 9.9，city 和 customer 的效应在 0.05 的显著性水平下均显著。对于 city 的效应，我们可以解释为，在考虑了神秘顾客的影响后，企业 A 在不同城市的连锁店评分存在显著差异；对于 customer 的效应，我们可以解释为，考虑了企业 A 连锁店的城市差异之后，神秘顾客在评分上存在显著差异。可见，即便是经过了专业训练，不同神秘顾客在进行评分时仍旧会存在系统性差异。

需提及的是，以上分析均基于假设：在不同城市，神秘顾客的评分差异是恒定的。通俗地讲，每个神秘顾客都有自己的打分习惯，有的顾客总是打低分，有的顾客总是打高分；不仅如此，神秘顾客之间的评分差异在各个城市中也会呈现一致的模式。我们可以通过如下 Stata 命令进行验证：

```
. margins city#customer
. marginsplot, plot1opts(lpattern(solid)) plot2opts(lpattern(dash)) plot3opt
(lpattern(shortdash_dot)) xdimension(customer) legend(col(3) ring(1) pos
(6)) noci
```

其中,margins city#customer 用来计算不同神秘顾客在不同城市连锁店评分的边际均值;marginsplot 命令用于 margins 之后,是为了将刚刚计算所得的边际均值通过图展示出来,以清楚地区分不同神秘顾客在不同城市的评分情况;命令中还通过 plot1opts(lpattern(solid)) plot2opts(lpattern(dash)) plot3opt(lpattern(shortdash_dot))设定了不同的线型,其中 solid 为实线图,dash 为虚线图,shortdash_dot 为短线点图;xdimension(customer) 定义了图的横坐标;legend 选项定义了标签的特征,这里我们指定 legend(col(3) ring(1) pos(6)),表示我们希望标签分三列展示,置于线性图外 6 点方位。

图 9.10 展示了用 Stata 做的图。很明显,在不同城市,6 位神秘顾客的评分仅绝对值有所不同,而其相对差异是恒定不变的。

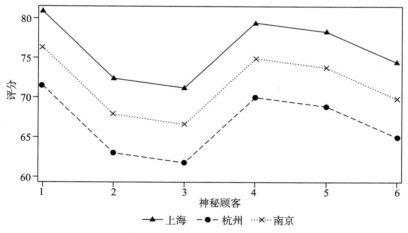

图 9.10 神秘顾客评分的恒定差异

然而上述假设不一定成立。举个例子,每位神秘顾客打分时对食材、环境、服务等方面可能赋以不同的权重。我们假设,神秘顾客 1 比较看重食材的新鲜度,神秘顾客 2 对环境要求比较高,神秘顾客 3 更注重服务的细节。如果上海的分店食材更新鲜、品种更丰富,杭州的分店环境更优美,南京的分店服务更周到,那么,神秘顾客 1 更可能会给上海的连锁店打高分,神秘顾客 2 会给杭州的连锁店打高分,而神秘顾客 3 则更可能会给南京的连锁店打高分。按照这一思路,"对于不同城市,神秘顾客的评分差异恒定"的假定可能不够合理。当然这只是其中一种可能性,如前面所提到的,神秘顾客的口味偏好差异也可能造成他们在不同城市打分不同等等。

如果要检验神秘顾客在不同城市的评分存在恒定差异的假设是否成立,我们就需要将城市和神秘顾客进行交互,目的是反映神秘顾客在不同城市评分差异的变化情况。这一交互在 Stata 中可以用"#"来表示。需要注意的是,为了能够真实反映交互项的显著性,在展示交互项 city#customer 的同时,city 和 customer 的主效应也要展示。从而自变量应包含三项:city,customer,以及 city#customer。考虑了交互项的双因素方差分析命令可以写为"anova score city customer city#customer"。(见图 9.11)

```
. anova score city customer city#customer

                  Number of obs =          54     R-squared     =  0.8691
                  Root MSE      =      2.8153     Adj R-squared =  0.8073

         Source | Partial SS         df         MS          F       Prob>F
    ------------+----------------------------------------------------------
          Model |  1894.0926         17    111.41721      14.06     0.0000
                |
           city |  793.59259          2    396.7963       50.06     0.0000
       customer |  710.98148          5    142.1963       17.94     0.0000
  city#customer |  389.51852         10    38.951852       4.91     0.0002
                |
       Residual |  285.33333         36    7.9259259
    ------------+----------------------------------------------------------
          Total |  2179.4259         53    41.121244
```

图 9.11　神秘顾客与城市的交互效应

由图 9.11 可见,交互项 city#customer 在 0.05 的显著性水平下统计显著,这意味着神秘顾客在不同城市的评分存在恒定差异并不成立。图 9.12 直观地反映了这一结果,神秘顾客 1 对上海的评分最高,其次是南京,最后是杭州,而神秘顾客 2 心中的第二和第三名分别是杭州和南京,与神秘顾客 1 刚好相反。我们还可以发现,尽管神秘顾客 1、3、4、5、6 对于各城市连锁店评分排名有共鸣,但是城市之间的分数差异大不相同,神秘顾客 1 对三个城市连锁店的评分差异最小，神秘顾客 5 的评分差异最大，神秘顾客 6 评分差异次大。且对于神秘顾客 6，南京和杭州的连锁店得分差异较小，上海的分数遥遥领先。

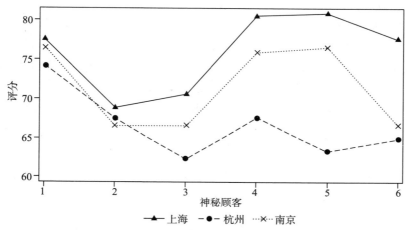

图 9.12　神秘顾客评分在不同城市的差异

 小技巧

Stata 中，我们实际可以用"##"来代表如上的主效应和交互效应三项，即我们可以把 Stata 命令简单地写为"anova score city##customer"。

从上述分析可以发现，重复型双因素方差分析实际包含三组假设。(见表 9.7)

表 9.7　重复型双因素方差分析的三组假设

序号	假设
1	H_0：每行的均值相等
	H_1：每行的均值不全相等
2	H_0：每列的均值相等
	H_1：每列的均值不全相等
3	H_0：行与列之间不存在交互效应
	H_1：行与列之间存在交互效应

前两组假设也是非重复型双因素方差分析中包含的假设。

最后，还需提及的是，重复型双因素方差分析同样需要满足群组之间方差大致相等的假定。本例的群组指的是表 9.5 中 18 个包含 3 个观测的大单元格（一位神秘顾客对一个城市的连锁店的三次评分）。这里我们可以采用 Levene 检验进行方差齐性检验。

进行 Levene 检验分为两步。第一步，识别群组；第二步，基于群组进行检验。因此，我们要先通过 Stata 命令"egen group = group(city customer)"构建群组变量 group。该命令的意思是，生成一个数值变量 group，令其包含 city 和 customer 类别的所有组合。当我们想基于两个或以上类别变量构建一个复合类别变量时就可以用 group() 函数轻松获得。基于该新生成的群组变量 group，我们就可以用 Stata 命令"robvar score, by(group)"进行 Levene 方差齐性检验了。(见图 9.13)

```
. egen group = group(city customer)

. robvar score , by(group)

 group(city |        Summary of score
  customer) |        Mean   Std. dev.       Freq.
------------+------------------------------------
          1 |   77.666667   2.5166115           3
          2 |          69   3.6055513           3
          3 |   70.666667   1.1547005           3
          4 |   80.666667   1.1547005           3
          5 |          81           1           3
          6 |   77.666667   2.5166115           3
          7 |   74.333333   4.0414519           3
          8 |   67.666667   2.5166115           3
          9 |   62.333333   2.5166115           3
         10 |   67.666667   2.5166115           3
         11 |   63.333333   2.8867513           3
         12 |          65           5           3
         13 |   76.666667   2.8867513           3
         14 |   66.666667   2.8867513           3
         15 |   66.666667   2.8867513           3
         16 |          76   1.7320508           3
         17 |   76.666667   2.8867513           3
         18 |   66.666667   2.8867513           3
------------+------------------------------------
      Total |   71.462963   6.4125848          54

    W0  =  0.89694599   df(17, 36)    Pr > F = 0.5819883
    W50 =  0.27443609   df(17, 36)    Pr > F = 0.99694286
    W10 =  0.89694599   df(17, 36)    Pr > F = 0.5819883
```

图 9.13 重复型双因素方差分析的 Levene 检验

由图 9.13 可知，基于 Z_{ij} 的三种定义（均值、中位数和 10% 截尾均值）下的 F 值均不显著，也就是说，我们无法拒绝不同群组的方差大致相等的假设。因此，本例我们采用方差分析是合适的。

非重复型双因素方差分析是否也可以进行交互呢？

我们基于表 9.3 的数据再尝试运行一下带有交互项的双因素方差分析。

录入数据后，在命令窗口输入如图 9.14 中第一行的命令后，可得到图中的输出结果。

```
. anova score city##customer

              Number of obs =        18     R-squared     =  1.0000
              Root MSE      =         0     Adj R-squared =

       Source | Partial SS      df       MS          F    Prob>F
--------------+------------------------------------------------------
        Model |  879.61111      17    51.74183
              |
         city |  280.44444       2   140.22222
     customer |  323.61111       5    64.722222
city#customer |  275.55556      10    27.555556
              |
     Residual |          0       0
--------------+------------------------------------------------------
        Total |  879.61111      17    51.74183
```

图 9.14　企业 A 连锁店评分的非重复双因素方差分析交互结果

由图 9.14 可知，分析所得的误差变异为 0，其所对应的自由度也为 0。模型对应的 R^2 为 1.0000。这是一个饱和模型，即其所包含的所有待估计的参数与方差、协方差矩阵中的元素相等。通俗地说，基于饱和模型得到的拟合参数是实际数据的直接反映。在估计时，模型用尽了所有自由度，完美地还原了表 9.3。

细心的读者可能发现，这里"city#customer"对应的结果与图 9.8 中"Residual"对应的结果完全相同。由于每个单元格中没有重复观测，交互项实际反映的就是没有加交互项时的误差变异。也正因为如此，饱和模型的拟合优度（如 R^2）不具有参考价值。由于误差变异为 0，因此相应变量的 F 值无法计算。

四、本章小结

本章仅仅是对单因素和双因素方差分析原理和 Stata 相关操作的简单介绍。有关方差分析的更多讨论可以参考相关书籍[①]。

---

① 如 Alvin C. Rencher and G. Bruce Schaalje, *Linear Models in Statistics*, 2nd ed., Wiley, 2008; Samaradasa Weerahandi, *Generalized Inference in Repeated Measures: Exact Methods in MANOVA and Mixed Models*, John Wiley & Sons Inc., 2004。

第十章

简单线性回归

前面我们提到,如果需要考察两个变量之间的线性相关关系,可以计算皮尔逊相关系数。但更多的时候,我们不仅想要知道这两个变量之间的相关程度,还会考虑一个变量如何随着另一个变量的变化而变化,这时就要用到回归的方法。

一、回归简介

"回归"的概念最早由 19 世纪英国遗传学家弗朗西斯·高尔顿(Francis Galton)提出。在一篇有关人类遗传的身高论文中,高尔顿发现:父母身高越高,子女身高也越高;父母身高越矮,子女身高也越矮。尽管两者存在较好的线性关系,但仍然存在例外情况。比如,对于有些高个子的父母,他们的子女虽然会高于平均身高,但却不见得比其父母更高;同样,对于有些矮个子的父母,虽然他们子女的身高也会较矮,但却会比其父母高些。在某种程度上,人的身高出现了"向均值回归"(regression toward mediocrity)的现象。

实际上,高尔顿所关心的是为什么人的身高分布存在稳定性。这种稳定性用更通俗的语言表达就是:如果高个子父母的子女身高越高,矮个子父母的子女身高越矮,那么经过几代的轮替之后,为什么没有出现人口身高两极化的极端现象?这里,我们关心的是父母身高与子女身高之间的关联,即给定父母身高的情形,来看子女平均身高的变化。这就是本章我们要谈的"回归",它指的是因变量与一个或多个自变量的依赖关系或相关关系。

二、回归的基本思想

既然回归是要考察一个变量受另一个变量影响的情况,那么在表述上就要对这两个变量有所区分。需要被解释或被估计的变量一般称作因变量,有时也称为被解释变量、预测子(predictand)、回归子(regressand)等。用于为因变量的估计提供信息的变量一般称为自变量,有时也称为解释变量、预测元(predictor)、回归元(regressor)等。当我们只用一个自变量来解释一个与它有线性关系的因变量时,所采用的方法就是本章讨论的简单线性回归,有时也称一元线性回归或双变量回归。如果自变量数目超过一个,就需要使用多元线性回归。

读者们熟悉的一元一次函数 $y = kx + b (k \neq 0)$ 反映的便是自变量 x 与因变量 y 的线性关系。但是,这里的 x 与 y 是完全相关的,给定一个 x 就会有唯一的 y。如果我们计算皮尔逊相关系数 r,得到的结果将会是 1 或 -1。也就是说,只要有两组 (x, y) 的值,我们就可以在不使用统计工具的情况下,直接把这条直线确定下来。而在统计回归中,我们主要处理的是随机变量,也就是有概率分布的变量:对于每一个自变量,因变量不是唯一确定的,而是以一定的概率分布在某个区间。如图 10.1,对于每一个 x, y 不是一个值,而是一个分布。这里我们要考察的是自变量与因变量之间的一种所谓统计依赖关系或统计相关关系。

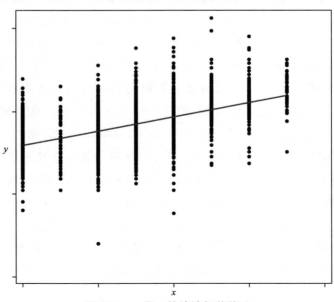

图 10.1 x 和 y 的统计相关关系

从图 10.1 中我们也可以看到,由于这些观测点不在同一条直线上(自变量与因变量不是完全相关),我们无论如何选取直线,都无法对每一个因变量取值做出准确的估计。那么,所有的线性回归模型,不论是一元还是多元的往往都可以概括为

观测项 = 结构项 + 随机项

回归的特点就在于,由于实际观测到的因变量取值相比我们通过自变量预测得到的因变量估计值(结构项),总有一个偏离(随机项),因此,通过回归,因变量观测值可以被分解成两个部分:一个对应于因变量和自变量之间的结构关系,是我们基于回归方程估计或预测出的因变量取值;另一个则是剩余的无法被现有自变量解释的部分。

(一)简单线性回归简介

通常,简单线性回归模型可以表达为

$$y_i = \beta_0 + \beta_1 x_i + \varepsilon_i \tag{10.1}$$

在这个模型中,y_i 表示第 i 个个体在因变量 y 上的取值。x_i 对应的是第 i 个个体在自变量 x 上的取值。ε_i 为随机误差项,代表除了 x 对 y 的线性影响之外,其他所有因素对 y 的影响。ε_i 具有以下性质:其期望值 $E(\varepsilon_i) = 0$,表明误差项平均来讲不会使模型系统地偏离观测值;其方差 $\sigma_\varepsilon^2 = \sigma^2$ 是恒定的,表示所有观测值的误差项具有相同的变异性;ε_i 与自变量 x 的协方差 $\text{Cov}(x, \varepsilon_i) = 0$,这一表达式确保了自变量 x 与误差项 ε_i 之间不存在系统性关联,且对于任何不同个体($i \neq j$),误差项之间的协方差 $\text{Cov}(\varepsilon_i, \varepsilon_j) = 0$,意味着不同个体的误差项是相互独立的。

那回归方程的系数 β_0 和 β_1 应该如何解释呢?

之前有提到,结构项 $\beta_0 + \beta_1 x_i$ 是基于每一个 x_i 值对 y_i 值做出的估计,也等于 y 的条件期望,即 $E(y|x=x_i)$。当 $x=0$ 时,$E(y|x=0) = \beta_0 + \beta_1 \times 0 = \beta_0$,反映在坐标系中,$\beta_0$ 就是回归线在 y 轴的截距。

β_1 反映的是 x 的变化对 y 的条件期望的影响,即 x 值每增加一个单位,$E(y|x=x_i)$ 就会增加 β_1 个单位。这一点可以通过图 10.2 直观地呈现出来。图中的直线为线性回归拟合直线,该直线上的每个点反映的是每一个 x_i 的取

值和它所对应的 y 的条件期望,即 $E(y|x=x_i)$。而 y 的条件期望与 y 的实际观测值之间的差距就是随机误差 ε_i。

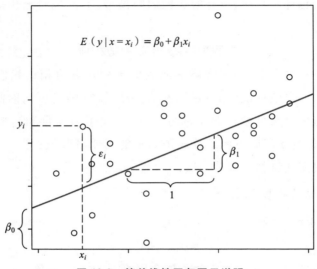

图 10.2 简单线性回归图示说明

需要注意的是,由于回归模型是针对总体的,β_0 和 β_1 属于总体参数,是关于总体特征的描述。其中,β_0 是总体截距参数,β_1 是总体斜率参数。

如果我们知道总体参数 β_0,β_1,便能够直接运用简单线性回归方程 $E(y|x=x_i)=\beta_0+\beta_1 x_i$ 进行预测和分析。然而,在现实分析场景中,我们往往无法直接获知这些总体参数,因此,需要借助样本数据对它们进行估计。这一过程涉及计算样本统计量 b_0 和 b_1 来作为总体回归方程中的 β_0 和 β_1 的估计值,此时方程可表达为

$$\hat{y}_i = b_0 + b_1 x_i \tag{10.2}$$

其中,$\hat{y}_i$ 是 $E(y|x=x_i)$ 的点估计,即每个给定 x_i 值下的 y_i 分布的均值。用样本数据进行估计时,还会产生一个残差 e_i,即 y_i 和 $\hat{y}_i$ 之间的差异。因此,基于样本数据的回归方程可以表示为

$$y_i = b_0 + b_1 x_i + e_i \tag{10.3}$$

式 10.2 和式 10.3 中所表示的 y_i,$\hat{y}_i$ 和 e_i 之间的关系可以通过图 10.2 直观地显示。我们只需要把 $E(y|x=x_i)$ 替换为 $\hat{y}_i$,把 ε_i 替换为 e_i 即可。为了找到

最合适的 b_0 和 b_1 来作为总体参数 β_0 和 β_1 的估计,一个常用的方法就是最小二乘法(ordinary least square,简称 OLS),这个我们会在"模型估计"这一小节中详细介绍。

(二)模型估计

为了更直观地理解简单线性回归的模型估计,我们结合例子来介绍。

例 10.1 在儿童早期教育的研究中,关于自由玩耍和传统教学哪个对儿童发展有益一直存在争论。近年来学者们提出了一个新概念,叫作"基于玩耍的学习",这种概念强调将自由玩耍和传统教学相结合,既可以提升儿童的学习动力,又可以促进儿童在玩耍中探索。然而,由于"基于玩耍的学习"这一概念尚新,有关在玩耍中融入多少指导才比较有效还不清楚。因此,我们拟做一个探索,目的就是预测儿童在玩耍时老师对其进行引导的时间如何影响儿童的认知能力。于是我们选择了一个全托幼儿园,在园内随机抽取了 10 名 3—4 岁的儿童,并对这 10 名儿童进行了认知能力测试,考察范围包括儿童的语言能力、图像感知能力、空间能力、推理能力以及记忆力五个维度。最终,我们将这五个维度的得分合并成一个 0—100 分的认知能力得分,这 10 名儿童的认知能力得分如表 10.1。

表 10.1 儿童认知能力得分记录

ID	认知能力得分 y
1	85
2	96
3	76
4	80
5	62
6	92
7	86
8	75
9	60
10	98

1. 只有因变量

我们先从最简单的情况——没有自变量入手,来看看怎么预测一个因变量的取值。

为研究指导性玩耍和认知能力之间的关系,在测试认知能力分数之前,我们也收集了平均每天这 10 名儿童在玩耍时老师对其进行引导的时间。不幸的是,在进行分析前,这个记录找不到了。在这种情况下,我们应该怎样利用现有数据来预测其他儿童的认知能力得分呢?

由于没有其他更多的信息,我们能做的最好预测就是用这 10 名儿童的认知能力测试均值来估计其他儿童的认知能力测试得分:

$$\bar{y} = \frac{85 + 96 + 76 + 80 + 62 + 92 + 86 + 75 + 60 + 98}{10} = 81$$

因此,当只有 y 时,数据的最佳拟合直线就是均值。对于本例,儿童认知能力测试得分的最佳拟合直线为 $\hat{y} = \bar{y} = 81$。每一名儿童的认知能力测试得分的观测值 y 与最佳拟合直线 $\hat{y}$ 之间的差就是残差。如图 10.3,我们用实线单箭头线段表示儿童认知能力测试得分的残差。其中,箭头向上表示残差为正,箭头向下表示残差为负。

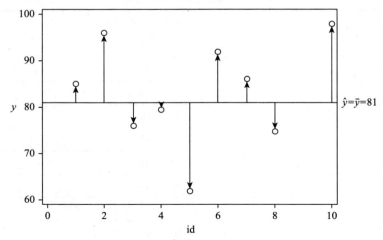

图 10.3 在 $\hat{y} = \bar{y}$ 情况下的残差 e_i

第十章 简单线性回归

为了反映残差变异,或者说观测数据偏离最佳拟合直线的程度,我们通常会计算残差平方和。

 为什么是计算平方和而不是求和呢?

因为残差有正有负,所有残差值加总后等于0。对残差求平方,就是让其转化为正值,这样将其加总才能反映残差的变异程度。

需提及的是,简单线性回归的目的是构建一个线性模型,使得残差平方和最小。当只有 y 时,残差平方和 $\sum \varepsilon_i^2$ 的计算如下:

$$\sum \varepsilon_i^2 = (85-81)^2 + (96-81)^2 + (76-81)^2 + \cdots + (60-81)^2 + (98-81)^2$$
$$= 1540$$

由于我们弄丢了引导时间的数据,因此目前的这个模型中只有 y。那么如果要加入自变量,应该如何判断模型是变好还是变坏呢?

相信很多读者都想到了,当加入自变量后,如果残差平方和变小了,那么在很大程度上我们就可以说模型变好了。

下面我们继续基于例10.1讲解。

2. 加入自变量

在清理电脑垃圾的时候,我们在回收站里猛然发现了之前丢失的引导时间数据。兴奋之余,我们马上恢复了数据并将其与对应的儿童认知能力测试得分匹配起来,打算分析一下两者的关系。整理好的数据如表10.2。

表10.2 关于引导时间与认知能力测试得分的记录

ID	引导时间 x(小时/天)	认知能力测试得分 y
1	3	85
2	3.6	96
3	3	76
4	2.8	80
5	2	62

(续表)

ID	引导时间 x(小时/天)	认知能力测试得分 y
6	4.5	92
7	3.5	86
8	1.5	75
9	0.5	60
10	4	98

这时,因变量仍然是儿童的认知能力测试得分,但与刚才相比,我们多了一个自变量——引导时间。有了引导时间,我们现在可以对儿童的认知能力测试得分做更准确的估计了。在估计 x 和 y 的关系之前,我们先做一个散点图看看两者的关系。(见图 10.4)

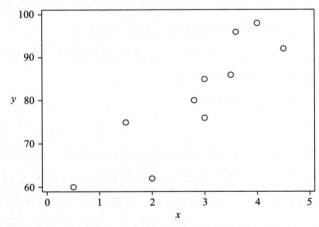

图 10.4 引导时间 x 与儿童认知能力测试得分 y 的散点图

由图 10.4 可知,引导时间 x 与儿童认知能力测试得分 y 之间呈现正相关。总的来讲,老师对儿童的引导时间越长,儿童认知能力测试得分越高。但是面对这样的正相关,我们可以画出很多条直线,那么哪条直线才是最佳拟合直线呢?

如前所述,简单线性回归旨在构建一个线性模型,通过最小化残差平方和来拟合数据。换句话说,我们的目标是在所有可能的直线中找到一条最佳拟合线,使得该线上的预测值与实际观测值之间的差(残差,即 residual)的平方

第十章 简单线性回归

和达到最小。这样，所选的直线能够尽量减少估计值与实际值之间的总差距，确保模型拟合的准确性和效率。

例如，关于引导时间 x 与儿童认知能力测试得分 y，假设现在我们有两个估计方程。

$$\hat{y}_1 = 8x + 60$$

$$\hat{y}_2 = 5.4x + 66$$

如果要从两个方程中选择一个，应该选哪个呢？

假设估计方程已知，并需要从中选择相对合适的估计方程，那么我们首先要基于不同的估计方程计算残差平方和，然后比较基于两个估计方程所得的残差平方和的大小。

我们把计算过程总结在表 10.3 中。

表 10.3 残差平方和的计算

x	y	$\hat{y}_1 = 8x + 60$	$\hat{y}_2 = 5.4x + 66$	$(y - \hat{y}_1)^2$	$(y - \hat{y}_2)^2$
3	85	84	82.2	1	7.84
3.6	96	88.8	85.44	51.84	111.5136
3	76	84	82.2	64	38.44
2.8	80	82.4	81.12	5.76	1.2544
2	62	76	76.8	196	219.04
4.5	92	96	90.3	16	2.89
3.5	86	88	84.9	4	1.21
1.5	75	72	74.1	9	0.81
0.5	60	64	68.7	16	75.69
4	98	92	87.6	36	108.16
				$\sum = 399.6$	$\sum = 566.848$

其中，$(y - \hat{y}_1)^2$ 为基于估计方程 $\hat{y}_1 = 8x + 60$ 计算出的残差平方，$(y - \hat{y}_2)^2$ 为基于估计方程 $\hat{y}_2 = 5.4x + 66$ 计算出的残差平方。对应的残差平方和如表 10.3 最后一行显示。

与之前没有加入自变量时的残差平方和 1540 相比,这两个估计方程的残差平方和都明显变小。因此,引导时间确实是一个比较好的解释变量。进一步比较 $\hat{y}_1$ 和 $\hat{y}_2$ 可以发现,基于估计方程 $\hat{y}_1 = 8x + 60$ 计算出的残差平方和更小。

此时,我们可以得出结论,如果一定要二选一,相比之下 $\hat{y}_1$ 对数据的拟合更好。

3. 确定回归直线

两者择其一是一种理想情况。现实情况中,我们通常没有这样直接的选择余地,而是需要依据一组 x 和 y 的观测值来估计 b_0 和 b_1,进而构建并分析线性方程。如前所述,在简单线性回归分析中,常用的参数估计方法是最小二乘法。这种方法的核心理念是在平面直角坐标系中找到直线 $\hat{y}_i = b_0 + b_1 x_i$ 的最佳拟合直线,其目的是最小化观测值 y_i 与估计值 $\hat{y}_i$ 之间的残差平方和,以确保这些观测值与预测值之间的距离尽可能小。

这条直线怎么找呢?

由于

$$\sum \varepsilon_i^2 = \sum (y_i - \hat{y}_i)^2 = \sum (y_i - b_0 - b_1 x_i)^2$$

根据微积分知识,残差平方和 D 取最小值需要满足两个条件:

$$\begin{cases} \dfrac{\partial D}{\partial b_0} = -2 \sum (y_i - b_0 - b_1 x_i) = 0 \\ \dfrac{\partial D}{\partial b_1} = -2 \sum x_i (y_i - b_0 - b_1 x_i) = 0 \end{cases}$$

整理得正态方程组:

$$\begin{cases} nb_0 + b_1 \sum x_i = \sum y_i \\ b_0 \sum x_i + b_1 \sum x_i^2 = \sum (x_i y_i) \end{cases}$$

进一步求解:

第十章 简单线性回归

$$\begin{cases} b_0 = \dfrac{\sum x_i^2 \sum y_i - \sum x_i \sum (x_i y_i)}{n \sum x_i^2 - (\sum x_i)^2} \\ b_1 = \dfrac{n \sum (x_i y_i) - \sum x_i \sum y_i}{n \sum x_i^2 - (\sum x_i)^2} = \dfrac{\sum (x_i - \bar{x})(y_i - \bar{y})}{\sum (x_i - \bar{x})^2} \end{cases}$$

对于 b_1，如果分子分母都除以 $n-1$，b_1 还可以表达为

$$b_1 = \frac{\dfrac{\sum (x_i - \bar{x})(y_i - \bar{y})}{n-1}}{\dfrac{\sum (x_i - \bar{x})^2}{n-1}}$$

因此，

$$b_1 = \frac{\text{Cov}(x,y)}{\text{Var}(x)} \tag{10.4}$$

由于回归线一定会经过矩心 $(\bar{x}, \bar{y})$，即 $\bar{y} = b_0 + b_1 \bar{x}$，求得 b_1 之后，截距 b_0 还可以通过下式进行计算：

$$b_0 = \bar{y} - b_1 \bar{x} \tag{10.5}$$

基于引导时间和儿童认知能力测试得分的案例，现在我们来尝试估计一下这条直线的 b_0 和 b_1。相关数据整理为表 10.4。

表 10.4 回归议程 b_0 和 b_1 的相关计算

ID	x	y	$x - \bar{x}$	$y - \bar{y}$	$(x-\bar{x})(y-\bar{y})$	$(x-\bar{x})^2$
1	3	85	0.16	4	0.64	0.0256
2	3.6	96	0.76	15	11.4	0.5776
3	3	76	0.16	-5	-0.8	0.0256
4	2.8	80	-0.04	-1	0.04	0.0016
5	2	62	-0.84	-19	15.96	0.7056
6	4.5	92	1.66	11	18.26	2.7556
7	3.5	86	0.66	5	3.3	0.4356

（续表）

ID	x	y	$x-\bar{x}$	$y-\bar{y}$	$(x-\bar{x})(y-\bar{y})$	$(x-\bar{x})^2$
8	1.5	75	−1.34	−6	8.04	1.7956
9	0.5	60	−2.34	−21	49.14	5.4756
10	4	98	1.16	17	19.72	1.3456
	$\bar{x}=2.84$	$\bar{y}=81$			$\sum=125.7$	$\sum=13.144$

根据式 10.4,可以得到:

$$b_1 = \frac{\sum(x_i-\bar{x})(y_i-\bar{y})}{\sum(x_i-\bar{x})^2}$$

$$=\frac{125.7}{13.144}=9.563$$

由于

$$b_0 = \bar{y}-b_1\bar{x} = 81-\frac{125.7}{13.144}\times 2.84 = 53.840$$

因此,我们要找的最佳拟合直线就是

$$\hat{y} = 53.840 + 9.563x$$

由估计结果可以发现,在儿童玩耍时,老师对儿童的引导时间每增加 1 小时,儿童认知能力测试分数就会增加 9.563 分。常数项 53.840 表示,当引导时间为 0 时儿童认知能力测试分数的均值。

4. 拟合优度

在确定了回归系数之后,评估模型的拟合优度变得尤为重要。这有助于我们判断回归方程对样本观测值的拟合程度,进而评价线性回归模型的性能。

在线性回归中,我们通常用决定系数(coefficient of determination)R^2来评定模型的拟合程度。在讲决定系数的计算之前,我们先来看回归中的三个平方和。

(1) 三个平方和

类似于单因素方差分析中的总平方和、组间平方和和组内平方和,回归分析中也有三个平方和:总平方和(SST)、回归平方和(regression sum of squares,简称 SSR)和残差平方和(SSE)。回归分析中的三个平方和与单因素方差分析中的三个平方和可以形成对应。

回归分析中的总平方和 SST 与单因素方差分析中的总平方和相对应,指的是因变量的每一个观测值 y_i 与因变量平均值 $\bar{y}$ 之间的离差平方和。

$$SST = \sum_{i=1}^{n}(y_i - \bar{y})^2 \qquad (10.6)$$

回归分析中的回归平方和 SSR 与单因素方差分析中的组间平方和相对应,表示能够被我们所加入的自变量解释的那部分变异。在计算方式上,它指的是因变量的每一个估计值 $\hat{y}_i$ 与因变量平均值 $\bar{y}$ 之间的离差平方和。这一项受我们预设模型的影响,而不受每一个具体的 y 的取值的影响。

$$SSR = \sum_{i=1}^{n}(\hat{y}_i - \bar{y})^2 \qquad (10.7)$$

回归分析中的残差平方和 SSE 与单因素方差分析中的组内平方和相对应。在我们关注组间变异时,组内个体间的差异是无法通过模型来解释的,所以组内平方和与我们这里的残差平方和一样,是一种不能解释的因变量变异。SSE 是因变量的每一个观测值 y_i 与因变量的每一个估计值 $\hat{y}_i$ 之间的离差平方和。

$$SSE = \sum_{i=1}^{n}(y_i - \hat{y}_i)^2 \qquad (10.8)$$

就像方差分析中存在"总平方和=组间平方和+组内平方和"一样,这里也有

$$SST = SSR + SSE \qquad (10.9)$$

式 10.9 揭示了总变异量(SST)可以分解可为由模型解释的变异量(SSR)和无法通过模型解释的变异量(SSE)。通过对这些平方和的分析,我们能够量化模型的解释能力和预测准确性,进而利用决定系数 R^2 对模型的整体拟合优度进行评估。

下面我们来证明一下 SST = SSR + SSE 这一等式是否成立。

$$SST = \sum_{i=1}^{n} (y_i - \bar{y})^2$$

$$= \sum_{i=1}^{n} [(\hat{y}_i - \bar{y}) + (y_i - \hat{y}_i)]^2$$

$$= \sum_{i=1}^{n} [(\hat{y}_i - \bar{y})^2 + 2(\hat{y}_i - \bar{y})(y_i - \hat{y}_i) + (y_i - \hat{y}_i)^2]$$

$$= \sum_{i=1}^{n} (\hat{y}_i - \bar{y})^2 + 2 \sum_{i=1}^{n} (\hat{y}_i - \bar{y})(y_i - \hat{y}_i) + \sum_{i=1}^{n} (y_i - \hat{y}_i)^2$$

由于回归假定 $Cov(x, \varepsilon) = 0$，那么 $Cov(b_0 + b_1 x, \varepsilon) = 0$，即 $Cov(\hat{y}, \varepsilon) = 0$，有

$$\sum_{i=1}^{n} (\hat{y}_i - \bar{y})(y_i - \hat{y}_i) = \sum_{i=1}^{n} (\hat{y}_i - \bar{y}) \varepsilon_i = 0$$

因此，

$$SST = \sum_{i=1}^{n} (\hat{y}_i - \bar{y})^2 + \sum_{i=1}^{n} (y_i - \hat{y}_i)^2 = SSR + SSE$$

可见，通过回归，总平方和被划分为两个部分：一部分是由自变量 x 解释的回归平方和，另一部分是不能被自变量 x 所解释的残差平方和。为了提升模型的性能，我们的目标是尽量减少无法解释的变异(SSE)，同时增加由模型解释的变异(SSR)。正如之前提到的，我们努力使残差平方和(SSE)最小，同时尝试增大回归平方和(SSR)。由于总平方和(SST)等于回归平方和(SSR)与残差平方和(SSE)之和，这也意味着我们需要提高 SSR 在 SST 中的比例。

（2）决定系数 R^2

决定系数就是为了表示上述这一比例，通常用 R^2 表示：

$$R^2 = \frac{SSR}{SST} \tag{10.10}$$

由于 $SSR = \sum_{i=1}^{n} (\hat{y}_i - \bar{y})^2$ 必然是非负数，但又不会超过 SST，因此，R^2 的取值范围是 $[0,1]$，并且越接近 1，模型拟合越好。

回到引导时间与儿童认知能力测试分数案例，我们可以发现，在没有自变量（或者只有 y）的时候，因变量 y 的变异是模型无法解释的，全部属于 SSE 的范畴，此时 SST = SSE。而当加入了一个合适的自变量，因变量的一部分变异就

可以被该自变量解释,从而有了 SSR,由于 SST = SSR + SSE,此时属于 SSE 的部分自然就小了。

为了证明这一点,我们根据最终拟合方程 $\hat{y} = 53.840 + 9.563x$ 计算一下相应的 SSE、SSR 和 SST。(见表 10.5)

表 10.5　SSE、SSR 和 SST 的相关计算

ID	x	y	$\hat{y}$	SSE = $(y_i - \hat{y}_i)^2$	SSR = $(\hat{y}_i - \bar{y})^2$	SST = $(y_i - \bar{y})^2$
1	3	85	82.529	6.106	2.338	16
2	3.6	96	88.267	59.802	52.806	225
3	3	76	82.529	42.628	2.338	25
4	2.8	80	80.616	0.380	0.147	1
5	2	62	72.966	120.253	64.545	361
6	4.5	92	96.874	23.751	251.968	121
7	3.5	86	87.311	1.717	39.822	25
8	1.5	75	68.185	46.451	164.237	36
9	0.5	60	58.622	1.900	500.797	441
10	4	98	92.092	34.904	123.032	289
		$\bar{y}$ = 81		$\sum$ = 337.893	$\sum$ = 1202.032	$\sum$ = 1540

可见,相比没有加入引导时间时的模型,加入引导时间后,SST 不变,但是 SSE 减少了。相应地,

$$R^2 = \frac{SSR}{SST} = \frac{1202.032}{1540} = 0.7805$$

表示,儿童认知能力测试分数 78.05% 的变异可以被引导时间所解释。

在简单线性回归中,R^2 与自变量和因变量的相关系数 $r_{x,y}$ 也有关。

将 R^2 的公式展开:

$$R^2 = \frac{\text{SSR}}{\text{SST}} = \frac{\sum (\hat{y}_i - \bar{y})^2}{\sum (y_i - \bar{y})^2}$$

$$= \frac{\sum [b_1(x_i - \bar{x})]^2}{\sum (y_i - \bar{y})^2}$$

$$= \frac{[\sum_{i=1}^{n}(y_i - \bar{y})(x_i - \bar{x})]^2}{\sum (x_i - \bar{x})^2 \sum (y_i - \bar{y})^2}$$

将分子分母都除以$(n-1)^2$，可以发现，

$$R^2 = \left[\frac{\text{Cov}(x,y)}{\sqrt{\text{Var}(x)}\sqrt{\text{Var}(y)}}\right]^2$$
$$= r_{x,y}^2 \qquad (10.11)$$

因此，在简单线性回归里，决定系数R^2是自变量与因变量之间相关系数的平方。

R^2一定是越大越好吗？

在进行定量分析时，很多学者认为R^2越大越能表明模型设置正确，因此持续专注于得到大R^2。尽管较大的R^2往往意味着能够被自变量解释的因变量的变异更多，然而，大R^2有时也未必是好事。哈佛大学的加里·金(Gary King)指出，R^2反映的只是模型对已知数据的拟合程度，并不能反映统计模型与真实情况之间的拟合程度。R^2本身既不是一个估计值，也没有任何统计学理论支持，因此R^2只对特定样本有效。

需注意的是，所有统计模型只有置于特定的理论背景下才有意义，这在社会科学领域尤其是。由于社会科学研究的对象往往是人，因此我们无法像自然科学实验那样操纵和控制个体的行为想法，更无法操纵个体所处的社会情境，这使得社会科学研究的不确定性更强，因此其背后的R^2也不会太大，往往不到40%。

实际上，在之后更高阶的统计学习中，我们会慢慢发现R^2只是纯粹描述性的后见之明，随着自变量的增加，R^2值会不断增加。有些增加既没有统计意

义,也不存在实际价值。但是作为研究者,我们需要明确的是,社会科学研究的意义在于寻找能解释我们所感兴趣的社会现象、社会行为(Y)的真正原因,这些原因往往在研究设计中已经体现,大多与我们的关键自变量(X)相关。落实到实际分析中,我们需要基于现有理论和经验研究尽可能地控制可能会影响 Y 的因素以提高 R^2,但我们更需要在提高 R^2 与明晰研究目的之间寻求平衡,将重点更多地放在关键自变量上,仔细检验这个(些)关键自变量是否可能是导致 Y 的真正原因,以及其背后的机制是什么。

三、回归模型的基本假定

虽然简单线性回归看起来"简单",但是要能够识别模型参数并进行相关统计检验就需要满足一系列的假定。这些假定包括线性假定、正交假定、独立同分布假定和正态分布假定。

(一) 线性假定

既然是线性回归,x 与 y 之间就应该是线性关系。准确地说,y 的条件期望应该是 x 的线性函数,即应有 $E(y|x=x_i) = \beta_0 + \beta_1 x_i$ 的形式。如果违背了线性假定,就会导致模型设定错误。

很多时候,尽管 x 和 y 之间的关系不一定是线性的,我们仍可以通过线性变换将非线性关系变为线性关系。经过转换之后,模型不再违背线性假定。比如,年龄与收入之间通常存在一种倒 U 形曲线关系。为了捕捉年龄的曲线影响,我们往往会在统计模型中加入年龄的平方,然后我们就可以运用最小二乘法进行模型估计了。

(二) 正交假定

回归模型还需满足正交假定。正交假定包含两项内容:自变量和残差不存在相关,且残差的期望为 0。相应的数学表达式为

$$\text{Cov}(x,\varepsilon) = 0 \text{ 且 } E(\varepsilon) = 0$$

对于 $\text{Cov}(x,\varepsilon) = 0$,这一假定也常被称为外生性(exogeneity)假定。当 $\text{Cov}(x,\varepsilon) \neq 0$ 时,即如果存在不可观测的特征会让个体在 x 上更倾向取某些值,此时模型的残差项就不再是随机的,而残差的非随机性会导致模型产生不

可预测的错误,此时 x 就存在内生性(endogeneity)。通常,内生性的来源包括:(1)自变量和因变量之间存在同时性,即两者相互影响 $x \leftrightarrow y$;(2)遗漏变量偏差,即遗漏或者忽略了解释因变量变异的重要自变量;(3)自变量中的测量误差。

由于 $\hat{y}$ 是 x 的线性函数,因此 $\text{Cov}(x,\varepsilon) = 0$ 还可以进一步表达为 $\text{Cov}(\hat{y},\varepsilon) = 0$。也就是说,残差项 ε 与 $\hat{y}$ 也不存在相关。

我们结合案例来进一步说明。对于引导时间与儿童认知能力测试分数的例子,如果求知欲高、语言表达能力强的儿童和老师交流的时间更长,这就违背了 $\text{Cov}(x,\varepsilon) = 0$。违背这一假定会导致我们的结论——引导时间与儿童认知能力存在正相关不再可信。因为在这一情况下,儿童认知能力测试得分高并不一定是因为引导时间长,而可能是这些儿童本身不仅学习动机强,还能够进行有效表达。

对于正交假定的第二个方面 $E(\varepsilon) = 0$,如果残差项的期望不再为 0,即 $E(\varepsilon) \neq 0$,则会导致截距估计有偏。但是在社会科学研究中,我们大多关心自变量的变化如何影响因变量的变化,即自变量的系数,常数项——截距的影响通常不大。

综上,如果线性假定和正交假定都满足,那么最小二乘估计就是无偏且一致的。

(三)独立同分布假定

若要对因变量进行准确的估计,还需要满足独立同分布假定。

独立同分布假定包含两项内容:

$$\text{Cov}(\varepsilon_i, \varepsilon_j) = 0 \quad i \neq j$$

且

$$\sigma_{\varepsilon_i}^2 = \sigma^2$$

该假定要求残差彼此之间不相关,且所有残差的方差是恒定值,即同方差。

对于 $\text{Cov}(\varepsilon_i, \varepsilon_j) = 0$,它意味着从总体中抽取的每个观测是相互独立的,所有观测被抽中的概率都一样。如果存在某种类型的观测被抽中的概率更高的话,这时候就违背了独立假设。如果违背了独立假定,即残差之间存在相关,则回归系数无偏,但是系数的标准误有偏且不一致。与此同时,也会倾向高估模型决定系数 R^2 和 t 统计量。

对于 $\sigma_{\varepsilon_i}^2 = \sigma^2$,图 10.5 展示了几种可能的情况。很明显,c 是最理想的情况,即残差方差在不同的 x 取值下都相同,a 和 b 则不然。a 反映了残差的方差随着 x 取值的增加越来越大;b 反映了残差方差随着 x 取值的增加而减小。a 和 b 这样的情况通常称为异方差。如果违背了同方差假定,即残差方差会随自变量取值的变化而变化,那么虽然回归系数仍旧无偏,但系数的标准误有误,从而导致错误的统计推断。

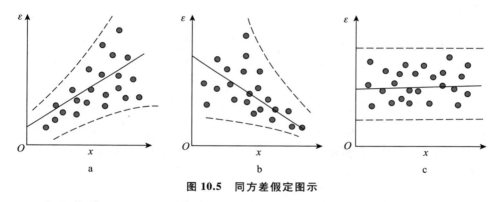

图 10.5　同方差假定图示

根据高斯-马尔可夫定理(Gauss-Markov theorem),当同时满足线性假定、正交假定和独立同分布假定时,最小二乘估计是总体参数的最佳线性无偏估计量(best linear unbiased estimator,简称 BLUE)。

(四)正态分布假定

对于小样本($n < 30$)的情况,还需要满足正态分布假定。只有残差项 ε_i 服从正态分布时,才能够使用 t 检验。如果在小样本的情况下残差的正态分布假定无法满足,则可能会导致回归系数标准误估计有误,那么基于此进行的统计推断也不再可靠。

还需提及的是,线性回归方程同样可以通过最大似然法进行估计,且在所有无偏估计中,最大似然估计是最佳无偏估计量(best unbiased estimator,简称 BUE)。只有基于正态分布假定,最小二乘法和最大似然法的估计结果才会一致。

四、理解回归假设

在模型设定合适的情况下，我们便可以通过样本数据探索自变量和因变量之间的关系了。但是我们进行回归的目的往往不仅仅是了解这个样本，更是通过样本特征去推断总体的情况。因此，我们能够计算出回归模型的系数是不够的，还需要检验自变量和因变量之间的线性关系在总体中是否真实存在，以及自变量对因变量的影响是否在规定的显著性水平下统计显著。这两个问题分别对应于对模型的整体检验和对回归系数的检验。

（一）模型整体检验

通过前面的学习，我们知道决定系数 R^2 是反映回归方程解释力的重要指标，但是它仅能反映百分之多少的变异可以被自变量所解释，却不能对模型进行直接的检验。

对于模型的整体检验，通常用 F 检验。F 检验的原假设 H_0 为自变量与因变量之间不存在线性关系；备择假设 H_1 为自变量与因变量之间存在线性关系。在回归分析中，F 值的计算方法与方差分析部分相同，也是用两个均方相除。

回顾单因素方差分析，$F = \dfrac{\text{MSC}}{\text{MSE}}$。其中，MSC 为组间均方，即群组所能解释的样本变异除以相应的自由度；MSE 为组内均方，即无法被群组解释的变异除以相应的自由度。与方差分析相对应，在回归分析中，F 值的计算公式也可以表达为

$$F = \dfrac{\text{MSR}}{\text{MSE}} \qquad (10.12)$$

这里，MSR（mean square regression）为回归均方，即回归平方和与相应自由度 df_r 之比，$\text{MSR} = \dfrac{\text{SSR}}{\text{df}_r}$，其中，$\text{df}_r = r$，$r$ 为自变量个数；MSE 为均方误差，即残差平方和与相应自由度 df_{error} 之比，$\text{MSE} = \dfrac{\text{SSE}}{\text{df}_{error}}$，其中，$\text{df}_{error} = n - r - 1$，$n$ 为样本总量。

对于简单线性方程，$r = 1$，统计量 F 服从自由度为 1 和 $n-2$ 的 F 分布。

判断 F 检验是否显著的方法与方差分析一样。如果在规定的显著性水平 α 下 F 检验对应的 p 值小于 α，就意味着我们要拒绝 H_0，这表明自变量与因变量之间存在显著的线性关系。否则，我们不能拒绝 H_0，即自变量与因变量之间不存在线性关系。

（二）回归系数检验

除了对模型整体的检验，在回归分析中，我们还可以对每个自变量的回归系数进行单独检验。回归系数检验的目的在于检验某一个自变量对因变量的影响是否显著。这一检验的原假设 H_0 为自变量 x 对 y 的影响为 0，或 $\beta_1 = 0$；备择假设 H_1 为自变量 x 对 y 的影响不为 0，或 $\beta_1 \neq 0$。需提及的是，这里的影响指的是线性影响。

回归系数检验采用的是 t 统计量，公式为

$$t = \frac{b_i}{s_{b_i}} \qquad i = 0, 1 \qquad (10.13)$$

其中，b_i 为总体参数 β_i 的估计量。在简单线性回归中，i 只有 0 和 1 两个值。b_0 为总体截距参数 β_0 的估计量，b_1 为总体斜率参数 β_1 的估计量。s_{b_i} 是 b_i 的估计标准误，包含 s_{b_0} 和 s_{b_1}。有关简单线性回归系数的估计量和估计量的标准误的计算，详见表 10.6。

表 10.6 简单线性回归的参数估计量和估计标准误

回归系数	估计量	标准误
b_0	$b_0 = \bar{y} - b_1 \bar{x}$	$s_{b_0} = \text{MSE} \times \sqrt{\dfrac{1}{n} + \dfrac{\bar{x}^2}{\sum (x_i - \bar{x})^2}}$
b_1	$b_1 = \dfrac{\sum (x_i - \bar{x})(y_i - \bar{y})}{\sum (x_i - \bar{x})^2}$	$s_{b_1} = \dfrac{\text{MSE}}{\sqrt{\sum (x_i - \bar{x})^2}}$

由于回归分析通常是基于样本数据，总体中的残差方差 σ_e^2 未知，因此，这里需要用均方误差 MSE 作为总体中残差方差的无偏估计（见表 10.6）。在简单线性回归中，$\text{MSE} = \dfrac{\text{SSE}}{2} = \dfrac{\sum_{i=1}^{n}(y_i - \hat{y}_i)^2}{2}$。

注意，在简单线性回归中，由于只有一个自变量，这个自变量的好坏直接决定了模型的好坏，所以，模型整体检验和回归系数检验是一回事，存在 $t^2 = F$ 的等式关系。[①] 但如果我们加入的自变量不止一个，这两种检验就有区别了：有可能模型整体检验是显著的，但一些自变量与因变量之间的线性关系不显著。

此外，虽然本书不涉及多元线性回归或更复杂的模型，但是有一个问题需要引起读者重视，这也是学者们在做研究时常会遇到的问题，即如果几种不同的模型都对因变量有解释力，应该如何选择。

在这种情况下，我们遵从"简约原则"，或者称"奥卡姆剃刀定律"（Occam's razor）——如果多个模型对所观察事实的解释程度相当，除非有充分证据支持某一模型，否则我们更倾向于选择最简单的模型。

五、非线性变换

在探讨简单线性回归模型的基本假设时，我们提到了一个关键条件：因变量 y 的条件期望应该是自变量 x 的线性函数。然而，在实际应用中，x 与 y 之间的关系可能是非线性的。幸运的是，我们可以通过应用非线性变换将这种关系转换为线性形式，从而利用线性回归模型进行分析。下面，我们将重点介绍两种常用的非线性变换方法：二次项变换和对数变换。

（一）二次项变换

在实际情况中，随着自变量 x 的变化，因变量 y 的响应并非总是单一方向的增加或减少，而是有可能表现出复杂的非线性模式，如先增后减或先减后增。例如，年龄对收入的影响就是一个典型案例：人们在年轻的时候，随着工作经验的积累，收入逐渐增加；然而，达到一定年龄后，可能因为身体状况或技术更新的需要，对原有职位的胜任能力或晋升空间减少，收入增长放缓甚至出现下降趋势，直至退休。

在这种情况下，如果继续使用简单线性回归模型尝试拟合数据，将难以获得满意的效果。若模型预测出一条持续上升的直线，就无法合理解释后期收

[①] 这里具体的推导省略，但会在后面 Stata 部分体现。

入下降的阶段;若拟合出一条持续下降的直线,又会导致初期数据的残差过大。

二次项变换可以解决这样的问题。通常在这种情况下,我们采用的办法是在回归方程中加入一个平方项,即

$$\hat{y} = b_0 + b_1 x + b_2 x^2 \tag{10.14}$$

结合二次函数的知识,该函数的图像会受 b_1,b_2 符号的影响。一般来说,有图 10.6 中的四种情况(社会科学的数据一般是非负数,即通常 $x \geq 0$)。根据微积分相关知识,当 $x = -\dfrac{b_1}{2b_2}$ 时,$\hat{y}$ 取得最大值或最小值。

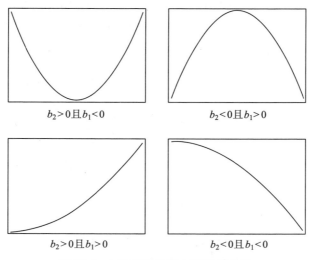

图 10.6 二次函数图像与系数的关系

(二)对数变换

在讲到回归模型的基本假定时,我们提到了残差的正态分布假定。如前所述,在小样本的情况下,如果残差不服从正态分布,就容易导致错误的统计推断。针对这种情况,一个很重要的方法即对数变换,尤其是当目标变量的分布呈现右偏的时候,因为此时可能存在难以被筛查或过滤掉的异常值,比如收入。通过对数变换,数据的整体分布就会更接近正态,这时虽然变量的尺度被压缩了,但数据的性质和相关关系不会改变。

根据对数转换的对象,我们可以将对数转换分为三类进行介绍:只对自变量做对数转换、只对因变量做对数转换,以及对自变量和因变量都做对数转换。

1. 只对自变量做对数转换

我们先来看只对自变量做对数转换的情形。比如说,自变量 x 为收入,呈现偏态分布,如果直接代入回归,容易造成异方差。因此,相比直接估计 y 与 x 的关系,我们改为考察 y 与 $\ln x$ 的关系:

$$y = \beta_0 + \beta_1 \ln x + \varepsilon \qquad (10.15)$$

对于这个模型,系数 β_1 应该怎么解释呢?结合前面内容,我们知道,$\ln x$ 每增加 1,y 的估计值就增加 β_1。这样的解释虽然没错,但是非常不直观。在实际分析中,转换为 x 对 y 的影响更为合适。

对于式 10.15 的方程,y 与 x 的关系通常解释为:x 每增加 1%,y 增加 $\dfrac{\beta_1}{100}$。

这是为什么呢?x 增加 1% 意味着 x 变成了 $1.01x$。那么要回答这个问题,我们可以转化为回答当 x 变成 $1.01x$ 时,y 是如何变化的。

假定 $\Delta y = y_2 - y_1$,其中,y_1 为 x 增加 1% 前 y 的取值,y_2 为 x 每增加 1% 后 y 的取值。

$$\begin{aligned}\Delta y &= y_2 - y_1 \\ &= \beta_0 + \beta_1 \ln 1.01x - (\beta_0 + \beta_1 \ln x) \\ &= \beta_1 (\ln 1.01x - \ln x)\end{aligned}$$

由于 $\ln a - \ln b = \ln \dfrac{a}{b}$,

$$\Delta y = \beta_1 \ln 1.01 = \beta_1 \times 0.01 = \dfrac{\beta_1}{100}$$

这就是为什么 x 每增加 1%,y 增加 $\dfrac{\beta_1}{100}$。

2. 只对因变量做对数转换

下面来看看只对因变量做对数转换的情形。比如说,这时的收入变成了

因变量。为了避免异方差,我们不能直接看 y 与 x 的关系,而是要看 $\ln y$ 与 x 的关系:

$$\ln y = \beta_0 + \beta_1 x + \varepsilon \qquad (10.16)$$

对于式 10.16,y 与 x 的关系通常解释为:当 x 每增加一个单位时,$\ln y$ 增加 β_1。这可以理解为,如果我们将 x 增加一个单位前后的因变量取值分别表示为 y_1 和 y_2,那么,x 增加一个单位导致的 $\ln y$ 的变化量 $\ln y_2 - \ln y_1 = \beta_1$。这意味着 $\ln \frac{y_2}{y_1} = \beta_1$,从而得出 $y_2 = y_1 \times e^{\beta_1}$。因此,$x$ 每增加一个单位,y 增加 $(e^{\beta_1} - 1) \times 100\%$。

例如,如果我们得到一个回归方程 $\ln \text{Income} = 5.78 + 0.097 \text{Schooling}$,那么我们可以将其解释为:教育年限每增加 1 年,收入会增加 $(e^{0.097} - 1) \times 100\% \approx 10\%$。

3. 对自变量和因变量同时做对数转换

最后,我们来看对自变量和因变量都做对数转换的情况。这种做法通常发生在 x 与 y 都呈现偏态分布的情况下,或者 x 与 y 的函数形式如 $y = \rho x^k \sigma^\gamma$ 时。假定存在如下方程:

$$\ln y = \beta_0 + \beta_1 \ln x + \varepsilon \qquad (10.17)$$

对于式 10.17 的方程,y 与 x 的关系通常解释为 x 每增加 1%,y 增加 β_1%。我们假定 y_1 为 x 增加 1% 前 y 的取值,y_2 为 x 每增加 1% 后 y 的取值:

$$\ln y_2 - \ln y_1 = \beta_0 + \beta_1 \ln 1.01x - (\beta_0 + \beta_1 \ln x) = \beta_1(\ln 1.01x - \ln x)$$

方程两端取指数后,有

$$\frac{y_2}{y_1} = e^{\beta_1 \ln 1.01} = 1.01^{\beta_1}$$

$$\left(\frac{y_2}{y_1} - 1\right) \times 100\% = \left(\frac{y_2 - y_1}{y_1}\right) \times 100\% = (1.01^{\beta_1} - 1) \times 100\%$$

因此,x 每增加 1%,y 增加 β_1%。

比如,对于回归直线 $\ln \text{Weight} = 1.69 + 0.11 \ln \text{Height}$,我们可以说:身高每增加 1%,体重增加 0.11%。

六、用 Stata 进行回归分析

(一) 简单线性回归分析

用 Stata 进行回归分析的命令为"regress [因变量] [自变量]"。值得注意的是,在输入 regress 命令之后一定要先写因变量再写自变量。根据实际情况,我们可以输入一个或多个自变量。当自变量个数为 1 时为简单线性回归,自变量个数超过一个时为多元线性回归。

对于引导时间与儿童认知能力测试分数这一案例,我们首先用如下 input 命令录入数据:

```
. clear
. input x y
3 85
3.6 96
3 76
2.8 80
2 62
4.5 92
3.5 86
1.5 75
0.5 60
4 98
end
```

在录入数据之后,我们在命令窗口输入"regress y x",就可以得到相应回归的结果。不过在进行回归之前,我们通常建议读者先对相应变量进行描述,这样做的原因在于:一是可以检查可能存在的错误,比如变量是否用错,相关变量的编码是否有问题等;二是为了观察相关变量的分布。在 Stata 中,我们可以现通过 describe 和 summarize 来查看。(见图 10.7)

图 10.7 中,y 为儿童认知能力测试分数,x 是老师对儿童的引导时间。变量检查完毕之后,我们就可以进行回归分析了,结果如图 10.8。

第十章　简单线性回归

```
. des y x

Variable      Storage   Display      Value
    name        type    format       label    Variable label
-----------------------------------------------------------------
y               float   %9.0g
x               float   %9.0g

. sum y x

    Variable |        Obs        Mean    Std. dev.       Min        Max
-------------+---------------------------------------------------------
           y |         10          81    13.08094         60         98
           x |         10        2.84    1.208488         .5        4.5
```

图 10.7　用 describe 和 summarize 描述数据

```
                                 1                          2
. regress y x

      Source |       SS           df       MS      Number of obs   =        10
-------------+----------------------------------   F(1, 8)         =     28.46
       Model |  1202.10665         1  1202.10665   Prob > F        =    0.0007
    Residual |  337.893349         8  42.2366686   R-squared       =    0.7806
-------------+----------------------------------   Adj R-squared   =    0.7532
       Total |        1540         9  171.111111   Root MSE        =     6.499

                                 3
------------------------------------------------------------------------------
           y | Coefficient  Std. err.      t    P>|t|     [95% conf. interval]
-------------+----------------------------------------------------------------
           x |    9.563299   1.79259     5.33   0.001     5.429578    13.69702
       _cons |    53.84023   5.490128    9.81   0.000     41.17997    66.50049
------------------------------------------------------------------------------
```

图 10.8　儿童认知能力测试得分与引导时间的回归结果

图 10.8 回归结果分为三部分，用粗体分别标记为 1、2、3。第一部分为方差分析结果，包含三个平方和，以及对应的自由度、均方平方和；第二部分为模型总体情况，包含观测数、F 检验结果、R^2、均方根误差。[①] 第三部分为回归分析结果，包含变量 x 的系数，以及系数的抽样标准误、t 值、p 值和 95% 的置信区间。

[①] 模型的"Adj R-squared"是调整的决定系数，它是决定系数的修正版，在计算时进一步考虑了自由度（主要指自变量个数）的影响，主要用于多元线性回归，因此这里不详细介绍。感兴趣的读者可以参阅相关书籍资料。

我们先来看方差分析部分结果，三个平方和的对应情况为：Model 对应模型回归平方和 SSR，Residual 对应残差平方和 SSE，Total 对应总平方和 SST。

在模型总体情况部分，Number of obs 为模型观测数 n，F(1,8) 为模型的 F 值，括号中的自由度 1 和 8 分别表示模型总自变量的个数 k，以及模型自由度 $n-k-1$。Prob > F 为在自由度为 k 和 $n-k-1$ 下 F 检验对应的 p 值。模型的 R-squared 就是决定系数 R^2。

从回归分析结果可以看出，x 的系数为 9.563，且由 P>|t| = 0.001 小于常用的显著性水平 0.05，即 x 在 0.05 的显著性水平下统计显著。常数项 53.840 同样在 $\alpha = 0.05$ 的显著性水平下统计显著。

此外，我们还可以发现，x 系数对应的 t 值的平方（$5.33^2 = 28.41$），与模型总体 F 检验基本一致，这也验证了前面我们所提到的，对于简单线性回归方程，模型总体检验与回归系数检验是一回事，两者之间存在 $t^2 = F$ 的关系。

（二）回归诊断

回归诊断是回归分析中非常重要的一部分，其目的是检验模型假设，即检验是否存在扭曲结果或对分析产生巨大影响的观测。

通过绘制残差与拟合值散点图（residual vs. fitted plot，用某一次回归得到的残差与拟合值做图）可以观察残差均值是否为 0，是否与 x 或 y 的估计值 $\hat{y}$ 不相关，是否呈现同方差等。在 Stata 中，我们在运行回归之后使用 rvfplot 命令，Stata 便会自动绘制残差与拟合值的散点图。相关命令为"rvfplot, yline(0)"。输入命令后，Stata 会输出图 10.9。其中，横坐标为因变量的估计值，纵坐标为残差。命令中的 yline(0) 表示以 $y = 0$ 为参考线（见图 10.9 中横线）。如果回归模型满足 $E(\varepsilon) = 0$，$\text{Cov}(\hat{y}, \varepsilon) = 0$，且 $\sigma_\varepsilon^2 = \sigma^2$，我们将会看到散点在不同的 $\hat{y}$ 值下较均匀地散布在 $y = 0$ 附近，否则相关假设可能违背。

图 10.9 是基于引导时间和儿童认知能力测试的案例，我们得到的残差与拟合值散点图。可见，残差在 $y = 0$ 附近波动，且在不同的 $\hat{y}$ 值下分布较均匀，从图 10.9 上看相关假设没有大问题。然而目测往往不够准确，我们还可以进行详细的检验。

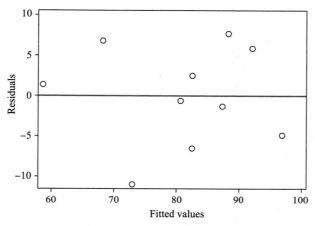

图 10.9　残差与拟合值散点图

1. 异方差检验

通过异方差检验来检验残差的同方差 $\sigma_{\varepsilon_i}^2 = \sigma^2$ 是否成立，常用的检验方法是 Breusch-Pagan 检验和 White 检验。简单来讲，Breusch-Pagan 检验通过利用回归得到的残差的平方对自变量 x 进行回归，来看 x 的系数以及模型整体的系数是否为 0。因此，Breusch-Pagan 检验只能检验线性的异方差性。而 White 检验是 Breusch-Pagan 的一般形式，White 检验利用回归得到的残差的平方，对 x 及 x 的二次项进行回归，如果存在多个自变量，还会同时对自变量之间的交互进行回归。因此，White 检验不仅可以检验线性的异方差性，还可以检验潜在的非线性的异方差性。

不论是 Breusch-Pagan 检验还是 White 检验，它们的原假设 H_0 都是残差方差为常数，即同方差。如果在 0.05 的显著性水平下无法拒绝原假设，则说明残差同方差（$p > 0.05$）；否则我们拒绝原假设，即残差方差可能存在异方差。在 Stata 中，如果要进行 Breusch-Pagan 检验，我们可以在运行回归之后输入"estat hettest"；如果要进行 White 检验，可以在运行完回归之后输入"imtest, white"。下面我们同样借助引导时间与儿童认知能力测试得分这一案例，进行异方差分析的 Stata 演示。Breusch-Pagan 和 White 检验结果分别见图 10.10 和图 10.11。

```
. estat hettest

Breusch-Pagan/Cook-Weisberg test for heteroskedasticity
Assumption: Normal error terms
Variable: Fitted values of y

H0: Constant variance

    chi2(1) =   0.04
Prob > chi2 = 0.8470
```

图 10.10　Breusch-Pagan 检验结果

```
. imtest, white

White's test
H0: Homoskedasticity
Ha: Unrestricted heteroskedasticity

    chi2(2) =   0.84
Prob > chi2 = 0.6576

Cameron & Trivedi's decomposition of IM-test
---------------------------------------------
              Source |     chi2    df      p
---------------------+-----------------------
  Heteroskedasticity |     0.84     2   0.6576
            Skewness |     1.60     1   0.2063
            Kurtosis |     0.80     1   0.3723
---------------------+-----------------------
               Total |     3.23     4   0.5198
---------------------------------------------
```

图 10.11　White 检验结果

从分析结果可见，不论是 Breusch-Pagan 检验还是 White 检验，在 0.05 的显著性水平下，我们都无法拒绝原假设，即残差同方差。

值得注意的是，通常 Stata 在运行回归时自动假设残差同方差，如果确实存在潜在的异方差现象，我们可以通过在回归命令中加入 robust 选项进行调整，即输入命令"regress y x, robust"。

下面，我们基于 CGSS 2010 数据，用对数收入对教育年限进行回归，并进行异方差检验。将变量进行简单处理后，回归结果如图 10.12。

```
. labellist a8a
a8alab:
       9999997 不适用
       9999998 不知道
       9999999 拒绝回答

. recode a8a 9999997/ 9999999=., gen(income)
(1,625 differences between a8a and income)

. gen lninc=ln(income)
(2,782 missing values generated)

. recode a7a -3 14=. 1=0 2=1 3=6 4=9 5/8=13 9/10=15 11/12=16 13=18, gen(schyr)
(11,768 differences between a7a and schyr)

. reg lninc schyr

    Source |       SS           df       MS      Number of obs   =     8,990
-----------+----------------------------------   F(1, 8988)      =   4198.86
     Model | 3966.85078          1  3966.85078   Prob > F        =    0.0000
  Residual | 8491.36071      8,988  .944744182   R-squared       =    0.3184
-----------+----------------------------------   Adj R-squared   =    0.3183
     Total | 12458.2115      8,989  1.38593965   Root MSE        =    .97198

------------------------------------------------------------------------------
     lninc | Coefficient  Std. err.      t    P>|t|     [95% conf. interval]
-----------+------------------------------------------------------------------
     schyr |   .1424871   .0021989    64.80   0.000     .1381767    .1467975
     _cons |   7.983999    .022245   358.91   0.000     7.940394    8.027604
------------------------------------------------------------------------------
```

图 10.12　对数收入对教育年限回归的结果

简单起见,我们仅展示了 White 检验结果。(见图 10.13)结果发现,χ^2 检验结果在 0.05 的显著性水平下显著,即我们要拒绝原假设,认为该模型有异方差的可能性。为了对异方差进行校正,我们可以进行稳健回归。(见图 10.14)

相比未使用 robust 选项的回归结果(见图 10.12),稳健回归的模型系数没有变化,而系数的标准误发生了变化(见图 10.14)。从这一比较可以发现,在异方差的情况下,模型估计是无偏的,但是模型系数的标准误会变大。虽然就本例而言,这种变化几乎对结果没有影响,因为调整前后系数在 0.05 的显著性水平下都统计显著,但是在其他实际案例中,结果可能会不同。

```
. imtest, white

White's test
H0: Homoskedasticity
Ha: Unrestricted heteroskedasticity

    chi2(2) = 76.07
Prob > chi2 = 0.0000

Cameron & Trivedi's decomposition of IM-test

    --------------------+---------------------------
                 Source |       chi2      df         p
    --------------------+---------------------------
     Heteroskedasticity |      76.07       2    0.0000
               Skewness |       7.41       1    0.0065
               Kurtosis |      22.70       1    0.0000
    --------------------+---------------------------
                  Total |     106.18       4    0.0000
    --------------------+---------------------------
```

图 10.13 对数收入对教育年限回归的 White 检验结果

```
. reg lninc schyr, robust

Linear regression                               Number of obs   =      8,990
                                                F(1, 8988)      =    3908.73
                                                Prob > F        =     0.0000
                                                R-squared       =     0.3184
                                                Root MSE        =     .97198

-----------------------------------------------------------------------------
             |              Robust
       lninc | Coefficient std. err.      t    P>|t|    [95% conf. interval]
-------------+---------------------------------------------------------------
       schyr |  .1424871   .0022791    62.52   0.000    .1380196    .1469546
       _cons |  7.983999   .0243509   327.87   0.000    7.936266    8.031733
-----------------------------------------------------------------------------
```

图 10.14 对数收入对教育年限的稳健回归结果

2. 遗漏变量偏误检验

在回归模型的基本假定部分,我们提到,如果 $\mathrm{Cov}(x,\varepsilon)\neq 0$ 或者 $\mathrm{Cov}(\hat{y},\varepsilon)\neq 0$,一个可能的原因就是遗漏变量偏误。通过 Stata,我们也可以进行相关检验。原假设 H_0 为不存在遗漏变量偏误。如果 p 大于规定的显著性水平(比如 0.05),则不能拒绝原假设,即认为模型不存在遗漏变量偏误;否则,我们拒绝原假设,认为模型存在遗漏变量偏误的可能。运行回归后,在 Stata 命令窗口输入 ovtest 即可得到结果。接下来,我们仍基于 CGSS 2010 数据,用对数收入对教育年限进行回归,并进行遗漏变量偏误检验,结果如图 10.15。

```
. ovtest

Ramsey RESET test for omitted variables
Omitted: Powers of fitted values of lninc

H0: Model has no omitted variables

F(3, 8985) =    55.18
  Prob > F =   0.0000
```

图 10.15 遗漏变量偏误检验结果

由图 10.15 可知,该模型可能存在遗漏变量偏误,改进模型时可能需要考虑加入更多的关键自变量。究竟该加哪些,我们常常需要基于现有理论和实证研究来进一步考量。

3. 残差正态分布检验

对于残差是否服从正态分布,我们可以通过绘制分位数-分位数图(quantile-quantile plot,Q-Q 图)来判断。Q-Q 图是关于变量的分位数与正态分布的分位数的对比图。理解 Q-Q 图很简单,如果残差大致落在坐标轴 45°角的直线上,那么残差大致是正态分布的;否则,残差很可能不服从正态分布。值得注意的是,Q-Q 图对分布尾端的正态偏差比较敏感。在 Stata 中,绘制 Q-Q 图需要以下三步:运行回归;基于回归模型估计残差,即 $y_i - \hat{y}_i$;对残差做 Q-Q 图。接下来,我们继续以对数收入与教育年限的关系为例来进行 Stata 演示。在 Stata 命令窗口输入如下代码:

. reg lninc schyr

. predict r, resid

. qnorm r

首先我们先用 lninc 对 schyr 回归,在运行完回归之后,我们可以用 predict 命令来储存和呈现模型估计结果,比如线性估计、估计标准误以及这里我们需要用的残差等等。对于线性回归,如果在 predict 命令的逗号后面不加任何选项,Stata 默认输入的是模型线性估计。根据 reg lninc schyr 回归结果(见图 10.12),线性估计即根据回归方程计算得到的因变量取值,这里为 $\hat{y}$ = 7.983999 + 0.1424871 × schyr。如果需要呈现线性估计以外的估计值,就需要在 predict 命令逗号后的选项指明,比如,上述代码"predict r, resid"的意思是估计模型残差,并生成变量 r 来储存新生成的残差(即观测值-线性估计值),以为后面绘制 Q-Q 图时所用。

待残差估计完毕后,我们就可以通过"qnorm r"这个命令绘制 Q-Q 图(见图 10.16)。由图 10.16 直观可见,在分布尾端,残差存在偏离正态的可能性。

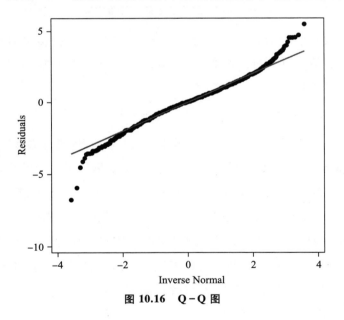

图 10.16　Q-Q 图

七、本章小结

本章主要介绍了简单线性回归的原理和应用。我们首先简单介绍了回归的概念和基本思想,并结合具体的案例对简单线性回归模型的估计、模型背后的假定以及模型的解释进行了详细的梳理。接下来,我们还介绍了线性回归中经常涉及的非线性变换议题及其背后的相关解释。最后,我们配以 Stata 操作进一步加深读者对回归的理解,不仅介绍了如何用 Stata 输出回归分析结果,也讲解了如何通过回归诊断来检验模型假设的相关内容。

值得注意的是,简单线性回归仅仅涉及一个自变量与因变量的相关关系,在实际分析中,两个变量之间的关系往往不会这么简单,它们之间的关系可能是非线性的,也可能会受到很多混杂因素的影响。因此,本章的内容只是一个开始,旨在抛砖引玉,为后续统计方法的学习打下基础。

参考文献

卢淑华编著:《社会统计学(第五版)》,北京大学出版社 2021 年版。

许琪:《Stata 数据管理教程》,北京大学出版社 2021 年版。

梅加强编著:《数学分析》,高等教育出版社 2011 年版。

王竹溪、郭敦仁编著:《特殊函数概论》,北京大学出版社 2012 年版。

谢宇:《社会学方法与定量研究(第二版)》,社会科学文献出版社 2012 年版。

谢宇:《回归分析(修订版)》,社会科学文献出版社 2013 年版。

Agresti, A. and B. Finlay, *Statistical Methods for the Social Sciences*, 3rd ed., 1997, Prentice Hall.

Billingsley, P., *Probability and Measure*, Anniversary ed., 2012, John Wiley & Sons.

Billingsley, P., *Convergence of Probability Measures*, 2nd ed., 2013, John Wiley & Sons.

Brown, L. D., T. T. Cai and A. DasGupta, "Interval Estimation for a Binomial Proportion," *Statistical Science*, 2001, 16(2): 101–133.

Brown, M. B. and A. B. Forsythe, "Robust Tests for the Equality of Variances," *Journal of the American Statistical Association*, 1974, 69(346): 364–367.

Cohen, J., *Statistical Power Analysis for the Behavioral Sciences*, Revised ed., 2013, Academic Press.

DeGroot, M. H. and M. J. Schervish, *Probability and Statistics*, 4th ed., 2018, Pearson Education Inc..

Dekking, F. M., C. Kraaikamp, H. P. Lopuhaä and L. E. Meester, *A Modern In-*

troduction to Probability and Statistics: Understanding Why and How, 2005, Springer.

Efron, B. and R. J. Tibshirani, *An Introduction to the Bootstrap*, 1993, Chapman and Hall.

Fischer, H., *A History of the Central Limit Theorem: From Classical to Modern Probability Theory*, 2011, Springer.

Gentle, J. E., *Random Number Generation and Monte Carlo Methods*, 2nd ed., 2003, Springer.

Rencher, A. C. and G. B. Schaalje, *Linear Models in Statistics*, 2008, John Wiley & Sons.

Sebah, P. and X. Gourdon, "Introduction to the Gamma Function," February 4, 2002, http://scipp.ucsc.edu/~haber/archives/physics116A10/gamma.pdf.

Tijms, H., *Understanding Probability*, 3rd ed., 2012, Cambridge University Press.

Treiman, D. J., *Quantitative Data Analysis: Doing Social Research to Test Ideas*, 2009, John Wiley & Sons.

Von Bahr, B., "On the Convergence of Moments in the Central Limit Theorem," *The Annals of Mathematical Statistics*, 1965, 36(3): 808–818.

Weerahandi, S., *Generalized Inference in Repeated Measures: Exact Methods in MANOVA and Mixed Models*, 2004, John Wiley & Sons.

Wooldridge, J. M., *Econometric Analysis of Cross Section and Panel Data*, 2010, The MIT Press.

附录一 分布表

附表1 标准正态分布表

$$\Phi(x) = \int_{-\infty}^{x} \frac{1}{\sqrt{2\pi}} e^{-\frac{t^2}{2}} dt, x \geq 0 \quad \Phi(-x) = 1 - \Phi(x)$$

X	0.00	0.01	0.02	0.03	0.04	0.05	0.06	0.07	0.08	0.09
0	0.5000	0.5040	0.5080	0.5120	0.5160	0.5199	0.5239	0.5279	0.5319	0.5359
0.1	0.5398	0.5438	0.5478	0.5517	0.5557	0.5596	0.5636	0.5675	0.5714	0.5753
0.2	0.5793	0.5832	0.5871	0.5910	0.5948	0.5987	0.6026	0.6064	0.6103	0.6141
0.3	0.6179	0.6217	0.6255	0.6293	0.6331	0.6368	0.6406	0.6443	0.6480	0.6517
0.4	0.6554	0.6591	0.6628	0.6664	0.6700	0.6736	0.6772	0.6808	0.6844	0.6879
0.5	0.6915	0.6950	0.6985	0.7019	0.7054	0.7088	0.7123	0.7157	0.7190	0.7224
0.6	0.7257	0.7291	0.7324	0.7357	0.7389	0.7422	0.7454	0.7486	0.7517	0.7549
0.7	0.7580	0.7611	0.7642	0.7673	0.7704	0.7734	0.7764	0.7794	0.7823	0.7852
0.8	0.7881	0.7910	0.7939	0.7967	0.7995	0.8023	0.8051	0.8078	0.8106	0.8133
0.9	0.8159	0.8186	0.8212	0.8238	0.8264	0.8289	0.8315	0.8340	0.8365	0.8389
1.0	0.8413	0.8438	0.8461	0.8485	0.8508	0.8531	0.8554	0.8577	0.8599	0.8621
1.1	0.8643	0.8665	0.8686	0.8708	0.8729	0.8749	0.8770	0.8790	0.8810	0.8830
1.2	0.8849	0.8869	0.8888	0.8907	0.8925	0.8944	0.8962	0.8980	0.8997	0.9015
1.3	0.9032	0.9049	0.9066	0.9082	0.9099	0.9115	0.9131	0.9147	0.9162	0.9177
1.4	0.9192	0.9207	0.9222	0.9236	0.9251	0.9265	0.9279	0.9292	0.9306	0.9319
1.5	0.9332	0.9345	0.9357	0.9370	0.9382	0.9394	0.9406	0.9418	0.9429	0.9441
1.6	0.9452	0.9463	0.9474	0.9484	0.9495	0.9505	0.9515	0.9525	0.9535	0.9545
1.7	0.9554	0.9564	0.9573	0.9582	0.9591	0.9599	0.9608	0.9616	0.9625	0.9633

（续表）

X	0.00	0.01	0.02	0.03	0.04	0.05	0.06	0.07	0.08	0.09
1.8	0.9641	0.9649	0.9656	0.9664	0.9671	0.9678	0.9686	0.9693	0.9699	0.9706
1.9	0.9713	0.9719	0.9726	0.9732	0.9738	0.9744	0.9750	0.9756	0.9761	0.9767
2.0	0.9772	0.9778	0.9783	0.9788	0.9793	0.9798	0.9803	0.9808	0.9812	0.9817
2.1	0.9821	0.9826	0.9830	0.9834	0.9838	0.9842	0.9846	0.9850	0.9854	0.9857
2.2	0.9861	0.9864	0.9868	0.9871	0.9875	0.9878	0.9881	0.9884	0.9887	0.9890
2.3	0.9893	0.9896	0.9898	0.9901	0.9904	0.9906	0.9909	0.9911	0.9913	0.9916
2.4	0.9918	0.9920	0.9922	0.9925	0.9927	0.9929	0.9931	0.9932	0.9934	0.9936
2.5	0.9938	0.9940	0.9941	0.9943	0.9945	0.9946	0.9948	0.9949	0.9951	0.9952
2.6	0.9953	0.9955	0.9956	0.9957	0.9959	0.9960	0.9961	0.9962	0.9963	0.9964
2.7	0.9965	0.9966	0.9967	0.9968	0.9969	0.9970	0.9971	0.9972	0.9973	0.9974
2.8	0.9974	0.9975	0.9976	0.9977	0.9977	0.9978	0.9979	0.9979	0.9980	0.9981
2.9	0.9981	0.9982	0.9982	0.9983	0.9984	0.9984	0.9985	0.9985	0.9986	0.9986
3.0	0.9987	0.9987	0.9987	0.9988	0.9988	0.9989	0.9989	0.9989	0.9990	0.9990

附表 2 χ^2 分布表

$$P(\chi_k^2 > \chi_k^2(\alpha)) = \alpha$$

k\α	0.995	0.99	0.975	0.95	0.9	0.1	0.05	0.025	0.01	0.005
1	—	—	0.001	0.004	0.016	2.706	3.841	5.024	6.635	7.879
2	0.010	0.020	0.051	0.103	0.211	4.605	5.991	7.378	9.210	10.597
3	0.072	0.115	0.216	0.352	0.584	6.251	7.815	9.348	11.345	12.838
4	0.207	0.297	0.484	0.711	1.064	7.779	9.488	11.143	13.277	14.860
5	0.412	0.554	0.831	1.145	1.610	9.236	11.070	12.833	15.086	16.750
6	0.676	0.872	1.237	1.635	2.204	10.645	12.592	14.449	16.812	18.548
7	0.989	1.239	1.690	2.167	2.833	12.017	14.067	16.013	18.475	20.278
8	1.344	1.646	2.180	2.733	3.490	13.362	15.507	17.535	20.090	21.955
9	1.735	2.088	2.700	3.325	4.168	14.684	16.919	19.023	21.666	23.589
10	2.156	2.558	3.247	3.940	4.865	15.987	18.307	20.483	23.209	25.188
11	2.603	3.053	3.816	4.575	5.578	17.275	19.675	21.920	24.725	26.757
12	3.074	3.571	4.404	5.226	6.304	18.549	21.026	23.337	26.217	28.300
13	3.565	4.107	5.009	5.892	7.042	19.812	22.362	24.736	27.688	29.819
14	4.075	4.660	5.629	6.571	7.790	21.064	23.685	26.119	29.141	31.319
15	4.601	5.229	6.262	7.261	8.547	22.307	24.996	27.488	30.578	32.801
16	5.142	5.812	6.908	7.962	9.312	23.542	26.296	28.845	32.000	34.267
17	5.697	6.408	7.564	8.672	10.085	24.769	27.587	30.191	33.409	35.718
18	6.265	7.015	8.231	9.390	10.865	25.989	28.869	31.526	34.805	37.156
19	6.844	7.633	8.907	10.117	11.651	27.204	30.144	32.852	36.191	38.582
20	7.434	8.260	9.591	10.851	12.443	28.412	31.410	34.170	37.566	39.997
21	8.034	8.897	10.283	11.591	13.240	29.615	32.671	35.479	38.932	41.401
22	8.643	9.542	10.982	12.338	14.041	30.813	33.924	36.781	40.289	42.796
23	9.260	10.196	11.689	13.091	14.848	32.007	35.172	38.076	41.638	44.181
24	9.886	10.856	12.401	13.848	15.659	33.196	36.415	39.364	42.980	45.559
25	10.520	11.524	13.120	14.611	16.473	34.382	37.652	40.646	44.314	46.928

（续表）

$k\alpha$	0.995	0.99	0.975	0.95	0.9	0.1	0.05	0.025	0.01	0.005
26	11.160	12.198	13.844	15.379	17.292	35.563	38.885	41.923	45.642	48.290
27	11.808	12.879	14.573	16.151	18.114	36.741	40.113	43.195	46.963	49.645
28	12.461	13.565	15.308	16.928	18.939	37.916	41.337	44.461	48.278	50.993
29	13.121	14.256	16.047	17.708	19.768	39.087	42.557	45.722	49.588	52.336
30	13.787	14.953	16.791	18.493	20.599	40.256	43.773	46.979	50.892	53.672
40	20.707	22.164	24.433	26.509	29.051	51.805	55.758	59.342	63.691	66.766
50	27.991	29.707	32.357	34.764	37.689	63.167	67.505	71.420	76.154	79.490
60	35.534	37.485	40.482	43.188	46.459	74.397	79.082	83.298	88.379	91.952
70	43.275	45.442	48.758	51.739	55.329	85.527	90.531	95.023	100.425	104.215
80	51.172	53.540	57.153	60.391	64.278	96.578	101.879	106.629	112.329	116.321
90	59.196	61.754	65.647	69.126	73.291	107.565	113.145	118.136	124.116	128.299
100	67.328	70.065	74.222	77.929	82.358	118.498	124.342	129.561	135.807	140.169

附表3 t 分布表

$$P(t_k > t_k(\alpha)) = \alpha$$

k\α	0.1	0.05	0.025	0.01	0.005	0.001	0.0005
1	3.078	6.314	12.706	31.821	63.656	318.289	636.578
2	1.886	2.920	4.303	6.965	9.925	22.328	31.600
3	1.638	2.353	3.182	4.541	5.841	10.214	12.924
4	1.533	2.132	2.776	3.747	4.604	7.173	8.610
5	1.476	2.015	2.571	3.365	4.032	5.894	6.869
6	1.440	1.943	2.447	3.143	3.707	5.208	5.959
7	1.415	1.895	2.365	2.998	3.499	4.785	5.408
8	1.397	1.860	2.306	2.896	3.355	4.501	5.041
9	1.383	1.833	2.262	2.821	3.250	4.297	4.781
10	1.372	1.812	2.228	2.764	3.169	4.144	4.587
11	1.363	1.796	2.201	2.718	3.106	4.025	4.437
12	1.356	1.782	2.179	2.681	3.055	3.930	4.318
13	1.350	1.771	2.160	2.650	3.012	3.852	4.221
14	1.345	1.761	2.145	2.624	2.977	3.787	4.140
15	1.341	1.753	2.131	2.602	2.947	3.733	4.073
16	1.337	1.746	2.120	2.583	2.921	3.686	4.015
17	1.333	1.740	2.110	2.567	2.898	3.646	3.965
18	1.330	1.734	2.101	2.552	2.878	3.610	3.922
19	1.328	1.729	2.093	2.539	2.861	3.579	3.883
20	1.325	1.725	2.086	2.528	2.845	3.552	3.850
21	1.323	1.721	2.080	2.518	2.831	3.527	3.819
22	1.321	1.717	2.074	2.508	2.819	3.505	3.792
23	1.319	1.714	2.069	2.500	2.807	3.485	3.768
24	1.318	1.711	2.064	2.492	2.797	3.467	3.745
25	1.316	1.708	2.060	2.485	2.787	3.450	3.725

（续表）

$k\alpha$	0.1	0.05	0.025	0.01	0.005	0.001	0.0005
26	1.315	1.706	2.056	2.479	2.779	3.435	3.707
27	1.314	1.703	2.052	2.473	2.771	3.421	3.689
28	1.313	1.701	2.048	2.467	2.763	3.408	3.674
29	1.311	1.699	2.045	2.462	2.756	3.396	3.660
30	1.310	1.697	2.042	2.457	2.750	3.385	3.646
60	1.296	1.671	2.000	2.390	2.660	3.232	3.460
120	1.289	1.658	1.980	2.358	2.617	3.160	3.373
1000	1.282	1.646	1.962	2.330	2.581	3.098	3.300

附表 4　F 分布表（$\alpha = 0.05$）

k_1 k_2	1	2	3	4	5	6	7	8	9	10	12	15	20	24	30	40	60	120	∞
1	161.448	199.500	215.707	224.583	230.162	233.986	236.768	238.883	240.543	241.882	243.906	245.950	248.013	249.052	250.095	251.143	252.196	253.253	254.314
2	18.513	19.000	19.164	19.247	19.296	19.330	19.353	19.371	19.385	19.396	19.413	19.429	19.446	19.454	19.462	19.471	19.479	19.487	19.496
3	10.128	9.552	9.277	9.117	9.014	8.941	8.887	8.845	8.812	8.786	8.745	8.703	8.660	8.639	8.617	8.594	8.572	8.549	8.526
4	7.709	6.944	6.591	6.388	6.256	6.163	6.094	6.041	5.999	5.964	5.912	5.858	5.803	5.774	5.746	5.717	5.688	5.658	5.628
5	6.608	5.786	5.410	5.192	5.050	4.950	4.876	4.818	4.773	4.735	4.678	4.619	4.558	4.527	4.496	4.464	4.431	4.399	4.365
6	5.987	5.143	4.757	4.534	4.387	4.284	4.207	4.147	4.099	4.060	4.000	3.938	3.874	3.842	3.808	3.774	3.740	3.705	3.669
7	5.591	4.737	4.347	4.120	3.972	3.866	3.787	3.726	3.677	3.637	3.575	3.511	3.445	3.411	3.376	3.340	3.304	3.267	3.230
8	5.318	4.459	4.066	3.838	3.688	3.581	3.501	3.438	3.388	3.347	3.284	3.218	3.150	3.115	3.079	3.043	3.005	2.967	2.928
9	5.117	4.257	3.863	3.633	3.482	3.374	3.293	3.230	3.179	3.137	3.073	3.006	2.937	2.901	2.864	2.826	2.787	2.748	2.707
10	4.965	4.103	3.708	3.478	3.326	3.217	3.136	3.072	3.020	2.978	2.913	2.845	2.774	2.737	2.700	2.661	2.621	2.580	2.538
11	4.844	3.982	3.587	3.357	3.204	3.095	3.012	2.948	2.896	2.854	2.788	2.719	2.646	2.609	2.571	2.531	2.490	2.448	2.405
12	4.747	3.885	3.490	3.259	3.106	2.996	2.913	2.849	2.796	2.753	2.687	2.617	2.544	2.506	2.466	2.426	2.384	2.341	2.296
13	4.667	3.806	3.411	3.179	3.025	2.915	2.832	2.767	2.714	2.671	2.604	2.533	2.459	2.420	2.380	2.339	2.297	2.252	2.206
14	4.600	3.739	3.344	3.112	2.958	2.848	2.764	2.699	2.646	2.602	2.534	2.463	2.388	2.349	2.308	2.266	2.223	2.178	2.131
15	4.543	3.682	3.287	3.056	2.901	2.791	2.707	2.641	2.588	2.544	2.475	2.403	2.328	2.288	2.247	2.204	2.160	2.114	2.066
16	4.494	3.634	3.239	3.007	2.852	2.741	2.657	2.591	2.538	2.494	2.425	2.352	2.276	2.235	2.194	2.151	2.106	2.059	2.010
17	4.451	3.592	3.197	2.965	2.810	2.699	2.614	2.548	2.494	2.450	2.381	2.308	2.230	2.190	2.148	2.104	2.058	2.011	1.960
18	4.414	3.555	3.160	2.928	2.773	2.661	2.577	2.510	2.456	2.412	2.342	2.269	2.191	2.150	2.107	2.063	2.017	1.968	1.917

(续表)

k_1 k_2	1	2	3	4	5	6	7	8	9	10	12	15	20	24	30	40	60	120	∞
19	4.381	3.522	3.127	2.895	2.740	2.628	2.544	2.477	2.423	2.378	2.308	2.234	2.156	2.114	2.071	2.026	1.980	1.930	1.878
20	4.351	3.493	3.098	2.866	2.711	2.599	2.514	2.447	2.393	2.348	2.278	2.203	2.124	2.083	2.039	1.994	1.946	1.896	1.843
21	4.325	3.467	3.073	2.840	2.685	2.573	2.488	2.421	2.366	2.321	2.250	2.176	2.096	2.054	2.010	1.965	1.917	1.866	1.812
22	4.301	3.443	3.049	2.817	2.661	2.549	2.464	2.397	2.342	2.297	2.226	2.151	2.071	2.028	1.984	1.938	1.889	1.838	1.783
23	4.279	3.422	3.028	2.796	2.640	2.528	2.442	2.375	2.320	2.275	2.204	2.128	2.048	2.005	1.961	1.914	1.865	1.813	1.757
24	4.260	3.403	3.009	2.776	2.621	2.508	2.423	2.355	2.300	2.255	2.183	2.108	2.027	1.984	1.939	1.892	1.842	1.790	1.733
25	4.242	3.385	2.991	2.759	2.603	2.490	2.405	2.337	2.282	2.237	2.165	2.089	2.008	1.964	1.919	1.872	1.822	1.768	1.711
26	4.225	3.369	2.975	2.743	2.587	2.474	2.388	2.321	2.266	2.220	2.148	2.072	1.990	1.946	1.901	1.853	1.803	1.749	1.691
27	4.210	3.354	2.960	2.728	2.572	2.459	2.373	2.305	2.250	2.204	2.132	2.056	1.974	1.930	1.884	1.836	1.785	1.731	1.672
28	4.196	3.340	2.947	2.714	2.558	2.445	2.359	2.291	2.236	2.190	2.118	2.041	1.959	1.915	1.869	1.820	1.769	1.714	1.654
29	4.183	3.328	2.934	2.701	2.545	2.432	2.346	2.278	2.223	2.177	2.105	2.028	1.945	1.901	1.854	1.806	1.754	1.698	1.638
30	4.171	3.316	2.922	2.690	2.534	2.421	2.334	2.266	2.211	2.165	2.092	2.015	1.932	1.887	1.841	1.792	1.740	1.684	1.622
40	4.085	3.232	2.839	2.606	2.450	2.336	2.249	2.180	2.124	2.077	2.004	1.925	1.839	1.793	1.744	1.693	1.637	1.577	1.509
60	4.001	3.150	2.758	2.525	2.368	2.254	2.167	2.097	2.040	1.993	1.917	1.836	1.748	1.700	1.649	1.594	1.534	1.467	1.389
120	3.920	3.072	2.680	2.447	2.290	2.175	2.087	2.016	1.959	1.911	1.834	1.751	1.659	1.608	1.554	1.495	1.429	1.352	1.254
∞	3.842	2.996	2.605	2.372	2.214	2.099	2.010	1.938	1.880	1.831	1.752	1.666	1.571	1.517	1.459	1.394	1.318	1.221	1.000

附录二 基本概念

第一章

总体（population）：具有某些共同特征的所有个体的集合。

参数（parameter）：用来描述总体特征的指标，常常是未知的，通常用希腊字母 θ 来表示。

样本（sample）：从总体中随机抽取的部分个体的集合，是总体的一个子集。

随机样本（random sample）：就社会科学统计分析而言，并不是任意一个样本都是我们感兴趣的，只有具有总体代表性的样本我们才关注，这样的样本称为随机样本。本书中所提及的随机样本特指简单随机样本，即基于简单随机抽样产生的样本。

简单随机抽样（simple random sampling）：从总体 N 个单位中任意抽取 n 个单位作为样本，使每个可能的个体被抽中的概率相等的一种抽样方式。

分类变量（categorical variable）：也称定性变量（qualitative variable），具有描述数据单元"质量"或"特征"的属性。

定类变量（nominal variable）：又称名义变量，是指用定类尺度（或名义尺度）来进行测量的变量，如性别。

定序变量（ordinal variable）：用定序尺度来进行测量的变量。与定类变量相比，定序变量的数值是存在逻辑顺序的，隐含着高低之别。例如，对于满意度，通常用 1 为"很不满意"、2 为"不满意"、3 为"一般"、4 为"满意"、5 为"非常满意"来进行测量。

数值变量（numerical variable）：也称定量变量（quantitative variable），可以用描述数据单元"数量"的值来表示，数值本身包含"多少"的意思。

离散变量（discrete variable）：取值只能是自然数或整数单位的变量。比如，生育子女数、企业数等。

连续变量（continuous variable）：可以在某组实数中取任何值的变量。比如，年龄、身高、生育率、总产值等。

均值（mean）：即算术平均值，通常可以用一个变量所有取值的总和除以全部个体数得到。

中位数（median）：在变量分布中把全部个体分成两个相等的部分的值，一部分的取值在其下,另一部分的取值则在其上。

变量(variable):通常被定义为随个体变化而变化的某种或某类特征。

众数(mode):也称众值,指变量分布中具有最大频数(百分比)的类别或取值。

极差(range):也称全距,适用于描述定距或定比变量的离散趋势,其值等于最大值与最小值之差。

四分位距(interquartile range,IQR):也称四分差,指的是数据样本的75%分位和25%分位之间的差值。

箱形图/盒形图(boxplot):一种可以形象地展示变量分布情况的图示。通过箱形图,我们可以描述数据样本的极差、四分位距、中位数、四分位数、最小值以及最大值。

异众比率(variation ratio):非众数组的频数占总频数的比例。

离差(deviance):变量的具体取值与其均值之间的差异。

方差(variance):各个变量值与其算术平均数的离差平方和的平均数,通常用 σ^2 表示。

标准差(standard deviation):方差的算术平方根。总体标准差对应的是总体方差的平方根,样本方差则对应的是样本方差的平方根。

第二章

加法法则(addition rule):属于分类计数法则,常用于排列组合。该法则的核心是分类,即完成一件事有多少种不同的方式。如果完成一件事有 n 类方式,第一类方式有 m_1 种方法,第二类有 m_2 种方法,…,第 n 类有 m_n 种方法,那么完成这件事共有 $m_1 + m_2 + \cdots + m_n$ 种方法。

乘法法则(multiplication rule):属于分类计数法则,其关键在于分步。如果完成一件事需要 n 个步骤,其中,第一步有 m_1 种方法,第二步有 m_2 种方法,…,第 n 步有 m_n 种方法,那么完成这件事一共有 $m_1 \times m_2 \times \cdots \times m_n$ 种方法。

排列(permutation):从含有 n 个不同元素的集合中不放回地随机抽取 k 个元素($0 \leq k \leq n$),并按照一定顺序排成一列,叫作从 n 个元素中取出 k 个元素的一个排列,记作 P_n^k。其计算公式为 $P_n^k = \dfrac{n!}{(n-k)!}$。

组合(combination):从含有 n 个不同元素的集合中不放回随机抽取 k 个元素($0 \leq k \leq n$)作为子集,每一个含有 k 个元素的子集都称为从 n 中随机抽取 k 个元素的组合,记作 C_n^k。其计算公式为 $C_n^k = \dfrac{P_n^k}{k!} = \dfrac{n!}{k!(n-k)!}$。

二项式系数(binomial coefficients):也称组合数,记作 C_n^k 或 $\binom{n}{k}$。

附录二 基本概念

多项式系数(multinomial coefficients):一组组合数,是多项式$(x_1+\cdots+x_k)^n$的展开式中项$x_1^{n_1},x_2^{n_2},\cdots,x_k^{n_k}$的系数,记作$\binom{n}{n_1,n_2,\cdots,n_k}$。其中,$n_1,n_2,\cdots,n_k$为每个子集中元素的个数,且满足$n_1+n_2+\cdots+n_k=n$。多项式系数是二项式系数的一般形式,常用于统计复杂事件的结果。

随机试验(random experiment):简称试验,即对随机现象的观察,常用E表示。

随机事件(random event):简称事件,即关于随机试验可能结果的一组定义明确的集合,通常用大写字母A、B、C等表示。

样本空间(sample space):试验的所有可能结果所组成的集合,记为$S=\{e\}$,有时候也用Ω表示。

样本点(sample point):随机试验的每一个结果。

基本事件(basic event):由样本点组成的集合。

有限样本空间(finite sample space):如果一个随机试验有n种可能的试验结果$s_1,s_2,\cdots,s_n$,则称样本空间$S=\{s_1,s_2,\cdots,s_n\}$为有限样本空间。

等可能结果(equally likely outcomes):如果某随机试验有N个不同的结果,且这些结果发生的可能性相等,那么每一个结果发生的概率都是$\frac{1}{N}$。

相对频率(relative frequency):某一随机事件出现的频数除以试验次数。

概率(probability):假设随机试验E的空间样本为S,如果对于每一个S中的事件A都有一个实数$P(A)$与之对应,且满足非负性、规范性、可列可加性三条公理,则称实数$P(A)$为事件A的概率。

空集(empty set):如果样本空间的某个子集没有包含随机试验的任何结果,那么这一子集被称作空集,记为$\varnothing$,在概率论中表示那些不可能发生的随机事件。

包含(containment):如果随机事件A中的每一个元素(试验结果)都属于随机事件B,则称A包含于B或B包含A,记为$A\subset B$。

交集(intersection sets):如果随机事件A和随机事件B是样本空间S中两个任意集合,那么A和B的交集C即包含两个随机事件共同的试验结果,记作$C=A\cap B$。

并集(union of sets):如果随机事件A和随机事件B是样本空间S中两个任意集合,那么A和B的并集C同时包含A的元素和B的元素,在集合中记为$C=A\cup B$。

补集(complement of sets):随机事件A的补集B为包含样本空间S中不属于A的所有元素的集合,记为$B=A^c$或$B=\overline{A}$。

互斥(disjoint):如果随机事件A和随机事件B没有共同的试验结果或者随机事件A和B不相交,即$A\cap B=\varnothing$,则称A和B互斥或互不相容。

条件概率(conditional probability):假设有限样本空间中有任意两个随机事件 A 和 B,且满足 $P(B) > 0$,记随机事件 B 发生后,随机事件 A 的概率为 $P(A|B)$,即 $P(A|B)$ 称作随机事件 B 发生后随机事件 A 的条件概率。其数学表达式为 $P(A|B) = \dfrac{P(A \cap B)}{P(B)}$。

独立事件(independent events):假设有限样本空间中有 n 个随机事件 $A_1, \cdots, A_n$,当且仅当这些随机事件的 k 个子集 $A_{i_1}, \cdots, A_{i_k}$ 满足 $P(\bigcap_{i=1}^{n}\bigcap_{k=1}^{n} A_{i_k}) = P(A_{i_1} \cap \cdots \cap A_{i_k}) = P(A_{i_1}) \cdots P(A_{i_k}) = \prod_{i=1}^{n}\prod_{k=1}^{n} P(A_{i_k})$,这时称样本空间中的 n 个随机事件相互独立。

第三章

随机变量(random variable):设 $S = \{e\}$ 是随机试验的样本空间,如果变量 X 是定义在 S 上的单值实值函数,那么 X 称为随机变量。

概率分布(probability distribution):随机变量的理论分布,即随机变量所有可能取值及其对应概率所构成的集合。它用于描述随机变量取值的规律及发生的概率,反映了随机变量的不确定性和整体分布特征。

离散型随机变量(discrete random variable):如果随机变量 X 全部可能取到的不相同的值是有限个或可列无限多个,则称 X 为离散型随机变量,其分布为离散型分布。

概率质量函数(probability mass function,PMF):离散型随机变量的概率函数,用于描述离散型随机变量不同取值的概率分布状况。如果随机变量 X 有离散分布,那么 X 的概率质量函数 $f(x)$ 对任意实数 x 满足 $f(x) = P(X = x)$。

分布列(probability distribution table):也称分布律,是将离散型随机变量的概率质量函数与随机变量的每个取值一一对应,并以表格的形式罗列。

连续型随机变量(continuous random variable):对随机变量 X 而言,如果其取值不可以逐个列举出来且取值范围在某一区间内,则称 X 为连续型随机变量,其对应的分布为连续型分布。

概率密度函数(probability density function,PDF):连续型随机变量的概率函数。根据定义,如果随机变量 X 有连续分布,且存在一个非负函数 φ,使得 X 在任意实数区间内取值的概率为 φ 在该区间上的积分,那么 φ 称为随机变量 X 的概率密度函数。

累积分布函数(cumulative distribution function,CDF):随机变量 X 从最远的起点 $-\infty$ 到所关注的点 x 之间所有概率的总和。无论 X 是离散的还是连续的,或两者兼有,累积分布函数 $F(x)$ 都满足 $F(x) = P(X \leq x)$。

分位数函数(quantile function):假设随机变量 X 有累积分布函数 F,对于其累积分布函

数值域 $(0,1)$ 内的任意取值 p，定义 $F^{-1}(p) = x_0$，使得 $F(x \geq x_0) \geq p$。那么，$F^{-1}(p)$ 对应的 x_0 称为 X 的 p 分位数或 X 的 $p\%$ 分位数，而定义在累积分布函数 F 值域 $(0,1)$ 内的函数 F^{-1} 称为 X 的分位数函数。

二元分布（bivariate distributions）：设 X 和 Y 为两个随机变量，定义 $\mathbb{R}$ 为由实数组成的数对的集合，且 $\{(X,Y) \in \mathbb{R}\}$ 是随机事件，那么随机变量 X 和 Y 的联合分布（joint distributions）就是二元分布，表示 $P[(X,Y) \in \mathbb{R}]$ 全部概率的集合。根据变量类型，二元分布分为离散型二元分布和连续型二元分布。

联合概率质量函数（joint probability mass function）：用来描述两个离散型随机变量二元分布的函数。设 X 和 Y 为两个随机变量，且有序数对 (X,Y) 由随机变量 X 和 Y 的取值组成，其定义在 x,y 的二维平面上。如果有序数对 (X,Y) 仅包含有限的结果 (x,y)，那么随机变量 X 和 Y 具有离散型二元分布。其中，对于任意定义在 x,y 的二维平面上的点 (x,y)，满足 $f(x,y) = P(X=x, Y=y)$，函数 $f(x,y)$ 即随机变量 X 和 Y 的联合概率质量函数。

联合概率密度函数（joint probability density function）：用来描述两个连续型随机变量二元分布的函数。对于两个连续型随机变量 X 和 Y，如果存在一个定义在 x,y 的二维平面上的非负函数 $f(x,y)$，其对于二维平面上的任意子集 C 都满足 $P[(X,Y) \in C] = \iint_C f(x,y) \mathrm{d}x \mathrm{d}y$，那么随机变量 X 和 Y 具有连续型二元分布，函数 $f(x,y)$ 是用于描述这两个随机变量的二元分布，即随机变量 X 和 Y 的联合概率密度函数。

边际分布（marginal distribution）：由随机变量的联合分布计算得到的单变量分布。无论是离散型随机变量还是连续型随机变量都有边际分布。离散型边际分布多指边际概率质量函数，而连续型边际分布则指边际概率密度函数。

条件分布（conditional distribution）：是对条件概率的推广。由于分布指的是随机变量所有可能取值的概率集合，那么条件分布即控制其他随机变量的情况下，我们所关注的随机变量所有取值的概率集合。这里所讲的"控制"，在条件概率中指其他随机事件已经发生，在条件分布中则指我们事先知道其他随机变量取值的概率分布。依据变量类型，条件分布分为离散型条件分布和连续型条件分布。

第四章

期望（expectation）：也称总体均值，它反映的是某个变量总体的集中状况。

条件期望（conditional expectation）：如果 X 和 Y 是任意两个随机变量，则称给定 $X=x$，Y 的条件分布的期望值为给定 $X=x$，Y 的条件期望，记作 $E(Y|X=x)$。

期望迭代定律（law of iterated expectations）：条件期望的期望等于非条件期望，即 $E[E(Y|X)] = E(Y)$。

偏度(skewness)：用来测量分布偏离正态分布的程度。它是统计数据分布偏斜方向和程度的度量，也是反映统计数据分布非对称程度的数字特征。若随机变量 X 的期望为 μ，标准差为 σ，则 X 的偏度为 $\gamma_3 = \dfrac{E[(X-\mu)^3]}{\sigma^3}$。偏度测量的是随机变量分布的对称状况。

峰度(kurtosis)：随机变量 X 的四阶标准化矩通常称为 X 的峰度，这一统计量用于衡量随机变量 X 的概率分布的"尾部厚度"，主要用来描述随机变量概率分布尾部形状相对于整体形状的特征。其通常以正态分布作为标准进行比较。若随机变量 X 的期望为 μ，标准差为 σ，则 X 的峰度为 $\gamma_4 = \dfrac{E[(X-\mu)^4]}{\sigma^4} - 3$。服从正态分布的随机变量的峰度值为3。

伯努利试验(Bernoulli experiment)：当一个随机试验只有两个可能出现的结果时，我们称该试验为伯努利试验。

伯努利分布(Bernoulli distribution)：假定随机变量 X 的所有可能取值均属于一次伯努利试验的结果，即仅包含两个结果，则称 X 服从伯努利分布。

二项分布(binomial distribution)：如果重复伯努利试验 n 次，随机变量 X 的取值源于 n 次伯努利试验的结果，则称 X 服从二项分布。

泊松分布(Poisson distribution)：二项分布的一种极限情况，反映的是当试验次数 n 很大而成功概率 p 很小时的二项分布。一般来讲，若随机变量 X 服从参数为 λ 的泊松分布，则其概率质量函数满足 $f(x|\lambda) = \dfrac{\lambda^x}{x!} e^{-\lambda} (x = 0, \cdots, n)$，通常我们将上述关系记作 $X \sim P(\lambda)$。泊松分布的期望和方差都等于参数 λ。

均匀分布(uniform distribution)：所谓"均匀"，可以理解为"概率一致"，即随机变量中的任一取值的概率都相等。通常，如果 X 为定义在闭区间 $[a,b]$ 的连续型随机变量，且 X 在 $[a,b]$ 内任意子区间的概率与这一子区间的长度成比例，则称随机变量 X 服从以 a,b 为参数的均匀分布，记作 $X \sim U(a,b)$。

正态分布(normal distribution)：又称高斯分布(Gaussian distribution)。如果连续型随机变量 X 服从均值为 μ、方差为 σ^2 的正态分布，则其概率密度函数满足 $f(x|\mu,\sigma^2) = \dfrac{1}{\sqrt{2\pi}\sigma} e^{-\frac{1}{2}\left(\frac{x-\mu}{\sigma}\right)^2} (-\infty < x < \infty)$。正态分布的概率密度曲线为单峰对称的钟形曲线。

标准正态分布(standard normal distribution)：如果随机变量 X 服从于均值为 0、方差为 1 的正态分布，则称 X 服从标准正态分布，记作 $X \sim N(0,1)$。

伽马函数(Gamma function)：对于任意非负实数 α，可以定义如下积分函数：$\Gamma(\alpha) = \int_0^\infty x^{\alpha-1} e^{-x} dx$，则称 $\Gamma(\alpha)(\alpha > 0)$ 为伽马函数或欧拉第二积分。

伽马分布(Gamma distribution)：与伽马函数密切相关，它是以非负数 α,β 为参数的连续型概率分布，其概率密度函数为 $f(x\mid\alpha,\beta)=\dfrac{\beta^{\alpha}}{\Gamma(\alpha)}x^{\alpha-1}\mathrm{e}^{-\beta x}(x>0)$。其中，参数 α 称为形状参数(shape parameter)，参数 β 称作尺度参数(scale parameter)。若随机变量 X 服从参数为 α,β 的伽马分布，则记为 $X\sim\Gamma(\alpha,\beta)$。

指数分布(exponential distribution)：伽马分布的子分布，当伽马分布中的参数 $\alpha=1$ 时，随机变量的概率密度函数即指数分布的概率密度函数，表达为 $f(x\mid\alpha=1,\beta)=\dfrac{\beta^{\alpha}}{\Gamma(1)}x^{\alpha-1}\mathrm{e}^{-\beta x}=\beta\mathrm{e}^{-\beta x}(x>0)$。通常，我们习惯将指数分布的参数记作 λ，如果随机变量 X 服从参数为 λ 的指数分布，则记作 $X\sim E(\lambda)$，其概率密度函数可以表达为 $f(x\mid\lambda)=\lambda\mathrm{e}^{-\lambda x}(x>0)$。

第五章

统计量(statistics)：与参数相对应，是对样本数据进行分析、检验的变量，主要用于描述样本的特征，通常用英文字母来表示。

抽样分布(sampling distribution)：样本统计量的分布。

样本方差(sample variance)：用于衡量样本数据中数据点围绕样本均值的离散程度，是统计推断中重要的统计量。其定义为 $s^{2}=\dfrac{1}{n-1}\sum\limits_{i=1}^{n}(X_{i}-\overline{X})^{2}$。

马尔可夫不等式(Markov inequality)：证明大数定律的重要条件。设 X 为随机变量且满足 $P(X\geqslant 0)=1$，则对于任意实数 $t>0$ 有不等式 $P(X\geqslant t)\leqslant\dfrac{E(X)}{t}$ 成立。马尔可夫不等式通过随机变量的期望来确定其概率分布的界限。

切比雪夫不等式(Chebyshev inequality)：证明大数定律的重要条件。设 X 为随机变量，则对于任意实数 $c>0$ 满足 $P(\mid X-E(X)\mid\geqslant c)\leqslant\dfrac{D(X)}{c^{2}}$。切比雪夫不等式表明随机变量 X 远离其期望的概率会受到方差大小的限制。

依概率收敛(convergence in probability)：设 $Z_{n}=\{X_{1},X_{2},\cdots,X_{n}\}$ 为随机变量组成的一个序列，对于任意 $\varepsilon>0$，若随机变量序列 Z_{n} 满足 $\lim\limits_{n\to\infty}P(\mid Z_{n}-c\mid<\varepsilon)=1$，则称随机变量序列 Z_{n} 依概率收敛于常数 c，记作 $Z_{n}\xrightarrow{P}c$。

大数定律(law of large numbers)：核心思想为当样本量 n 趋于无穷大的时候，样本均值 $\overline{X}$ 会逐渐收敛于总体期望 μ。大数定律严格的数学定义分为两种：弱大数定律和强大数定律。

弱大数定律(weak law of large numbers)：设 $X_{1},X_{2},\cdots,X_{n}$ 是独立同分布的随机变量序

列,且具有数学期望 $E(x_i) = \mu (i = 1,2,\cdots)$。对于每个随机变量都存在算术平均 $\overline{X} = \frac{1}{n}\sum_{i=1}^{n} X_i$,则 $\overline{X}$ 依概率收敛于 μ,记作 $\overline{X} \xrightarrow{P} \mu$,即 $\overline{X} = \frac{1}{n}\sum_{i=1}^{n} X_i \xrightarrow{P} E(X_i) = \mu$。

强大数定律(strong law of large numbers):也称几乎收敛,设 $X_1,X_2,\cdots,X_n$ 是独立同分布的随机变量序列,且具有数学期望 $E(x_i) = \mu (i = 1,2,\cdots)$。对于每个随机变量都存在算术平均 $\overline{X} = \frac{1}{n}\sum_{i=1}^{n} X_i$。当 n 趋于无穷大时,$\overline{X}$ 依概率 1 收敛于期望 μ,表达式为 $P(\lim_{n\to\infty}\overline{X} = \mu) = 1$。

依分布收敛(convergence in distribution):已知 $X_n = \{X_1,X_2,\cdots\}$ 为连续型随机变量序列,记 F_n 为随机变量序列 X_n 的累积分布函数;定义随机变量为 X 及其累积分布函数为 $F(x)$。如果 F_n 满足 $\lim_{n\to\infty} F_n(x) = F(x), \forall x \in \mathbb{R}$,则称随机变量序列 X_n 依分布收敛于 X,记作 $X_n \xrightarrow{d} X$。

渐近分布(asymptotic distribution):已知 $X_n = \{X_1,X_2,\cdots\}$ 为连续型随机变量序列,记 F_n 为随机变量序列 X_n 的累积分布函数;定义随机变量为 X 及其累积分布函数为 $F(x)$。如果 F_n 满足 $\lim_{n\to\infty} F_n(x) = F(x), \forall x \in \mathbb{R}$,则称 F 分布 为 X_n 的渐近分布。

林德伯格-莱维定理(Lindeberg-Lévy central limit theorem):通常我们讲的中心极限定理,就是林德伯格-莱维定理。该定理表明,独立同分布随机变量的统计量(均值、代数和等)在大样本的条件下会渐近收敛于正态分布。该定理的定义如下:设 $X_1,X_2,\cdots,X_n$ 为由独立同分布随机变量组成的序列,且其总体分布的期望为 μ,方差为 σ^2。记 $\overline{X} = \frac{1}{n}\sum_{i=1}^{n} X_i$,则统计量 $\frac{\overline{X} - \mu}{\frac{\sigma}{\sqrt{n}}}$ 依分布收敛于标准正态分布,即 $\lim_{n\to\infty} P\left(\frac{\overline{X} - \mu}{\frac{\sigma}{\sqrt{n}}} \leq x\right) = \Phi(x)$。其中,$P\left(\frac{\overline{X} - \mu}{\frac{\sigma}{\sqrt{n}}} \leq x\right)$ 为统计量 $\frac{\overline{X} - \mu}{\frac{\sigma}{\sqrt{n}}}$ 的累积分布函数,$\Phi(x)$ 为标准正态分布的累积分布函数。

棣莫弗-拉普拉斯定理(De Moivre-Laplace central limit theorem):该定理是适用于伯努利分布的随机变量的中心极限定理,其核心在于运用正态分布去逼近二项分布。设随机变量 $X_i \sim B(n,p)(i = 1,2,\cdots,n)$,随机变量 $Y = \sum_{i=1}^{n} X_i$,则 Y 的渐近分布满足 $Y = \sum_{i=1}^{n} X_i \xrightarrow{d} N(np, np(1-p))$。

李雅普诺夫定理(Lyapunov central limit theorem):作为中心极限定理的一种形式,该定理证明了独立但不同分布的随机变量在大样本条件下依旧会收敛于正态分布。

放回抽样(sampling with replacement):简单随机抽样的一种,它将总体从 1 到 N 逐个编号,每次抽取一个个体后再放回总体,重复抽取 N 次后得到放回抽样的样本。由于每次抽样的总体保持不变,因而每一个体被抽中的概率都是 $\frac{1}{N}$,且同一个体可能在抽样样本中多次出现。

无放回抽样(sampling without replacement):其操作过程与放回抽样类似,不同之处在于每次抽取一个个体后不再将其放回总体。由于每次抽样的总体都比上一次抽样的总体少了一个个体,因而无放回抽样中每一个体被抽中的概率都不相同。具体而言,无放回抽样从第一次开始直到最后一次,总体中每一个体被抽中的概率依次为 $\frac{1}{N-i}(i=0,\cdots,N-1)$。根据无放回抽样的定义,其抽样样本不会出现重复个体。

自举法(bootstrapping):也称自助法、自抽样,是一种有放回的重复抽样方法。其基本思想就是通过对现有经验样本的放回再抽样,构建出多个抽样样本,然后将这些抽样样本的估计量从小到大进行排序,进而获得估计量的渐近分布。

第六章

参数估计(parameter estimation):统计推断的重要内容之一,是基于样本数据来估计总体的参数值。

估计量(estimator):通常指用于估计总体未知参数的统计量,估计量是一个随机变量。

点估计(point estimation):利用样本估计总体分布中所含的未知参数或未知参数的函数,通常它们是总体的某个特征值,如期望、方差等。

矩量法(method of moments):利用样本矩来估计总体的相应参数,是参数估计的一种方式。

最大似然法(method of maximum likelihood):一种使用广泛的参数估计方法,它通过最大化对数似然函数来求解参数估计值。最大似然估计采取的是一种"执果索因"的思路,即根据已经掌握的样本数据去寻找那组最有可能产生样本数据的模型参数。

无偏性(unbiasness):衡量估计量优劣的标准之一。如果估计量 $\hat{\theta}$ 的期望等于总体真值 θ,则称这个估计量 $\hat{\theta}$ 是总体真值 θ 的无偏估计,表示为 $E(\hat{\theta})=\theta$。

一致性(consistency):描述的是在大样本的情境中好估计量的表现。当样本量无限增大时,估计量会无限趋近于真实值。更正式的表达为:样本估计量将依概率收敛于真实值。

有效性(efficiency):衡量估计量的标准中与确定性关系最密切的指标。令 $\hat{\theta}_1$ 和 $\hat{\theta}_2$ 为参数 θ 的两个不同的无偏估计量,如果 $\text{Var}(\hat{\theta}_1)<\text{Var}(\hat{\theta}_2)$,则称 $\hat{\theta}_1$ 较之 $\hat{\theta}_2$ 更有效。

区间估计(interval estimation):依据抽取的样本,根据一定的正确度与精确度的要求,构造出适当的区间作为总体分布的未知参数或参数的函数的真值所在范围的估计。其数学表达式为 $P_\theta(a \leq \theta \leq b) = 1 - \alpha$。

置信区间(confidence interval, CI):在一定的置信水平下,由样本统计量所构造的总体参数的估计区间。

误差界限(margin of error):反映了允许误差的范围,数值上为置信区间长度的一半,表示计算结果与总体真值相差多少个百分点。

t 分布(t distribution):也称学生 t 分布,最早由英国统计学家威廉·戈塞特(William S. Gosset)于 1908 年提出。如果随机变量 Z 和随机变量 Y 相互独立,且满足 $Z \sim N(0,1)$,$Y \sim \chi^2(k)$。定义随机变量 X,其满足 $X = \dfrac{Z}{\sqrt{Y/k}}$,则称随机变量 X 服从自由度为 k 的 t 分布,记作 $X \sim t(k)$。

第七章

假设检验(hypothesis testing):统计推断的重要内容之一,是通过样本的统计量来检验关于总体参数值的假设是否为真的过程。

显著性水平(significance level):也称显著度,是指变量落在置信区间以外的可能性,一般用 α 表示。

假设(hypothesis):对总体参数的一种看法,通常包括原假设和备择假设。

原假设(null hypothesis):在假设检验中,研究者收集证据加以反驳的假设。由于它通常表示"无效"、"无差别"或"无影响"的情况,因此也称为零假设或虚无假设,通常用 H_0 表示。在数学表达上,原假设通常包含等号,如 =、≥、≤。

备择假设(alternative hypothesis):与原假设 H_0 对立的假设,常用 H_1 或 H_a 表示。其数学表达式中总是有不等号,如 ≠、>、<。由于备择假设往往是研究者提出的、想通过收集证据予以支持的假设,故也称研究假设(research hypothesis)。

双尾检验(two-tailed test):在进行假设检验时,如果备择假设不存在特定的方向性,即如果备择假设里包含"≠",则该检验称为双尾检验或双侧检验。其拒绝域位于统计量分布的两侧。当检验统计量落入拒绝域时就拒绝原假设,否则不能拒绝。

单尾检验(one-tailed test):在进行假设检验时即对原假设是否成立进行了设定,同时也考虑了备择假设的方向,这样的检验称为单尾检验或单侧检验。其拒绝域仅位于统计量分布的一侧。当检验统计量落入拒绝域时就拒绝原假设,否则不能拒绝。

第一类错误(Type I error):原假设 H_0 为真,却拒绝了 H_0,故也称弃真错误。通常,犯此类错误的风险与所选的显著性水平 α 有关,因此第一类错误也称 α 错误。

第二类错误(Type II error):原假设 H_0 为假,却没有拒绝 H_0,故也称取伪错误。通常,我们将犯这类错误的概率用 β 表示,因此第二类错误也称 β 错误。

统计功效(statistical power,SP):当备择假设为真时,统计检验拒绝原假设的概率,反映了假设检验能正确检测到真实的处理效应或真实差异的能力,其值等于 1 − β。研究的统计功效只有达到 0.8 以上才比较可靠。

效应量(effect size):也称效应幅度。一个独立于样本容量的标准化指数,其目的在于量化总体(原假设和备择假设)之间的差异大小,因此,它通常被定义为原假设下的均值和备择假设下的均值之间的标准差的个数。

第八章

单元格计数(cell counts):二维列联表中,行变量和列变量交互形成一个个单元格,每个单元格中的频数称为单元格计数。

边际总数(marginal totals):列联表中,将单元格计数按某一行或列加总起来的值为边际总数。其中,按行加总得到的是行边际总数,按列加总得到的是列边际总数。

统计独立(statistical independence):统计独立的定义与条件分布有关。如果有个两分类变量 X 和 Y,X 有 n 类,Y 有 m 类:对于 $X = x_i (i = 1,2,\cdots,n)$,$Y$ 的条件分布 $P(Y = y_j | X = x_i)$ 都相同,那么 X 与 Y 统计独立;对于 $Y = y_j (j = 1,2,\cdots,m)$,$X$ 的条件分布 $P(X = x_i | Y = y_j)$ 都相同,那么 X 与 Y 统计独立。否则,X 与 Y 存在统计关联(statistical dependence)。

期望频数(expected frequency):列联表分析中,当假定行变量和列变量相互独立时的单元格计数,其表示的是一种理论频数。

观测频数(observed frequency):列联表中实际呈现出来的单元格计数。

卡方分布(chi-square distribution):对于任意 $k > 0$,若随机变量 $X \sim \Gamma\left(\dfrac{k}{2}, \dfrac{1}{2}\right)$,则称随机变量 X 服从自由度为 k 的 χ^2 分布,记作 $X \sim \chi^2(k)$。

费希尔精确检验(Fisher's exact test):用于分析列联表行变量与列变量是否存在关联的统计显著性检验方法。广泛应用于 2×2 列联表中单元格计数小于 5 的小样本情况。

单相关(simple correlation):测量两个变量之间的相关关系,通常是一个因变量和一个自变量之间的相关关系。

复相关(multiple correlation):测量三个及三个以上变量之间的相关关系。

相关系数(correlation coefficient):用来测量两个数值型随机变量之间的线性相关程度,取值范围为 [−1,1]。

第九章

方差分析(analysis of variance, ANOVA):用于比较两个及两个以上样本均值差异的显著性检验。基于方差分析所涉及的因素个数,可以将其分为单因素方差分析和多因素方差分析。

F分布(F distribution):两个服从卡方分布的独立随机变量除以各自的自由度后所得到的新随机变量的分布为F分布。

方差齐性(homoscedasticity):因变量对应于不同自变量的误差项或残差项的方差相同。Bartlett 检验、Levene 检验均可以检验方差齐性。

第十章

残差(residual):实际观测值与估计值(拟合值)之间的差。

最佳线性无偏估计量(best linear unbiased estimator, BLUE):当同时满足线性假定、正交假定和独立同分布假定时,回归参数的常规最小二乘估计是所有无偏线性估计中方差最小的,从而称为最佳线性无偏估计量。

奥卡姆剃刀定律(Occam's razor):如果多个模型对所观察事实的解释程度相当,除非有充分证据支持某一模型,否则我们更倾向于选择最简单的模型,该定律也称简约原则。

残差与拟合值散点图(residual vs. fitted plot):用某一次回归得到的残差与拟合值做图所得的图示。通过观察残差的分布形态,判断残差的均值是否为0,是否与x或y的估计值$\hat{y}$不相关,是否呈现同方差等。

分位数-分位数图(quantile-quantile plot):简称 Q-Q 图,是在回归分析中用来检验残差是否服从正态分布的图。其基本思路是通过将样本数据的分位数与正态分布的分位数相比较,来观察样本数据偏离所期望正态分布的情况。

教师反馈及教辅申请表

北京大学出版社本着"教材优先、学术为本"的出版宗旨,竭诚为广大高等院校师生服务。

本书配有教学课件,获取方法:

第一步,扫描右侧二维码,或直接微信搜索公众号"北大出版社社科图书",进行关注;

第二步,点击菜单栏"教辅资源"—"在线申请",填写相关信息后点击提交。

如果您不使用微信,请填写完整以下表格后拍照发到 ss@pup.cn。我们会在 1—2 个工作日内将相关资料发送到您的邮箱。

书名		书号	978-7-301-	作者	
您的姓名				职称、职务	
学校及院系					
您所讲授的课程名称					
授课学生类型(可多选)	□ 本科一、二年级　□ 本科三、四年级 □ 高职、高专　　　□ 研究生 □ 其他_____				
每学期学生人数	_____人			学时	
手机号码(必填)				QQ	
电子邮箱(必填)					

您对本书的建议:

我们的联系方式:

北京大学出版社社会科学编辑室

通信地址:北京市海淀区成府路 205 号,100871

电子邮箱: ss@pup.cn

电话: 010-62753121 / 62765016

微信公众号:北大出版社社科图书(ss_book)

新浪微博:@未名社科-北大图书

网址: http://www.pup.cn